Bildung - Semantik - Kultur

Zum Wandel der Bedeutung von Bildung und Erziehung in Indien

Iris Clemens

Bildung - Semantik - Kultur

Zum Wandel der Bedeutung von Bildung und
Erziehung in Indien

Iris Clemens

Johann Wolfgang Goethe-Universität
Frankfurt am Main 2007

Frankfurter Beiträge zur Erziehungswissenschaft

Reihe Monographien

im Auftrag des Dekanats
des Fachbereichs Erziehungswissenschaften
der Johann Wolfgang Goethe-Universität
herausgegeben von
Frank-Olaf Radtke

© Fachbereich Erziehungswissenschaften der
Johann Wolfgang Goethe-Universität
Frankfurt am Main 2007

Hergestellt: Books on Demand GmbH

Bibliografische Information der Deutschen Bibliothek

Die Deutsche Bibliothek verzeichnet diese Publikation in der Deutschen Nationalbibliografie; detaillierte bibliografische Daten sind im Internet über http://dnb.ddb.de abrufbar

ISBN 978-3-9810879-1-8

Inhaltsverzeichnis

1. Einleitung 9

2. Fragestellung 13
2.1. Empirische Beobachtungen als Ausgangspunkt der Untersuchung 13
2.1.1. Die Rolle von *education* im Verheiratungsprozess in Indien 15
2.1.2. Implizite Bedeutungen von *education* 19
2.2. Theoretische Fragestellung und Erkenntnisinteresse 20
2.2.1. Wertigkeit von Bildung als Indiz für ihre lebensweltliche Relevanz 25
2.2.2. Kulturvergleich als Chance für neue Perspektiven in der Erziehungswissenschaft 27
2.2.3. Theoretische Einbettung der Fragestellung 28
2.3. Umsetzung der Fragestellung im konkreten Forschungsdesign 30

3. Theoretische Ausgangspunkte der Studie 33
3.1. Eine fremde Kultur als konkreter Untersuchungskontext 33
3.2. Konstruktion von Wirklichkeit 36
3.2.1. Die Sozialwelt und das theoretische Problem des Sozialen 40
3.3. Konstruktion von Sinn: Sinn als basale Kategorie 43
3.3.1. Sinn in wissenssoziologischer und systemtheoretischer Perspektive 43
3.3.2. Sinnbasierte Systeme: Psychische und soziale Systeme 50
3.3.3. Anschlussfähigkeit von Sinn 55
3.3.4. Strukturelle Kopplung von psychischen und sozialen Systemen: Sprache im systemtheoretischen Verständnis 56
3.4. Kontextualisierung von Wissen - der Zusammenhang von Semantik und Sozialstruktur 58
3.4.1. Globalisierung und Internationalisierung im erziehungswissenschaftlichen Diskurs 61

3.4.2. Externalisierung als Begründung für unterschiedliche Entwicklungswege 63
3.5. Das Konzept der Semantik bei Luhmann 66
3.5.1. Kommunikation und die Notwendigkeit der Reproduktion von Themen: Semantik als möglicher Themenvorrat für kommunikative Zwecke 70
3.5.2. Theoretische Grundlagen des Kommunikationsprozesses: Lose und feste Kopplungen und die Differenz Medium / Form. Semantik als Formen einer Gesellschaft 75
3.5.3. Sinn als konstituierende Operation psychischer und sozialer Systeme: Semantik als höherstufig generalisierter Sinn 78
3.6. Semantik und Sozialstruktur 80
3.7. Abschließende Diskussion des Semantikbegriffs 87
3.8. Sinnverweisungen und Beobachtungen: Wie lassen sich latente Strukturen beobachten? 89

4. Exkurs: *Education* im indischen Kontext 93
4.1. Wissenschaftliche Theorie und kultureller Kontext: Indigene Ansätze 93
4.2. Historische Perspektive 95
4.2.1. *Education* in der indischen Philosophie: Transformation statt Information 95
4.2.2. Sozio-kulturelle und historische Aspekte von *education* in Indien: Die Brahmanen als Intellektuellenkaste 98
4.2.3. Das System der indischen Dorfschulen oder *pathshalas* 101
4.2.4. *Education* und die englische Kolonialherrschaft 102
4.2.5. *Education* im heutigen Indien 105
4.2.6. Die besondere Rolle der englischen Sprache für *education* in Indien 108
4.2.7. *Education* und die Genderproblematik in Indien 110
4.3. Konsequenzen für das Forschungsvorhaben 114

5.	Methodisches Vorgehen	115
5.1.	Qualitative Forschungsmethoden	115
5.1.1.	Methodische Reflexion der Sprachproblematik	118
5.1.2.	Die Problematik der Übersetzung	119
5.2.	Assoziationsinterviews	121
5.3.	Experteninterviews	123
5.4.	Offene, problemorientierte Interviews	127
5.5.	Auswertung	134
5.5.1.	Inhaltsanalyse als ‚Dokumentarische Interpretation'	134
5.5.2.	Auswertungsschritt: Formulierende Interpretation	136
5.5.3.	Auswertungsschritt: Reflektierende Interpretation	137
6.	Erste Analysestufe	139
6.1.	*Evolutive* Konzeptionen von *education*	139
6.1.1.	*Education* als Zivilisationsinstrument: Grundvoraussetzung zum „Menschsein" in einem *evolutiven* Sinn	140
6.2.	Biographische Instrumentalisierung	152
6.3.	Konfliktpotenzial	156
6.4.	Emotionale Reaktion	161
6.5.	Normative Idealisierungen	164
6.6.	*Education* und Persönlichkeitsentwicklung - ein Anathema: abweichende Fälle	165
7.	Zweite Analysestufe	169
7.1.	Die zugrunde liegenden, beobachtungsanleitenden Unterscheidungen der Semantik über *education*	169
7.2.	*Evolutive* Vorstellungen und *education*	170
7.3.	*Educated - uneducated* und die historische Unterscheidung von rein - unrein in Indien: eine Parallele?	172
7.3.1.	Erste Konsequenz aus der Analyse der die Semantik über *education* begründenden Beobachtungsformen: Ein allgemeines Misstrauen in bisherige Erziehungs- und Sozialisationsformen	178

7.4. Die Dynamik der Unterscheidung *educated - uneducated* durch die Unterscheidung vorher - nachher 179

7.4.1. Unterscheidung über individuelle Leistungen: Biographisierung und *Education* 182

7.4.2. Zweite Konsequenz aus der Analyse der Semantik über *education* und ihren Beobachtungsformen: Biographisierung im indischen Kontext und ein zunehmender Einfluss von *education* auf die Selbst- und Fremdkonzeption 186

7.5. Konsequenzen der Unterscheidung von *educated - uneducated* und des Beobachtungsmodus vorher - nachher 187

7.6. Biographisierung und Strukturierung von Lebensverläufen: *Education* als Biographiemediator 197

7.6.1. Konsequenzen der Unterscheidung vorher - nachher für die Biographieentwürfe 199

7.6.2. Identität aus Differenz: Eine *educated person* sein 210

7.6.3. Soziale Selbstverortung über *education* 217

7.6.4. Die Bearbeitung der sozialen Kontingenz durch *education* 219

8. *Education* - ein neues indisches Mantra? 225

8.1. *Educationization* - alternative Entwicklungswege am Beispiel der indischen Mittelschicht 227

8.1.1. Von der ‚*Sanskritization*' zur ‚*Educationization*' 228

8.1.2. Semantik der *Educationization* und soziale Verortung 232

8.1.3. Ein ‚indischer' Weg 235

8.2. Möglichkeiten einer Relation der Semantik über *education* und ihrer Sozialstruktur 237

8.3. Ausblick 240

Literatur 245

Anhang A 261

1. Einleitung

Die Frage ‚Was ist Bildung?' kann nicht nur mit Rekurs auf einen je spezifischen, von Zeit zu Zeit zu aktualisierenden Bildungskanon beantwortet, sondern sie kann auch einer kulturtheoretischen Betrachtung unterzogen werden, wenn danach gefragt wird, was eigentlich unter diesem Konstrukt in einem bestimmten Kontext verstanden wird und ob es etwa zulässig ist, wie selbstverständlich davon auszugehen, Bildung sei ein universell gültiges Konstrukt. Eine derartige theoretische Perspektive auf erziehungswissenschaftliche Fragestellungen steht im Fokus der hier vorgelegten Studie. Dabei war es von Anfang an expliziter und genuiner Anspruch, ein aus empirischen Erfahrungen in früheren Forschungsprozessen hervorgegangenes Erkenntnisinteresse unter kulturtheoretischen Prämissen zu formulieren. Auch die Erziehungswissenschaft und Pädagogik bedienen sich in den letzten Jahren aus ganz heterogenen Motiven heraus des Kulturbegriffs, verwenden ihn dabei allerdings häufig als eine Entität, behandeln ihn also wie einen objektiven Gegenstand, den man dann zum Beispiel nomothetischen Verfahren oder auch normativen Vergleichen unterziehen kann. Ob man dadurch einem Verständnis von Kultur als einem gleichermaßen bedingten wie bedingenden Phänomen tatsächlich näher kommt oder ob nicht auch dadurch Probleme erzeugt werden, zu deren Lösung man eigentlich beitragen wollte, kann hier offen gelassen werden. Hier wurde bewusst ein anderer Zugang gewählt und Kultur wird als untrennbar an die mit ihr korrespondierenden sozialen Strukturen gekoppelt verstanden. Der Fokus der Arbeit liegt daher auf denjenigen theoretischen Aspekten, die eine derartige Perspektive erfordert, wenn man also nicht von einem vereinfachten Kulturbegriff ausgeht (etwa einer als Variable operationalisierten kulturellen Bedingung). Statt dessen wird die Sinnbasierung jedes Konstruktionsprozesses als Ausgangspunkt allen weiteren Überlegungen zugrunde gelegt, was ein Kulturkonzept erforderlich macht, das mit dieser sinntheoretischen Prämisse kompatibel ist. Dies führte dazu, dass die theoretischen Ausführungen sehr umfangreich und vielschichtig entworfen werden mussten. Der empirische Teil der Arbeit wird so scheinbar – allein schon von seinem Darstellungsumfang her – in den Hintergrund gedrängt. Es war jedoch ein Ziel der Studie aufzuzeigen, wie umfangreich eine Theoriekonzeption sein muss, um kulturspezifische Fragen überhaupt angemessen thematisieren zu können. Der umfangreiche Theorieteil der vorliegenden Untersuchung trägt dem Rechnung (siehe Kapitel 3).

Den Ausgangspunkt der Untersuchung bildeten vielfältige Beobachtungen zum Bildungsbegriff in Indien (siehe Kapitel 2), die es nahe legten, von einem vielschichtigen Bedeutungskonglomerat in Bezug auf diesen Begriff auszugehen. Dies führte dazu, den bis dahin unhinterfragten Begriff ‚Bildung' selbst in den Fokus des Interesses zu stellen und der Frage nachzugehen, welche Sinnzuschreibungen er erfährt und wie diese jeweils in den Zusammenhang mit dem korrespondierenden Kontext, der Kultur, die diese Zuschreibungen hervorgebracht hat, zu stellen. Dies stellte in zweierlei Hinsicht Weichen für die Wahl eines theoretischen Rahmens: Zum einen legt es die basale Frage nach Bedeutungszuschreibungen an den Begriff *education* nahe, sinntheoretische Ansätze in den Mittelpunkt zu stellen. Gleichzeitig wurde ein Konzept erforderlich, das solche empirischen wie theoretischen Aspekte der Attribution von Sinn überindividuell in soziale Prozesse einbinden und kulturtheoretisch erklären kann.

Die vorliegende Studie nimmt ihren theoretischen Ausgangspunkt daher in Konstruktionen von Sinn (vgl. 3.3. ff). Dabei wird der Sinnbegriff zunächst auf der Grundlage der auf Husserl zurückgehenden Wissenssoziologie in Anlehnung an Schütz gefasst, dann allerdings vor allem in den systemtheoretischen Neufassungen von Luhmann definiert, in denen eine Reinterpretation des Sinnbegriffs als basale Operation psychischer wie sozialer Systeme vorgenommen wird. Diese theoretischen Weiterungen sind aus der Perspektive der Systemtheorie notwendig, um soziale Prozesse überhaupt erklären zu können. Entsprechend folgen auch die Ausführungen zu einem tragfähigen und mit der Forschungsfrage kompatiblen Kulturkonzept dem systemtheoretischen Paradigma, und das von Luhmann entwickelte Konzept der Semantik wird als viel versprechender Erklärungsansatz aufgegriffen (siehe Kapitel 3.5.). Im Anschluß an dieses Konzept kann die Frage dann konkretisiert werden und die über *education* vorfindbare Semantik wird auf das strukturell mit ihr gekoppele Sozialsystem bezogen.

Dieses spezifische Erkenntnisinteresse stellt auch besondere Ansprüche an eine methodische Umsetzung (siehe Kapitel 5). Da es um die Erfassung indigener Sinnkonstruktionen über *education* geht, wird für die Erfassung der empirischen Daten zunächst ein möglichst offener Zugang gewählt. Zuvor werden allerdings einige Hintergrundinformationen zu den historischen und gesellschaftlichen Besonderheiten von Bildung im indischen Kontext eher skizzenartig dargestellt (siehe Kapitel 4). Auch das Auswertungsverfahren wird auf das Erkenntnisinteresse bezogen modifiziert. Die Darstellung der Ergebnisse nähert sich dem Ziel, die Semantik über *education* auf die korrespondierenden sozialen Strukturen zu beziehen, in zwei Schritten und dadurch können die kulturellen Besonderheiten herausgearbeitet werden. Zunächst werden über eine Inhaltsanalyse der Interviewdaten die Themen der Semantik identifiziert und dargestellt (siehe Kapitel 6). Hier war es von grundlegender Bedeutung, zunächst die Vielfalt der in diesem Kontext möglichen Sinnzuschreibungen an das Konstrukt *education* abzubilden und so erste Einblicke in die Inhalte der Semantik zu gewinnen. Insbesondere in der Analyse der beobachtungsanleitenden Unterscheidungen (siehe 7. Kapitel) wird der theoretische Rahmen reflektiert: hier geht es primär darum, den Konstruktionsaufbau der Semantik deutlich zu machen, um so ihre Anschlussmöglichkeiten aufzeigen zu können.

Über diese Brücke können dann abschließend einige Hypothesen über das Verhältnis der Semantik zu der korrespondierenden Sozialstruktur aufgestellt und die Ergebnisse aus dem indischen Kontext auf den deutschen Kontext bezogen sowie Anregungen für weiterführende Fragestellungen gewonnen werden (Kapitel 8). Indien bietet sich wegen der herausragenden Rolle von Bildung in dieser Gesellschaft für eine Studie dieses Zusammenhangs von Semantik und Sozialstruktur in besonderer Weise an. Der vielleicht einmalige enge Zusammenhang zwischen Bildung und sozialen Strukturen, wie er in der höchsten Kaste der Brahmanen als einer genuinen Bildungskaste zum Ausdruck kommt, legt die Vermutung nahe, dass die Relation von Bildungssemantik und sozialen Strukturen hier besonders prägnant aufgezeigt werden kann.

2. Fragestellung

2.1. Empirische Beobachtungen als Ausgangspunkt der Untersuchung

Im Rahmen der Theorie und Forschungsarbeiten über normative Regelsysteme in unterschiedlichen Kulturen von Eckensberger wurden zwischen 1999 und 2002 Voruntersuchungen zu dem Projekt „Transkulturelle Überprüfung grundlegender normativer Strukturen am Beispiel von Partnerwahlprozessen in Indien und Deutschland" im Bundesstaat Gujarat in einer Kooperation zwischen dem Deutschem Institut für Internationale Pädagogische Forschung und der University of Baroda durchgeführt.

Die empirischen Beobachtungen in diesen Voruntersuchungen sowie erste Auswertungen bilden den Ausgangspunkt für die vorliegende Dissertation. Im Zentrum des Forschungsansatzes von Eckensberger (siehe beispielhaft 1993, 2000) steht die Analyse der Kontextualisierung normativer Bezugssysteme (moralische, konventionelle, religiöse etc.). Eine solche Kontextualisierung kann jedoch nur an - kulturell - relativ eindeutig bestimmten, vorstrukturierten und geregelten Situationen ansetzen, die gleichzeitig eine hohe Relevanz für den Einzelnen haben. Die Partnerwahl in Indien wurde deshalb als Situationsbeispiel gewählt, weil sie einerseits die geforderte starke Verregelung aufweist und andererseits die normativen Regelsysteme eine sehr komplexe Mischung eingehen. Da die Partnerwahl auch in der vorliegenden Studie aus verschiedenen Perspektiven für die Interpretation der Ergebnisse bedeutsam wird, soll sie im folgenden kurz in ihrer Spezifik für den indischen Kontext dargestellt werden, damit spätere Schlussfolgerungen einfacher nachvollziehbar werden.

Eine Heirat in Indien ist nach wie vor weniger eine Vereinbarung zwischen zwei Individuen als vielmehr eine hochkomplizierte Verbindung und Transaktion zweier Familien. Es gibt feste, vorstrukturierte Abläufe, die eingehalten werden müssen und die ihre Wurzeln gleichermaßen in Religion, in Konventionen oder Traditionen haben können und nicht selten auch die Astrologie einbeziehen. Das Thema Verheiratung in Indien wird in der Literatur unter sehr unterschiedlichen Perspektiven diskutiert. Sozusagen ‚klassisch' ist die Thematisierung unter dem Aspekt verwandtschaftlicher (Clan-) Beziehungen (siehe unter vielen Trautmann 1981, Goody 1990). Trautmann unterscheidet in seinen historischen Analysen Süd- und Nordindien auch hinsichtlich der identifizierbaren Heiratsstrategien (siehe auch bspw. Karve 1993).[1] Während in Südindien die Heirat zwischen Neffen oder zwischen jüngerem Onkel und Nichte die häufigste Heiratsform gewesen ist und eine Heirat innerhalb der eigenen *gota*, also der eigenen Gruppe, zur Tradition gehörte, war im Norden eine solche Heirat im Gegenteil sogar mit einem Tabu belegt. Hier mussten die jungen Frauen die eigene Familie und in der Regel auch das eigene Dorf verlassen und wurden in eine geographisch wie verwandtschaftlich getrennte *gota* verheiratet. Eine weitere vielbeachtete Perspektive auf Heiratsprozesse in Indien beschäftigt sich mit den Aspekten Hierarchie und Kastenwesen[2] (grundlegend Dumont 1976, zur Kritik vgl. Srinivas 1989; unter 7.3. wird ausführlich auf diesen Punkt zurückzukommen sein). Aus dieser Sicht werden die Partnerverbindungen vor allem unter dem Gesichtspunkt der Aufrechterhaltung sozio-ökonomischer Strukturen und Ungleichheiten analysiert. Daneben finden sich noch einzelne Studien zu angrenzenden Themen wie etwa Heiratsalter (man denke hier nur an das Stichwort Kinderehen; siehe für Sri Lanka z.B. Malhotra & Tsui 1996) oder bevorzugte Familienorganisation (Joint Family versus Kernfamilie, siehe unter vielen Ram & Wong 1994).

Die Vorstudien in Baroda zum Thema Partnerwahl in Indien[3] haben bestimmte Aspekte deutlich gemacht: Es fanden sich starke Hinweise auf Differenzen bei der Partnerwahl zwischen den verschiedenen Kasten. So kann man zwar in den höheren Kasten von einem zunehmenden *Einfluss* der potenziellen Ehepartner ausgehen,[4] wohingegen in den niedrigeren Kasten die Ehen normalerweise ohne Beteiligung der Kandidaten arrangiert werden - was für Gesamtindien nach wie vor die typische Form der Eheschließung darstellt.[5] Aber auch die Erwartungen und Anforderungen an einen potenziellen Ehepartner, Kriterien der Partnerwahl wie Alter, Religionszugehörigkeit, Kaste, Hautfarbe oder Herkunftsort unterliegen Veränderungen (siehe allge-

---

1 Diese Unterscheidung von Nord- und Südindien ist unter ganz verschiedenen Perspektiven plausibilisiert worden: etwa geographische Gegebenheiten, religiöse Konvertierungsprozesse oder kriegerische Auseinandersetzungen (vgl. beispielsweise Draguhn 2001).
2 Der Begriff Kaste wird auf das Wort *Casta* zurückgeführt, was ‚etwas nicht Vermischtes' bezeichnet (vgl. Dumont 1976). Für ein erstes Verständnis des Begriffs ‚Kaste' genügt es zu sagen, dass er erbliche Gruppen beschreibt, die unterschiedlichen Berufen zugeordnet waren und entsprechend verschiedene Positionen in der gesellschaftlichen und rituellen Hierarchie besetzten.
3 Siehe u.a. die im Rahmen des Projektes entstandenen, unveröffentlichten Diplomarbeiten von A. Kulkarni 1999, R. Kulkarni 1999, Nivedita 2000.
4 Kishiwar (1999) zeigt allerdings am Beispiel Amerika, dass auch dort Heiraten oft ebenso wenig Liebesheiraten seien und wie arrangierte Ehen in Indien anderen Mustern folgten (weshalb er die Unterscheidung von ‚self-arranged marriages' versus ‚family-arranged marriages' vorschlägt).
5 „95 % of all marriages in India are arranged", wie man auf einer Internetseite lesen kann, die sich vorwiegend an junge Inder wendet und auch als Plattform zur Partnerfindung dient. http://server1.msn.co.in/features/dating/index.asp (12.08.03)

mein Rao & Rao 1990). Während Bhushan & Sachdeva (2000) allgemein darauf hinweisen, dass unter der jungen Generation in Indien der Wunsch nach der „perfekten Heirat" (a.a.O., S. 357) verbreitet ist und die damit verbundenen Vorstellungen vom zukünftigen Partner derart konventionell und stereotyp sind, dass sie geradezu grotesk anmuten (wunderschöne Gesichtszüge, vollkommene Hingabe und Treue etc.), ergaben die Vorstudien, dass diese erwarteten Charakteristika sehr deutlich einen konkreten lebensweltlichen Bezug haben und nur sehr wenig auf eine romantische Verklärung hindeuten.

Heute ist eines der herausragenden und dominanten Kriterien für die Partnerwahl *education*,[6] so das Ergebnis aller oben genannten Vorstudien.

2.1.1. Die Rolle von education im Verheiratungsprozess in Indien

Hinweise auf die immense Bedeutung von *education* im Prozess der Partnerwahl finden sich auf allen Ebenen der Gesellschaft, also in allen Kasten und hinsichtlich unterschiedlichster Aspekte der Verheiratung. Einige Beispiele sollen dies verdeutlichen. So zeigt Nivedita (2000), dass sich die Gründe für die Ablehnung eines Kandidaten zwischen nur zwei Generationen verändert haben. Während in der ersten Generation der Mütter die negativ bewerteten Verhaltensweisen des Mannes wie Rauchen oder Alkoholkonsum (also die von den Befragten als ‚Laster' eingestuften Eigenschaften) oder physische Behinderung die am häufigsten genannten Ablehnungskriterien waren, ist es in der zweiten Generation die mangelnde oder fehlende *education* oder Arbeitslosigkeit. Die jungen Frauen in der Studie von A. Kulkarni (1999) äußern ausnahmslos, dass ihre Partner besser ausgebildet sein sollten als sie selbst. Diese Präferenz der Frauen für eine hohe *education* des potenziellen Partners passt auch zu den Ergebnissen von Kapur (1973) und spiegelt die alte, traditionelle hinduistische Sichtweise wider, nach der ein junger Mann sein Studium (traditionell war dies das Studium der *Veden*, der religiösen Schriften des Hinduismus) abgeschlossen haben muss, bevor er eine Ehe eingehen kann. Allerdings scheint die Präferenz für einen *besser* gebildeten Partner bei den Frauen ein ungeschriebenes Gesetz zu sein, denn sie zeigt sich in allen Schichten oder Kasten und Generationen und deutet

---

6   Der Begriff education wird im Folgenden nicht übersetzt. Das hängt zum einen mit der Übersetzungsproblematik zusammen, da der Begriff im Deutschen mindestens drei Termini umfassen kann: Erziehung, Bildung, Ausbildung - und nach Elias auch den von Kultur (1997, S. 120 u.ö.). Eine trennscharfe Unterscheidung nach diesen Begriffen bei der Analyse der Verwendung ist jedoch nicht möglich. Zum anderen impliziert der Begriff *education*, wie zu zeigen sein wird, ein weites Feld der Assoziationen und Vorstellungen und wird deshalb als eine sinnhafte Einheit gefasst. Der Begriff ‚Bildung' soll demgegenüber immer dann Verwendung finden, wenn es um entsprechende (wissenschaftliche wie auch alltagsweltliche) Konzepte im deutschsprachigen Raum geht.

gleichzeitig auch darauf hin, dass ein ‚Zuviel' an *education* für Frauen problematisch werden kann, weil mit zunehmender eigener Qualifikation ihre Chancen auf einen besser gebildeten Ehemann kontinuierlich sinken, was mit geringeren Wahlmöglichkeiten geeigneter Kandidaten einhergeht und wegen der besonders langen Ausbildungszeit zu einer Überschreitung des üblichen Heiratsalters führt, und damit eine Verheiratung noch zusätzlich erschwert. Einerseits wird ein besser ausgebildeter Mann in der Regel eine sehr hohe Mitgift verlangen und andererseits sind die meisten Männer im selben Alter ganz einfach bereits verheiratet. So zeigt auch Dube (1996) für Familien niedriger Kasten, dass es im Gegenteil sogar funktional sein kann, den Töchtern einen Bildungszugang zu verweigern, um so zu vermeiden, dass sie die üblichen, traditionellen Tätigkeiten ihrer Kaste ablehnen, was sich dann wiederum auf die Möglichkeit einer Verheiratung in dieser Kaste negativ auswirken kann. Parallelen lassen sich auch in den höheren Kasten finden, wie sich in einer weiteren Vorstudie zeigte.[7]

Auch R. Kulkarni (1999) fand heraus, dass ihre Informanten aus höheren Kasten bei den potenziellen Partnern den größten Wert auf Beruf und *education* legten und das „Wesen" der Person sowie ihre persönlicheren Eigenschaften erst an zweiter Stelle nannten. Eine Auswertung von Heiratsannoncen, die in Indien im Partnerwahlprozess eine große Rolle spielen (vgl. Semwal 2001, Verma 2001), zeigte ebenfalls, dass *education* heute *das* entscheidende Kriterium dafür ist, eine gute Partie machen zu können. Interessanterweise zeigte sich in der Untersuchung jedoch, dass *education* und Ausbildung für die Frauen gerade nicht die im Westen heute übliche, selbstverständliche Verbindung zur Berufstätigkeit aufweisen, also nicht zwangsläufig dem „Erwerb von Fähigkeiten dienen, die karrierewirksam eingesetzt werden können" (Luhmann 1997, S. 27).[8] Für viele junge Frauen bedeutet spätestens ihre Verheiratung nach wie vor automatisch den Austritt aus der Berufstätigkeit und die Übernahme ihrer Rolle als Hausfrau und Mutter in der Familie.[9]

In der Literatur wird *education* und deren Auswirkung auf Ehe und Partnerwahl ebenfalls vielschichtig diskutiert: Kapur (1973) hat in ihrer Untersuchung festgestellt, dass indische Männer (respektive ihre Familien) zwar moderne Frauen als Ehefrauen eher ablehnen und traditionsbewussten Frauen

---

7 So zeigt sich ein indischer Ehemann unangenehm überrascht von der Tatsache, dass seine Frau einen höheren Bildungsgrad hatte als er selbst, was er anscheinend vor der Ehe nicht realisiert hatte und was auch auf eine Art von Geheimhaltung hindeuten kann. Seine Ehefrau äußert dementsprechend auch, dass *education* das Leben für sie schwieriger gemacht hat, vor allem in bezug auf ihre Anpassungsbereitschaft und –fähigkeit. In einem anderen Fall lehnte ein Mann eine Kandidatin ab, weil sie ihm zu geschickt auf eine seiner Fangfragen geantwortet hatte und damit zu viel Cleverness zeigte (unveröffentlichte Dissertation Jindal).

8 Oft wird aber schon der Zugang zu Bildung trotz anderslautender Ideologien erschwert und dafür religiöse oder traditionelle Gründe genannt, wie Günther (1991) für China zeigt.

9 Es gibt allerdings auch andersartige Beobachtungen, siehe etwa Damayanthi (1999) oder Philip (2002).

den Vorrang geben, aber „at the same time they desire her to be well-educated" (Kapur 1973, S. 132). Shah (1998) sieht im Kontext der Ausdifferenzierung des indischen Bildungswesens in den letzten 50 Jahren eine dramatische Veränderung der Erwartungen der Herkunftsfamilie des Ehemannes in bezug auf die Mitgift, die zwar gesetzlich verboten, aber dennoch übliche Praxis ist. Das Angestelltensystem, das sich in Indien zunehmend etabliert hat und von dem, ähnlich wie auch vom Bildungswesen generell, noch immer die Männer in weit höherem Maß als Frauen profitieren, hat zu einer Aufwertung von Ehemännern aus dieser Gruppe geführt. Die Familie der Frau muss diesen ‚hypothetischen' Wert *education* eines Mannes mit barer Münze bezahlen, wenn sie einen gebildeten Schwiegersohn sucht, was die Mitgiftforderungen in ‚astronomische' Höhen getrieben hat (vgl. Shah 1998).

Nach wie vor spielt die Mitgift bei einer Heirat in Indien eine immense Rolle und eine Änderung dieses Sachverhalts ist auf absehbare Zeit wohl kaum zu erwarten,[10] und auch eine Gesetzgebung, die den Brauch der Mitgift unter Strafe stellt, scheint bis heute wenig daran geändert zu haben (siehe unter vielen Shah, Baviskar & Ramaswamy 1996, Menski 1999). Ohne eine Mitgift im Wert von Tausenden von Euro ist eine junge Frau in der indischen Mittelschicht heute kaum zu verheiraten (Merz 2000). Goody konstatiert jedoch, dass die Investitionen in *education* pragmatisch in das für Indien typische System der Mitgift eingeführt wurden und heute angerechnet werden können: „Another possibility among groups that take the education of women seriously, is the replacement of dowry by the pre-marital expenditure on schooling" (Goody 1990, S. 172).

Dabei hat sich die Tradition der Mitgift historisch erst relativ spät entwickelt. Sie war nach Goody (1990) zunächst nur in der Kaste der Brahmanen verbreitet, die es ablehnten, ihre Töchter über einen ursprünglich verbreiteten Brautpreis zu ‚verkaufen'.[11] Wie er in seiner Studie über Gujarat weiter zeigt, gibt es grundsätzlich verschiedene Strategien einer Kaste, in der Hierarchie aufzusteigen: Die Mitglieder einer Kaste können das sozial hoch angesehene vegetarische Essverhalten der Brahmanen[12] übernehmen und/oder sie verbieten in ihrer Kaste Scheidung und Wiederverheiratung: „One of the first steps which a caste used to take in order to improve its standing in the caste hierarchy was to interdict divorce and widow-remarriage" (a.a.O., S. 185). Grund-

---

10 Mitgift und Brautgeld haben jedoch auch für den europäischen Kontext eine lange Geschichte, vgl. Goody (1989).
11 Dem steht jedoch gegenüber, dass sich in den Veden Darstellungen von Hochzeitsgebräuchen finden, die eine „vielfach auf einem Kauf beruhende oder doch mit Spuren des Frauenkaufs behaftete" Vereinigung von Mann und Frau beschreiben (Oldenberg o.J.b, S. 460).
12 Dumont (a.a.O.) nimmt an, dass die Wurzeln des sozial hoch angesehenen vegetarischen Essverhaltens in buddhistischen Verzichtsregeln liegen, die von den Brahmanen übernommen wurden. Durch die exponierte Position der Brahmanen hat sich dann der Vegetarismus gegenüber dem Fleischkonsum als überlegen Praxis durchgesetzt und zu einem Symbol von Reinheit gegenüber der Unreinheit gemacht.

lage dieses Aufstiegs in der Hierarchie ist es, als gesamte Kaste das hoch angesehene Verhalten der Brahmanen zu imitieren und so selbst in der Gesellschaft an Ansehen zu gewinnen. Eine weitere historisch zu verzeichnende Strategie für einen Kastenaufstieg ist die oben genannte Ablehnung eines Brautpreises zugunsten der Mitgift. Goody nennt diesen Prozess der Imitation des brahmanischen Verhaltens zur Verbesserung des sozialen Ansehens in Anlehnung an Srinivas (1962) *Sanskritisation*.[13] Dabei geht es im Gegensatz zur Hypergamie, bei der nur eine Person und ihre Herkunftsfamilie an Prestige gewinnen, um den sozialen Aufstieg und den Zuwachs an Prestige für eine ganze Gruppe, was allerdings nur bei gleichzeitiger Verbesserung der ökonomischen Situation möglich ist. Einen Fall von gemeinschaftlichem „Prestigeverlust" kann man nach Goody dann beobachten, wenn eine Gruppe beispielsweise aus humanitären Gründen oder im Rahmen einer ‚Modernisierung' die Wiederheirat von Witwen erlaubt.

Die Betonung von *education* könnte insbesondere unter dem Gesichtspunkt, dass sie im faktischen Leben vieler Frauen nach ihrer Heirat weitgehend irrelevant bleibt, eine weitere Imitationskomponente darstellen, zumal *education* quasi synonym für die Brahmanenkaste steht und dort auch (oder ehemals überwiegend) der Selbstentfaltung dient. *Education* hätte sich somit von einer (vielleicht sogar moralischen?) Verpflichtung der Entfaltung des Selbst zu einer strategischen Komponente im Machtgefüge von Gesellschaft und Kaste entwickelt.

Abschließend soll noch ein Aspekt der Dignität von *education* im Verheiratungsprozess in Indien erwähnt werden, ohne jedoch näher darauf einzugehen. *Education* hat in weiten Teilen der Bevölkerung die Menarche als Indikator für die Ehereife der Frau abgelöst. Während früher die Menarche den Suchprozess nach einem geeigneten Schwiegersohn in Gang setzte, oder, früher ebenfalls üblich, die Ehe zwischen den Familien bereits im Kindesalter vereinbart und nach der Menarche vollzogen wurde (vgl. Dube 1988), weil die Sexualität der Frau kontrolliert werden sollte (Dube 1997), markiert heute der Bildungsabschluss diesen Wendepunkt in der Biographie einer Frau. Damit hat eine soziale Definition von Reife die rein biologische abgelöst, während für Männer in der klassischen indischen Gesellschaft *education* und vor allem der Bildungsabschluss schon immer Markierungspunkt für die gesellschaftlich definierte Ehereife war. Der *education* kommt somit auch bei der sozio-kulturellen Strukturierung des Lebenslaufes von Frauen eine ganz neue Bedeutung zu.

---

13 Da die Konzeption der *Sanskritization* für die Interpretation der Ergebnisse eine wichtige Rolle spielen wird, wird sie unter 8.1.1. detailliert dargestellt.

2.1.2. Implizite Bedeutungen von education

Die Vorstudien zeigen also, dass *education* insbesondere für Frauen innerhalb nur einer Generation enorm an Bedeutung gewonnen hat.[14] Aufgrund des immensen Bedeutungsanstiegs von *education* für alle Lebensbereiche (also der beruflichen Karriere wie auch der privaten Zukunft) ist entsprechend der allgemeine Druck auf indische Schüler und Studenten sehr hoch, wie man an einer Untersuchung in New Delhi ablesen kann: Mediziner haben dort festgestellt, dass etwa die Hälfte aller Schüler und Studenten an Depressionen leidet. Neun Prozent der Befragten gaben sogar an, bereits einen Selbstmordversuch unternommen zu haben.[15] In vielen Bundesstaaten sind telefonische Beratungsstellen und Notrufe eingerichtet worden, die Schülern und ihren Familien nach den Prüfungen Hilfe und Rat anbieten. Die Abschlussprüfungen, die letztlich darüber entscheiden, ob man sich an einer der renommierten Universitäten und Colleges einschreiben kann oder nicht, führen Jahr für Jahr zu regelrechten Ausnahmesituationen in den betroffenen Familien.[16]

Nun wird *education* bei Frauen zwar einerseits eingefordert,[17] andererseits ist ihre *Anwendung* im Sinne einer Berufstätigkeit, so legen die Erfahrungen aus den Vorstudien nahe, nicht unbedingt erwünscht. In einer ebenfalls in Baroda durchgeführten Befragung potenzieller Schwiegereltern fanden sich dafür konkrete Nachweise: Während sich alle Befragten eine ‚*well-educated*' oder sogar ‚*highly-educated*' Schwiegertochter wünschten und dies als ein unumgängliches Kriterium für die Auswahl einer Ehefrau für den eigenen Sohn nannten, gaben die meisten von ihnen gleichzeitig an, dass sie der Schwiegertochter nicht erlauben würden, außerhalb des Hauses zu arbeiten und somit ihre *education* auch im Berufsleben umzusetzen.

Es stellte sich deshalb zunächst im Anschluss an diese empirischen Befunde die Frage, welche Implikationen der Begriff *education* oder der der *educated person* im gewählten indischen Kontext überhaupt hat. Die ersten Forschungsergebnisse weisen deutlich darauf hin, dass der Begriff *education* weit über das hinausweist, was etwa unter den Begriff ‚Ausbildung' gefasst werden kann. Der Begriff hat offensichtlich ein ganzes Spektrum von Bedeutungsfacetten und wird von den Individuen als außerordentlich einflussreicher Faktor verstanden. Die Unterschiedlichkeit der Bereiche, in denen *education* Relevanz zugesprochen wird, deutet auf einen sehr breit gefächerten

---

14 Zu einer eher kritischen Perspektive auf den Zusammenhang von Bildung und Frauen siehe Clemens (2006).
15 Quelle: http://www.spiegel.de/0,1518,289754,00html (03.05.04)
16 Aus indischer Perspektive beschrieben unter
    http://cities.expressindia.com/fullstory.php?newsid=85610 (25.07.04)
17 Man beachte nur die Heiratsannoncen in den Tageszeitungen, wo neben Alter und Kaste die Bildung das meistgenannte Kriterium ist, jüngst kolumnistisch aufgegriffen unter http://www.nzz.ch/2003/05/27/fe/page-article8RC2U.html (25.07.04)

Bedeutungshof des Begriffs hin, mit weitreichenden Implikationen für die Entwürfe von Welt, Wissen und Identität des Beobachters. Damit geraten neue Fragen in den Blick wie die nach den Attributionen, den Ideen (oder gar - im Anschluss an Boesch (1991) - den Phantasmen?), die zumindest in der urbanen Mittelschicht Indiens mit dem Konstrukt *education* in Verbindung gesetzt werden. Welche Wirkung wird *education* also zugesprochen, und welche Probleme, Aufgaben und Herausforderungen sollen umgekehrt durch sie gelöst werden? Für welche Bereiche des Alltagslebens wird *education* als relevant angesehen und wie wird dies begründet?

Damit rückt als Konsequenz vor allem die *Konstruktion* des Wissens über *education*, der Aufbau als ein vielfach verweisendes Wissenssytem, in den Blick und nicht nur das Wissen selbst. Dies zu betonen erscheint insbesondere im Hinblick auf die Wahl des sinntheoretischen Konzeptes, das der Analyse zugrunde gelegt wird, wichtig. Im Mittelpunkt der Analyse der Bedeutungszuschreibungen steht entsprechend vor allem die Frage nach der Konstruktion von Sinn bezüglich *eduaction* sowie nach den *Sinnverweisungen* dieses Konstruktes. Die Frage wird dann dahingehend erweitert, welche kommunikativen Anschlüsse diese Konstruktionen von *education* grundsätzlich bieten, und zwar über die einzelne, individualisierte Perspektive hinaus. Welche Sinnkonstruktionen und Thematisierungen ermöglicht also der Begriff *education* in einem gegebenen Kontext? Der Zugang zu den mit dem Begriff *education* verknüpften Sinnkonstruktionen und -verweisungen eines spezifischen Kontextes (im vorliegend Fall die urbane indische Mittelschicht) wird über drei Schritte umgesetzt: Zunächst geht es darum, die Grundstrukturen des impliziten und expliziten Wissens über diesen gedanklichen Gegenstand auf der sprachlichen Ebene zu untersuchen. Dafür werden die möglichen Themen, die sinnvoll in den Zusammenhang mit *education* gestellt werden können, aggregiert. In einem weiteren Schritt werden dann die den Konstruktionen zugrunde liegenden Unterscheidungen und damit ihre Konstruktionslogik analysiert und abschließend die Ergebnisse kulturtheoretisch interpretiert.

2.2. Theoretische Fragestellung und Erkenntnisinteresse

Ausgangspunkt der Dissertation ist also die Frage nach den Bedeutungszuschreibungen an den Begriff *education* im indischen Kontext der urbanen Mittelschicht, die durch empirische Beobachtungen aus anderen Forschungszusammenhängen angeregt worden war. Aus dieser Perspektive bietet es sich an, die Frage nach den Attributionen an *education*, nach dem damit verbundenen Wissen zunächst sinntheoretisch zu fassen.

Kern der weiteren Überlegungen sind jedoch stets kulturwissenschaftliche Gesichtspunkte der Bildungsforschung. Entsprechend steht im Fokus der Arbeit ein theoretisches Konzept, das die Formulierung einer kulturellen Perspektive oder genauer, des Zusammenhangs von auf der Anwendungsebene vorfindbaren Wissenssystemen und kulturellen Kontexten ermöglichen soll. Ziel der Studie ist es deshalb, über die individuell verwendeten Sinnattributionen an *education* hinaus zu einer Betrachtung der kulturellen Ausprägungen dieser Sinnkonstruktionen fortzuschreiten, was besondere Anforderungen an ein Theoriekonzept stellt. Als Theorierahmen wird daher eine um systemtheoretische Gedanken und Argumentationslinien erweiterte Perspektive auf die Sinnkonstruktion und Sinnattributionen sowie insbesondere das systemtheoretische Konzept der Semantik als Zugang zu kulturellen Fragestellungen gewählt. Dabei muss betont werden, dass es in dieser Arbeit keineswegs darum geht, sozusagen deduktiv aus der Systemtheorie ein empirisches Vorgehen abzuleiten. Vielmehr wurde das Vorgehen von der Frage geleitet, welchen Beitrag systemtheoretische Betrachtungen zu der Ausgangsfrage, nämlich der Frage nach dem Wissen über bzw. den Bedeutungszuschreibungen an *education* in Indien, der Konstruktionslogik, die diesen zugrunde liegen sowie zu der allgemeineren Frage nach dem Zusammenhang von kulturellen Kontexten und individuellen Sinnattributionen leisten können.

Es geht zunächst darum, die Bandbreite der *Themen* und *Beiträge* (siehe dazu näher unter 3.5. ff.), die in der Semantik zu *education* eingelagert sind, möglichst weitläufig abzustecken. Damit sollen die Bedeutungshöfe des Begriffs deutlicher erfasst und die rekonstruierten Relevanzstrukturen in Bezug auf die unterschiedlichen Bereiche der Biographie und des Alltagslebens aufgezeigt werden. Durch eine schrittweise zunehmende Abstraktion in den Analyseschritten soll sich dann theoriegeleitet den Wissenssystemen, die diesen Sinnkonstruktionen und -verweisungen zugrunde liegen und ihre innere Logik bilden, genähert werden. Dies geschieht, indem die basalen Beobachtungsformen dieser Semantik herausgearbeitet werden. Auch wenn die Zunahme der Bedeutung von *education* insbesondere für die Frauen im gewählten Kontext Ausgangspunkt der weiteren Überlegungen ist, wird in der vorliegenden Studie keine Fragestellung verfolgt, die sich mit der Genderproblematik auseinandersetzt. Indem die mit dem Konstrukt *education* in Verbindung gesetzten Themen unterschiedlicher Gruppen (Angestellte, Hausfrauen und Arbeitslose im Rahmen der Hauptuntersuchung) zusammenfassend typisiert und die beobachtungsanleitenden Unterscheidungen herausgearbeitet werden, wird vielmehr eine über das einzelne Individuum hinausreichende, eingeschränkt kulturell zu bezeichnende Beschreibung der Wissenssysteme zum Begriff *education* angestrebt, indem das Konzept der Semantik konsequent weiterverfolgt wird.

Das Hauptinteresse der Erfassung der auf der individuellen Anwendungsebene vorfindbaren Themen liegt also ausdrücklich und explizit in der Suche nach kollektiven Mustern, oder mit Alois Hahn, dem Aufsuchen von „kulturell geprägten Erklärungsmustern" (Hahn et. al. 1996, S. 9). Diese Typisierung einzelner Sinnattributionen zu kulturellen (Erklärungs-)Mustern wird durch das systemtheoretische Konzept der Semantik erst plausibilisiert, da die vorfindbaren Themen als über höherstufig generalisierten Sinn organisiert betrachtet und damit gerade *nicht* als beliebig angesehen werden. In einem weiteren Analyseschritt und einer neuen Abstraktionsebene sollen die Themen bzw. kulturellen Muster dann in Zusammenhang mit der korrespondierenden Sozialstruktur gestellt werden.

Erziehungswissenschaftliche Perspektive der Fragestellung

Die ‚internationale' oder auch ‚interkulturelle' Bildungsforschung beschränkt sich in ihrer empirischen Forschung häufig auf Bildungs*inhalte*, z.b. aktuell auf den Leistungsvergleich von Schülern verschiedener Nationalitäten in bezug auf bestimmte Lern- und Bildungsinhalte (siehe unter vielen Glumpler 2000, Helmke 2001) oder einen Bildungssystemvergleich (z.B. Roeder 2001, 2003). Durch medienwirksame und politisch einflussreiche Beispiele wie jüngst die PISA-Studie verstärkt sich dieser Trend noch, wie man etwa an den vielen Folgeprojekten ablesen kann. Ein Vergleich von Bildungsinhalten repräsentiert aber nur einen limitierten Ausschnitt des Spektrums internationaler oder interkultureller Erziehungswissenschaft und klammert häufig zudem die elementare Frage der Vergleichbarkeit selbst aus, was dann einen bias nach sich zieht, der nur allzu oft dann nicht mehr reflektiert wird. Gerade hier lägen jedoch interessante, wichtige und weitreichende Fragestellungen für die Erziehungswissenschaften.

Ganz allgemein kann man aber Bildung und Erziehung nicht losgelöst von ihren Kontexten betrachten. Dies resultiert nun keineswegs nur aus dem Umstand, dass sich nationale Bildungseinrichtungen sowie ihre Organisation unterscheiden (und in der Bundesrepublik sogar einzelne Bundesländer), sondern ganz grundsätzlich aus der Kulturgebundenheit gesellschaftlicher Konstrukte wie Bildung selbst. Bildung und Erziehung sind eng mit den historischen, religiösen, kulturellen und sozio-ökonomischen Spezifika ihres Kontextes verknüpft. Die Ausklammerung des Kontextes oder - wie etwa in den PISA-Studien - die Reduktion auf wenige, an westlichen Vorstellungen von Bildung orientierten Inhalten, führt zur Ausblendung oder Marginalisierung wesentlicher Aspekte und damit werden die theoretischen und nicht zuletzt auch durchaus praktischen Ressourcen negiert, die eine kulturelle Perspektive zu bieten hätte.

Dabei kann bereits ein einfaches Beispiel deutlich machen, wie sehr auch Bildungsinhalte von Kultur bestimmt werden und wie wenig haltbar die Annahme einer universellen Gültigkeit von Inhalten ist: Vor kurzem wurde in einem außereuropäischen Land ein Gesetzentwurf vorgelegt, der zukünftig die Entlassung von Lehrern erlauben soll, wenn sie in ihrem Unterricht nicht neben der darwinistischen Evolutionstheorie den von der in diesem Land vorherrschenden religiösen Orientierung angebotenen Erklärungsversuch zur Entstehung der Welt und der Menschen gleichwertig behandeln. Das Land ist nicht der Iran - es ist der Bundesstaat Missouri in den Vereinigten Staaten von Amerika.[18] Zur Begründung führen die Anhänger der neuerdings „Kreationismus" oder „Intelligent Design" genannten Bibellehre an, dass die Evolution nur *eine* Theorie über den Ursprung des Lebens sei und kein Faktum, weshalb den Schülern alternative „Theorien" vermittelt werden müssten.[19] Ähnlich denkende Wissenschaftler gehen weiter und sprechen gar vom wissenschaftlich widerlegten ‚Evolutionsschwindel' (vgl. gleichnamiges Buch von Yahya 2002) und veranstalten sogar Konferenzen zu diesem Thema.[20] Auch in anderen Ländern wie etwa Italien ist eine Tendenz zu religiös geprägten Bildungsinhalten zu verzeichnen. Fasst man Bildung als notwendiges Wissen, um sich in einem gegebenen Kontext adäquat und erfolgreich zu verhalten, dann müssten den zukünftigen PISA-Studien vielleicht Wissensfragen zu religiösen Grundlagentexten sowie über Rituale und Traditionen hinzugefügt werden.[21]

Für die vorliegende Studie wird bewusst eine andere Perspektive auf die interkulturellen Bezüge in den Erziehungswissenschaften gewählt und die Bildungsinhalte werden zugunsten anderer Fragestellungen zurückgestellt. In den Fokus des Interesses rückt statt dessen die Thematisierung und Theoretisierung von Kultur als zentrale Grundlage jeder bildungstheoretischen und erziehungswissenschaftlichen Forschung. So betrachtet lässt sich Lenzens' Frage: „Wie kann ein bloßer Begriff [Bildung; I.C.] reale Macht ausüben und das, wenn er augenscheinlich so indeterminiert ist, daß er zu widersprüchlichen Besorgnissen Anlaß gibt?" (Lenzen 1997a, S. 950), die thematisch im Zusammenhang der pädagogischen Diskussion in Deutschland *gegen* den Bildungsbegriff als solchen formuliert wurde, in einen erweiterten Sinnzusammenhang stellen. Sie bringt zwei wichtige Aspekte auf den Punkt: zum einen, dass der Begriff Bildung (oder hier konkret: *education*) indeterminiert

---

18 Quelle: http://www.spiegel.de/unispiegel/studium/0,1518,295513,00.html (25.07.04)
19 Es stört sie dabei nicht, dass es sich bei der Evolutionstheorie im Gegensatz zum „Kreationismus" um eine Theorie im wissenschaftlichen Sinne handelt, was letzteres nicht für sich beanspruchen kann.
20 http://www.evolutionsschwindel.com/evolutionsschwindel20.html
21 Wobei auch hier schon wieder ein schlechtes Abschneiden von Deutschland prognostiziert werden kann, berücksichtigt man etwa Untersuchungen wie die von Sabrina Böhmer über die „(Re-) Institutionalisierung am Beispiel konfessioneller Sozialisation", in der sie herausfand, dass Eltern einen konfessionellen Kindergarten für ihre Kinder wählten, damit sie dort „christliche" Werte wie Gleichberechtigung der Geschlechter oder Demokratie lernen sowie die Bedeutung „christlicher" Symbole wie die des Tannenbaums (Vortrag auf der Jahrestagung der Sektion Biographieforschung in der Deutschen Gesellschaft für Soziologie vom 22. bis zum 24.04.04 in Frankfurt am Main).

ist, es sich also keineswegs um ein klar umrissenes semantisches Konstrukt handelt; zum zweiten, dass ihm trotzdem eine gewisse verbindliche Strukturierungsrolle zukommt, was Lenzen mit Macht beschreibt und was direkt an die hier aufgeworfene Frage der Bedeutung von Bildung sowie die Kontextgebundenheit dieser ‚Macht' anschließt. Die Frage der ‚Macht' eines Begriffs, der wie der Bildungsbegriff unbestimmt ist und mit Wassmann (1993) als „fuzzy set" (a.a.O., S. 103) gelten kann, lässt sich nutzbar machen, wenn man sie spezifiziert und in den Kontext und den jeweiligen Sinnzusammenhang des Begriffs stellt. Nur wenn der Zusammenhang eines Begriffs mit dem Kontext, in dem er wirksam ist, mitberücksichtigt wird, lassen sich Aussagen über seine Relevanz und Bedeutung gewinnen. Daran anschließend kann man dann folgende Fragen stellen: Wie kann ein Begriff konkret Macht ausüben? Und eine Antwort könnte lauten: Etwa gerade dadurch, dass er wie in dem Beispiel von Lenzen zu Besorgnis Anlass gibt. Und wären es im hier vorliegenden Fall, also Indien, dann eher Erwartungen? Und weiter kann man dann fragen: Was sind eigentlich die Voraussetzungen dafür, dass ein Begriff zu Besorgnis oder Erwartungen führen kann? Welche Implikationen machen dies möglich? Und welche Semantik steht für solche Beschreibungen gesellschaftlich zur Verfügung?

Lenzens' Beschreibung, die eher auf einer wissenschaftstheoretischen Ebene liegt, lässt sich auch auf die Ebene der Individuen transformieren, wo den Sinnzuschreibungen einer Semantik wiederum rekursiv Einfluss auf die Deutungen unterstellt werden kann. Diese Überlegungen schließen an die durch die empirischen Beobachtungen angestoßene Fragestellung an: ‚Besorgnisse', Erwartungen oder allgemein Attributionen im Zusammenhang von *education* können zugänglich und erklärbar gemacht werden, wenn die Zuschreibungen an *education*, die Sinnverweisungen und Relevanzstrukturen des Begriffs rekonstruiert und in den Kontext gestellt werden, in dem diese Semantik *sinnvoll* ist. Dazu kann man in einem ersten Schritt an den Zuschreibungen und Sinnkonstruktionen, die sich in der Semantik auf der Ebene der konkreten Anwendung zeigen, ansetzen. Gleichzeitig wird über die Berücksichtigung der Kontextgebundenheit der Sinnzuschreibungen, also des Zusammenhangs von semantischen Konstrukten und den korrespondierenden Sozialstrukturen, die rekursive Konstituierung beider Aspekte sowie die Kontingenz der Sinnkonstruktionen hervorgehoben.

Beispielhaft sei auf solche Ängste verwiesen, dass Bildung kulturelle oder etwa religiöse Vorstellungen verdränge, eine Besorgnis, die in dem oben erwähnten Beispiel über den Widerstand gegenüber der darwinistischen Evolutionstheorie im Biologieunterricht zum Ausdruck kommt.[22] Es ist auch

---

22 Ein anderes Beispiel hierfür ist z.B. der Sexualkundeunterricht, der von fundamentalistischen Religionsgruppen christlicher wie anderer Prägung ebenfalls mit großen „Befürchtungen" behaftet ist und der deshalb den Kindern erspart werden soll (vgl.

noch gar nicht lange her, dass in Europa Bildung speziell für Frauen als überflüssig, ja geradezu schädlich angesehen wurde (den uncharmanten Titel eines ‚Blaustrumpfes' kann man gelegentlich immer noch hören),[23] weil Bildung als „unweiblich" galt und zuviel Wissen als der ‚Weiblichkeit' abträglich angesehen wurde. Diese Semantik wird erheblichen Einfluss auf die Selbstbeobachtung der Individuen gehabt und sich in den je individuellen Selbstdarstellungen und Selbstkonzeptionen widergespiegelt haben. Solche Vorstellungen, Attributionen, also die kulturellen Muster, mit denen Bildung konzipiert wird, sind Teil eines kulturellen Kontextes, einer bestimmten Sozialstruktur und sie sind daher keineswegs zufällig, sondern müssen mit dieser Sozialstruktur strukturelle Kopplungen eingehen, anderenfalls wären sie für die alltägliche Sinnkonstruktion irrelevant.

2.2.1. *Wertigkeit von Bildung als Indiz für ihre lebensweltliche Relevanz*

Anschließend an die Beobachtungen aus den Voruntersuchungen und unter Berücksichtigung der Frage nach den Sinnverweisungen und Relevanzstrukturen des Begriffs *education* stellt sich die grundlegende Frage nach der Bedeutung und *Wertigkeit* von Bildung in einem bestimmten Kontext, die sich in *Bildungsaspirationen* umsetzen und auf diese Weise nicht zuletzt auch sehr konkrete und praktische Relevanz für erziehungswissenschaftliche Fragestellungen gewinnen können.[24] Die Vorstellungen oder Konstruktionen über *education* sind kulturell kontingent. Sie werden zwar auf der individuellen Ebene prozessiert, stellen jedoch über einzelne Individuen und ihren Wissensvorrat hinausreichende höherstufige Generierungen von Sinn dar. Darauf wird ausführlicher im Zusammenhang mit der systemtheoretischen Konzeption von Semantik einzugehen sein. An dieser Stelle genügt es auf den überindividuellen Aspekt von Wissenssystemen hinzuweisen, der sich dann z.B. in den Bildungsaspirationen auf der individuellen Ebene zeigen kann.

---

http://www.spiegel.de/unispiegel/studium/0,1518,272710,00.html oder
http://www.spiegel.de/unispiegel/studium/0,1518,282744,00html).
23 Man denke nur an die autobiographischen Erzählungen von Benoite Groults (1997) über den teilweise schweren Stand gebildeter junger Frauen in Frankreich noch in der Mitte des letzten Jahrhunderts.
24 Es wurden erste Ergebnisse der Sinnverweisungen von *education* unter moraltheoretischen Aspekten ausgewertet und es ließen sich Merkmale eines *persönlich Verpflichtenden* in Anlehnung an Blasi (1986) für den indischen Kontext aufzeigen. Diese Ergebnisse legen es nahe, dass *education* als eine moralische Verpflichtung gegenüber sich selbst wahrgenommen wird, was die Bildungsaspirationen in besonderer Weise betreffen sollte. Siehe Clemens (2004).

Bildungsaspirationen können als wichtige Ansatzpunkte für die Erklärung von Leistungen und Leistungsunterschieden im Bildungsbereich angesehen werden. Wenn man die kulturellen Unterschiede im Umgang mit Bildung berücksichtigt, dann wird schnell deutlich, wie anregend Fragen nach der Bedeutung und Wertigkeit von Bildung in einem gegebenen Kontext für die interkulturelle Erziehungswissenschaft sein können. So wäre es einmal interessant der Frage nachzugehen, warum Bildung in Deutschland tendenziell die Zuschreibung von Wertigkeit zu verlieren scheint. Diese Interpretation liegt nahe, wenn beispielsweise in Deutschland die *Eltern* sogenannter „Schulschwänzer" deren Fernbleiben von der Schule mit Gleichgültigkeit quittieren oder tolerieren (z.B. DER SPIEGEL 49 / 2002), wodurch gleichzeitig deutlich wird, dass es sich hier nicht etwa um ein ‚Generationenproblem' handelt. Dieses Verhalten muss keineswegs als Ausdruck individueller Präferenzen verstanden werden, sondern kann ebenso als Muster kultureller Wertigkeitsverschiebungen interpretiert werden. Ein gegenläufiges Beispiel findet sich in Korea (Kim 2004),[25] wo man sich fragen kann, was es für ein Kind oder einen Jugendlichen bedeutet, wenn die Eltern täglich mehrere Stunden für den Bildungserfolg beten, bis zum Collegeabschluss immense Summen in die Ausbildung investieren oder die Kinder bis zu 15 Stunden am Tag mit Schule und Lernen beschäftigt sind.[26] Ein weiteres plakatives Beispiel ist das Image und die Beliebtheit eines guten Schülers. Während besonders gute Schüler in Deutschland typischerweise als ‚Streber' stigmatisiert und oft nicht in die Klassengemeinschaft integriert sind, berichtet Kim für Südkorea, dass der beste Schüler einer Klasse in aller Regel auch der beliebteste ist (vgl. oben).

Man kann die Überlegungen zu Abwertungstendenzen im Zusammenhang mit Bildung für den bundesdeutschen Kontext ebenso gut von der Ebene der individuellen Bedeutungszuschreibungen ablösen und eine gesamtgesellschaftliche Perspektive einnehmen. So wird in „modernen, funktional differenzierten Gesellschaften ... ein Steuerungsdefizit wahrgenommen. Seit die Erfahrung sich verbreitet, daß es ein die Gesellschaft repräsentierendes Zentrum nicht mehr gibt, soll häufig organisierte Erziehung die Leerstelle füllen. Die Pädagogisierung eines gesellschaftlichen Problems setzt regelmäßig dann ein, wenn für politisches Handelns kein Ansatz gefunden oder kein Konsens zu erreichen ist" (Radtke 1995, S. 856). Bildung oder Erziehung werden als Konsequenz aus dieser Entwicklung oft als *Ersatzhandlung* missverstanden, so Radtke weiter. Die Erziehungswissenschaft muss demnach in

---

25   Kim bei einem Vortrag „Factors contributing to academic achievement in Korea: Psychological, relational, social and cultural perspectives" am 29.04.04 im Deutschen Institut für Internationale Pädagogische Forschung.
26   In diesem Zusammenhang muss auch auf eine zweite Attribution von Wertigkeit verwiesen werden, nämlich die zugeschriebene Wertigkeit von Kindern für ihre Eltern. Im ‚Value of Children'-Ansatz wird diese Frage aufgegriffen und gerade auch unter kulturvergleichender Perspektive ausgearbeitet (vgl. z.B. Nauck 2001, Zheng 2004).

einer Gesellschaft, in der Erziehung als eine Ersatzhandlung missverstanden wird, die Frage nach der „Funktionalisierung der öffentlichen Erziehung in gegebenen sozialen Konstellationen" (a.a.O., S. 856) kritisch reflektieren. Schon der Begriff der Ersatzhandlung suggeriert jedoch, dass Bildung die Funktion eines Lückenbüßers oder Platzhalters für etwas *Eigentliches* einnehmen soll (z.b. die elterliche Erziehung), das sich zurückgezogen hat oder zurückgedrängt, jedenfalls marginalisiert wurde. Gleichzeitig suggeriert der Begriff der Ersatzhandlung, dass der Erfolg einer solchen Erziehung durchaus zu bezweifeln ist: ein Ersatz ist nicht das ‚Original'. Dem Erziehungssystem wachsen also Aufgaben zu, die zu bewältigen ihm als Pflicht angetragen werden, wobei gleichzeitig seine Kompetenz dazu schon in Frage gestellt wird.

Schließlich scheint der ‚PISA-Schock' in Deutschland die Zuschreibung von Wertigkeit an Bildung endgültig in Frage gestellt zu haben. Die institutionalisierte Bildung ist in Verruf geraten und wird auch zunehmend mit ökonomischen Modellen einer Kosten-Nutzen-Rechnung unter die Lupe genommen (siehe kritisch dazu Radtke 2003). In Indien lassen die ersten Beobachtungen mindestens für die urbane Mittelschicht anderes erwarten. Hier scheint der Begriff *education* im Gegenteil mit sehr hohen Erwartungen und positiven Attributionen aufgeladen zu sein.

2.2.2. *Kulturvergleich als Chance für neue Perspektiven in der Erziehungswissenschaft*

Sozialwissenschaftliche Ansätze, die eine „kulturalistische Perspektive" einnehmen, „sehen und finden in der sozialen Realität „mehr" als nur Sozialstruktur und soziale Beziehungen. ... Sie betrachten die symbolische und sprachliche Konstituiertheit sozialer Realität nicht nur als Randbedingung oder Voraussetzung sozialen Geschehens, sondern stellen sie ins Zentrum ... (der) Analyse" (Knorr-Cetina & Grathoff 1988, S. 28). Ganz im Sinne einer solchen Erweiterung ist Kultur in der vorliegenden Studie integraler Bestandteil des Erkenntnisinteresses und der wissenschaftlichen Methode, eine Perspektive, die in den Erziehungswissenschaften allgemein nicht sehr verbreitet ist.

Durch eine Thematisierung von Kultur sowie der kulturellen Kontingenz von mit Bildung und Erziehung zusammenhängenden Fragen kann die Erziehungswissenschaft nicht nur mehr Reflexivität erreichen, sondern sie kann sich auch zu theoretischen Neuentwicklungen inspirieren lassen. Ein wichtiger Aspekt dieser Studie ist deshalb die Diskussion eines Kulturkonzeptes, das auch für die Erziehungswissenschaft neue Wege aufzeigen kann.

Es soll an dieser Stelle auch darauf hingewiesen werden, dass eine Perspektive, die Kultur als wesentliches Element enthält, nicht notwendigerweise auch zu einem konkreten Vergleich von Kontexten führen muss. Unter Kulturvergleich kann auch verstanden werden, durch die Beschäftigung mit einer fremden Kultur etwas über die eigene Perspektive, die eigene Kultur zu lernen. Niemand, auch nicht der um Objektivität bemühte Wissenschaftler, kann seine ‚Kultur' beim Eintritt in den fremden Kontext suspendieren und eine neutrale Beobachterrolle einnehmen, denn „wir bewohnen sie [die Kultur, I.C.] als einen bedeutsamen Raum unserer Welt; sie ist Teil von uns, unser ‚Zuhause'" (Soeffner 1988, S. 3). Auch wenn wir eine andere, uns nicht nahestehende Kultur aufsuchen, können wir diesen Raum unserer Welt nicht verlassen. Unsere Beobachtungen sind und bleiben durch unsere Kultur geprägt. Gleichzeitig kann uns diese Differenzerfahrung jedoch dabei helfen, eine Distanz auch gegenüber dem eigenen kulturellen Kontext herzustellen, um uns so für Beobachtungen und Interpretationen zu sensibilisieren.

2.2.3. Theoretische Einbettung der Fragestellung

Da die Fragestellung dieser Studie an empirischen Beobachtungen ansetzt, wird sowohl bei der Datenerhebung als auch bei der darauf bezogenen Analyse der thematischen Kategorien auf vorstrukturierende Thesen bewusst verzichtet. Die durch halbstrukturierte Interviews gewonnenen Texte werden somit nicht „theoretisch mit einem Sinn ... überformt", da der Interpret so statt „Kenntnis über neue Zusammenhänge ... nur die Bestätigung des in seine Hypothese implizit eingewanderten Vorurteils" erreichen kann (Radtke 1985, S. 321). Im vorliegenden Fall käme noch hinzu, dass diese Hypothesen wiederum notwendigerweise Hypothesen wären, die den Kontext des Forschers widerspiegeln und den Blick auf eine unbekannte Kultur zusätzlich verstellen würden. Vor diesem Hintergrund kann das in der vorliegenden Arbeit verwendete Vorgehen eher als induktives, hypothesengenerierendes Verfahren verstanden werden, da es um den Versuch geht, eine größtmögliche Offenheit gegenüber den Entwürfen indigener Themen und Perspektiven zu gewährleisten.

Dies bedeutet allerdings nicht, dass es sich um ein theorieloses Vorgehen handelt. Der empirischen Methode liegt die Annahme zugrunde, dass man sich kulturspezifischen Themen am besten induktiv über möglichst offene Gesprächssituationen nähert. Damit sollte auch explizit vermieden werden, a priori eurozentristische Annahmen einfließen zu lassen. Stattdessen sollte die Entfaltung indigener Perspektiven ermöglicht werden. Selbstverständlich kann auch damit ein eurozentristischer Bias nicht ausgeschlossen werden. Alle Analyseschritte wurden jedoch im Hinblick auf eine größtmögliche Kontextangemessenheit konzipiert. Auf der ersten Analysestufe steht entsprechend die Offenheit für ein induktives Vorgehen im Mittelpunkt, um so ein möglichst breites Spektrum an in der Semantik eingelagerten Themen erfassen zu können, während auf der zweiten Stufe die Theorieorientierung die Art der Analyse als eine Analyse beobachtungsanleitender Grundunterscheidungen bestimmt. Auf diese theoretische Position wird noch näher einzugehen sein. Die identifizierten Unterscheidungen selbst sowie die an ihnen ausgerichteten Themen basieren jedoch auf indigenen Beschreibungsmodi.

Die Untersuchung der Sinnverweisungen und Relevanzstrukturen der Wissenssysteme orientiert sich zunächst an wissenssoziologischen Ansätzen. Für eine erste Annäherung an die Fragestellung ist der „zuhandene Wissensvorrat" (Schütz 1982, S. 102 u.ö.) als ein habituelles Wissen und ein Sediment früherer Erfahrungen, die Schütz Bewusstseinstätigkeiten nennt, die „durch Systeme von vorherrschenden aktuell operativen Relevanzen verschiedener Art" (a.a.O., S. 102) geleitet wurden, von Bedeutung. Dieser Wissensvorrat kann ruhen und dementsprechend neutralisiert sein, ist aber jederzeit wieder ‚aktualisierbar'. Polanyis' (1985) Konzept des impliziten Wissens verweist in eine ähnliche Richtung. Wissen als ein dynamisches System zu fassen scheint dazu geeignet zu sein, die Bedeutungen und Zuschreibungen erfassen zu können, die in semantischen Konstrukten implizit mittransportiert werden. Gleichzeitig hat in diesem Verständnis Wissen immer auch eine soziale Dimension und ist deshalb nie nur Wissen eines einzelnen Individuums, auch wenn es je eigenständig von einem Sinnkonstrukteur erzeugt werden muss (und nicht etwa in irgendeiner Weise ‚übertragbar' ist). Damit geraten gerade insbesondere überindividuelle Wissenssysteme in den Blick, was bereits als ein zentrales Erkenntnisinteresse erwähnt wurde.

Dieser Theoriebaustein gewinnt für die vorliegende Studie durch die Sinnbasierung noch zusätzliche Attraktivität. Sinn ist die Grundlage jeder Bedeutungszuschreibung. Ereignisse, Dinge oder Beobachtungen erhalten erst durch die Zuschreibung von Sinn ihre Identität und ihre Relevanz: „Wenn ich von einem dieser Erlebnisse aussage, daß es sinnhaft sei, so setzt dies voraus, daß ich es aus der Fülle der mit ihm zugleich seienden, ihm vorausgegangenen und ihm nachfolgenden schlicht erlebten Erlebnisse ‚heraushebe', indem ich mich ihm ‚zuwende'. Wir wollen ein so herausgehobenes Erlebnis ein ‚*wohlumgrenztes Erlebnis*' nennen und von ihm aussagen, daß wir mit ihm einen ‚Sinn' verbinden. Damit haben wir den ersten und ursprünglichsten Begriff des Sinnes überhaupt gewonnen" (Schütz 1974, S. 53, Hervorhebungen im Original). Schütz formuliert, was auch in der Systemtheorie einen zentralen Stellenwert einnimmt und worauf sich die vorliegende Studie besonders bezieht: Das nämlich Sinn 1) immer eine Selektion voraussetzt und 2) Anschlussfähigkeit (im obigen Beispiel konkret an frühere Sinnkonstruktionen) aufweisen muss.

Insofern werden als Ausgangspunkt der Analyse zum einen zunächst die Sinnkonstruktionen hinsichtlich ihrer Selektion untersucht, das heißt, es wird zuerst der Frage nachgegangen, was in dem gewählten Kontext mit dem Begriff *eduaction* überhaupt mit Sinn belegt wird, welche Sinnformen also gebildet werden, und danach wird die Frage der Anschlussfähigkeit dieser Konstruktionen untersucht. Beide Aspekte haben einen starken reflexiven Bezug zu der Sozialstruktur. Dies ermöglicht es, die Perspektive auch auf die *Kultur*-Frage ausrichten zu können. Nach Schütz verläuft die ‚Tätigkeit des Bewusstseins' als grundlegende Operation für die Sinnkonstruktion, und damit den Wissensaufbau, in einem engen Beliebigkeitsrahmen, der durch sedimentierte Erfahrungen abgesteckt ist, wobei auch die individuelle Erfahrung wiederum nicht unabhängig von der Sozialstruktur erlebt wird. Diese Definition des Sinnbegriffs und seine enge und strikte Bindung an Bewusstsein wird unter Bezugnahme auf systemtheoretische Argumentationsmuster kommunikationstheoretisch aufgelöst und reformuliert. Insbesondere das theoretische Konstrukt der Semantik sowie seine Relation zu der Sozialstruktur, was Luhmann an verschiedenen Stellen ausführlich dargelegt hat (1988, 1993, 1999 u.ö.), bietet schließlich neue Möglichkeiten der Reformulierung eines Kulturbegriffs, der auch für die Erziehungswissenschaften nutzbar sein kann.

2.3. Umsetzung der Fragestellung im konkreten Forschungsdesign

Durch die Fokussierung auf die auf der sprachlichen Ebene vorfindbaren Themen als Ausgangspunkt wird absichtsvoll zunächst ein offenes Design gewählt. Der Zugang zum Feld sowie dem inhaltlichen Gegenstand *education* wurde zunächst über unterschiedliche, teils heterogene Befragungsmethoden (Assoziationsinterviews, Experteninterviews) und mit unterschiedlichen Stichproben gewählt (vom ‚einfachen Mann auf der Straße' bis zum ‚Bildungsexperten'). Darauf aufbauend stellen dann offene, problemorientierte Interviews mit biographischem Bezug den Kern der Untersuchung und die Grundlage für die weitere Analyse dar. In dieser Analyse werden dann zuerst die den Interviewdiskurs bestimmenden thematischen Kategorien über eine ‚Dokumentarische Interpretation' in Anlehnung an Bohnsack (1993) herausgearbeitet. Bohnsack schlägt für die ‚Dokumentarische Interpretation' ein Vorgehen in vier Schritten vor: (1) die ‚Formulierende Interpretation', (2) die ‚Reflektierende Interpretation', (3) eine ‚Diskursbeschreibung' sowie (4) die ‚Ausformulierung von Typiken'. Während es in den beiden ersten Schritten im wesentlichen um die angesprochenen Themen sowie die Selektivität und Unterschiedlichkeit in der Behandlung dieser Themen geht, sind die beiden folgenden Schritte Strategien der vermittelnden Darstellung der Ergebnisse aus der Textinterpretation, die sich am Diskursverlauf bzw. an der Bildung von Typen orientieren. Mit Bohnsacks ‚Dokumentarischer Interpretation' wird absichtsvoll ein *rekonstruktives* Verfahren gewählt, das dem Erkenntnisinteresse angemessen erscheint und Raum für die Themenbildung aus dem empirischen Material lässt und es so ermöglicht, den Kontingenzrahmen einer sinnvollen Thematisierung abzustecken. Damit soll gewährleistet werden, dass in der ersten Analysephase so wenig wie möglich in das Material eingegriffen wird und die Themen ohne Rekurs auf vorgefertigte Erklärungsmuster oder theoretische Perspektiven dargestellt werden können, um die indigenen Inhalte möglichst wenig vorzuformen. Das so aufbereitete Datenmaterial stellt daher nach den ersten beiden Auswertungsschritten nach Bohnsack eine Art Kondensat der Themen mit hoher Gegenstandsangemessenheit dar. Von den beiden zusätzlich von Bohnsack vorgeschlagenen Analyseschritten wird für die vorliegende Fragestellung kein konstruktives Ergebnis erwartet, da sie im wesentlichen eine Diskursbeschreibung sowie exemplarische Darstellungen beinhalten. Statt dessen wird das weitere Vorgehen an einem rekursivem Verfahren ausgerichtet und wegen der generellen problemorientierten Ausrichtung der vorliegenden Analyse dem Gegenstand und dem epistemologischen Interesse angepasst.

Deshalb wird auf die beiden Analyseschritte ‚Diskursbeschreibung' und ‚Typenbildung' im engeren Sinne verzichtet. Es stehen nicht die Individuen oder etwa die sozialen Prozesse im Zentrum, die sich am Interviewverlauf aufzeigen lassen, wie etwa Rollenübernahmen, Gesprächsdynamik und Diskursverlauf, sondern die Semantik zu *education* mit ihren Sinnverweisungen und insbesondere ihren Anschlussfähigkeiten an die sozialen Strukturen.[27] Es geht also weniger darum, wie die Individuen etwa mit bestimmten biographischen Aufgaben in bezug auf *education* konkret umgehen, also z.B. welche konkrete Bildungskarriere sie wählen und warum, oder welche ‚Typen' sich in dieser Hinsicht identifizieren lassen. Statt dessen richtet sich das Erkenntnisinteresse darauf, welche Möglichkeiten der Bearbeitung die Semantik zu *education* selbst bietet, welche Themen also in welcher Weise mindestens vorläufig in diese Semantik eingelagert wurden und damit spezifische Anschlussfähigkeiten in der Kommunikation temporär verfügbar halten.

Es folgt daher auf die ‚Reflektierende Interpretation' ganz im Sinne der dem *Forschungsprozess vorausgesetzten theoretischen Kategorien metatheoretischer Art* (vgl. Bohnsack 1993) eine Auswertung, die auf die theoretische Konzeption der Arbeit abgestimmt ist. Im Anschluss an die theoretischen Überlegungen zu Wissen, Sinnkonstruktion und Semantik sowie die Möglichkeit der Beobachtung latenter Strukturen geht es dann in der zweiten Analysestufe darum, die aus der ‚Formulierenden Interpretation' und der ‚Reflektierenden Interpretation' gewonnenen thematischen Kategorien auf die den Beobachtungen zugrunde liegenden *Unterscheidungen* hin zu untersuchen. Dies zielt insbesondere auf ein genaueres Verständnis der Konstrukti-

---

27 Zur Definition des Begriffs Anschlussfähigkeiten siehe insbesondere Kapitel 3.

onslogik der Semantik und ermöglicht die Formulierung von Konsequenzen, die diese Beobachtungsformen von *education* im untersuchten Kontext der indischen Mittelschicht haben. Abschließend sollen die Ergebnisse und vor allem auch die herausgearbeiteten Konsequenzen auf kulturspezifische Fragen[28] bezogen und Hypothesen über die Relation einer Semantik (Luhmann 1987 u.ö.) über *education* und der korrespondierenden Sozialstruktur entwickelt sowie daran anschließend mit einer veränderten Optik auf der Grundlage der vorgetragenen Ergebnissea Fragen vorwiegend an die deutsche Bildungsdiskussion formuliert werden.

---

[28] Für eine systemtheoretisch Diskussion des Kulturbegriffs siehe auch Baecker (1997).

3. Theoretische Ausgangspunkte der Studie

3.1. Eine fremde Kultur als konkreter Untersuchungskontext

Die Wahl Indiens als Untersuchungskontext soll hier gerade nicht so verstanden werden, als sei Kultur gleichbedeutend mit Umwelt, Nation oder geographischer Lage. In Untersuchungen, die sich an Nationen als Untersuchungseinheiten orientieren, wird dann aus einer Nation „one single case, not many" (Smith 2004, S. 6), Nation wird auf diese Weise zu einer Einheit aggregiert und stilisiert. Die wohl bekannteste Studie hierzu ist die von Hofstede (1980), die bis heute weitreichende Konsequenzen für wissenschaftliche und vor allem wirtschaft(swissenschaft)liche Betrachtungen hat. Nationen werden bei Hofstede anhand der Dimensionen Machtnähe / Machtdistanz, Sicherheit / Unsicherheit, Individualismus / Kollektivismus und Maskulin / Feminin sowie in neuerer Zeit auch in der Zeitdimension von kurzfristig / langfristig miteinander verglichen.[29]

Es kann in der vorliegenden Studie auch keinesfalls darum gehen, die ‚indische' Bedeutung von *education* herauszuarbeiten. Gegen ein solches Vorhaben sprechen allein schon die vielen unterschiedlichen Sprachen, Religionen, regionalen Bedingungen und historischen Besonderheiten (Screase 1993). Man kann deshalb auch nicht von *einer* indischen Kultur sprechen. Die Wahl eines fremden Untersuchungskontextes[30] hat aus der Perspektive des Kulturbegriffs, wie er hier gefasst werden soll, primär zwei methodischreflexive Gründe. Grundsätzlich bietet Indien als Entwicklungsland und aufstrebende Nation einerseits *und* als Kultur mit der vielleicht einzigartigen Konstellation der obersten hierarchischen Klasse der Brahmanen als Bildungskaste eine Vergleichsfolie mit vielen erwartbaren Irritationen für die gewohnte Perspektive.

Sensibilisierung der Beobachtung

Zum einen wird versucht, den Forscher durch die Wahl eines ihm fremden Untersuchungskontextes, in dem ihm also die Alltagswelt nicht selbstverständlich gegeben ist und er deshalb sein Handeln ständig reflektieren muss, für die Beobachtung zu sensibilisieren. Systemtheoretisch übersetzt heißt das,

---

29 Siehe demgegenüber aber Bateson's Studie über *Nationalcharakter* (Bateson 1983, S. 135 ff.).
30 Wenn im Folgenden in Bezug auf die vorliegende Studie vom indischen Kontext die Rede ist, dann ist immer ausschließlich die urbane indische Mittelschicht gemeint.

auf die Unterscheidungen selbst, die den Beobachtungen zugrunde liegen, zu reflektieren. Dies zielt darauf ab, in Anlehnung an Smedslund (1984) das formulierbare *visible non obvious* transparenter zu machen. Smedslund geht in seinen Annahmen über das *invisible obvious* davon aus, dass die Kultur als Basis allen Verstehens von den Individuen normalerweise nicht wahrgenommen wird. Als Metapher ausgedrückt: „'the fish do not know the ocean' ...More precisely, the fish do not know exactly what it is that they know tacitly" (Smedslund 1984, S. 448). Ebenso wenig kennt der Psychologe nach Smedslund seine Kultur, er weiß genauer gesagt nicht, dass er sie kennt und setzt sie deshalb in seinen Forschungen als selbstverständlich voraus, ohne sich dessen bewusst zu sein. Smedslund's Kritik daran ist nun, dass es sich dabei um eine unzulässige Reduktion wissenschaftlicher Beschreibung und Beobachtung handelt. Konsequenterweise ist dann auch seine Forderung an alle psychologischen Untersuchungen (und man kann dies getrost auf erziehungswissenschaftliche Fragestellungen übertragen), Kultur zu berücksichtigen, da es ansonsten zu unzulässigen Verkürzungen in den Analysen kommt. Die Wahl einer fremden Kultur als Forschungskontext bedeutet für die vorliegende Studie, diese kulturbedingte Schwierigkeit der Beobachtung bewusst zu reflektieren und als festen Bestandteil des Forschungsprozesses aufzugreifen. Über diese Sensibilisierung der Beobachtung sollen die von den indigenen Untersuchungspersonen unhinterfragbaren Selbstverständlichkeiten herausgearbeitet und in die Analyse einbezogen werden. Es kommt also darauf an, sich der Limitationen seiner Möglichkeiten bewusst zu werden und genau zu beobachten, wie diejenigen, die sich zurechtfinden, dies eigentlich tun.

Der nicht-indigene Beobachter kann sich ‚überraschen' lassen und etwas beobachten, was eine indigene Person nicht sehen oder wahrnehmen würde, da sie eben *nicht* ‚überrascht' werden könnte.[31] Die Interpretation dessen, was der Außenstehende beobachtet, macht den Versuch notwendig, Bekanntes mit Unbekanntem zu neuen Eindrücken zusammenzusetzen, wobei das Neue eben gerade dadurch entsteht, dass das Selbstverständliche überhaupt überwunden werden kann. Nur weil der Beobachter kein Angehöriger des Kontextes ist und die Selbstverständlichkeiten nicht mit den anderen teilt, kann er überhaupt fremde Unterscheidungen einführen, die für seine Beobachtungen eine notwendige Voraussetzung sind. Denn alles Beobachten ist die Einführung einer Unterscheidung. Dabei ist natürlich evident, dass grundsätzlich jeder Beobachter einen blinden Fleck aufweist und dieser Bias nicht aufgehoben werden kann. Darauf wird am Ende dieses Kapitels noch zurückzukommen sein, da das Problem der Beobachtung für die vorliegende Studie ganz maßgeblich ist.

---

31 Diesen Aspekt könnte man auch in Anlehnung an die Ethnomethodologie noch weiter ausführen und vertiefen. Siehe grundlegend nur Garfinkel (1967) und eine daran anschließende, kaum noch überschaubare Literatur.

Die Sensibilisierung durch einen fremden Kontext kann die gewohnten und unhinterfragten Beobachtungen irritieren und diese Irritation wiederum kann zu neuen Beobachtungen führen, wenn sie bewusst und damit nutzbar gemacht werden.

Aus diesem Grund folgt die vorgetragene Argumentation nicht der Schlussfolgerung, die Smedslund aus seinen Überlegungen zieht, nämlich dass der Forscher die von ihm untersuchte Kultur teilen muss. Smedslund's (1984) Argumentation suggeriert, dass es letztlich *die* Lesart von Sinn, *den* Inhalt von Kultur gibt, die der Forscher finden kann, wenn er nur das richtige Symbolsystem zugrundelegt. Durch diese „Explikation des Wohlbekannten" (a.a.O., S. 450, Übersetzung I.C.) würden die Individuen dann „beschreibbar, erklärbar und voraussagbar" (a.a.O., S. 443 u.ö.). Es geht dann ‚nur' noch darum, eine ausreichende Explikation des *impliziten Wissens* (vgl. Polyani 1985) anzufertigen, um die Individuen erklären und ihr Handeln und Verhalten vorherzusagen zu können. Diese Argumentation erinnert an die Frage nach der einen und einzigen Geschichte, eine Absicht, die in der französischen Geschichtsschreibung des 20. Jahrhunderts „histoire totale" genannt, allerdings nach Tenorth & Lüders (1997, S. 540) weder begründet noch je eingelöst wurde. Geschichte ist wie jede Beobachtungsform beobachterabhängig, es gibt sie nur durch die an ihr Interessierten, ob dies nun Laien oder Wissenschaftler wie beispielsweise Historiker sind, und mindestens jede Epoche schreibt ihre eigene Geschichte des Vergangenen. Genauso wenig vielversprechend scheint es davon auszugehen, *die* Kultur eines Forschungskontextes gleichsam entdecken zu können, und zwar unabhängig davon, ob es sich bei den ‚Entdeckern' um indigene oder fremde Forscher handelt.

Die hier gewählte Perspektive auf Kultur als Semantik im Verhältnis zur Sozialstruktur versteht sich dagegen eher als eine Analyse der Sinnverweisungen von Wissensbeständen oder von Ideengut. Kultur ist damit nicht ein getrennt ausweisbarer Teil des Forschungsergebnisses, sondern allen methodischen wie theoretischen Überlegungen bereits implizit. Fremdheit und Nichtverstehen werden dann im Gegenteil zur Chance, neue und erklärungsbedürftige Aspekte eines Forschungsgegenstandes überhaupt identifizieren zu können. Der nicht-indigene Forscher kann so Fragen an das Material stellen, deren Antworten für jeden Angehörigen des Kontexts evident wären.

Möglichkeit der Reflexion des invisible obvious im eigenen Kontext und in der eigenen Disziplin

Darüber hinaus bietet eine solche Wahl eines fremden Kontextes auch die neue Möglichkeit einer Reflexion auf Untersuchungen in der eigenen Kultur sowie der eigenen wissenschaftlichen Perspektive. Dies erscheint auch im Hinblick auf Untersuchungen erziehungswissenschaftlicher Fragestellungen vielversprechend. Indem das Besondere in fremden Zusammenhängen der Sinnkonstruktion, hier konkret die Bedeutung von *education* in Indien, beschrieben wird, werden auch für die Untersuchung im eigenen soziokulturellen Zusammenhang neue Perspektiven eröffnet. Es wird so möglich, die gewonnenen Beobachtungsformen im indigenen Kontext zu erproben und neue Unterscheidungen in das Selbstverständliche, das eigene invisible obvious einzuführen.

3.2. Konstruktion von Wirklichkeit

Wirklichkeit ist gesellschaftlich konstruiert, so lautet die Grundthese der Wissenssoziologie. Wirklichkeit wird hier als Qualität von Phänomenen definiert, die unabhängig davon vorhanden sind, ob sie nun gewollt sind oder nicht.[32] *Wissen* wiederum wird dort als Gewissheit auf Seiten der Individuen definiert, dass Phänomene wirklich sind und bestimmte Eigenschaften haben. Damit sind die zwei Grundbegriffe der Wissenssoziologie benannt. Sie geht davon aus, dass „spezifische Konglomerate von „Wirklichkeit" und „Wissen" zu spezifischen gesellschaftlichen Gebilden gehören", was sich daran ablesen lässt, dass es offenkundige Unterschiede zwischen Gesellschaften hinsichtlich dessen gibt, was für die jeweilige Gesellschaft Gewissheit hat (Berger & Luckmann 1977, S. 3) und was es ermöglicht, kulturrelevante Fragen anzuschließen. Dieser gesellschaftliche Relativismus bestimmt das Erkenntnisinteresse der Wissenssoziologie, die sich deshalb damit befassen muss, „wieso und auf welche Weise ,Wirklichkeit' in menschlichen Gesellschaften überhaupt ,gewusst' werden kann" (Berger & Luckmann 1977, S. 3), wie also Wissen über Wirklichkeit letztlich entsteht. Sie darf deshalb „ihr Interesse nicht nur auf die empirische Vielfalt von ,Wissen' in den menschlichen Gesellschaften richten, sondern sie muß auch untersuchen, auf Grund welcher Vorgänge ein bestimmter Vorrat von ,Wissen' gesellschaftlich etablierte ,Wirklichkeit' werden konnte" (a.a.O., S. 3). Auch ihr geht es damit eher um die Organisation, um die Strukturen von Wissen im Verhältnis zu der Gesellschaft, in der es relevant ist.

Als Konsequenz für eine soziologische Analyse setzt die Wissenssoziologie bei dem „Allerweltswissen" von jedermann an (Berger & Luckmann 1977, S. 16). Dabei enthält sich die „phänomenologische Analyse der Alltagswelt beziehungsweise der subjektiven Erfahrung der Alltagswelt ... jeder kausalen oder genetischen Hypothese und auch jeder Behauptung über den ontologischen Charakter der analysierten Phänomene" (Berger & Luckmann 1977, S. 23). Vielmehr ist ein Zugang zu einer Beschreibung der Wirklich-

---

32 So verweisen Berger & Luckmann darauf, dass man Wirklichkeit zwar *verwünschen*, nicht jedoch *wegwünschen* kann (1977, S. 3).

keit jedermanns nur möglich, indem man sich mit den Interpretationen jedermanns über seine Wirklichkeit auseinandersetzt und sich mit den Alltagserfahrungen der Individuen beschäftigt, denn schließlich wissen auch die Subjekte nicht, dass oder wie sie wissen, oder mit Polanyi (1985): man muss davon ausgehen, dass „*wir mehr wissen, als wir zu sagen wissen*" (a.a.O., S. 14, Hervorhebung im Original). Wissen bedeutet zu einem großen Teil immer implizites Wissen. Polanyi beschreibt dies anhand der Wahrnehmung von Gesichtszügen: „Was den Fall der menschlichen Gesichtszüge angeht, würde ich nun sagen, daß wir uns auf unser Gewahrwerden ihrer Merkmale verlassen, um auf die charakteristische Erscheinung eines Gesichts zu achten. Wir richten unsere Aufmerksamkeit *von* den einzelnen Merkmalen *auf* das Gesicht und sind darum außerstande, diese Merkmale im einzelnen anzugeben. Und ebenso würde ich sagen, daß wir uns auf unser Gewahrwerden kombinierter Muskelleistungen verlassen, wenn wir uns der Aufführung einer Kunstfertigkeit zuwenden. Wir richten unsere Aufmerksamkeit *von* diesen elementaren Bewegungen *auf* die Durchführung ihres vereinten Zwecks und sind daher gewöhnlich unfähig, diese elementaren Akte im einzelnen anzugeben. Wir können dies als die *funktionale Struktur* des impliziten Wissens bezeichnen" (a.a.O., S. 19, Hervorhebung im Original). Jedes Wissen ‚funktioniert' nach Polanyi auf diese Weise. Ohne implizites Wissen ist Wissen nicht möglich. Die Auswirkungen dieser Annahmen sind sehr weitreichend. Nimmt man in den Blick, dass es erklärtes Ziel der modernen Wissenschaft ist, ein unabhängiges und streng objektives Wissen zu erstellen und geht man mit Polanyi davon aus, dass implizite Gedanken einen unentbehrlichen Bestandteil allen Wissens bilden, „so würde das Ideal der Beseitigung aller persönlichen Elemente des Wissens *de facto* auf die Zerstörung allen Wissens hinauslaufen" (a.a.O., S. 27, Hervorhebung im Original).

Entsprechend ist es für ein umfassendes Verständnis der Sinnattributionen an *education* und den damit verbundenen Sinnanknüpfungspunkten in einer Semantik unerlässlich, gerade auch solches implizites Wissen herauszuarbeiten. Als Konsequenz bietet sich ein offenes Fragedesign besonders an. Vor diesem Hintergrund setzt die vorliegende Arbeit bei Beschreibungen von relevanten Alltagserfahrungen in Bezug auf *education* an und nähert sich dem Ideengut somit zunächst auf dem untersten Aggregatzustand der Anwendung von Wissen im Vollzug der Kommunikation. Damit wird es möglich, Wissen in seiner Konstruktion und unmittelbaren Anwendung zu analysieren und mindestens Teile des impliziten Wissens zu erfassen.

Schon hier sind jedoch Präzisierungen des Sinnbegriffs und der Sinnkonstruktion erforderlich. Die Wissenssoziologie geht vom Subjekt als einziger sinnerzeugenden Einheit aus, die über Unterscheidung und Selektion Sinn herstellen kann. Auch beispielsweise Weick geht in seiner Theorie des *Sensemaking* davon aus, dass die Sinnerzeugung mit dem „self-conscious sensemaker" beginnt (Weick 1995, S.22). Dieser strukturiert das Unbekannte, indem er Stimuli in einem Netzwerk von Beobachtungen platziert und so einen beobachtbaren Unterschied schafft (dies sind sogenannte *Einklammerungen* bei Weick; Schütz spricht in ähnlichem Zusammenhang von *wohlumgrenzten Erlebnis*). Erst die Beobachtung der an Verweisungen reichen Umwelt durch den *Sensemaker* erzeugt den Unterschied des umgrenzbaren Erlebnisses, das nicht schon unabhängig davon „real" als empirische Einheit existiert. Nur was durch Selektion aus dem Fluss der Alltagswelt hervorgehoben wird, kann beobachtet und somit mit Sinn unterlegt werden. Dieses Herausheben, diese Selektion ist somit beobachterabhängig.[33] Aber Weick führt eine neue Perspektive ein, die anhand der Systemtheorie von Nikals Luhmann weiter präzisiert werden kann. Für den Fall des Sensemaking durch den Sensemaker konstatiert Weick eine ‚Falle': „The trap is that *sensemaker* is singular and no individual ever acts like a single sensemaker" (a.a.O., S. 18, Hervorhebung im Original). Die Vorstellung des einheitlichen Subjekts als genuiner Sinnkonstrukteur wird somit aufgehoben.

In der Systemtheorie wird zudem das Monopol der Sinnkonstruktionsleistungen auf Seiten der Individuen oder des Subjektes selbst zurückgewiesen. Luhmann (2004) nimmt sich in eigenen Worten die Freiheit zu entscheiden, den Terminus ‚Subjekt' fortzuführen oder nicht und entscheidet sich dagegen (vgl. S. 149). Der Grund für die Ablehnung der Terminologie von Subjektvorstellungen liegt jedoch *keinesfalls* in der These, „es gebe keine Menschen, beziehungsweise wenn es sie gäbe, solle man sie nicht so ernst nehmen" (Luhmann 2004, S. 155). Ganz im Gegensatz dazu zeichnet diese Theorie aus, dass sie den psychischen Systemen, in die ‚der Mensch' systemtheoretisch ‚aufgelöst' wird, ein enormes Maß an Individualität im Sinne von Einmaligkeit einräumt. Das Bewusstsein bzw. psychische System kann demnach als „eine Art Blankett" gefasst werden, mit allenfalls bestimmten „minimale(n) biologische(n) Vorprogrammierungen" (ebd.), das deshalb durch eine immense Gestaltungsfähigkeit ausgezeichnet ist. Wenn man demgegenüber die Kultur und ihre Angebote als relativ einheitlich ansieht, muss man nach Luhmann erklären, wie es überhaupt zu einem empirisch beobachtbaren hohen Maß an Individualität kommen kann (vgl. Luhmann 2004, S. 136). Die Theorie der Autopoiesis bietet dafür als Antwort die eigenständige Strukturentwicklung sinnbasierter Systeme. Autopoiesis bedeutet hier, dass Systeme die Elemente, aus denen sie bestehen und die sie zu ihrer Aufrechterhaltung benötigen, selbst herstellen. Nichts Äußeres kann in das System eingreifen, weshalb autopoietische Systeme als operational geschlossen beschrieben werden. Es kann also nur das im System Verwendung finden, was von ihm selbst hergestellt wird: im Fall der psychischen Systeme *Gedanken*, in sozialen Systemen *Kommunikationen*.[34]

---

33 Auf den Aspekt der Selektion des Beobachters wird unter 3.8. gesondert zurückzukommen sein.
34 Auf psychische und soziale Systeme wird unter 3.3.4. noch detaillierter eingegangen.

Die Strukturierung des eigenen Bewusstseins, Gedächtnisses und der Präferenzen ist damit Resultat einer ‚individuellen Systemgeschichte', die auch mit dem kulturellen Angebot zu tun hat, jedoch Eigenleistung ist und insofern indeterminiert und systemspezifisch, also höchst individuell. Mit dieser Konzeption psychischer Systeme bietet die Theorie daher ein ausgearbeitetes Erklärungsmuster für Individualität und negiert keineswegs empirische Menschen, sofern ihnen Bewusstsein unterstellt werden kann. Luhmann geht es vor allem um den Bruch mit der Begriffsgeschichte des Subjektes, die weitreichende theoretische Implikationen mit sich bringt. Insbesondere lehnt er die Prävalenz von Bewusstseins- und Subjekttheorien ab und stellt statt dessen die Frage nach ‚dem Sozialen' konsequent in den Mittelpunkt seiner Theorie, und eben dies macht sie für die vorliegende Arbeit so attraktiv und bietet eine Möglichkeit, die Frage nach dem Zusammenhang eines ‚bestimmten Vorrats von Wissen' und seiner korrespondierenden Gesellschaft neu zu bestimmen. Dies wird später näher auszuführen sein. Zunächst ist hier jedoch die Klärung einiger Grundbegriffe des wissenssoziologischen Ansatzes sowie die Erweiterung um systemtheoretische Überlegungen erforderlich.

Die Alltagswelt

Die Überlegungen der Wissenssoziologie zu den Alltagserfahrungen setzen an den Grundstrukturen derjenigen *Wirklichkeit* an, die für die Subjekte selbstverständlich gegeben ist: „Diese Wirklichkeit ist die alltägliche Lebenswelt. Sie ist der Wirklichkeitsbereich, an dem der Mensch in unausweichlicher, regelmäßiger Wiederkehr teilnimmt" (Schütz 1979, S. 25). Die alltägliche Lebenswelt ist die primäre Wirklichkeit der Subjekte, neben ihr gibt es nach Schütz aber noch andere Wirklichkeiten wie etwa die Traumwelt, die Welt der religiösen Erfahrung oder beispielsweise die Welten der Phantasie. Die verschiedenen Wirklichkeiten werden über den Sinn der Erfahrung konstituiert: „alle Erfahrungen, die zu einem geschlossenen Sinngebiet gehören, weisen einen besonderen Erlebnis- bzw. Erkenntnisstil auf" (Schütz 1979, S. 49). Die Wirklichkeit der Traumwelt ist damit strukturell nicht anders aufgebaut als die der Alltagswelt, sondern sie unterscheidet sich von ihr nur durch die Art, wie sie erlebt und erfahren wird. Damit gibt es also keine ‚wirklichere' Wirklichkeit, sondern die jeweilige Wirklichkeit konstituiert sich aus den verschiedenen Arten des Erlebens und Erkennens. In jedem Fall handelt es sich um eine hergestellte, eine konstruierte Wirklichkeit (siehe auch Watzlawick 1976, 1985 u.ö.). Im vorliegenden Kontext interessiert jedoch primär der Wirklichkeitsbereich der alltäglichen Lebenswelt, welche „der wache und normale Erwachsene in der Einstellung des gesunden Menschenverstandes als schlicht gegeben vorfindet" (Schütz, 1979, S. 25).

Das Individuum wird in eine Welt hineingeboren und nimmt es als selbstverständlich an, dass sie vor ihm bestand und nach ihm bestehen wird. Diese Welt und ihre Gegebenheiten sind für das Individuum ein fragloser

Rahmen, sie erscheint ihm in „zusammenhängenden Gliederungen wohlumschriebener Objekte mit bestimmten Eigenschaften" (Schütz 1979, S. 26), gleichzeitig konstruiert es sie jedoch erst. Die Alltagswelt, und mit ihr ihre je speziellen Gegebenheiten, werden unter wissenssoziologischer Perspektive jedoch nicht als gegeben gesehen. Die Alltagswelt wird „nicht nur als wirklicher Hintergrund subjektiv sinnhafter Lebensführung von jedermann hingenommen, sondern sie verdankt jedermanns Gedanken und Taten ihr Vorhandensein und ihren Bestand" (Berger & Luckmann 1970, S. 21-22), auch wenn dies den Individuen natürlich nicht bewusst ist bzw. sein muss. Die Welt, die Dinge erhalten ihre spezifischen Charakteristika durch die Hypothesen und Vorstellungen, also durch die Konstruktionen der sie Beobachtenden. Eigenschaften sind den Dingen dann eben nicht schon inhärent, sondern sie entstehen durch individuelle Konstruktionen. Die Alltagswelt ist als Wirklichkeit zu verstehen, die vom Beobachtenden begriffen und gedeutet und so von ihm gleichzeitig sinnhaft erzeugt wird.

Auch jedes ‚Ding' ist demnach „mehr als eine einfache Sinnesvorstellung. Es ist ein gedanklicher Gegenstand, eine Konstruktion höchst komplizierter Natur" (Schütz 1971, S. 3). Zu einer solchen Konstruktion eines gedanklichen Gegenstandes ist neben der sinnlichen Erfahrung etwa durch das Sehen oder das Tasten immer auch ein „Beitrag der Imagination hypothetischer Sinnesvorstellungen" nötig (a.a.O., S. 4).[35] Eben diese Imagination hypothetischer Sinnesvorstellungen ist nach Whitehead „der Fels ..., auf dem der ganze Gedankenbau alltäglicher Erfahrung errichtet ist" (zitiert nach Schütz 1971, S. 4). Ohne sie kann es keine Konstruktion von Dingen oder Erfahrungen geben.

3.2.1. *Die Sozialwelt und das theoretische Problem des Sozialen*

Auch in der Betrachtung der subjektiven Konstruktion von Wirklichkeit in der Perspektive der Wissenssoziologie ist die soziale Einbindung solcher Konstruktionen wichtig. Das Subjekt lebt in Gesellschaft anderer Subjekte in einer *Sozialwelt*, die es umgibt, vor ihm bestanden hat und sein Erleben bestimmt: „Als Mensch unter Menschen *lebe ich mit diesen*. Ich finde Mitmenschen in meiner Umwelt vor und meine Erlebnisse von ihrem Dasein und Sosein gehören zum Jetzt und So meiner Dauer, wie meine Erlebnisse von der Welt, die mich in diesem Jetzt so umgibt, überhaupt" (Schütz 1974, S. 199, Hervorhebung im Original).[36]

---

35 Was durch Maturana & Varela (1987) und ihre neurobiologischen Untersuchungen der Netzhaut nachdrücklich bestätigt wurde.
36 So heißt das wesentliche Werk von Berger & Luckmann (1970) denn auch ‚Die gesellschaftliche Konstruktion der Wirklichkeit', um die soziale Verfasstheit der Konstruktion von Wirklichkeit hervorzuheben.

Schütz unterscheidet theoretisch zwischen sozialer *Umwelt, Mitwelt, Vorwelt* und *Folgewelt*. Sie werden unterschieden nach dem divergierenden Grad der Intimität, ausgedrückt in der Intensität, mit der das Subjekt fremde Bewusstseinserlebnisse betrachtet.[37] Die Gliederung der Sozialwelt schließt die Aus*tauschbarkeit der Standorte* der Subjekte ein. Würde ein Subjekt den Platz mit einem anderen tauschen, wäre es ihm selbstverständlich, dass es in derselben Distanz zu denselben Dingen stünde wie der Vorgänger es gewesen ist und die Dinge sehen würde wie er. Die hypothetischen Überlagerungen der gedanklichen Gegenstände des einen Subjektes mit denen anderer hat zur Folge, dass der eigene als selbstverständlich hingenommene Ausschnitt der Welt auch als dem anderen selbstverständlich unterstellt wird.

Dem Subjekt ist bewusst, dass die Alltagswelt für es genauso wirklich ist wie für andere. Es kann in der Alltagswelt nicht existieren, ohne ständig mit anderen in Kontakt zu treten, sich mit ihnen zu verständigen. „Ich weiß, daß meine natürliche Einstellung zu dieser Welt der natürlichen Einstellung anderer zu ihr entspricht, daß sie wie ich die Objektivationen erfassen, durch die diese Welt reguliert wird, und daß auch sie diese Welt rund um das 'Hier und Jetzt' ihres Daseins in ihr anordnen und wie ich Projekte in ihr entwerfen. Ich weiß selbstverständlich auch, daß die anderen diese gemeinsame Welt aus Perspektiven betrachten, die mit der meinen nicht identisch sind. Mein 'Hier' ist ihr 'Dort'„ (Berger & Luckmann 1970, S. 26).

Eben hier setzt Luhmanns Kritik an Ansätzen wie der Wissenssoziologie an, denn aus seiner Sicht bleibt die Problematik einer Erklärung des Sozialen in diesem theoretischen Verständnis ungelöst. Die Frage nach dem Sozialen ist nach Luhmann die Frage nach Intersubjektivität, und von einem subjektorientierten Standpunkt aus kann es keine Erklärung für Intersubjektivität geben. „Wenn der Subjektbegriff heißt, dass die Reflexion sich selber und allem anderen zugrunde liegt ... dann ist es schwer zu verstehen, wie ein anderes Subjekt auftreten kann" (Luhmann 2004, S. 154). Es ist genauer dann nicht nachvollziehbar, wo dieses andere Subjekt sich befinden sollte, außer in dem reflektierenden Subjekt selbst, was dann wiederum Intersubjektivität ausschließt. Deshalb führt der in spezifischer Weise theoretisch vorbelastete Begriff des Subjekts bei der Frage nach dem Sozialen, dem Intersubjektiven, wie sie in der vorliegenden Studie im Mittelpunkt steht, nicht weiter, so Luhmann. Er konstatiert folglich für die traditionelle Wissenssoziologie ein Theoriedefizit für die Intersubjektivitätskonstruktion, auf das die Soziologie empirisch reagiert habe, indem sie Intersubjektivität als Faktum gesetzt und empirisch untersucht habe. Es gibt jedoch nach Luhmann keine theoretische Rechtfertigung für diesen Schritt in die Phänomenologie der Intersubjektivi-

---

37 So lebt das Subjekt *mit* seiner *Mitwelt*, aber es *erlebt* sie nicht, wie es jedoch bei seiner *Umwelt* der Fall ist. Allerdings kann es sich seiner *Mitwelt* zuwenden und sie kann zu seiner *Umwelt* werden, was im Falle der *Vor-* und *Folgewelt* nur betrachtend möglich ist, nicht handelnd.

tät. „'Das Soziale!', darüber wurde geredet, aber wie das Soziale als eigene Realität ... mit der Subjekttheorie gekoppelt werden könne, war nie so ganz geklärt" (a.a.O., S. 154).

Als Konsequenz aus diesen Überlegungen wird Sinn vom Subjekt entkoppelt und statt dessen beobachterabhängig konzipiert, und systemtheoretisch kommen für Beobachtungen die beiden sinnbasierten Systemoperationen Bewusstsein und Kommunikation in Betracht. Bezogen auf psychische Systeme, und nur hier bieten sich Parallelen zu wissenssoziologischen Betrachtungen wie denen von Schütz an, ist Sinn das Medium, in dem sie ihr Bewusstsein herstellen und aufrechterhalten können und müssen. Sinn muss ständig hergestellt werden und Anschlussfähigkeit bieten, das heißt, Sinn muss an Sinn angeschlossen werden. Dafür benötigt das Bewusstsein Beobachtungs- und Gedächtnisleistungen. Auch bei Schütz findet sich die Annahme, dass Sinn kontinuierlich neu hergestellt werden muss und dass jedes Wissen ein „Sediment früherer Bewusstseinstätigkeiten" ist (vgl. Schütz 1982, S. 102). Auch Schütz geht von einem einheitlichen Konstruktionsprozess von Sinn aus, der im Sinnkonstrukteur und nur in ihm vollzogen wird und dabei nur auf sich selbst, also nur auf frühere Bewusstseinstätigkeiten zurückgreifen kann.

In der Systemtheorie wird allerdings dieses Privileg eines Prozessierens von Sinn für Bewusstseinsvorgänge aufgehoben. Auch soziale Systeme sind sinnbasierte Systeme. Vor dem Hintergrund dieser theoretischen Perspektive der selbstreferenziellen Sinnkonstruktion wird für die theoretische Rahmung der Studie an die wissenssoziologischen Ausführungen zu Sinn angeschlossen und die systemtheoretischen Präzisierungen und Redefinitionen als Erweiterung dieser Ausgangsperspektive als notwenig angesehen, um die Thematisierung des Sozialen (und: des Kulturellen) als wichtige Zielsetzung der Arbeit überhaupt erst zu plausibilisieren und umsetzbar zu machen. Aus den hier ausgeführten Theorieprämissen ist dies ein konsequenter und unerlässlicher Schritt, um der oben beschriebenen ‚Flucht' in die bloße Phänomenologie der Intersubjektivität zu entgehen.

3.3. Konstruktion von Sinn: Sinn als basale Kategorie

Präziser gesagt geht es hier also um die Konstruktion von Sinn sowie dessen Aggregate in Wissensvorräten oder Ideengut. Die theoretische Perspektive auf die Konstruktion von Sinn ohne Subjektgebundenheit nimmt ihren Ausgangspunkt nicht mehr im Menschen (oder: dem Subjekt), sondern im Beobachter. Der Beobachter ist nicht mehr ohne weiteres ein psychisches System, auch soziale Systeme können beobachten.[38] Eine beobachtungslose Welt gibt es nicht: Es gibt nichts, was unabhängig vom Beobachter gesagt werden kann (vgl. Luhmann 2004, S. 139 ff.). Als Konsequenz wird für die vorliegende Studie die Beobachtung, das Handhaben einer Unterscheidung, zum entscheidenden Ansatzpunkt der Beschreibung von Wissenssystemen über *education*. Zunächst muss jedoch der Sinnbegriff als Basis weiterer Ausführungen näher definiert werden. Es wurde deutlich gemacht, dass die Herstellung von Wirklichkeit und Alltagswelt eine Konstruktionsleistung des Beobachters ist, indem er einen Stimulus in einem Netzwerk von Beobachtungen platziert und so einen beobachtbaren Unterschied schafft. Ohne *Sinn* wäre diese ordnende Funktion nicht möglich, weshalb auch von einem „Sinnzwang" (Luhmann 1987, S. 95) für sinnbasierte Systeme gesprochen wird. Es ist an dieser Stelle notwendig, den Sinnbegriff theoretisch zu fassen.

3.3.1. Sinn in wissenssoziologischer und systemtheoretischer Perspektive

Schütz wie Luhmann orientieren sich bei ihren Analysen von Sinn zunächst an der Phänomenologie von Husserl (1976), wenn auch auf sehr unterschiedliche Weise. Bei Schütz steht noch ein *subjektiv gemeinter Sinn* im Vordergrund (vgl. Schützeichel 2003, S. 31 ff.). Sinn wird an das Subjekt geknüpft und „die reflexiv sich vollziehenden Konstitutionsprozesse des subjektiven Sinns in der Form des menschlichen Bewußtseins sowie die anonyme Welt des objektiven Sinns, aus dem die sozialen Symbolwelten bestehen", stehen im Mittelpunkt seiner Betrachtungen (a.a.O., S. 31).

Bei Luhmann hingegen wird der Sinnbegriff vom Subjekt abgekoppelt, „um die sinnhaften Bedingungen der Möglichkeiten sozialer Phänomene zu erhellen und nicht durch Rekurs auf einen Träger, ein Subjekt, einen Akteur oder eine Struktur zu verdunkeln" (Schützeichel 2003, S. 32). Der Sinnbegriff ist vielmehr „primär, also ohne Bezug auf den Subjektbegriff zu definieren, weil dieser als sinnhaft konstituierte Identität den Sinnbegriff schon vor-

---

38 So kann beispielsweise die Interaktion einen Schüler beobachten, indem er zum Thema im Unterricht wird.

aussetzt" (Luhmann 1971, S. 28). Die Analyse von Sinn hat nach Luhmann bei der Frage der *Funktion* von Sinn anzusetzen. Deshalb zielen grundbegriffliche Erörterungen zu Sinn hier zunächst auf die Grundlagen, die psychischen wie sozialen Systemen gemeinsam sind und ihre Differenzierung überhaupt erst ermöglichen: „Auch Begriffe wie Erleben und Handeln, Erwartung und Enttäuschung werden wir so definieren, daß ihnen nicht von vornherein eine psychologische Bedeutung anhaftet, daß vielmehr die Frage der Zuordnung zu psychischen oder zu sozialen Systemen .... noch zu entscheiden bleibt" (Luhmann 1971, S. 29). Es ist dann abhängig vom Beobachter, wie entschieden, d.h. zugeschrieben wird. Erst „durch eine solche Entscheidung, das heißt durch Wahl einer Systemreferenz, wird der mit dem Begriff Sinn, Erleben, Handlung usw. bezeichnete Sachverhalt zu einer psychologischen bzw. soziologischen Kategorie" (a.a.O., S. 29).

Wichtig für diese Position ist, dass jeder Sinn wie alles Erleben und Handeln „psychische Systeme mitsamt ihrem organischen Substrat voraussetzt und nur in ihnen möglich ist. Aber wir wollen diesen unbestreitbaren Sachverhalt so ausdrücken, daß wir sagen, daß für jedes Erleben usw. eine psychische Systemreferenz angegeben werden kann. Denn genau dasselbe lässt sich für soziale Systeme behaupten: auch ohne sie wäre weder Sinn noch Erleben noch Handeln möglich ... Der Vorteil unserer Formulierung ist, daß sie das Vorurteil abweist, die Fundierung von Sinn usw. in psychischen Systemen sei irgendwie fundamentaler, ursprünglicher, einfacher, elementarer als die Fundierung in sozialen Systemen, und daß sie die Frage offen lässt, das heißt zur Untersuchung stellt, in welchem lebensweltlichen bzw. wissenschaftlichen Kontext welche Einordnung bedeutsam ist" (Luhmann 1971, S. 29). Sinn ist damit nicht vorbestimmt, sondern es muss immer eine Referenz für Sinn angegeben werden. Sinn „existiert" nicht einfach, sondern er wird zugeschrieben und die Zuschreibung kann sowohl durch ein psychisches als auch ein soziales System erfolgen.

Eine ähnliche Position vertritt Luhmann konsequenter Weise auch gegenüber den Begriffen *Erleben* und *Handeln*. Auch hier ist es erst die Zuschreibung, die die Unterscheidung einführt. Je nachdem, wie das Problem der Zurechnung gelöst wird, wird eine Selektion als Erleben oder Handeln konstituiert: „Intentionales Verhalten wird als *Erleben* registriert, wenn und soweit seine Selektivität nicht dem sich verhaltenden System, sondern dessen *Welt* zugeschrieben wird. Es wird als *Handeln* angesehen, wenn und soweit man die Selektivität des Aktes dem sich verhaltenden *System selbst* zurechnet (Luhmann 1978, S. 237). Erleben und Handeln sind dann Zurechnung von Selektion an ein System oder an ‚Umwelt', wobei die Zurechnung auf Umwelt nichts anderes meint als „Zurechnung auf Indifferenz", „binarisierte" Zurechnung, die Systemzurechnung ausschließt (a.a.O., S. 238).

Die wichtige, hier eingeführte Unterscheidung, die Sinn nicht mehr wie bei Schütz als das „Vermeinte" (Schützeichel 2003, S. 34 u.ö.) selbst, sondern als den Prozess zur Bestimmung dieses Vermeinten ansieht, hat weitreichende Folgen. Luhmann „bezieht sich weniger auf das Vermeinte in einem Verweisungszusammenhang, sondern auf diesen selbst" (Schützeichel 2003, S. 34). Sinn ist vielmehr „das Medium des Erlebens, des Handelns, des Denkens", er ist in diesem Verständnis die Voraussetzung dafür, dass etwas Bedeutung haben kann, nicht die Bedeutung selbst (a.a.O., S. 32). So ermöglicht Sinn überhaupt erst Verstehen und „entscheidend für Sinn ist die Verweisung auf anderen möglichen Sinn" (a.a.O., S. 32). Sinn ist demnach nicht das, was erlebt oder intendiert wird. Sinn ist nicht identisch mit Information. Stattdessen wird Sinn hier „auf den Verweisungszusammenhang von aktuellem Vermeinen und potentiellem Vermeinen-Können selbst" bezogen (Schützeichel 2003, S. 34).

Die Frage nach der Funktion von Sinn kann nun dahingehend spezifiziert werden, dass mit Sinn das Problem der Komplexität behandelt wird: „Mit *jedem* Sinn, mit *beliebigem* Sinn wird unfassbar hohe Komplexität (Weltkomplexität) äpräsentiert und für die Operationen psychischer bzw. sozialer Systeme verfügbar gehalten. ... Andererseits reformuliert jeder Sinn den in aller Komplexität implizierten Selektionszwang, und jeder bestimmte Sinn qualifiziert sich dadurch, daß er bestimmte Anschlussmöglichkeiten nahe legt und andere unwahrscheinlich oder schwierig oder weitläufig macht oder (vorläufig) ausschließt" (Luhmann 1987, S. 94). Damit ist ein wesentlicher Aspekt von Sinn und Sinnerzeugung benannt: Das Problem der Selektion.

Selektion als Voraussetzung der Sinnerzeugung

Grundsätzlich wird hier - wie dargestellt - davon ausgegangen, dass alles menschliche Erleben und Handeln ebenso sinnförmig verläuft wie es auch sich selbst wiederum nur sinnförmig zugänglich ist. Die Systemtheorie erweitert dies auch auf die Operationen sozialer Systeme und hebt damit die Reduktion auf den Menschen als einzigem sinnbasierten System auf. Wie Information so ist auch Sinn eine systeminterne Operation: Außerhalb sinnbasierter Systeme existiert kein gleichsam frei schwebender Sinn. Es gibt ihn deshalb in diesem Verständnis auch nur im aktuellen Vollzug und ohne den Bezug auf gegenwärtiges Erleben oder Handeln gibt es keinen Sinn. „Sinn gibt es ausschließlich als Sinn der ihn benutzenden Operationen, also auch nur in dem Moment, in dem er durch Operationen bestimmt wird, und weder vorher noch nachher" (Luhmann 1998c, S. 44).

Die Frage ist nun, wie Sinn überhaupt gebildet werden kann. Mit Sinn ist das elementare Problem der *Selektion* verbunden, denn „alle Tatsachen sind immer schon aus einem universellen Zusammenhang durch unsere Bewusstseinsabläufe ausgewählte Tatsachen" (Schütz 1971, S. 5) und schon deshalb nicht zufällig. Damit Sinn entstehen kann, muss er aus dem Fluss des Erlebens ausgegliedert werden: „Wenn ich von einem dieser Erlebnisse aussage, daß es sinnhaft sei, so setzt dies voraus, daß ich es aus der Fülle der mit ihm zugleich seienden, ihm vorausgegangenen und ihm nachfolgenden schlicht erlebten Erlebnisse „heraushebe", indem ich mich ihm „zuwende". Wir wollen ein so herausgehobenes Erlebnis ein „*wohlumgrenztes Erlebnis*" nennen und von ihm aussagen, daß wir mit ihm einen „Sinn verbinden" (Schütz 1974, S. 53). Mit Selektion ist in einem ersten Verständnis zunächst diese Zuwendung und dieses Herausheben gemeint. Sinn als Überschuss von implizierten Verweisungen entsteht nur durch Selektion, die er damit gleichzeitig erzwingt.

In der natürlichen Einstellung des Alltages sind wir umgeben von unendlich vielen Gegenständen, Reizen etc., die wir allein schon aus Gründen fehlender Kapazität und unzureichender Aufmerksamkeit gar nicht alle wahrnehmen können. Wir beschäftigen uns vielmehr immer nur mit bestimmten, ausgewählten Gegenständen und Themen, im Gegensatz zu dem Hintergrund des fraglos Hingenommenen. So ist bereits die Zuwendung auf diesen Gegenstand und nicht jenen Selektion. Hinzu kommt, dass auch der Gegenstand selbst nie in seiner ganzen Fülle „erkannt", also beobachtet werden kann. Die selektive Tätigkeit unseres Bewusstseins führt vielmehr „zu der Bestimmung, welche besonderen Charakteristika eines solchen Gegenstandes individuell und welche typisch sind. ... Wir befassen uns nur mit einigen Aspekten dieses besonderen, typisierten Gegenstandes" (Schütz 1971, S. 10). Die Sinnform erzwingt also „durch ihre Verweisungsstruktur den nächsten Schritt zur Selektion" (Luhmann 1987, S. 94). Selektion geschieht dabei in doppelter Hinsicht: Sie entscheidet, was überhaupt wahrgenommen wird, und zweitens, welche Spezifika eines Gegenstandbereichs beobachtet werden. Genau in dieser Hinsicht kann man dann sagen, dass die Beschaffenheit von Sinn, die Sinnform selbst zur Selektion zwingt.

Weiter muss man nun fragen, wie die Prozesse der Selektion organisiert sind. Wenn aus dem unendlichen appräsentierten Möglichkeitsüberschuss der Welt über Selektion Sinn erzeugt werden muss, dann muss sich die Analyse auf die die Selektion anleitenden Orientierungen konzentrieren. Hier ist eine Klärung der *Typen* der Verweisungsdimensionen von Sinn ganz zentral.

Zeitliche, sachliche und soziale Dimension von Sinn

Erleben und Handeln werden in den Dimensionen des Wann, Wer, Was, Wo und Wie geordnet und diese Ordnung leitet die Selektion von Sinn an. Damit wird eine „Dekomposition des Sinnes" (Luhmann 1987, S. 112) notwendig, eine Differenzierung der Verweisungen in Typen oder Sinndimensionen. Als „allgemeine Formen der Ordnung von Sinn" oder „allgemeine Formen für die Abwandlung der Artikulation von Welt" (Luhmann 1998a, S. 35) werden die *Zeitdimension*, die *Sachdimension* und die *Sozialdimension* genannt. Diese verschiedenen Dimensionen lassen sich durch die Beschaffenheit dessen, worauf sie jeweils verweisen, unterscheiden. Sie leiten die Selektion an mit Beobachtungen wie beispielsweise *dies, aber nicht jenes* (Sachdimension), *jetzt noch nicht, aber später* (Zeitdimension) oder *nur, wenn X einverstanden ist* (Sozialdimension). Diese Beobachtungsanleitungen ermöglichen es, Differenzen einzuführen, um so Beobachtung überhaupt möglich zu machen. Die Sinndimensionen werden durch diese Unterscheidung, also über Differenz gebildet. Selektion ist damit eine Operation, die durch eine Etablierung einer Differenz ausgelöst wird und Einschränkungen voraussetzt (vgl. Luhmann 1987, S. 57).

Diese Dimensionierung von Sinn ermöglicht es, die Analyse von Wissen oder Sinnwelten anzuleiten und zu systematisieren. Im folgenden muß deshalb näher auf die einzelnen Dimensionen eingegangen werden.

Zeitdimension

Eine Form der Sinnverweisung ist der Bezug auf *zeitliche* Horizonte. In der Gegenwart, in der jeweils Sinn konstituiert wird, geschieht alles gleichzeitig, sie ist daher für den Beobachter (bzw. das beobachtende System) nicht Zeit im eigentlichen Sinne. Sie ist momentanes Erleben eines Und-so-weiter und einer Beobachtung in dieser Art nicht zugänglich. Erst wenn sie durch eine Unterscheidung kenntlich gemacht wird, wird Gegenwart zur Zeit und definierbar nach dem jeweils Vorherigen oder dem Nachfolgendem. Vorher und nachher wird verlängert zu Vergangenheit und Zukunft und damit Zeit von der Bindung an das unmittelbar Erfahrbare gelöst. Mit Zeit kann Unerreichbares markiert werden und bietet dann zum Beispiel die Möglichkeit, darauf Bezug zu nehmen. Über die Zeitdimension kann die Realität hinsichtlich einer Differenz von Vergangenheit und Zukunft interpretiert werden. Allerdings sind Vergangenheit und Zukunft nur als Referenz zugänglich. Handeln und Erleben kann schließlich nur in der Gegenwart stattfinden, und nicht in der Zukunft oder der Vergangenheit. Man kann sich daran erinnern, was man zu einem bestimmten Zeitpunkt empfunden hat und es damit zu einem Thema machen, aber nie erleben. Das Erleben ist dann nur ein Erleben von bereits Erlebtem, ist Gedächtnis, ist Intention in der Gegenwart.

Sinn erscheint so in der Zeit und „kann jederzeit auf zeitliche Unterscheidungen umschalten, das heißt: Zeit benutzen, um Komplexität zu reduzieren, nämlich Vergangenes als nicht mehr aktuell und Künftiges als noch nicht aktuell zu behandeln" (Luhmann 1998c, S. 53). Beide Unterscheidungen ermöglichen Anschlussfähigkeiten: über Vergangenheit können Sinn-Redundanzen erzeugt werden, über die Zukunft ist die Varietät von Sinn möglich.

Die Sinndimension Zeit erlaubt es schließlich auch, Geschichte zu konstituieren. Sinngeschichte erlaubt es, auf den Sinn vergangener oder zukünftiger Ereignisse *wahlweise* zuzugreifen. Eine Sinnwelt limitiert sich selbst, indem sie den prinzipiell freien Zugriff auf Sinn in eine Sinngeschichte einordnet. Damit ist Geschichte *gegenwärtige* Zukunft oder Vergangenheit (die morgen schon anders konzipiert werden kann) und gleichzeitig immer „Reduktion der dadurch gewonnenen Freiheit des sprunghaften Zugriffs auf alles Vergangene und alles Künftige" (Luhmann 1987, S. 118). Der Zugriff auf Sinn von Vergangenem oder Zukünftigem bleibt damit offen, bleibt behandelbar, bleibt somit anschlussfähig.

Sachdimension

Die Sachdimension bezieht sich fundamental auf die Differenz, die auch System und Umwelt konstituiert. *Dieses, und nicht jenes* als Unterscheidung beinhaltet, dass nichts aus sich selbst heraus beobachtet, beispielsweise als ‚natürliche Einheit' gedacht werden kann. Die andere Seite ist erforderlich, das, von dem das Beobachtete abgegrenzt wird und dies muss immer mitberücksichtigt werden, auch wenn es (wie in den meisten Fällen) für den Beobachter nicht explizit sein muss. Deshalb sind grundsätzlich zwei Horizonte in die sachliche Konstitution von Sinn involviert. In eben dieser abgrenzenden Weise konstituieren sich auch die psychischen und sozialen Systeme selbst. Sie beobachten sich in Bezug darauf, was sie nicht sind (Umwelt) und reproduzieren damit den Unterschied, der sie ausmacht. So gewinnt ein System erst aus dieser Differenz heraus auch seine Identität: indem es sich von seiner Umwelt abgrenzt und unterscheidet.

Die übliche Denkgewohnheit, den Dingen Eigenschaften, Beziehungen oder etwa Aktivitäten zuzuordnen, die sie besitzen und ihnen sozusagen immanent sind, wird aufgehoben. Es geht, kurz gesagt, nicht um Objekte, sondern um Differenzen. Dinge sind dann „Beschränkungen von Kombinationsmöglichkeiten in der Sachdimension" (Luhmann 1987, S. 115). Man sammelt Erfahrungen an Dingen, die versuchsweise reproduziert werden. Diese Erfahrungen schränken gleichzeitig die denkbaren Kombinationsmöglichkeiten mindestens vorläufig ein. Bestimmte Kombinationen sind dann sozusagen nicht mehr ohne weiteres „denkbar". Natürlich können sich die Kombinationsmöglichkeiten auch immer verändern, wenn die bisherigen Erfahrungen beispielsweise in Zweifel gezogen werden oder neue Erfahrungen neue Beschränkungen der Kombinationen nahe legen.

Die Sachdimension bezieht sich auf alle „Gegenstände der sinnhaften Intention" bei psychischen Systemen und auf „Themen sinnhafter Kommunikation" in sozialen Systemen (Luhmann 1987, S. 114). In diesem Verständnis können auch Menschen daher Gegenstand der Sachdimension werden, wenn beispielsweise das „Sonderding Mensch" zum Thema einer Kommunikation wird (Luhmann 1987, S. 427).

Unterschiede in der fundamentalen Konstitution von Dingen sind Produkte evolutionärer Entwicklungen.[39] Im historischen Prozess hat sich das Verhältnis zur Konstitution von Dingen verändert. Die phänomenale Welt und ihre Dinge werden im Entwicklungsverlauf dann nicht mehr so genom-

---

39 Ausführlicher zum Begriff der Evolution siehe 3.6. ff.

men, wie sie erscheinen. Der Eindruck setzt sich durch, dass *nichts ist, wie es scheint*. Vermehrt wird versucht, „hinter" diesen Eindruck zu sehen und den Schein zu entlarven. Damit hängt die Erfahrung zusammen, dass es keine festen, unanzweifelbaren Wahrheiten mehr gibt und man sich nichts mehr ‚sicher' sein kann. Nicht einmal Gott ist dann noch was er einmal war. Der Zweifel an der definitiven Bestimmbarkeit der Welt und ihrer Dinge führt dazu, dass die Welt neu arrangiert werden kann.

Sozialdimension

Die Sozialdimension konstituiert sich aus der Konsequenz, dass man neben seiner eigenen Perspektive (*Ego-Perspektive*) eine oder mehrere andere Perspektiven (*Alter-Perspektiven*) berücksichtigt. Diese Annahme von Alter-Perspektiven hat Auswirkungen auf die eigene Welterfahrung und Sinnfixierung. Alter-Perspektiven implizieren „*wechselseitige Freiheitskonzessionen*" (Luhmann 1993, S. 38, Hervorhebung im Original): die eigene, vorrausgesetzte Selbstreferenz und Selektionsfreiheit muss auch für Alter gelten. Ego beobachtet Alter und schreibt ihm durch seine Sinnkonstruktionen etwa Intentionen in bestimmten Handlungen zu. Hier setzt die Attributionstheorie an und zeigt, dass der Handelnde dazu neigt, sein eigenes Handeln als situationsdeterminiert zu sehen, während er als Beobachter das Handeln anderer stärker auf Persönlichkeitsmerkmale des Handelnden zurechnet. Durch seine Beobachtungen von Alter zieht Ego gleichzeitig Rückschlüsse auf die Beobachtungen von Alter, und zwar sowohl hinsichtlich dessen, wie Alter sich selbst sieht, als auch dessen Perspektive auf Ego.[40] Sozialität wird daher als doppelte Kontingenz erfahren. „Der andere Mensch wird als alter ego konzipiert, wird damit aus der Sachwelt ausdifferenziert und mit der gleichen Selbstreferenz und Selektionsfreiheit ausgestattet, die jeder an sich selbst erfährt. Das heißt vor allem: daß jeder für sich Sozialität in der Form doppelseitiger Kontingenz erfährt und auch diese Erfahrung noch in den anderen projiziert" (Luhmann 1993, S. 38).[41]

Jeder Sinn kann damit mit einer sozialen Dimension ausgestattet werden: „Man kann allen Sinn daraufhin abfragen, ob ein anderer ihn genau so erlebt wie ich oder anders" (Luhmann 1987, S. 119). Sinn ist immer dann sozial, wenn Wahrnehmungsmöglichkeiten doppelter Kontingenz unterliegen. Die Sozialdimension wird relevant, wenn sich durch Erleben und Handeln abzeichnet, dass die systemeigene Wahrnehmungsperspektive insofern problematisch wird, als sie von anderen nicht geteilt wird. Das konstituierende Problem der Sozialdimension ist die Unterscheidung von Konsens versus Dissens. Denn nur wenn Dissens sich als Realität im Bereich des Möglichen

---

40 Siehe bereits Laing , Phillipson & Lee 1971, Interpersonelle Wahrnehmung. Grundlegend G.H. Mead 1973.
41 Wobei auch dies natürlich wiederum nicht nur für ‚Menschen', also für psychische Systeme, sondern auch für soziale Systeme Gültigkeit besitzt.

abzeichnet, entsteht der Anlass, „den Doppelhorizont des Sozialen als im Moment besonders wichtige Orientierungsdimension einzuschalten" (Luhmann 1987, S. 121). Andernfalls laufen soziale Wahrnehmungsperspektiven als mögliche Sinnverweise immer mit; es gibt jedoch keinen Bedarf, sie zu aktualisieren.

Die Sinnkonstruktion in der Sozialdimension ermöglicht es beständig zu vergleichen, wie andere handeln und erleben könnten oder würden und wie dementsprechend ihr Handeln ausfallen würde.

3.3.2. Sinnbasierte Systeme: Psychische und soziale Systeme

Es ist an dieser Stelle wichtig, den Systembegriff selbst, wie er hier Verwendung findet, zu klären, wobei eine Einschränkung auf sinnbasierte Systeme vorgenommen wird und damit andere wie z.b. biologische Systeme ausgeklammert werden. Die Systemtheorie und ihre Beobachtungsvorschläge erweisen sich als besonders tragfähig, Sinnkonstitutionsprozesse zu beschreiben und verständlich zu machen. In diesem Verständnis, das durch die neueren Entwicklungen in der Systemtheorie, der Kybernetik und dem Konstruktivismus geprägt ist, wird davon ausgegangen, dass Systeme autopoietische Systeme sind.

Autopoiesis

Autopoiesis ist die Beschreibung eines Systems, das von seiner Eigendynamik her auf seine Fortsetzung ausgerichtet ist. Der Begriff der Autopoiesis ist von Maturana & Varela in die Diskussion eingeführt worden und war zunächst biologisch fundiert. Um die Organisation zu beschreiben, die Lebewesen als Klasse definiert, machen die Autoren den Vorschlag, „daß Lebewesen sich dadurch charakterisieren, daß sie sich - buchstäblich - andauernd selbst erzeugen. Darauf beziehen wir uns, wenn wir die sie definierende Organisation *autopoietische* Organisation nennen" (Maturana & Varela 1987, S. 50-51). Luhmann verwendet hier auch den Begriff der *Selbstreferenz*, betont dabei aber den Unterschied zu dem Begriff Selbstorganisation (1987, S. 57 ff.): „Der Begriff Selbstreferenz bezeichnet die Einheit, die ein Element, ein Prozeß, ein System für sich selbst ist. ‚Für sich selbst' - das heißt: unabhängig vom Zuschnitt der Beobachtung durch andere" (a.a.O., S. 58). Diese Einheit muss hergestellt werden und ist nicht bereits als „Individuum, als Substanz" (a.a.O., S. 58) vorhanden. Ein System ist dann selbstreferentiell, wenn es die Elemente, aus denen es besteht, als Funktionseinheiten selbst herstellt, und „in allen Beziehungen zwischen diesen Elementen eine Verweisung auf diese Selbstkonstitution mitlaufen lässt, auf diese Weise die Selbstkonstitution also laufend reproduziert" (a.a.O., S. 59).

Hier schließen sich zwei wichtige Konsequenzen an: dass selbstreferentielle Systeme geschlossene Systeme sind, und dass ihre Operationen permanente Anschlussfähigkeiten reproduzieren müssen, um das Fortbestehen des Systems zu gewährleisten.

Geschlossen sind diese Systeme insofern, als die Operationen, die ihre Reproduktion im Prozess der Autopoiesis ermöglichen, nur systemintern verlaufen und dabei nicht auf Elemente außerhalb des Systems zugreifen können. Dabei steht dieses Konzept der selbstreferentiell-geschlossenen Systeme nicht im Widerspruch zur „Umweltoffenheit" der Systeme: „Geschlossenheit der selbstreferentiellen Operationsweise ist vielmehr eine Form der Erweiterung möglichen Umweltkontaktes; sie steigert dadurch, daß sie bestimmungsfähigere Elemente konstituiert, die Komplexität der für das System möglichen Umwelt" (Maturana & Varela 1987, S. 63). Dies ist möglich durch Beobachtung und Selbstbeobachtung. Über Beobachtung ist das System offen gegenüber seiner Umwelt. Es kann durch seine Umwelt beispielsweise irritiert und zu Beobachtungen angeregt werden. Was das System beobachten kann, hängt jedoch nicht von der Umwelt ab, sondern von seiner internen Differenzierung: „Welche Umweltinformationen eine Organisation oder ein anderes soziales System überhaupt aufnimmt, wie diese Informationen prozessiert, verändert und ausgewertet werden, das hängt von perzeptiven, motivationalen, operativen und kognitiven Präferenzen ab, die in Symbolsystemen ... verankert sind" (Willke 1996, S. 48). Der Grad der Ausdifferenzierung des Systems ermöglicht dann, über eigene, differenziertere Operationen die Umwelt mit mehr oder weniger Komplexität auszustatten. Das heißt, nicht die Umwelt wird komplexer, sondern die erhöhte Differenzierung des Systems erlaubt es, sie als komplexer zu entwerfen. Aber das System ist dabei gleichzeitig insofern geschlossen, als keine Information „von außen" in es hineingetragen werden kann. Information ist vielmehr ein im System erzeugter Unterschied.

Die Differenzierung zu seiner Umwelt ermöglicht es dem System überhaupt, sich von ihr abzugrenzen und als Einheit zu konstituieren: Das System gewinnt seine Identität dadurch, dass es sich von seiner Umwelt unterscheidet. „Selbstbeobachtung ist demnach die Einführung der System / Umwelt-Differenz in das System, das sich mit ihrer Hilfe konstituiert; und sie ist zugleich operatives Moment der Autopoiesis, weil bei der Reproduktion der Elemente gesichert sein muß, daß sie als Elemente des Systems und nicht als irgendetwas anderes reproduziert werden" (Luhmann 1987, S. 63).

Die Anschlussfähigkeit der Operationen der Systeme ergibt sich aus den je spezifischen Operationsweisen, die deshalb zuerst erklärt werden sollen. Nach Luhmann kann dann von einem autopoietischem System gesprochen werden, wenn eine spezifische Operationsweise festgestellt werden kann, die in diesem System und nur dort stattfindet. Es werden zwei Ebenen der Konstitution autopoietischer, sinnbasierter[42] Systeme unterschieden: soziale und psychische Systeme. Psychische und soziale Systeme sind Sinnsysteme und „vollständig geschlossen insofern, als nur Sinn auf Sinn bezogen werden und nur Sinn Sinn verändern kann" (a.a.O., S. 64).[43]

Soziale Systeme

Gesellschaft ist nach Luhmann nicht etwa die Summe aller Menschen, sondern Kommunikation. Der „basale Prozeß sozialer Systeme, der die Elemente produziert, aus denen diese Systeme bestehen, kann ... nur Kommunikation sein" (Luhmann 1987, S. 192). Die spezifische Operation sozialer Systeme ist also Kommunikation, außerhalb sozialer Systeme gibt es demzufolge keine Kommunikation. Nur Kommunikationen können unter der Voraussetzung von Anschlussfähigkeit den Fortbestand sozialer Systeme sicherstellen. Sie stellen damit die Einheit des Systems erst her.

Das führt zu der Frage, was in systemtheoretischer Perspektive unter Kommunikation verstanden wird. Grundsätzlich wichtig ist für dieses Verständnis des Begriffs klarzustellen, dass Kommunikation nicht etwa als intendierter Prozess angesehen wird, der von bestimmten Trägern der Kommunikation (z.B. soziale Gruppen) beispielsweise strategisch eingesetzt wird, um ein bestimmtes Ziel zu erreichen. Statt dessen ist sie die Operation, die sozialen Systemen die Aufrechterhaltung ihrer Autopoiesis ermöglicht und hat als solche keine andere „Zielrichtung" (also Intention) als die Anschlussfähigkeit von Kommunikation zu ermöglichen und sicher zu stellen. Kommunikation selbst wird hier neu konzipiert und konventionelle Metaphern wie die der ‚Übertragung' erweisen sich hier als völlig inadäquat: „Die Übertragungsmetapher ist unbrauchbar, weil sie zu viel Ontologie impliziert. Sie suggeriert, daß der Absender etwas übergibt, was der Empfänger erhält. Das trifft schon deshalb nicht zu, weil der Absender nichts weggibt in dem Sinne, daß er es selbst verliert. Die gesamte Metaphorik des Besitzens, Habens, Gebens und Erhaltens, die gesamte Dingmetaphorik ist ungeeignet für ein Verständnis von Kommunikation" (Luhmann 1987, S. 193). Kommunikation als Prozess wird vom ‚Menschen' abgelöst. Statt dessen erzeugt Kommunikation weitere Kommunikation. Der Fokus wird vom Mitteilenden, der in der Übertragungsmetapher im Mittelpunkt steht, auf den gesamten Prozess verlegt, denn die „Mitteilung ist ... nichts weiter als ein Selektionsvorschlag, eine Anregung. Erst dadurch, daß diese Anregung aufgegriffen, daß die Erregung prozessiert wird, kommt Kommunikation zustande" (a.a.O., S. 194).

Anschließend an den Sinnbegriff kann nun weiter spezifiziert werden, dass auch Kommunikation ein ‚selektives Geschehen' ist. Sinn lässt, wie ge-

---

42 Im Gegensatz zu biologischen Systemen, die nicht sinngebunden sind.
43 Und in diesem Aspekt unterscheidet sich Luhmanns Verwendung des Begriffs der Autopoiesis von dem Maturana & Varelas', die zur Herstellung von System - Umweltbeziehungen einen Beobachter als ein anderes System einfordern (vgl. Luhmann 1987, S. 64).

zeigt, keine andere Option als etwas zu wählen. Um Sinn zu generieren, muss eine Anregung aufgegriffen werden. Kommunikation greift daher „aus dem je aktuellen Verweisungshorizont, den sie selbst erst konstituiert, *etwas* heraus und lässt *anderes* beiseite" (a.a.O., S. 194, Hervorhebungen im Original). Kommunikation besteht nun aus der Synthese von insgesamt drei Selektionsleistungen: Mitteilung, Information sowie dem Verstehen der Differenz zwischen Information und Mitteilung. Bezogen auf die Kommunikation zwischen psychischen Systemen[44] ist Mitteilung die Selektion Alters, der etwas sagt und dafür die Verantwortung trägt. Er spricht aus einem Grund, der ihm zugeschrieben werden kann. Die Information ist Selektion Egos, indem eine Unterscheidung eingeführt wird zwischen dem Gesagten und dem dadurch Ausgeschlossenen. Es ist Egos autonome Selektion. Verstehen ist Selektion, indem es eine bestimmte Differenz zwischen Mitteilung und Information aktualisiert und andere Möglichkeiten ausschließt. Die Mitteilung von Alter kann etwa sein: Das Fenster ist offen. Die bei Ego erzeugte Information aus dieser Mitteilung ist so vielschichtig wie Ego selbst: Sie kann von ‚Alter ist es kalt' bis zu ‚Alter empfindet mich als unhöflich, weil es ihm zieht und ich es nicht bemerkt habe' reichen.

Verstehen impliziert hier also nicht, dass die Authentizität der Motive oder der Gefühle der Teilnehmer erfasst wird. Verstehen impliziert nur, dass eine Mitteilung und eine Information als Selektionen unterschieden und zugeschrieben werden. In dieser Perspektive vollzieht sich Verstehen auch dann, wenn es Missverständnisse über die Motive oder die Information gibt - beispielsweise auch bei Täuschungen. Verstehen schafft die Anschlussfähigkeit der Kommunikation für weitere Kommunikationen. Information, Mitteilung und Verstehen können in der Beobachtung der Kommunikation unterschieden werden. Für die Kommunikation selbst bilden sie jedoch eine nicht auflösbare Einheit. Es wird grundsätzlich in diesem Kommunikationsverständnis davon ausgegangen, dass die „drei Selektionen zur Synthese gebracht werden müssen, damit Kommunikation als emergentes Geschehen zustande kommt" (Luhmann 1987, S. 196). Kommunikation ist ein Ereignis ohne Dauer. Sie schafft ständig neue Sinninhalte.Weitere Aspekte der Kommunikation werden später unter dem besonderen Aspekt der Semantik vertieft. Hier soll es genügen, Kommunikation als die Einheit von Mitteilung, Information und Verstehen zu fassen.

Wenn Kommunikation die spezifische Operation sozialer Systeme ist, muss Kommunikation an Kommunikation angeschlossen werden, um das System aufrechtzuerhalten. Der evolutionäre Prozess der Entstehung sozialer Systeme konstituiert sich aus der Unwahrscheinlichkeit von Kommunikation (dass nämlich Mitteilung, Information und Verstehen zur Deckung gebracht werden). Auf gesellschaftlicher Ebene wird zudem, wie noch gezeigt werden

---

44 Die in der systemtheoretischen Perspektive ja nur eine Form der Kommunikation ist, denn auch soziale Systeme können miteinander in Kommunikation treten.

soll, der theoretischen Unwahrscheinlichkeit einer gelingenden Kommunikation über spezifische, historisch sich in einer Gesellschaft entwickelnde Medien begegnet. Und genau hier wird dann das Konzept von Semantik wichtig.

Psychische Systeme

Die spezifischen Operationen psychischer Systeme sind Gedanken oder Vorstellungen, was mit dem Begriff des *Bewusstseins* beschrieben wird. Psychische und soziale Systeme sind „im Wege der Co-evolution entstanden. Die eine Systemart ist notwendige Umwelt der jeweils anderen. Die Begründung dieser Notwendigkeit liegt in der diese Systemarten ermöglichenden Evolution. Personen können nicht ohne soziale Systeme entstehen und bestehen und das gleiche gilt umgekehrt" (Luhmann 1987, S. 92). Psychische und soziale Systeme benutzen Sinn und sind auf ihn als unerlässliche Form ihrer Komplexität und ihrer Selbstreferenz angewiesen. Es wurde bereits darauf hingewiesen, dass es keine „Träger" von Sinn gibt. Sinn trägt sich vielmehr selbst, indem er seine eigene Reproduktion selbstreferentiell ermöglicht. Deshalb kann man dann auch sagen, psychische wie soziale Systeme haben sich „am Sinn ausdifferenziert" (a.a.O., S. 141). Sie unterscheiden sich jedoch in der spezifischen Operationsform ihrer sinnhaften Selbstreferenz.

Psychische Systeme fügen Sinn in solche Sequenzen ein, die am körperlichen Lebensgefühl festgemacht werden und als Bewusstsein erscheinen (Luhmann 1987, S. 142). Die Differenz von Umwelt und System wird auch bei psychischen Systemen durch Sinngrenzen vermittelt. Im Gegensatz zu sozialen können psychische Systemen ihre Grenzen aber noch in der Form ihrer Körper sehen, in denen sie leben und schließlich sterben. Auch die Autopoiesis im Medium des Bewusstseins ist geschlossen, zugleich aber umweltoffen. In jeder Struktur, die die Autopoiesis „annimmt, adaptiert, ändert oder aufgibt, ist sie angeschlossen an soziale Systeme. Das gilt für ‚pattern recognition', für Sprache und für alles andere. Sie ist trotz dieser Kopplung genuin autonom, weil nur das Struktur sein kann, was die Autopoiesis des Bewusstseins anleiten und in ihr sich reproduzieren kann" (Luhmann 1987, S. 299). Die Selbstproduktion psychischer Systeme läuft über Bewusstsein, sie sind damit Systeme, „die Bewußtsein durch Bewußtsein reproduzieren und dabei auf sich selbst gestellt sind, also weder Bewußtsein von außen erhalten noch Bewußtsein nach außen abgeben" (a.a.O., S. 355).

Was wird nun unter Bewusstsein verstanden? Auch Bewusstsein ist nicht etwas von vorneherein substantiell Vorhandenes. Hier wird vielmehr darunter die spezifische Operation psychischer Systeme verstanden, die es außerhalb von Bewusstseinssystemen, also psychischen Systemen, nicht geben kann. Psychische Systeme verwenden Bewusstsein ausschließlich „im Kontext ihrer eigenen Operationen, während alle Umweltkontakte (einschließlich der Kontakt mit dem eigenen Körper) durch das Nervensystem vermittelt werden, also andere Realitätsebenen benutzen müssen" (a.a.O., S. 355). Die

Elementareinheiten des Bewusstseins sind Vorstellungen und nur das Arrangement dieser Elemente kann neue Elemente produzieren. Der reine, über das Nervensystem aufgenommene Reiz ist damit noch nicht Bewusstsein. Zwar liegt der Schwerpunkt der systemtheoretischen Analysen und Theorieentwicklungen bei Luhmann auf sozialen Systemen, dennoch spielen auch psychische Systeme eine zentrale Rolle, da beide Systemreferenzen jeweils füreinander Umwelt sind. Zudem wird sehr deutlich zwischen Individuum und psychischen Systemen unterschieden und das „Beobachtungsmaterial ist zwar letztlich menschliches Verhalten, aber gerade nicht individuelles Verhalten" (Luhmann 1987, S. 346). Individualität ist in dieser Perspektive wiederum eine reine Zuschreibung des Beobachters und damit seine Selektion: „Wenn ein Beobachter Verhalten auf Individuen zurechnet und nicht auf soziale Systeme, ist das *seine* Entscheidung. Sie bringt keinen ontologischen Primat von menschlicher Individualität zum Ausdruck, sondern nur Strukturen des selbstreferentiellen Systems der Beobachtung, gegebenenfalls also auch individuelle Präferenzen für Individuen, die sich dann politisch, ideologisch und moralisch vertreten lassen, aber nicht in den Gegenstand der Beobachtung projiziert werden dürfen" (a.a.O., S. 347).

Im Mittelpunkt systemtheoretischer Analysen steht daher Kommunikation, die selbstreferentielle Operation sozialer Systeme, nicht zuletzt auch deshalb, weil sich Bewusstsein als selbstreferentielle Operation psychischer Systeme der Beobachtung entzieht. Auch in der vorliegenden Studie geht es um die Analyse kommunikativer Prozesse, primär um die Anschlussfähigkeit von Sinnkonstruktionen als Voraussetzung der Aufrechterhaltung eines sozialen Systems.

3.3.3. Anschlussfähigkeit von Sinn

Sinn ist also ein Produkt der Operationen, die mit oder über Sinn prozessieren - wie Bewusstsein oder Kommunikation - und die nur so überhaupt operieren können. Deshalb nimmt die Anschlussfähigkeit von Sinn einen zentralen Stellenwert in der Theorie ein, da sie die Grundvoraussetzung dafür ist, die Operationsweise sinnbasierter Systeme aufrecht zu halten. Das, was im Vollzug Gegenstand der Intention ist und dort realisiert wird, existiert nur, indem es Verweisungen auf andere Möglichkeiten mitberücksichtigt und sich auf sie bezieht. „Jeder Sinn enthält damit eine Art Anschließbarkeitsgarantie für weiteres Erleben und Handeln" (Luhmann 1998a, S. 17). Sinn repräsentiert daher „Wirkliches durchsetzt mit anderen Möglichkeiten und setzt das Verhalten damit unter Selektionsdruck, weil von diesem appräsentierten Möglichkeitsüberschuß nur die eine oder die andere Eventualität aktuell realisiert, thematisch intendiert, handlungsmäßig nachvollzogen werden kann" (Luhmann 1998a, S. 18).

Nur anschlussfähiger Sinn garantiert den Fortlauf dieser das System konstituierenden Operationen und damit auch die Aufrechterhaltung der Autopoiesis des Systems. Für operativ geschlossene Systeme (und sowohl für psychische wie auch soziale Systeme wird dies angenommen) ist ihre Umwelt operativ nicht erreichbar. Sie bilden ihre Operationen daher als beobachtende Operationen aus. Diese Operationen finden im System statt und ermöglichen die Unterscheidung des Systems von seiner Umwelt: die Unterscheidung von Selbstreferenz und Fremdreferenz. Durch die Beobachtung dessen, was das System nicht ist, kann es sich konstituieren. Identitätsbildung verläuft dann über eine Abgrenzung zu anderem, also primär über eine Art Negationsprozess.

Welt ist damit kein das System determinierender Mechanismus, sondern nur ein „unermessliches Potential für Überraschungen" (Luhmann 1998c, S. 46). Aus diesen Überraschungen wählt das System Gegenstände der Beobachtung aus, lässt sich irritieren und gewinnt so Information. Sinnhafte Identitäten wie beispielsweise empirische Objekte, Symbole oder Zeichen, die etwas *als* etwas im Vergleich zu etwas anderem erzeugen, können nur rekursiv hergestellt werden. Solche Identitäten bestehen nicht einfach, sondern „sie haben nur die Funktion, Rekursionen zu ordnen, so daß man bei allem Prozessieren von Sinn auf etwas wiederholt Verwendbares zurück- und vorgreifen kann" (Luhmann 1998c, S. 46-47). Das Gedächtnis produziert Sinn immer nur für die aktuelle Verwendung, um die *Selektion* möglich zu machen und so die Anschlussfähigkeit einzuschränken. Dies ergibt sich aus der besonderen Beschaffenheit sinnkonstituierender Systeme.

Gerade dieser Aspekt des Gedächtnisses, das Anschlussfähigkeiten von Sinn wahrscheinlicher werden lässt, macht die Entwicklung einer Semantik notwendig. Ihr kommt daher im Prozess der Kommunikation eine bedeutende Rolle zu. Hier kommt es zunächst darauf an, die Sinnbasierung sozialer und psychischer Systeme herauszustellen, um spätere Überlegungen zu Wissen und Sinnwelten daran anknüpfen zu können. Vorher muss jedoch abschließend das Verhältnis von psychischen und sozialen Systemen zueinander geklärt und für die Studie nutzbar gemacht werden.

3.3.4. *Strukturelle Kopplung von psychischen und sozialen Systemen: Sprache im systemtheoretischen Verständnis*

Eine Untersuchung kultureller Aspekte - im vorliegende Fall die Untersuchung der spezifischen Sinnattributionen an *eduaction* in einem konkreten Kontext - muss an der Schnittstelle zwischen psychischen und sozialen Systemen ansetzen. Diese Schnittstelle wird mit dem Begriff der *strukturellen Kopplung* beschrieben. Es wurde bereits darauf hingewiesen, dass psychische und soziale Systeme in einer Art Co-evolution entstanden sind, da der eine

Systemtyp die notwendige Umwelt des jeweils anderen ist. Der Begriff der strukturellen Kopplung setzt genau hier an. Die Operation eines Systems hängt dann davon ab, dass bestimmte Leistungen oder Vorgaben in der Umwelt vorhanden sind (vgl. Luhmann 2004, S. 268). Dies gilt wechselseitig für Bewusstsein und Kommunikation: strukturelle Kopplung meint dann, dass Kommunikation nur über Bewusstsein laufen kann, aber kein Bewusstsein ist; und ohne Kommunikation wiederum ist es schwer vorstellbar, wie Bewusstsein entstanden sein sollte. Zwischen beiden in dieser Weise strukturell gekoppelten Operationen wird eine Art „Kopplungsmechanismus" (a.a.O., S. 122) benötigt. Diese Funktion übernimmt nach Luhmann die *Sprache*. Aus dieser Sicht ist es also konsequent, wenn die Untersuchung genau an diesem Kopplungsmechanismus Sprache, der Anwendungsebene von Wissensvorräten, konserviert als verschriftlichte Sprachbeiträge, ansetzt.

Auch in den klassischen wissenssoziologischen Ansätzen kommt der Sprache eine große Bedeutung zu, denn die „Sprache, die im alltäglichen Leben gebraucht wird, versorgt mich unaufhörlich mit den notwendigen Objektivationen und setzt mir die Ordnung, in welche diese Objektivationen Sinn haben und in der die Alltagswelt mir sinnhaft erscheint", sie markiert daher „das Koordinatensystem meines Lebens in der Gesellschaft und füllt sie mit sinnhaltigen Objekten" (Berger & Luckmann 1970, S. 24-25). Auch Wassmann (1993) hebt die besondere Relevanz der Sprache hervor, wenn er als Prämissen für sein psychologisches Forschungsprogramm formuliert: „Die Sprache ist der beste Zugang zu den mentalen Phänomenen" (a.a.O., S. 99).

Nach Luhmann ist nun aber die Sprache der Mechanismus zwischen den beiden Operationen Bewusstsein und Kommunikation und hat eine „Doppelseitigkeit", da sie sowohl psychisch als auch kommunikativ verwendbar ist. Auf der Seite des Bewusstseins ist Sprache ein „Aufmerksamkeitsfänger" (Luhmann 2004, S. 276). Sie fasziniert und garantiert so die Anwesenheit des Bewusstseins, sein „ständig begleitendes Dabeisein" (a.a.O., S. 277). Auf der Seite der Kommunikation dagegen ist Sprache für den „Sinntransport oder die Sinnfixierung" notwendig, da ein wiederholter Rückgriff innerhalb von Kommunikation unentbehrlich ist (ebd.). In der Kommunikation spielt folglich nur das eine Rolle, was über ein Bewusstsein vermittelt werden kann. Und Sprache ist umgekehrt vermutlich die dominante, mindestens aber die zugänglichste Ausdrucksweise der Bewusstseine. Es ist daher konsequent, wenn Sprache hier zum Ausgangspunkt dafür genommen wird, die Attributionen der Bewusstseine an *education* sichtbar zu machen.

Strukturelle Kopplung und ihre implizite Rekursivität bedeuten schließlich, dass die Muster und ihre Kombinatoriken - also Sprache - vorstrukturieren, was gedacht und was kommuniziert werden kann. Ihre Kombinatoriken weisen aus, was in der Kommunikation anschlussfähig ist, weil es mit Sinn attribuiert werden kann. Sprache ist an das entsprechende Gesellschaftssystem gebunden und berührt damit unmittelbar Fragen, die zunächst mit dem

Begriff der Kultur umschrieben werden können. Es zeigt sich hier deutlich, dass die Systemtheorie, anders als oftmals kritisiert, sehr wohl Fragen der Kontextualisierung, der Kultur berücksichtigt und ernst nimmt. Wenn Luhmann den Kulturbegriff als solchen ablehnt, dann erklärt sich dies ähnlich wie bei dem Subjektbegriff aus der Theoriegeschichte des Begriffs und den daraus resultierenden Implikationen. Der immense Bedeutungsumfang, der dem Kulturbegriff zugewachsen ist, macht ihn aus seiner Sicht für wissenschaftliche Zwecke unbrauchbar. Sichtbar wird die kulturelle Komponente der Systemtheorie vor allem an den Ausführungen über Semantik, die deshalb im Folgenden dargestellt werden. Die systemtheoretische Fassung von Semantik wird hier dazu genutzt, kulturrelevante Fragen in der Studie aufgreifen zu können. Sie soll es ermöglichen, über die artikulierten Sinnattributionen auf der Individualebene von Interviews zu einer überindividuellen, sozialen Perspektive auf Sinnkonstruktion zu dem Begriff *education* zu gelangen.

3.4. Kontextualisierung von Wissen - der Zusammenhang von Semantik und Sozialstruktur

Bereits in der Fragestellung wurde auf die für die vorliegende Arbeit besondere Relevanz von Konzepten aufmerksam gemacht, die eine kulturelle Perspektive ermöglichen. Es kommt jetzt darauf an, dies zu spezifizieren, um schließlich die Ergebnisse der Studie in diesem Rahmen diskutieren zu können.

Die Frage nach Konzepten, die sich auf Kultur beziehen, ist nicht einfach zu beantworten und wird in den verschiedenen sozialwissenschaftlichen Disziplinen auch kontrovers diskutiert und beantwortet. Für die Anthropologie, für die eine kulturelle Perspektive ebenfalls als eine unverzichtbare Notwendigkeit angesehen werden kann, konstatiert Sperber (1996): „No single concept is shared by all partitioners, and no theory is generally accepted. Under such conditions, it could be argued, nothing can be inferred about the autonomy of culture from the state of the art" (a.a.O., S 15). Die Anthropologie, so Sperber weiter, hat keine eigenen theoretischen Konzepte, sondern eine theorieunabhängige Sammlung von ‚technischen Termini', mit deren Hilfe sie Kultur analysiert, was ihre Ergebnisse jedoch nicht weniger interessant macht. Solche technischen Termini sind nach Sperber *Repräsentationen*. Es gibt demnach nicht etwas wie z.B. ‚Heirat' (oder wie im vorliegenden Fall: ‚*education*'). Vielmehr geht Sperber davon aus, dass ein solcher Begriff lediglich eine Hilfe für den Leser oder einen anderen an der Kommunikation

Beteiligten ist, um den Interpretationen des Anthropologen folgen zu können: „When these terms are used to report specific instances of events or states of affairs, they help the reader to get an idea of the way in which the people concerned perceive the situation .... What do these interpretive reports tell us about the nature of whatever *is* taking place? Well, what they tell us for sure is that some representations are being entertained and communicated" (a.a. O., S. 23, Hervorhebung im Original). Entscheidend ist dann wiederum, „why some representations propagate, either generally or in specific contexts?", womit man wiederum bei der Problematik von Kultur angelangt wäre, denn diese Frage lässt sich nur beantworten, wenn die zugrunde liegenden Strukturen, die Anschlussfähigkeiten oder nach Sperber die „epidemiology of representations" analysiert werden (a.a.O., S. 25). Problematisiert wird dann nicht, was „ist", sondern wie es möglich ist, dass etwas ist, wie es ist.

Es hat eine lange Tradition in den Sozialwissenschaften, die Problematik von Kultur in der einen oder anderen Weise mit der Methode des Vergleichens zu verknüpfen und sie damit unter der Hand als greifbarer zu präsentieren. Tenbruck (1992) spitzt dieses Problem sogar zu der Frage zu, was denn der Kulturvergleich vor dem Aufkommen des Kulturvergleichs überhaupt gewesen sei und verweist wissenschaftshistorisch auf eine Praxis vor der eigentlichen Thematisierung und Problematisierung von Kultur als eigenständiges wissenschaftliches Konstrukt in der Soziologie. Luhmann (1995a) sieht umgekehrt den Kulturbegriff als Ausgangspunkt für vergleichende Interessen und argumentiert historisch: „Im 18. Jahrhundert verbreitet und vertieft sich dieses Vergleichsinteresse auf der Folie eines Begriffs von Kultur, der aus dem bisher üblichen Kreis der Vergleichsthemen herausgezogen und für sich aufgestellt wird" (a.a.O., S. 36). Die Bemühungen um Sprache unterstützen dann dieses kulturvergleichende Interesse, da „Sprachen ja ineinander übersetzbar sind und so wie von selbst zum Sprachvergleich auffordern" (a.a.O., S. 37).

Auch die Erziehungswissenschaften traktieren besonders dort kulturtheoretische Themen und Fragen, wo es um *Vergleichende* Erziehungswissenschaften geht. Hier muss dabei ebenfalls davon ausgegangen werden, dass es bei dem Vergleich dann nicht um den Vergleich feststehender Entitäten gehen kann: „Der Vergleich als sozialwissenschaftliche *Methode* gründet sich demgegenüber auf die sogenannten *komplexen* oder *multiplanen* Vergleichstechniken. Sie sind nicht darauf angelegt, einzelne Phänomene oder Phänomenkomplexe als solche zueinander in Beziehung zu setzen. Sie richten sich vielmehr auf die zwischen unterschiedlichen Größen, Variablen oder Systemebenen vermuteten Zusammenhänge, die sie über äquivalent aussagehaltige Indikatoren in ihrer Einlagerung in variierende historisch-kulturelle Situationskomplexe aufsuchen und ... zueinander in Beziehung setzen. Pointiert formuliert, besteht also der Vergleich als sozialwissenschaftliche Methode nicht in der Relationierung von Faktizitäten, sondern in der Relationierung von Relationen oder ganzen Relationssystemen" (Schriewer 1987, S. 633). Hat man sich einmal auf die vergleichende Perspektive eingelassen, stellt sich unmittelbar die Frage, was denn nun eigentlich zu vergleichen ist. Welche Vergleichseinheiten sollen gewählt werden? Nationalstaaten als Vergleichsentitäten bestechen zwar durch ihre pragmatische Umsetzungsfreundlichkeit, was sie aus einer bildungspolitischen Perspektive attraktiv macht und den öffentlichkeitswirksamen Erfolg etwa von PISA erklärt, erfüllen jedoch kaum kulturtheoretische Anforderungen.[45] Nicht zuletzt in Hinblick auf die zunehmenden Integrationsprozesse in Europa verlieren Betrachtungen über Nationalität als Unterscheidungskriterium weiter an Bedeutung (vgl. Kaelble 1999, S. 31 ff.).[46] So lässt sich beispielsweise eine „europäische Sozialgeschichte der Bildung" formulieren, die zwar wichtige nationale Eigenheiten nicht negiert, jedoch den größeren Zusammenhang und die gegenseitigen Beeinflussungen der nationalen Strömungen stärker betont (Kaelble 2002). Man braucht deshalb andere Konzepte für die Ausrichtung von Vergleichen, weswegen beispielsweise Osterhammel (1996) den *Zivilisationsvergleich* vorschlägt. Unter Zivilisationen werden dort „im allgemeinen gesellschaftliche Einheiten verstanden, die während ihrer Geschichte selten ein einziges Machtzentrum besaßen, sondern polyzentral waren, aus mehreren Nationalstaaten oder vornationalen politischen Einheiten bestanden, aber doch eine Einheit im Selbstverständnis und in den Erfahrungen ihrer Bewohner, in einer gemeinsamen Geschichte, in inneren Verflechtungen, in einer gewissen Ähnlichkeit, in kulturellen und gesellschaftlichen Besonderheiten im Vergleich mit anderen Zivilisationen und Großgesellschaften der Teilgesellschaften waren" (Kaelble 1999, S. 33). Dabei erklärt der Autor, dass dieser Zivilisationsbegriff weitestgehend identisch mit dem Begriff der Kultur ist und dieser ebenso gut Verwendung hätte finden können, wäre er nicht so „mißverständlich" (a.a.O., S. 33).

Interessant an Kaelble's Ausführungen ist, dass seiner Auffassung nach der Zivilisationsvergleich (der Autor hat dabei allerdings konkret den *historischen* Zivilisationsvergleich im Blick) keinesfalls zwangsläufig einen direkten Vergleich beinhalten muss, um einen Erkenntnisgewinn zu initiieren.

---

45 So werden nun häufig selbst in den Fällen, in denen empirische Studien zunächst als ein Nationalstaatenvergleich angelegt sind, kulturelle Perspektiven mindestens in die weiterführende Fragestellung miteinbezogen. Zu sehen etwa im Falle einer Untersuchung über das Lernverhalten von vietnamesischen und deutschen Studenten, in der der Vergleichshorizont Vietnam wie folgt begründet wird: „Da Vietnam aber zu den Ländern des konfuzianischen Kulturkreises gehört, bietet es die Möglichkeit, Aufschluß über mögliche Besonderheiten eines durch konfuzianische Werte beeinflussten Lernverhaltens zu gewinnen" (Helmke & Schrader 1999, S. 86).

46 In diesem Zusammenhang muss die wechselseitige Abhängigkeit des Kultur- und Nationenbegriffs berücksichtigt werden, da historisch mit „dem Begriff der Kultur ... der Begriff der Nation aufgewertet, ja in seiner modernen Emphase überhaupt erst erzeugt" wird (vgl. Luhmann 1995, S. 41 ff.).

„Unter dieser Fragestellung wurden ... meist Arbeiten geschrieben, die sich ganz auf eine andere, außereuropäische Zivilisation oder Großgesellschaft konzentrieren und nicht vergleichen", weil so auch die eigene Zivilisation klarer begriffen werden könne (a.a.O., S. 41; siehe auch Schriewer 2003). In dieser Argumentationslinie wurde eingangs bereits die Thematisierung anderer Kulturen eingeführt, wo durch die Beobachtungen des *visible nonobvious* ein Reflexionsinstrument des eigenen *invisible obvious* entstehen kann (in Anlehnung an Smeldslund 1984, vgl. Punkt 3.1. ff). In diesem Sinne lassen sich auch die Ergebnisse der vorliegenden Studie nutzen.

Eine weitere Fragestellung des historischen Zivilisationsvergleichs ist nach Kaelble schließlich aber auch die Untersuchung universeller Mechanismen, viel diskutiert unter dem Schlagwort der Internationalisierung. Diese Analyse bestimmter Prozesse und ihrer weltweiten Verbreitung einschließlich der daraus resultierenden Veränderungen verfolgt das Ziel, unterschiedliche Entwicklungswege und Entwicklungstypen herauszuarbeiten, ist jedoch als theoretische Fragestellung „bestenfalls im Werden" (Kaelble 1999, S. 43). Die Diskussion um Internationalität als „Tatsache" und Internationalisierung als weltumspannender Prozess (Caruso & Tenorth 2002, S. 15 ff.) ist allerdings längst im Mainstream der erziehungswissenschaftlichen Debatte angekommen, die „Globalisierungsfalle" (Martin & Schumann 1996) ist auch hier ‚zugeschnappt'.[47] Zeitgleich mit diesen Internationalisierungs- oder Globalisierungstendenzen wird dann auch die ‚multikulturelle Gesellschaft' konstatiert, und Interkulturalität selbst rückt als mögliches anschlussfähiges Betätigungsfeld pädagogischer Intervention in den Blick (vgl. z. B. Bender-Szymanski 2000).

3.4.1. *Globalisierung und Internationalisierung im erziehungswissenschaftlichen Diskurs*

Die Globalisierung muss nun auch bei der wissenschaftlichen Reflexion von Erziehung und Bildung einbezogen werden (z.B. Hornstein 2001). Der Vergleich unterschiedlicher Länder, Nationen, Kulturen oder eben Zivilisationen in den Sozialwissenschaften entspricht demnach dem „gegenwärtigen Stand der ‚Weltgesellschaft' und den aktuellen Fragen, die mit ihrer Pluralisierung aufgeworfen werden" (Caruso & Tenorth 2002, S. 15). Konsequenterweise kann dann die Welt ohne eine vergleichende Perspektive gar nicht mehr verstanden werden. Semantische Konstruktionen dieser Weltgesellschaft „korrespondieren insofern einem Prozess der Internationalisierung, für den un-

---

47 Es muss zwischen Globalisierung und Internationalisierung allerdings differenziert werden. Da der Internationalisierungsbegriff historisch eng mit der Herausbildung von Nationen verknüpft ist, könnte er „wegen der Implikation der Nation vielleicht selbst transitorisch" sein (Caruso & Tenorth 2002, S. 20).

übersehbar ‚transnationale Wanderungs-, Diffusions- und Rezeptionsprozesse' das dominierende Muster bilden" (ebd.).

Internationalisierungs- oder Globalisierungsprozesse von Bildung und Bildungssystemen sind damit unaufhaltsam und müssen in den Analysen stärker berücksichtigt werden, so die Forderung vieler Autoren. „Both the functionality and uniqueness of educational systems are greatly overestimated in country-specific studies. Many important cross-national educational similarities are both overlooked within the case study tradition" (Meyer & Ramirez 2003, S. 112). In neoinstitutionalistischer Perspektive werden demnach nationale Eigenheiten zunehmend durch globale Tendenzen negiert und die nationalen Besonderheiten in wissenschaftlichen Betrachtungen von Bildung überbewertet. Nationale „entities tend to be symbolically transformed into nation-states with formally similar rights ... in the world. ... But all of these entities present themselves to the national-state system ... as national societies with *standard modern goals* and *standard strategies* to attain these" (a.a.O., S. 115, Hervorhebung I.C.). Und da alle Staaten letztlich diese Ziele verfolgen und die von den einflussreichen und reichen Ländern benutzten Strategien zur Zielerreichung von den ‚aufholenden' Nationen kopiert werden, sehen diese Bildung als *das* Instrument an, um nationale und individuelle Entwicklung in Gang zu setzen und zu fördern. Bildung ist darüber hinaus fester Bestandteil eines Modells des modernen Nationalstaates, und der Druck, dieses Modell mit all seinen Implikationen nachzuahmen, nimmt weltweit zu: „In a world culture defining education as central to progress, educational policies in dominant countries are among the first things to copie" (a.a.O., S. 117-118).[48]

Durch Professionalisierungstendenzen und Verwissenschaftlichung von Bildung wird die weltweite Kommunikation und damit Standardisierung weiter vorangetrieben. Diesen Autoren zufolge ist die Homogenisierung der Bildung und der Bildungssysteme damit ein ireversibler Prozess. Insbesondere die Organisation von Bildung in Schulen und Klassenräumen ist schon jetzt nahezu überall verbreitet. Letztlich sind auch Organisationen wie die Weltbank und die UNESCO einflussreiche Agenten dieser Homogenisierung: „Educational models and agendas are also increasingly defined by international organizations" (a.a.O., S. 126), was dann explizit neben der Organisationsform auch die Bildungsinhalte mit einschließt. Man könnte also sagen, dass die dieser theoretischen Blickrichtung folgenden internationalen Untersuchungen von Bildung und Bildungssystemen zu ihrer eigenen Obsoleszenz beitragen. Schließlich spricht, so die in dieser Perspektive vertretene Meinung, doch die Annahme der weltweiten Homogenisierung bildungsrelevanter Fragen dafür, vergleichende Studien als überflüssig anzusehen und in Zukunft zu unterlassen.

---

48 Wobei im speziellen Fall von Indien die Imitation unnötig ist, da die Engländer als Kolonialherren ihr System gleich eingeführt haben.

Von einem vergleichbaren Ausgangspunkt einer zunehmenden Globalisierung der Bildung ausgehend kommt Schriewer (1987) in seinen Arbeiten jedoch zu einer anders gelagerten Beurteilung der Konsequenzen. Anhand der historischen Entwicklung der Bildungssituation in Japan kommt er zu dem Ergebnis, dass es zwar zu einer Übernahme von als vorbildlich angesehener westlicher Technologie kommt, allerdings unter gleichzeitig „weitgehender Bewahrung beziehungsweise interpretierender Neuformulierung der auf Shintoismus und Konfuzianismus gegründeten - und als überlegen ausgegebenen - eigenen Sozial- und Werte-Ordnung" (Schriewer et. al. 1999, S. 157-158).[49] Auch die Ergebnisse der von dieser Forschergruppe durchgeführten ländervergleichenden Studie zwischen Spanien, der Sowjetunion / Russland und China unterstützen diese These. Es zeigt sich danach keine umstandslose Durchsetzung von weltweit gleichförmigen Sinn- und Organisationsmustern, sondern von „basic variants" oder „multiple programs of modernity" (a.a.O., S. 159). Die Autoren konstatieren, dass Kulturen über ein Eigenpotential für Entwicklung und über Kapazitäten der Selektion und Transformation verfügen, die selbstgesteuerte Modernisierungsprogramme und damit verschiedene Entwicklungswege zur Folge haben. Als Konsequenz stellt Schriewer den Welt-System-Modellen (z.B. von Meyer & Ramirez; vgl. oben) sein Konzept der *Externalisierungen* entgegen, welches seiner Meinung nach besser geeignet ist, die komplexen Beziehungen zwischen kulturellen Besonderheiten und durch die Globalisierung ausgelösten Homogenisierungsprozesse zu beschreiben. Es hat theoretische Anschlussstellen zu dem später dargestellten und im Rahmen der vorliegenden Studie präferierten Semantikkonzept, weshalb dieses abschließend zu den kurzen Betrachtungen der erziehungswissenschaftlichen Problematisierung von Kultur und vergleichenden Perspektiven erläutert werden soll.

3.4.2. Externalisierung als Begründung für unterschiedliche Entwicklungswege

Das Externalisierungskonzept betont gegenüber den Welt-System-Modellen die „Sozio-Logik gesellschaftsintern entworfener Konstrukte; es unterstreicht mit anderen Worten den in unterschiedlichen national- oder zivilisationsspezifischen Perspektiven zum Ausdruck kommenden Eigen-Sinn soziokultureller Konfigurationen und damit letztlich das Fortbestehen von *multiple worlds*" (Schriewer et. al. 1999, S. 167-168). Das Konzept der Externalisie-

---

49 Als starker Motor für solche Auseinandersetzungsformen mit anderen Kulturen wird weniger ein irgendwie geartetes Interesse an dieser Kultur als solcher gesehen, als vielmehr in der Angst vor dem Fremden. Die Auseinandersetzung wurde schlicht notwendig durch eine „von fremden Kulturen vermeintlich ausgehende Infragestellung oder Bedrohung der jeweils eigen-kulturellen Lebensform" (Schriewer et. al. 1999, S. 160)

rung knüpft theoretisch an die Selbstreferentialität von Systemen in der Systemtheorie von Luhmann und dem damit verbundenen Problem des zirkulären ‚Mit-sich-selbst-Beschäftigtsein(s)' an (Schriewer 1987, S. 648). Selbstreferenzielle Systeme stellen über die Operationen des Referenzierens die Unterscheidung zwischen sich und der Umwelt her, indem sie sich auf ihre Umwelt beziehen und damit gleichzeitig anzeigen, was nicht Umwelt und somit die davon abgegrenzte eigene Identität ist. Die Operationen der Referenz sind also die Beschreibungen des Systems in Differenz zu seiner Umwelt. Gleichzeitig sind diese Operationen in das von ihnen Bezeichnete selbst, im Falle von sozialen Systemen etwa in das entsprechende gesellschaftliche Funktionssystem, eingeschlossen. So sind beispielsweise wissenschaftliche Reflexionstheorien „Theorien *des* Systems *im* System. Sie thematisieren mit ihrem Bezugssystem zugleich auch sich selbst als Teil ihres Bezugssystems und damit ihre eigene Selbstthematisierung. ‚Reine' Selbstreferenz, so die logische Konsequenz, ließe daher die Kapazitäten solcher Systeme zu intern prozessierter Selbstregulierung ins Leere laufen" (a.a.O., S. 648, Hervorhebungen im Original). Diese zirkulären Interdependenzen müssen unterbrochen werden. Eine solche Unterbrechung der per se in der Reflexion angelegten Zirkularität wird durch eine selektive Öffnung für Umwelteinflüsse möglich: Ein System verschafft sich „Zusatzsinn", indem es externe Bezugspunkte wählt und sich bei der Herstellung von Sinn darauf bezieht (ebd.). Dieser über den Umweltbezug beschaffte Zusatzsinn wird in Anlehnung an Luhmann & Schorr (1999) *Externalisierung* genannt.

Externalisierungen bleiben jedoch „trotz Öffnung für und Bezugnahme auf Umwelt, selbstreferentiell bestimmte ‚systeminterne Interpretationsvorgänge'" (a.a.O., S. 652). Luhmann & Schorr haben hier deshalb den Begriff der Schleusen verwendet: „Schleusen, die das System aus intern-selbstreferentiellen Notwendigkeiten heraus öffnet oder schließt" (a.a.O., S. 340). Umwelt wird daher im wesentlichen nach „Maßgabe systeminterner Bedarfslagen verfügbar" gemacht (Schriewer 1999, S. 255). Diese Verortung der Externalisierungen *im* System ist wichtig für die Perspektive auf Kultur und kulturelle Unterschiede in Entwicklungsverläufen, die der Ausgangspunkt für diese Überlegungen waren. Da Externalisierungen Interpretationsvorgänge sind, „die sich im System selbst abspielen und keine sicheren Rückschlüsse darauf zulassen, wie die Geschichte wirklich war oder was in der Umwelt wirklich vor sich geht" (Luhmann 1981, S. 40), sondern sie vielmehr durch selektive Öffnung für Umweltbezüge im System als Zusatzsinn hergestellt werden, lassen sich so auch unterschiedliche Reaktionen auf Globalisierungsprozesse und schließlich auch unterschiedliche Entwicklungswege von Kulturen (oder Zivilisationen) rekonstruieren.

Schriewer konkretisiert seine theoretische Position anhand der Analyse der Externalisierungen in den Erziehungswissenschaften und macht zwei Arten der Externalisierung aus (ohne dafür allerdings Vollständigkeit zu reklamieren): die Externalisierung auf Geschichte oder Tradition und die Externalisierung auf Welt. Im Falle der der Externalisierung auf Tradition wird demnach nicht etwa die distanzierte Historisierung pädagogischer Denkhorizonte beabsichtigt, sondern die Neuauslegung eines theoretischen oder normativen Gehaltes geschieht aus dem Problemdruck der Gegenwart heraus. Entsprechend ging es bei der Externalisierung auf Welt (genauer gesagt hier natürlich auf *erziehungsrelevante* Weltsituationen) bislang um die Versachlichung wertgestützter Begründungen für Reformoptionen: „Die verschiedenen Formen einer Internationalisierung der jeweils systeminternen Reformreflexion (bzw. einzelner ihrer Positionen) waren, so das Resümee disziplinhistorischer Untersuchungen, ‚für die Gesinnungsgenossen eine Bestätigung in ihrer Arbeit und gegenüber den Gegnern ein Argument der Rechtfertigung. Der Aufweis der Internationalität enthob die eigenen Forderungen dem Vorwurf interessengebundener Parteilichkeit, er gab ihnen den Charakter der *Allgemeinheit* und *Notwendigkeit*'" (a.a.O., S. 650; Schriewer zitiert hier Zymek). Externalisierung auf Welt macht es damit unnötig, umstandslos auf Werte oder werthaltige Ideologien zu rekurrieren und ermöglicht es, einen systemintern vorhandenen Bedarf zu decken.

Bezogen auf den Ausgangspunkt der Frage danach, ob kulturelle Unterschiede angesichts der zunehmenden Globalisierung von Bildung noch relevant sind oder nicht, kommen Schriewer et. al. (1999) zu dem Schluss, dass man von einer „Brechung transnationaler Wissensangebote, Reformmodelle und Rezeptionsprozesse an jeweils kontext-immanenten - historisch-kulturellen und politisch-ideologischen - Selektionswellen und Interpretationsbedürfnissen" ausgehen kann (a.a.O., S. 250). Die Autoren gehen von Interrelationen zwischen gesellschaftsstrukturellem Wandel und semantischen Entwicklungen aus. Die Frage nach Kultur und damit nach einem tragenden Kulturkonzept für die Interpretation von spezifisch auffindbaren Eigenheiten bleibt damit bestehen. Um diese Kulturperspektive an das Material der Studie herantragen zu können, soll deshalb ein Kulturkonzept vorgestellt werden, das aus dem gewählten theoretischen Rahmen der Konstruktion von Sinn durch den Beobachters als vielversprechend angesehen werden kann.

3.5. Das Konzept der Semantik bei Luhmann

Das Konzept der Externalisierung macht kulturelle Unterschiede in der Behandlung globaler Tendenzen und Einflüsse nachvollziehbar. Anhand zentraler Argumentationen in der Wissenssoziologie wurde bereits gezeigt, dass symbolische Sinnwelten gesellschaftliche, also soziale Produkte sind, die deshalb nicht unabhängig von den historischen Konstellationen ihrer Gesellschaft gesehen werden können. Die systemtheoretischen Betrachtungen zu Semantik weisen dann jedoch über die häufig kritisierte Fokussierung der Wissenssoziologie auf das „*Zurechnungs*problem", also der Attribution von Wissen auf Personen, hinaus (Luhmann 1998a, S. 15). In der Wissenssoziologie wird Wissen oft, so die Kritik, „als Ausdruck einer Interessenlage oder einer entwicklungsgeschichtlichen Situation bestimmter Gruppen, Schichten oder Klassen gesehen, und dies auf einer eher kollektivistischen Basis, das heißt ohne Analyse der internen Kommunikationsstrukturen dieser Trägergruppen" (Luhmann 1998a, S. 11).

Das systemtheoretische Konstrukt der Semantik nimmt dagegen die Geschichtlichkeit und den Bezug zum Gesellschaftssystem von Wissen bzw. Begriffen stärker in den Blick, also das Verhältnis von Semantik und Sozialstruktur, und fokussiert auf „die Frage nach Korrelationen zwischen sozialstrukturellen und begriffs- oder ideengeschichtlichen Veränderungen" (a.a.O., S. 13). Die geschichtlichen Variationszusammenhänge von Wissensbeständen und den Strukturen der Gesellschaft, in der sie auftreten, sind demnach nicht zufällig. Es ist aus dieser Sicht deshalb wenig sinnvoll, Semantik bzw. die historisch je auffindbaren Formen (die dann Wissensbestände genannt werden können) unabhängig von diesem Zusammenhang zu betrachten. Die Systemtheorie stellt hier die Frage nach den „*Kovariationen* von Wissensbeständen und gesellschaftlichen Strukturen*"* (Luhmann 1998a, S. 15). Diese Konzeption von Semantik ist wie die Systemtheorie selbst eine evolutionäre Theorie. In dieser Perspektive geht es dann eher um Wissensbestände, die im evolutionären Prozess den Bedingungen von Varianz, Selektion und Restabilisierung unterliegen und dabei enge Bindungen zu gesellschaftlichen Strukturen aufweisen. Veränderungen der Komplexität des Gesellschaftssystems und die Kontingenz seiner Operationen werden demnach mit Änderungen in der Semantik beantwortet.

Besonders attraktiv ist das systemtheoretische Konzept der Semantik für die vorliegende Studie wegen seiner hohen Affinität zum Begriff der Kultur. Es ermöglicht eine Respezifizierung des umstrittenen Kulturbegriffs,[50] lässt

---

50 Nach Luhmann hat der Begriff Kultur einen derart großen Bedeutungsumfang gewonnen, was ihn für wissenschaftliche Zwecke unbrauchbar gemacht habe (vgl. auch Schützeichel 2003, S. 178 ff.). Auch Stichweh stellt fest, dass dem Kulturbegriff die „Fähigkeit, einen eigenen Wirklichkeitsausschnitt oder Gegenstandsbereich auszugrenzen", fehlt (Stichweh

aber trotzdem die Beachtung des „semantisch-symbolischen Komplexes" zu, den dieser zumeist bezeichnen soll (Luhmann 1998a, S. 17). Darüber hinaus ermöglicht dieses Konzept auch eine Annäherung an die Problematik der *sprachlichen Ebene*. Mit Berger & Luckmann wurde bereits auf die bedeutende Rolle der Sprache bei der Erzeugung von Sinn und Sinnsystemen hingewiesen. Es war in diesem Zusammenhang der Konstruktion von Sinn bereits die Rede von „typisiertem Wissen", also „Anleitungen zur Benutzung typischer Mittel", um typische Ziele in einem bestimmten Kontext zu erreichen (Schütz 1971, S. 15). Das „typisierende Medium *par excellence*" (ebd.) ist nun die Sprache, in der das sozial abgeleitete Wissen vermittelt wird, denn da „unser Denken, vor allem aber die Verständigung mit anderen Menschen, sich der Worte und der Begriffe bedient, die jeweils verfügbar sind, gleicht der Vorrat an Begriffen einem Vorrat an Werkzeugen, mit denen eine mehr oder weniger schwierige Konstruktion ausgeführt werden soll" (Häuser 1984, S. 51).

Hier schließen die Überlegungen zur systemtheoretischen Fassung des Begriffs der *Semantik* unmittelbar an. Es wurde gezeigt, dass die Faktizität einer Festlegung im Medium Sinn immer nur durch Rekursion auf bereits Bekanntes geschehen kann und ausschließlich im aktuellen Vollzug existiert. Rekursivität wird nun, speziell wenn man die *kommunikative* Erzeugung von Sinn im Auge hat (im Gegensatz etwa zur Erzeugung von Sinn in Bewusstseinszuständen) hauptsächlich durch „die Worte der Sprache geleistet, die in einer Vielzahl von Situationen als dieselben verwendet werden können" (Luhmann 1998c, S. 47-48). Die Sprache legt damit zumindest teilweise fest, wie Sinn und damit die Wirklichkeit konstruiert werden können. Überspitzt fragt Aoki in seiner Problematisierung *Zur Übersetzbarkeit von Kultur*[51] deshalb: „Ermöglichen die unterschiedlichen Sprachen jeweils auf grundlegend verschiedene Art und Weise die Strukturierung und Erfahrung der Wirklichkeit?" (1991, S. 52). Und mit Steiner stellt sich als Konsequenz die weiterführende Frage, ob „jede der jetzt auf der Erde verwendeten 4000 Sprachen eine spezifische, letztlich nicht reduzierbare Zerteilung der Wirklichkeit artikuliert?" (zitiert nach Aoki 1991, S. 52).

Es wird deutlich, dass in den hier zugrunde gelegten Theoriekonzepten Sprache eine große Bedeutung zukommt. Es wurde bereits darauf hingewiesen, dass die Sprache als strukturelle Kopplung zwischen psychischen und sozialen Systemen in dem gewählten systemtheoretischen Rahmen eine besondere Rolle spielt. Auch das hier gewählte Untersuchungsdesign zur empirischen Erfassung der Sinnattributionen an und Wissensvorräte über *education* ist mit seiner Fokussierung auf einen rein sprachlichen Zugang in Form von Interviews ganz auf die Ebene der gesprochenen Sprache ausgerichtet.

1999, S. 463). Daraus folgt zwingend die Notwendigkeit, den Kulturbegriff zu spezifizieren, um ihn wissenschaftlich brauchbar zu machen, wie Luhmann es unternommen hat.
51 Vgl. gleichnamigen Zeitschriftenartikel von 1991.

Im Folgenden soll nun zunächst der Semantikbegriff, wie er sich bei Luhmann findet, geklärt werden, bevor auf die Implikationen für die Studie eingegangen werden kann.

Die Konzeption von Semantik als Grundlage einer kulturellen Perspektive

Kein Wissenssystem oder Ideengut entsteht unabhängig von der Sozialstruktur, in dem es entwickelt wird. Wissen entsteht immer als Wissen in einem und über einen sozialen Bezug. Will man also eruieren, was eine Idee (hier: *education*) in einem bestimmten Kontext bedeutet, welche Vorstellungen damit verknüpft werden (überhaupt verknüpfen werden können), muss man immer mitbeobachten, was einerseits Grundlage dieser Entwicklung von Wissen ist und auch gleichzeitig daraus resultiert. Ein Kulturbegriff, der Kultur nicht etwa nur als eine Variable, als äußeres Umfeld oder unabhängige Einflussgröße fasst, sondern sich selbst als komplexen Verweisungszusammenhang beschreiben lässt, ist die Voraussetzung dafür, überindividuelle Bedeutungen von *education* untersuchen zu können. Unterschiedliche Kulturen bieten den Individuen unterschiedliche Möglichkeiten und Limitationen ihrer Entwicklung. Die Individuen machen deshalb immer „only (culturally) preselected specific experiences" (Eckensberger 1990, S. 161). Die Art der vorselektierten Erfahrung wiederum wird sich in der kognitiven Entwicklung widerspiegeln wie auch andererseits zukünftige Wahrnehmungen beeinflussen. Diese Wechselwirkung kann sehr anschaulich an der Darstellung der *Semantik der Freiheit* bei Luhmann (1995, S. 14 ff.) gezeigt werden. Freiheit, und damit auch die Freiheit zur Nutzung von Handlungsmöglichkeiten, wird demnach überhaupt erst erfahrbar, wenn man Wahlmöglichkeiten als solche *erkennt*, d.h., wenn man kognitiv ‚gelernt' hat, dass es etwas wie Freiheit gibt, auf die man dann auch sein Handeln beziehen kann.

Für die Theoriebildung kommt Eckensberger (a.a.O., S. 161) deshalb zu folgenden Konsequenzen: „Both cultural and individual change should not only be interrelated (descriptively or statistically), but should be reconstructed within the same theoretical framework". Es wird also ein Kulturkonzept benötigt, welches sowohl konkrete Ausformungen von Kultur auf der individuellen Ebene wie auch der überindividuellen, sozialen Dimension berücksichtigen kann. Das Konzept der Semantik bietet sich hier deshalb besonders an, um das Theoriedefizit hinsichtlich möglicher Erklärungen des Sozialen, wie sie für die Wissenssoziologie beschrieben wurden, zu beheben und eine kulturelle Perspektive einnehmen zu können.

Ein historisch-politischer Semantikbegriff

Für die vorliegende Studie wurde die theoretische Konzeption von Semantik aufgegriffen, wie sie sich bei Luhmann findet, da sie eine Zusammenführung der Theorieelemente der individuellen Sinnkonstruktion, Sprache, Kultur und damit ‚Intersubjektivität' in einem einzigen „theoretical framework" ermöglicht. Die hier verwendete Auffassung von Semantik unterscheidet sich von solchen, in denen Semantik die Lehre von Zeichen und ihrer Referenz bezeichnet, also Ansätzen, die mit Fragen der Syntax, Semiotik usw. befasst sind. Statt dessen steht eine „historisch-politische" Semantik (Luhmann 1998a, S. 19) im Fokus. Im weitesten Sinne geht es bei der allgemeinen historisch-politischen Perspektive auf Semantik um den Zusammenhang von *Begriffsgeschichte und Sozialgeschichte*.[52] Dieses Verständnis von Semantik steht unter dem Reflexionsdruck einer Tradition, „die sich seit alters mit dem Verhältnis von Wort und Sache, von Geist und Leben, von Bewusstsein und Sein, von Sprache und Welt beschäftigt hat" (Koselleck 1978, S. 19). Begriffsgeschichte und Sozialgeschichte werden dann als komplementär angesehen. Die Begriffsgeschichte hat gegenüber der Sozialgeschichte allerdings den Vorzug, den „Zusammenhang zwischen Begriff und Wirklichkeit zu reflektieren" (ebd., S. 33).

Der Semantikbegriff bei Luhmann schließt zwar an solche Überlegungen an,[53] hat aber den für die vorliegende Untersuchung entscheidenden Vorteil, zunächst wesentlich grundsätzlicher bei den allen Kommunikationen zugrundeliegenden Operationen anzusetzen. Es ist deshalb notwendig, zunächst wenigstens in groben Zügen den Kommunikationsbegriff (siehe 3.5.2.) unter systemtheoretischer Perspektive zu umreißen. Diese theoretische Konzeption von Semantik ermöglicht es, Themen auf der semantischen Ebene auf ihre möglichen Anschlüsse an die Sozialstruktur hin zu untersuchen und so Hypothesen über solche Konstrukte zu bilden, die Teil der ‚gepflegten Semantik' sind: Themen, die als bewahrenswert mindestens temporär in der Semantik aufbewahrt werden und daher auch als Teil der Kultur bezeichnet werden können.

Thema dieses Kapitels ist es, den Semantikbegriff, wie er sich bei Luhmann findet, zu klären und ihn dann in den Zusammenhang der weiteren Diskussion der Ergebnisse aus der Untersuchung zu stellen. Dazu wird sich der theoretischen Konzeption von Semantik zunächst unter drei verschiedenen, jedoch aufeinander bezogenen Perspektiven genähert, wobei jede dieser Perspektiven einen bestimmten Aspekt in den Vordergrund stellt. Unter 3.5.2. stehen die Bedingungen zunehmender Ausdifferenzierung kommunikativer, also sozialer Systeme sowie der spezifische Beitrag von Semantik dazu im Mittelpunkt, unter 3.5.3. geht es um die basalen Operationen aller Kommunikationsprozesse und anschließend steht die Sinnreproduktion im Mittelpunkt, wobei Semantik als Sinnverarbeitungsregel einer Gesellschaft verstanden

---

52 Siehe gleichnamigen Aufsatz von Koselleck in dem von ihm herausgegebenen Sammelband: Historische Semantik und Begriffsgeschichte, Stuttgart 1978.
53 Die Unterscheidung von „Begriff" und „Wirklichkeit" passt allerdings nicht in diese Theoriekonstruktion, da unklar wäre, worauf sich dieser Begriff der Wirklichkeit dann beziehen würde und wie man sie definieren könnte.

wird. Anschließend werden der theoretische Zusammenhang von Semantik und Sozialstruktur sowie die Bedingungen der Ideenevolution erläutert (3.6.) Zuletzt werden daraus resultierende Fragen an das Datenmaterial formuliert.

3.5.1. Kommunikation und die Notwendigkeit der Reproduktion von Themen: Semantik als möglicher Themenvorrat für kommunikative Zwecke

Ausgangspunkt einer ersten Annäherung an den Semantikbegriff sind die basalen Prozesse von Kommunikation und der damit verbundenen Ausdifferenzierung sozialer Systeme. Kommunikation ist an sich ein unwahrscheinliches Ereignis, da sie drei Unwahrscheinlichkeitsebenen besitzt: dass Kommunikation sich überhaupt vollzieht (dass also verstanden wird), dass die Mitteilung den Adressaten erreicht und dass die Kommunikation akzeptiert, also angenommen wird. Damit es jedoch trotzdem zu Kommunikation kommen kann, werden die drei Unwahrscheinlichkeiten durch unterschiedliche Medien behandelt: *Verbreitungsmedien* reduzieren die Unwahrscheinlichkeit, die Adressaten überhaupt zu erreichen, *symbolisch generalisierte Kommunikationsmedien* (siehe unten) bearbeiten die Unwahrscheinlichkeit der Annahme von Kommunikation, und Sprache behandelt die Unwahrscheinlichkeit des Verstehens. Das Problem der Sprache, die „Sinnzonen" herstellt und Erleben gleichzeitig ermöglicht wie auch einschränkt, ist bereits, wenn auch kurz, angesprochen worden. Im Folgenden geht es um die beiden anderen, die Unwahrscheinlichkeit reduzierenden Medien.

Verbreitungsmedien

In den historischen Betrachtungen der Systemtheorie über die Grundstrukturen von Kommunikationsprozessen kommt der Entwicklung von Verbreitungsmedien ein besonderer Stellenwert zu. Durch Schrift, Druck und Funk dehnt sich die Reichweite der Kommunikationsprozesse rasant aus. Wichtig ist dabei festzustellen, dass die Entwicklung dieser Verbreitungsmedien nicht einfach eine größere Menge an Kommunikation erzeugt, sondern vielmehr auch den Prozess der Kommunikation selbst verändert, denn diese Entwicklung hat zu Veränderungen in den Strukturen der Kommunikationsprozesse selbst geführt. Nicht zuletzt wirken sich die Kommunikationsmedien darauf aus, was sich als Inhalt der Kommunikation überhaupt bewähren kann. Die Verbreitungsmedien selektieren durch ihre Technik (nicht alles eignet sich in der gleichen Weise für die Verbreitung durch diese Medien) und nehmen so Einfluss darauf, welche Kommunikationen als Grundlage für weitere Kommunikation dienen können.

Die Entwicklung der Verbreitungsmedien verändert weitreichend das *Verhältnis* zu Mitteilung und Information. Die Schrift erzwingt „eindeutige Differenz von Mitteilung und Information, und der Buchdruck verstärkt dann nochmals den Verdacht, der sich aus der Sonderanfertigung der Mitteilung ergibt: daß sie eigenen Motiven folgt und nicht nur Dienerin der Information ist" (Luhmann 1987, S. 223). Schrift und Buchdruck legen es daher nahe, Kommunikationsprozesse anzuschließen, die nicht mehr auf die Einheit von Mitteilung und Information gerichtet sind, sondern im Gegenteil auf ihre Differenz, wie beispielsweise Wahrheitskontrolle, Prozesse der Artikulation eines Verdachtes oder ähnliches. Es entstehen somit Fragen wie: Wer schreibt etwas? Warum wird es geschrieben? Warum wird diese Form gewählt? An wen ist es adressiert?

An dieser Stelle wirken die Medien daher auf die sozio-kulturelle Evolution ein. Zwar setzt auch die an Anwesende gerichtete direkte Rede einen Gegenstand voraus, hier können aber „Mitteilung und Rede zur Wirkungseinheit verschmelzen" (Luhmann 1987, S. 223), und beispielsweise kann ein Mangel an Information durch die Gestaltung der Rede kompensiert werden. Schrift und Buchdruck erzwingen jedoch die Erfahrung der Differenz und sind damit „kommunikativere Formen der Kommunikation", weil sie mehr Kommunikationsmöglichkeiten oder erhöhten Kommunikationsbedarf erzeugen, und sie „veranlassen damit Reaktion von Kommunikation auf Kommunikation in sehr viel spezifischeren Sinne, als dies in der Form der mündlichen Wechselrede möglich ist" (Luhmann 1987, S. 224). Mit der Entwicklung der „Sprach- und Verbreitungstechnik" (Luhmann 1987, S. 221) stellt sich dann vermehrt die Frage, welche Kommunikationen sich durchsetzen können, indem sie zur Annahme motivieren. Gelingt ihnen diese Motivation nicht, erweisen sie sich als nicht anschlussfähig und sterben ab. Als Reaktion auf die Frage, welche Kommunikationen durch Motivation ihren Fortbestand sichern können, waren konservative Bestrebungen bis in die Neuzeit hinein zu beobachten, die der gestiegenen Unwahrscheinlichkeit der Annahmebereitschaft mit Überzeugungsarbeit beggenen. Auf diese Weise sollten Kommunikationen bewahrt und auf Dauer gestellt, also konserviert werden. Erfolgreich waren diese kommunikativen Bemühungen allerdings langfristig nicht, so Luhmann (1987), sondern andere Medien nahmen sich der Unwahrscheinlichkeit der Annahme von Kommunikationen an: die *symbolisch generalisierten Kommunikationsmedien.*

Symbolisch generalisierte Kommunikationsmedien: Biographisierung und das Medium Lebenslauf

Symbolisch generalisierte Kommunikationsmedien benutzen Generalisierungen, um sowohl die Selektion von Kommunikation als auch die Motivation, diese Selektion tatsächlich zu verwenden, symbolisch zu einer Einheit zu bringen. Prominente Beispiele hierfür sind Wahrheit, Liebe, Geld oder Recht.

Sie bezeichnen etwas, *sind* es aber nicht. Die Medien sind nicht die von ihnen bezeichneten Sachverhalte, sondern „sie sind Kommunikationsanweisungen, die relativ unabhängig davon gehandhabt werden können, ob solche Sachverhalte vorliegen oder nicht" (Luhmann 1994, S. 22-23). Selbst das Medium Liebe ist so gesehen „kein Gefühl, sondern ein Kommunikationscode, nach dessen Regeln man Gefühle ausdrücken, bilden, simulieren, anderen unterstellen, leugnen ..." (ebd.) kann. Die Selektion der Kommunikation wird derartig konditioniert, dass die Motivation, dem Selektionsvorschlag zu folgen, groß genug ist und diese Selektion dadurch in genügendem Maße sichergestellt wird. Kommunikationen, die über solche symbolisch generalisierten Kommunikationsmedien laufen, sind erfolgreich und gleichzeitig folgenreich, weshalb die Wahrscheinlichkeit sehr hoch ist, dass sich im evolutionären Prozess soziale Systeme bilden, die sich auf eben diese symbolisch generalisierten Kommunikationsmedien beziehen. Beispiele sind etwa das Wirtschaftssystem, das sich in seinen Kommunikationen auf das Medium Geld[54] bezieht oder das Wissenschaftssystem, dass mit Wahrheit operiert.[55] Für das Erziehungssystem sind die Probleme des Mediums hinlänglich bekannt: Die Annahme, das „Kind"[56] sei das Medium, musste wieder fallengelassen werden, da sie wegen zu starker Einschränkungen nicht mehr zu den historischen Entwicklungen passte und musste zugunsten von Erweiterungen wie dem *Lebenslauf* als Medium des Erziehungssystems respezifiziert werden (vgl. Lenzen & Luhmann 1997, vor allem Luhmann in demselben Band).[57] Das Erziehungssystem konnte damit seine anschlussfähigen Kommunikationen erheblich ausweiten und eine Inklusion aller (im Gegensatz zu: nur Kinder) vornehmen. Eine ähnliche Ausweitung der für ein System relevanten Kommunikationen kann anhand des Gesundheitssystems gezeigt werden, wenn es nicht mehr nur um Krankheit als „positive" Anschlussstelle geht, sondern auch um *Vorbeugung*, die dann ebenfalls nicht mehr auf bestimmte Sonderfälle (hier: Kranke) beschränkt ist.

Es ist bereits gezeigt worden, dass in den Argumentationen der Informanten in der vorliegenden Untersuchung vieles für eine zunehmende Biographisierung auch im indischen Kontext spricht und *education* als biographiebestimmend oder als Biographiemediator beschrieben werden kann. Die eigene Verortung wird (mindestens auch) über Biographie hergestellt, und es wird auch hier eine Auflösung alter Identitätsformationen sichtbar. Es zeigt sich eine Umstellung von einer *Bestimmung* des Daseins durch Faktoren wie Geburt, Familie oder Geschlecht, wie sie für stratifikatorische Gesellschaftsformen bezeichnend ist, auf *Herstellung* von Lebenslauf. Die ebenfalls im

---

54 Siehe Baecker 2003.
55 Detailliert Luhmann 1992.
56 Paradigmatisch siehe den Aufsatz „Das Kind als Medium der Erziehung", Luhmann 1995b.
57 Zur aktuelleren Diskussion zur Ausdifferenzierung des Erziehungssystems und der Umstellung seines Codes auf vermittelbar / nicht-vermittelbar siehe Kade 1997.

Anschluss an diese Überlegungen interessante Frage der möglichen Ausdifferenzierung von gesellschaftlichen Subsystemen wie etwa einem Erziehungssystem (dessen Medium dann Lebenslauf wäre) im indischen Kontext kann und muss hier allerdings nicht weiter verfolgt werden.

Reproduktion von Themen: Kultur als Vorrat möglicher Themen

Die bisherigen Ausführungen über die Grundlagen kommunikativer Systeme und ihrer Evolution leiten über zu dem eigentlichen Thema von Kultur, das hier diskutiert werden soll. Es wurde darauf hingewiesen, dass Sprache, Verbreitungsmedien und symbolisch generalisierte Kommunikationsmedien „evolutionäre Errungenschaften" sind und im Prozess der Evolution in Korrelation mit einer Sozialstruktur entstanden (Luhmann 1987, S. 222). Im Verlauf der sozio-kulturellen Evolution kommunikativer Systeme wird die Differenz von übergeordneten *Themen* und konkreten *Beiträgen* wichtig. Sie ist Voraussetzung dafür, dass sich elementare Kommunikationsereignisse zu Prozessen mit *geordneter*, ausdifferenzierter Selektivität formieren und sich Systeme ausdifferenzieren können. Die Kommunikationen müssen so geordnet werden, dass die Wahrscheinlichkeit ihrer Anschlussfähigkeit erhöht wird. „Die gesellschaftliche Reproduktion von Kommunikation muß danach über die Reproduktion von Themen laufen, die ihre Beiträge dann gewissermaßen selbst organisieren" (a.a.O., S. 224). Hieran wird deutlich, wie groß die Bedeutung dieser Themen ist, da Kommunikation selbst die spezifische Operation sozialer Systeme ist und deren Autopoiesis aufrechterhält.

Die Themen werden nicht grundsätzlich immer neu erfunden, sind aber auch noch nicht in der Sprache in kodifizierter Form etwa eines Wortschatzes eingelagert. Dazwischen liegt etwas Benötigtes, ein Erfordernis, das Interaktion und Sprache vermittelt, „eine Art Vorrat möglicher Themen, die für rasche und rasch verständliche Aufnahme in konkreten kommunikativen Prozessen bereitstehen" (Luhmann 1987, S. 224). Luhmann nennt diesen Themenvorrat *Kultur*. Wird der Themenvorrat speziell für Kommunikationszwecke aufbewahrt, handelt es sich nach diesem Verständnis um *Semantik*. Semantik ist wiederum dann Teil der Kultur, wenn sie „ernsthaft" oder „bewahrenswert" (a.a.O., S. 224) ist, was dann als ‚gepflegte Semantik' bezeichnet wird. Gemeint ist damit all das, was durch Ideen- oder Begriffsgeschichte überliefert wird, oder, um an vorhergehende Erläuterungen anzuschließen: das, was sich als Kommunikation durchsetzen konnte. Jedes Gesellschaftssystem braucht einen solchen Vorrat an Themen, um seine autopoietischen Operationen, nämlich seine Kommunikationen aufrechtzuhalten.

Semantik als „bewahrenswerte Sinnvorgabe" (Luhmann 1998c, S. 887), also als Teil der Kultur, muss kein normativer Sinngehalt sein, wohl aber eine Sinnfestlegung und deshalb eine *Reduktion* von Sinn, um themenbezogene Kommunikation als passende oder nicht passende Beiträge oder korrekten/inkorrekten Themengebrauch zu unterscheiden. Allerdings kann über

„Sondersemantiken" (a.a.O., S. 888) ein Bedarf an Interpretationsexperten entstehen, die den richtigen vom falschen Umgang dieser Sondersemantiken unterscheiden: „Der richtige Sinn des Textes nimmt *dann* sehr leicht eine normative Qualität an" (ebd., Hervorhebung I.C.), was jedoch nur bedeutet, dass sie zur Not auch kontrafaktisch aufrecht erhalten wird. Die Sondersemantiken legitimieren diese Interpretationsexperten, Normativität auszuweisen. Doch auch hier geht es keinesfalls darum, dass etwa bestimmte Interessensgruppen auf diese Weise ‚Macht' zu gewinnen versuchen, sondern es bleibt ein evolutionärer Prozess, in dem sich Kommunikationen durchsetzen.

Im Anschluss an die einleitenden Ausführungen über Begriffsgeschichte kann nun spezifiziert werden, dass „bewahrenswerte" oder eben *gepflegte Semantik* Gegenstand der Begriffsgeschichte ist, oder genauer: werden kann. Die von Luhmann vorgenommenen konkreten Untersuchungen zur Begriffsgeschichte, die besonders anschaulich in seinen Ausführungen zum Code der Intimität, der neueren Datums über den Begriff der Liebe behandelt wird, verfolgt werden können, sind deshalb immer auf der Ebene der gepflegten Semantik angesiedelt. Die Quellen für solche Rekonstruktionen sind demzufolge meist verschriftlichte, intendierte Sprache wie beispielsweise Romane, Briefe oder anderen Formen der Literatur.

In der vorliegenden Arbeit wird ein anderer Ansatz der Analyse verfolgt und es werden keine Quellen der gepflegten Semantik zugrunde gelegt. Im Gegensatz dazu wird auf der Ebene der *Beiträge,* wie in den theoretischen Ausführungen über Semantik definiert, also des situativen Prozessierens von Sinn als Analyseeinheit angesetzt. Es geht dann darum, über die Analyse dieser Beiträge die Themen der Semantik herauszuarbeiten. Eine solche Herangehensweise kann deshalb auch nicht den Anspruch erheben, einen Beitrag zur Klärung von Begriffs*geschichte* oder *Ideenevolution*[58] zu leisten, sondern allenfalls dazu dienen, Hinweise auf Entwicklungsprozesse zu geben. Diese Einschränkung ist besonders wichtig für eine adäquate Einordnung der Aussagefähigkeit der gewonnen Ergebnisse. Stattdessen soll über die Inhaltsanalyse der individuellen Aussagen Aufschluss darüber gewonnen werden, wie bestimmte ‚Themen' prozessiert werden, welche Beiträge sie also organisieren, und welche Anschlussfähigkeiten sie bei der Konstruktion von Sinn bieten. Darüber hinaus soll über die Analyse der Beiträge und Themen versucht werden, weiterführende Rückschlüsse auf die Semantik ziehen zu können, die mindestens temporär als bewahrenswert angesehen wird und damit als gepflegte Semantik, als Teil von Kultur angesehen werden kann.

Kultur und Semantik sind in der hier gewählten Perspektive wichtige Voraussetzungen für Kommunikation sowie für die Evolution kommunikativer, sozialer Systeme im historischen Verlauf. Die systemtheoretische Perspektive ermöglicht es daher immer auch, „Fragestellungen zu formulieren, die es mit dem *Verhältnis* von Kultur (bzw. enger: Semantik) und System-

---

58 Nähere Ausführungen zur Ideenevolution siehe 3.6. ff.

strukturen in der gesellschaftlichen Entwicklung zu tun haben" (Luhmann 1987, S. 225, Hervorhebung I.C.). Es ist dieses Verhältnis von Semantik und System- oder Sozialstrukturen, das in der abschließenden Diskussion der Ergebnisse im Fokus stehen soll. Die Beschreibung von Semantik als Themenvorrat, die hier skizziert wurde, wird dabei zu Hilfe genommen.

Daneben sind jedoch unter systemtheoretischen Gesichtspunkten noch zwei weitere wichtige Aspekte von Semantik zu nennen, die noch erläutert werden müssen.

3.5.2. *Theoretische Grundlagen des Kommunikationsprozesses: Lose und feste Kopplungen und die Differenz Medium / Form. Semantik als Formen einer Gesellschaft.*

Um sich dem hier zugrunde liegenden Verständnis von Semantik zu nähern, sind einige weitere Bemerkungen über die Operationsweisen kommunikativer Prozesse notwendig. Es wurde bereits ausgeführt, dass die Operation Kommunikation hier nicht als ein *Übertragungsprozess* begriffen wird. Informationen sind vielmehr *systeminterne* Unterschiede in Systemzuständen. Der unpassende Begriff der Übertragung kann durch die systeminterne Unterscheidung von *Medium* und *Form* ersetzt werden. Veranschaulicht werden kann die Unterscheidung durch Verweis auf die Wahrnehmungsprozesse der Organismen, denen ebenfalls die Unterscheidung von Medium und Form zugrunde liegt:

Grundsätzlich gibt es bestimmte Wahrnehmungsmedien wie beispielsweise Licht oder Luft. Diese müssen durch die wahrnehmenden Organismen zu bestimmten Formen gebunden werden und über komplexe neurophysiologische Verarbeitungen als bestimmte Dinge, Geräusche usw. erscheinen und so verwertbar werden. Licht fällt in den Raum, der Gegenstand auf dem Tisch kann erkannt werden. Erst so wird das allgemeine Medium zur konkreten Form. Das Medium liefert eine beobachterunabhängige Möglichkeit der Wahrnehmung, die operative Verwendung der Differenz von Medium und Form ist jedoch eine beobachterabhängige Unterscheidung, auch sie ist daher eine „Eigenleistung des wahrnehmenden Organismus" (Luhmann 1998c, S. 197). Formen selbst sind damit abhängig vom Beobachter. Die physikalische Struktur der Welt ermöglicht das Entstehen, aber der wahrnehmende Organismus muss in Eigenleistung die Differenz von Medium und Form herstellen. Auch Sprache ist ein solches Medium, sie findet ihre Formen in den je konkret gebildeten Sätzen. Dabei ‚repräsentieren' weder Informationen noch Medium und Form physikalische Sachverhalte der Umwelt, sondern diese werden erst in den Operationen des Systems hergestellt. Die Systemumwelt gibt Anlässe zur Herstellung von Informationen, wenn und inwiefern sie durch das System beobachtet wird. Die gewonnene Information ist (nur) in dieser Hinsicht umweltabhängig. Deutlich wird der Unterschied in der Konzeption von Information und der Ablehnung der Vorstellung von Repräsentation durch die Einsicht, dass die kybernetische Erklärung immer „negativ" ist (Bateson 1983, S. 515): Erklärungen sind Erklärungen unter Ausschluss anderer denkbarer Möglichkeiten. Ein „Ding an sich ... kann niemals in die Kommunikation oder in den geistigen Prozess eingehen" (Bateson 1983, S. 582), denn es ist mit unendlich vielen potentiellen Tatsachen verknüpft. Auf diese Weise ist es den Sinnrezeptoren nicht zugänglich. In diesem ganz grundsätzlichen Verständnis meint Information oder *Idee* daher *Unterschied*: Da die Sinnrezeptoren nicht alle Aspekte eines Gegenstandes gleichzeitig wahrnehmen können, müssen sie zwangsläufig einige davon ausfiltern. Sie selektieren bestimmte Tatsachen aus dem *Ding an sich* heraus, sortieren eine sehr begrenzte Anzahl der unendlichen Unterschiede aus, die so zur Information werden. In diesem Zusammenhang ist die berühmte Definition von Information zu verstehen, die dann heißt: Information ist ein „*Unterschied, der einen Unterschied ausmacht*" (a.a.o., Hervorhebung im Original).

Die temporäre Erhaltung von Formen

Die im Medium realisierten Formen bezeichnen strikte Verknüpfungen, systemtheoretisch: *Kopplungen*, die jeweils im Vollzug gebildet werden. Formen verweisen also auf ein Selektionsproblem: Nicht jedes Element kann mit jedem verknüpft werden. In kommunikativen Systemen werden die „lose gekoppelten Worte (...) zu Sätzen verbunden und gewinnen dadurch eine in der Kommunikation temporäre, das Wortmaterial nicht verbrauchende, sondern reproduzierende Form" (Luhmann 1998c, S. 197). Über anknüpfende Verweisungen auf ein „Und-so-weiter" (a.a.O., S. 200) anschließender Möglichkeiten besteht dauerhaft ein Verhältnis loser Kopplung, während die feste Kopplung immer das ist, was gerade im Vollzug als Erinnerung oder Antizipation realisiert wird. Lose Kopplung kann immer nur durch weitere Aktualisierung gebunden werden, sie besteht in den noch nicht festgelegten Möglichkeiten. Das Medium wird als Form immer wieder gekoppelt und wieder freigegeben, es besteht nur aus diesen lose gekoppelten Elementen. Erst die strikte Kopplung fügt diese Elemente zu einer Form zusammen. Durch das beständige Binden und Lösen des Mediums spricht man auch davon, dass ein Medium in einem System „zirkuliere" (a.a.O., S. 199). Die freie Kapazität des Mediums zu anderen Kopplungen bleibt grundsätzlich immer erhalten. „Die ungebundenen (oder kaum gebundenen) Elemente sind massenhaft vorhanden, Wörter zum Beispiel beliebig oft verwendbar, ohne daß damit eine knappe Menge von Verwendungsmöglichkeiten abnähme" (a.a.O., S. 200) und sich ihre Anwendungs- oder Kombinationsmöglichkeiten nicht beispielsweise erweitern könnten.

Formen sind unbeständiger als das Medium und es sind besondere Vorkehrungen nötig, damit eine bestimmte Form überhaupt erhalten werden kann. Solche Vorkehrungen sind beispielsweise Gedächtnis, Schrift oder Buchdruck. Gilt eine Form zumindestens temporär als bewahrenswert, kommt wiederum der Begriff der Semantik zur Anwendung. Über die Semantik können bestimmte Formen die Wahrscheinlichkeit ihrer Aktualisierung in der operativen Verwendung erhöhen. Semantische Strukturen identifizieren bewahrenswerten Sinn, halten ihn fest und erinnern ihn, oder aber sie überlassen ihn dem Vergessen. Sinn wiederum, selbst ein allgemeines Medium zu psychischer oder sozialer Formenbildung, kann ja ebenfalls immer nur „ereignishaft aktualisiert werden", und dies geschieht in Horizonten, „die eine Vielzahl weiterer Aktualisierungsmöglichkeiten appräsentieren" (Luhmann 1998c, S. 199). Da Formen also unbeständig sind und immer wieder neue Elemente fest zu neuen Formen gekoppelt werden können, kann mit Hinblick auf die Sprachgeschichte festgehalten werden, dass sich der Wortsinn verändern kann. „Allerdings ‚kondensieren' häufige Verwendungen oft auch den Wortsinn, so daß die Kombinationsfähigkeit, die Art und Reichweite der Verwendungsmöglichkeiten, im Laufe des Prozessierens der Differenz von medialem Substrat und Form, hier also im Laufe der Sprachgeschichte, Variationen unterliegt" (a.a.O., S. 200-201). Das Wort bleibt dann dasselbe, die Verwendungszusammenhänge verschieben sich jedoch, wie beispielsweise bei dem Begriff ‚Kommunikation', dem technologische Entwicklungen der Medien einen immens erweiterten Rahmen von Anwendungsoptionen beschert haben. Es bleibt festzuhalten, dass Formen zwar unbeständig, jedoch nicht beliebig sind. Feste Kopplungen im Medium zu Formen sind nicht rein zufällig - nicht umsonst spricht Luhmann von den *Formen einer Gesellschaft*. Die (wenn auch nur temporäre) Aufbewahrung von Formen in der Semantik durch die erhöhte Wahrscheinlichkeit der Aktualisierung eben dieser festen Kopplung zur Form ist mit der jeweiligen Sozialstruktur verbunden. In diesem Sinne sind die je gekoppelten Formen und die sie verwendende Gesellschaft aufeinander bezogen, was es möglich macht, jeweils nach den Anschlussoptionen eben dieser speziellen Formen (hier: Sinnkosntruktionen über *education*) in der jeweiligen Sozialstruktur zu fragen.[59]

Das Medium, mit dem sowohl über Bewusstsein konstituierte, also psychische Systeme, wie auch auf Kommunikation basierende soziale Systeme operieren, ist *Sinn*. Das zugrunde gelegte theoretische Sinnkonzept ist bereits erläutert worden. Die Perspektive auf Sinn als basale Kategorie der Operationen psychischer und sozialer Systeme ist auch für die Betrachtung der Konzeption von Semantik zentral. Semantik als *höherstufig generalisierten, relativ situationsunabhängig verfügbaren Sinn* zu fassen, ist der letzte Aspekt der systemtheoretischen Perspektive, der hier behandelt werden muss, um dem Konzept gerecht zu werden und den Sinnbezug der vorliegenden Arbeit aufzugreifen.

---

59 Unter dem Punkt Semantik und Sozialstruktur (3.6.) wird dieses Verhältnis ausführlicher behandelt.

3.5.3. Sinn als konstituierende Operation psychischer und sozialer Systeme: Semantik als höherstufig generalisierter Sinn

In den Ausführungen über Sinn als basaler Kategorie wurde erläutert, dass eine Festlegung im Medium Sinn immer nur durch Rekursion im aktuellen Vollzug geschehen kann: es muss auf Sinn zurückgegriffen werden, der sich damit als anschlussfähig erweist, um neuen Sinn bilden zu können. Diese Rekursivität wird in der *kommunikativen* Erzeugung von Sinn, wie sie in sozialen Systemen geschieht, wesentlich durch die Worte der Sprache geleistet. Worte können in verschiedenen Situationen als dieselben verwendet werden. Es stellt sich jedoch das Problem, wie die Konkretisierung der Form im Medium zustande kommen kann, und dies verweist wiederum auf das Problem der Organisation von Selektion. Aus dem appräsentierten Möglichkeitsüberschuß muss über Selektion Sinn erzeugt werden, der Anschlussfähigkeit garantiert und in Formen seinen Ausdruck findet.

Dem Problem der Selektion durch den potentiell unendlichen Verweisungsraum wird durch Generalisierung von Sinn begegnet. Es gibt Sinn, der bei seiner Verwendung deutlicher aus der konkreten Situation herausgelöst ist. Da er höherstufig generalisiert ist, handelt es sich hier um einen relativ situationsunabhängig verfügbaren Sinn, der im Zusammenhang mit dem Aufbau und der Struktur von Semantik gesehen werden muss. Die semantische Struktur einer Gesellschaft ist dann ihr „Vorrat an bereitgehaltenen Sinnverarbeitungsregeln" (Luhmann 1998a, S. 19). Während Sinn nur im Vollzug, also je situativ konstruiert gegeben ist, ist Semantik damit eine Struktur, auf die bei der Sinnselektion in den unterschiedlichsten Situationen zurückgegriffen werden kann. Semantik erlaubt mindestens die zeitweilige Erinnerung von Sinn. Dies ist möglich über Kondensationen von Ausdrucksweisen wie Redensarten, Sprichwörter, Erzählungen oder Situationsdefinitionen. Sie sind ein Mittel, um bewahrenswerte Kommunikation für eine mögliche Wiederverwendung aufzubewahren. In diesem Sinne kann die Semantik auch als „soziales Gedächtnis"[60] einer Gesellschaft (Luhmann 1998c, S. 644) bezeichnet werden: Es ermöglicht ein Wiedererkennen desselben und macht Wiederholungen möglich. Trotzdem ist auch der Semantikbegriff, da er auf Sinn basiert, an den aktuellen Vollzug gebunden: „Auch wenn ich später von ‚gepflegter Semantik' und von ‚Ideenevolution' spreche, meine ich stets diese ‚in den Köpfen der Menschen' individualisierte Realität. Aber es handelt sich dabei nicht um Einzelstücke, nicht um ‚Ideen' nach der Art der älteren sensualistischen Psychologie, sondern um eine sich selbst anregende kritische Masse, in der jedes Element nur ist, indem es auf andere übergreift" (Luhmann 1998a, S. 18).

---

[60] Zur genaueren Definition von Gedächtnis in systemtheoretischer Sicht siehe Luhmann (1995a), S. 43 ff.

Dieser Aspekt ist für die gesamte Arbeit besonders relevant. Es wird deutlich, dass eine Untersuchung über die Bedeutung von *education*, die trotzdem zu allgemeineren Aussagen für einen bestimmten Kontext führen soll, in diesem Verständnis sehr wohl auf der Ebene der einzelnen *Formen* oder *Beiträge* ansetzen kann. Das vorgestellte Konzept der Semantik bietet einen theoretischen Rahmen, um über individualisierte Realitäten, wie sie sich in den einzelnen Beschreibungen finden, zu übergreifenden Bedeutungsselektionen zu gelangen, wenn die separierten Elemente in Beziehung zueinander gesetzt werden und hinsichtlich ihrer Anschlussfähigkeiten in den Sinnkonstruktionen untersucht werden. Es ist damit eben nicht der völligen Beliebigkeit überlassen, was in der Semantik mit *education* verknüpft wird, und - im Sinne der Selektion - was nicht. Ziel muss daher sein, über die Analyse der Semantik - oder genauer: der Semantiken - die Elemente zu identifizieren, die die kondensierten Sinnformen ausmachen und als gepflegte Semantik zum weiteren Gebrauch aufbewahrt werden. In diesem Verständnis können die in Kapitel 6 zusammengefassten ‚thematischen Kategorien' als diejenigen Themen verstanden werden, die in der Semantik über *education* vorläufig eingelagert sind, oder auch als Formen, die durch häufige Verwendung kondensiert wurden. Sie bestimmen, in welchem Zusammenhang *education* in diesem Kontext überhaupt sinnvoll thematisiert werden kann.

Zwischenbilanz

Unter 3.5.3. wurde der Formbegriff erläutert. Semantik wurde aus dieser Perspektive auf die elementaren Grundbedingungen von Kommunikationsprozessen als die *Gesamtheit der Formen einer Gesellschaft* definiert, wobei Formen ihre Bestimmungen durch die Unterscheidung zum *Medium* erhalten und über feste Kopplungen entstehen. Zuvor war über die Definition von Semantik als *Vorrat möglicher Themen einer Gesellschaft* der Blickwinkel auf die zunehmende Ausdifferenzierung sozialer Systeme und die daraus resultierenden Anforderungen an Kommunikation berücksichtigt worden. Danach können sich soziale Systeme nur dann weiter ausdifferenzieren, wenn sie ihre Kommunikation über Themenvorräte sichern und so ihre Anschlussfähigkeit erhöhen. Mit dem letzten Bezug, der Integration des Sinnkonzeptes in den Semantikbegriff, vervollständigt sich das Bild von Semantik, wie es sich bei Luhmann finden lässt. Unter Berücksichtigung der theoretischen Annahmen über Sinn wird Semantik als *höherstufig generalisierter Sinn*, als Sinnverarbeitungsregeln einer Gesellschaft gefasst.

Es muss betont werden, dass diese verschiedenen Dimensionen des Semantikbegriffs keinesfalls als einander konträr gegenüberstehend gesehen werden, sondern vielmehr als einander ergänzende Perspektiven auf den Gegenstand, die unterschiedliche Aspekte der systemtheoretischen Herangehensweise an das Problem deutlich machen. Es sind dies (1) die basalen Operationen aller Kommunikationsprozesse (Formbildung über feste Kopplung im Medium), (2) die Bedingungen zunehmender Ausdifferenzierung kommunikativer, also sozialer Systeme im evolutionären Prozess (Vorrat möglicher Themen, um Kommunikationsprozesse mit geordneter, ausdifferenzierter Selektivität formieren zu können) sowie (3) die Notwendigkeit der Generierung von Sinn bei der Reproduktion (Sinnverarbeitungsregeln als Antwort auf das Problem der Selektion). Es wird schnell klar, dass diese Definitionen sich nicht strikt voneinander abgrenzen lassen. Das ist schon insofern notwendigerweise der Fall, als die Begriffe in der Theorie ja gerade zusammengeführt werden, um den komplexen Prozess der sozialen Evolution und der Ausdifferenzierung eines Gesellschaftssystems zu erklären. Die Intention hier ist es daher, die verschiedenen Funktionen, die der Semantik in diesem Prozess zukommen, aus ihrer je spezifischen Problemstellung heraus zu erklären. Als letztes steht es nun aus, den Zusammenhang von Semantik zu der korrespondierenden Gesellschaft oder Sozialstruktur deutlich zu machen, um die Analyse der empirischen Daten darauf beziehen zu können.

3.6. Semantik und Sozialstruktur

Aus unterschiedlichen Perspektiven, die sich mit dem Prozess der Kommunikation beschäftigen, gewinnt der Begriff der Semantik also Bedeutung. Semantik beantwortet durch die Bereitstellung von *Themen* eine Nachfrage, die befriedigt werden muss, um kommunikative Prozesse aufrecht zu halten. In der *Form*bewahrung identifiziert sie Sinn und hält ihn (mindestens temporär) verfügbar. Semantik oder „Ideenevolution" (Luhmann 1993 u.ö.) kann jedoch nicht unabhängig von ihrer korrespondierenden Sozialstruktur betrachtet werden. Darauf wurde bereits in den Ausführungen zur Begriffsgeschichte und Sozialgeschichte hingewiesen und soll nun näher erläutert werden, da dieser Aspekt entscheidend für die Kontextualisierung von Wissenssystemen ist, was einen Kern der vorliegenden Studie darstellt.

Die Systemtheorie ist wesentlich mit *Evolution* beschäftigt, dem Entstehen von Systemen sowie deren Ausdifferenzierungen. Der Begriff Evolution wird verwendet im Sinne von „ungeplanten Strukturänderungen mit Hilfe einer Differenz von Variation, Selektion und Restabilisierung" (Luhmann 1998c, S. 536). Gefragt wird in der Theorie unter anderem, ob es innerhalb von Gesellschaftssystemen noch weitere Evolutionen geben kann. Wäre dem so, könnten diese nicht unabhängig von der Evolution der Gesellschaft stattfinden, man müsste also ein „Verhältnis der Co-evolution" (ebd.) annehmen und dies in der Theorie der gesellschaftlichen Evolution mitberücksichtigen. Die Evolution der Semantik ist eine solche Co-evolution.

Evolution von Sozialstruktur und Semantik

Wie in anderen Fällen von Evolution kommen auch bei der Evolution von Ideen die Mechanismen der Variation, Selektion und Restabilisierung zur Anwendung. Schon die Varianz des Ideenguts ist jedoch nicht vollkommen beliebig, sondern ihrerseits bereits selektiv: Ein System lässt sich eben nicht beliebig irritieren, was nichts anderes meint als zur Variation reizen. Selektion dagegen ist bereits auf Kriterien der „Plausibilität", oder verstärkt, der „Evidenz" (Luhmann 1998c, S. 546-547) angewiesen. Um Plausibilität zu gewinnen, wird auf die Verwendung geläufiger Schemata[61] zurückgegriffen: „Es handelt sich um Beschreibungen von etwas als etwas, aber auch um Kausalzuschreibungen, die bestimmte Wirkungen auf bestimmte Ursachen beziehen und dadurch moralische Urteile, Handlungsaufforderungen, Bewertungen provozieren. Schemata sind Formen, in die Kommunikation Urteile gerinnen lässt und Gedächtnis kondensiert" (a.a.O., S. 547). Auch semantische Strukturen stehen unter diesem Plausibilitätsdruck. Aus der Perspektive des Zusammenhangs von Ideenevolution und sozialen Strukturen kommt es darauf an, dass diese Schemata eine Abstimmung erfordern. Semantische Schemata müssen sich in die Gegebenheiten der internen und externen Umwelt des Gesellschaftssystems einpassen lassen. Plausibilitäten werden an der Umwelt getestet, sie *müssen* früher oder später daran getestet werden, um so ihre Passung zu beweisen. Dabei ist noch nichts gesagt über den konkreten Zeitpunkt, in dem eine Passung überprüft wird. Wie noch zu zeigen sein wird, gibt es verschiedene historische Variabilitäten in der Beziehung von Semantik und Sozialstruktur. Plausibel sind Ideen dann, wenn sie unhinterfragt einleuchten und nicht begründet werden müssen. Als ein Beispiel nennt Luhmann „jeweils kursierende Werte" (a.a.O., S. 548). Evidenz weist darüber hinaus und impliziert, dass etwas sogar alternativlos einleuchtet. Dabei genügen allerdings „*situative* Evidenzen" (ebd., Hervorhebung im Original). Der Selektion genügt es, sich auf die in der Situation einleuchtenden Sachverhalte zu stützen. Die aber benötigt sie. Das Abtesten von Plausibilität macht die Ideenevolution umweltabhängig. Die Ideenevolution führt daher stets zu „historischen Semantiken" (a.a.O., S. 549) und ist so an die jeweiligen Gesellschaftssysteme gebunden. Plausibilität oder Evidenz ist unumgänglich, um dem Problem der Selektion zu begegnen. Sie sind wiederum nur durch Rekurrierung auf Sinn herstellbar. Hier muss betont werden, dass dem Problem von Varianz - Selektion in dieser Perspektive keine „Rationalitätsprätentionen" (Luhmann 1998c, S. 200) immanent sind. Plausibilität wird vielmehr durch Erfahrungsgehalt gewonnen und muss keinesfalls der Logik von Rationalität folgen: sie ist nur sinngebunden.

---

61 Der Schematabegriff hat deutliche Parallelen zu kognitiven Konzepten wie Scripts, Frames o.ä. und bezeichnet Sinnkombinationen, die ausgewählte Operationen in schematischer Form erinnerbar machen.

Eine funktionale Differenzierung der Sozialstruktur ist ohne eine dazugehörige Semantik funktionaler Differenzierung nach Stichweh (2000) nicht vorstellbar. „Hochbegriffe der literarischen Kultur" (Luhmann 1998a, S. 13) haben danach ihre spezifische Geschichtlichkeit genauso wie etwa wissenschaftliche Theorien. Und in jeder Geschichtlichkeit ist ein Bezug auf das Gesellschaftssystem vorausgesetzt, weshalb die Frage nach Korrelationen zwischen sozialstrukturellen und begriffs- oder ideengeschichtlichen Veränderungen immer aktuell bleibt. So können beispielsweise Veränderungen der Komplexität des Gesellschaftssystems und der Kontingenz seiner Operationen mit Änderungen der Semantik beantwortet werden. Oder anders formuliert: Auf der operativen Ebene der sozialen Systeme entstehen Systemdifferenzierungen, die die Ausdifferenzierung des Systems im Innern ermöglichen, da sie auf zunehmende Komplexität zugreifen können. Gleichzeitig findet man eine Entsprechung auf der semantischen Ebene. Hier entstehen Strukturen, die sowohl das Beobachten wie das Beschreiben dieser evolutionären Resultate der operativen Ebene der sozialen Systeme steuern, indem sie sie mit Unterscheidungen versorgen. Dies sind die Gründe dafür, warum Ideengut oder Sinn von der Gesellschaft, die ihn jeweils benutzt, nicht beliebig variieren kann. Das Verhältnis von Semantik und Sozialstruktur kann jedoch auch anders gelagert sein, wie zu zeigen ist.

Überlegungen zum Verhältnis von Semantik und Sozialstruktur beschäftigen sich daher vielfach mit evolutionären Prozessen wie beispielsweise der Überleitung von traditionellen in moderne Gesellschafsformen und gehen von der These aus, dass „der Umbau des Gesellschaftssystems von stratifikatorischer in funktionale Systemdifferenzierung tiefgreifende Veränderungen des Ideenguts der Semantik erzeugt, mit dem die Gesellschaft die Kontinuität ihrer eigenen Reproduktion, des Anschließens von Handlungen an Handlungen ermöglicht" (Luhmann 1999, S. 9). Die Semantik reagiert danach auf Veränderungen der Komplexität des Gesellschaftssystems und der Kontingenz seiner Operationen ihrerseits mit Veränderungen. Beispiele für solche Zusammenhänge werden u.a. am Kulturbegriff oder dem der Natur gezeigt, wo „*semantische* Entwicklung der Auflösung des alteuropäischen Naturverständnisses mit einer *sozialstrukturellen* Entwicklung, mit dem Übergang von Stratifikation zu funktionaler Differenzierung als primärer Form gesellschaftlicher Differenzierung" korreliert (Luhmann 1995, S. 17). Es ist an dieser Stelle notwendig, das Verhältnis von Semantik und Sozialstruktur in seinen unterschiedlichen Ausprägungen noch genauer zu spezifizieren.

Strukturelle Kopplung von Semantik und Sozialstruktur

Wie der Semantikbegriff selbst, so ist auch das Verhältnis von Semantik und Sozialstruktur vielschichtig. In seiner umfassenden Diskussion des Semantikbegriffs nennt Stichweh (2000) ein ganze Anzahl von verschiedenen Formen der Beziehung von Semantik und Sozialstruktur, wie sie sich bei Luhmann finden. Drei dieser Typen der Beziehung sollen anschließend exemplarisch dargestellt werden, um das Verständnis des Verhältnisses von Semantik und Sozialstruktur zu erleichtern. Sie decken die drei Bereiche der Konstitution, der Antizipation und der Nachträglichkeit im Verhältniss von Semantik zu Sozialstruktur ab und wurden ausgewählt, weil sie besonders prägnant die Spannweite dieses Verhältnisses aufzeigen können. Es sind dies: Die *Nachträglichkeit der Semantik*, Semantik als *Dispositive* sowie Semantik als *preadaptive advance*[62]. Für die weitere Analyse des Begriffs *education* werden in Kapitel 8 jedoch nur die *Nachträglichkeit* von Semantik sowie Semantik als *preadaptive advance* näher beleuchtet. Sie erscheinen für die Interpretation des Datenmaterials vielversprechend und Schlussfolgerungen, die sich auf diese Verhältnisformen beziehen, scheinen möglich zu sein, was im Falle des *Dispositivs* fraglich ist und weiter unten im Zusammenhang noch näher erläutert wird. Zunächst muss die theoretische Beziehung von Semantik und Sozialstruktur jedoch auf der allgemeinen Ebene näher beschrieben werden.

Stichweh (2000) kritisiert zu Recht, dass Begriffe wie ‚Korrelation', ‚Co-evolution' oder ‚Kovariation' ungenau sind und das Verhältnis von Semantik und Sozialstruktur nicht hinlänglich wiedergeben, da von Korrelation nur die Rede sein könne, „wo die korrelierten Sachverhalte nicht durch Beziehungen einseitiger oder wechselseitiger Konstitution miteinander verbunden sind" (a.a.O., S. 241). Genau dies ist aber im Fall von Semantik und Sozialstruktur gegeben. Semantik ist konstitutiv für die Strukturbildung wie auch für den operativen Vollzug von Sozialsystemen. Da Kommunikationen die Grundlage sozialer Systeme sind, sind sie auf Semantik angewiesen, so Stichweh, denn Semantik versorgt die Kommunikation mit Unterscheidungen und Erwartungen, ohne sie ist Kommunikation nicht möglich. In der Analyse des Prozesses der Ausdifferenzierung wird nach Stichweh deutlich, dass eine klare Unterscheidung der beiden Begriffe ohnehin nicht möglich ist. So ist, wenn beispielsweise von der Ausdifferenzierung des Rechts die Rede ist, immer beides gemeint: Die Ausdifferenzierung des Rechtssystems mit seinen professionellen und organisatorischen Komponenten als auch die der Rechtssprache wie etwa Rechtsdogmatik und Rechtstheorie. Die Prozesse separiert zu betrachten ist demnach nicht sinnvoll.

Statt einer strikten Trennung der Begriffe schlägt Stichweh vor, das Verhältnis als *strukturelle Kopplung* zu beschreiben. Strukturelle Kopplung von

---

62 Bei dem preadaptive advance handelt es sich um einen Begriff, der durchgängig in der Literatur Verwendung findet, weshalb er hier nicht übersetzt wird.

Semantik und Sozialstruktur meint, dass sie sich im Prozess der Ausdifferenzierung gegenseitig Notwendigkeiten zur Verfügung stellen, also in einem gegenseitigen Abhängigkeitsverhältnis stehen. Diese Abhängigkeit ist Voraussetzung für jede weitere Evolution. Semantik kann, strukturell gekoppelt an das Sozialsystem, dieses irritieren und wird ihrerseits selbst von ihm gestört, womit eine weitere Ausdifferenzierung angeregt wird. So müssen Evolutionen der Semantik immer in den Alltag des gesellschaftlichen Lebens rückbeziehbar bleiben, sie können ihre eigene Aktualisierbarkeit nur durch die Ausdifferenzierungen in den sozialen Strukturen sicherstellen, denen sie ihre Existenz verdanken. Die sozialen Systeme wiederum sind auf Semantik angewiesen, um ihre basalen Operationen, nämlich Kommunikationen, aufrecht zu halten.

Historische Variabilitäten oder Typen der Beziehung von Semantik und Sozialstruktur

Durch strukturelle Kopplung wird ermöglicht, eine „historische und situative Variabilität der Unterscheidung" (Stichweh 2000, S. 248) der Beziehungen von Semantik und sozialen Strukturen wahrzunehmen. Diese historischen Variabilitäten in ihren konkreten Ausprägungen sind immer von den Prozessen der Ausdifferenzierung abhängig, in die Semantik wie Sozialstruktur wechselwirkend eingeschlossen sind. Die Typen der Beziehungen bezeichnen verschiedene Arten der konkreten Ausprägung von Variabilitäten.

Systemstrukturelle und semantische Evolutionen haben zeitliche Inkongruenzen. Semantik kann eben deshalb *konstitutiv, antizipativ* oder *nachträglich* im Verhältnis zur Sozialstruktur sein. So kann vielleicht während einer Veränderung von Strukturen oder während Strukturbrüchen der Umbruch selbst nicht hinlänglich von der Semantik beobachtet und beschrieben werden, denn es lässt sich nicht erfassen, inwiefern sich das Neue unterscheidet und die Einheit des Unterschiedenen kann in die Beschreibung nicht einbezogen werden. Die Nichtbeschreibung bzw. Nichtbeobachtung im Umbruch selbst beschert der strukturellen Innovation so eine „Schonzeit" (Luhmann 1998c, S. 539), bis sie hinlänglich gefestigt ist. Eine andere Möglichkeit der Inkongruenz entsteht beispielsweise, wenn eine Ideenerfindung in der Semantik gelernt und getestet wird und erst später im strukturellen Kontext der Ausdifferenzierung eingesetzt wird. Zum besseren Verständnis und um einige Beispiele für die Verschiedenartigkeit von zeitlichen Inkongruenzen zu geben, sollen die oben genannten drei Typen der Beziehungen von Semantik und Sozialstruktur dargestellt werden.

Nachträglichkeit von Semantik

Die meisten der von Luhmann beschriebenen Veränderungsprozesse folgen der Idee der Nachträglichkeit von Semantik. Eine Veränderung der Sozialstruktur wird mit Veränderungen der Semantik beantwortet. Beispiele finden sich in der Geschichte zahlreich: „Mit der Entwicklung der griechischen Stadt bahnt sich ... ein distanzierteres sprachliches Verhältnis zur Realität (Philosophie), ein flexibleres, in Richtung auf Vergangenheit und Zukunft sich ausdehnendes Verständnis von Zeit und vor allem ein hochselektives, auf die politische Einheit der Stadt gerichtetes Verständnis von Sozialität an" (Luhmann 1993, S. 36). Ausdifferenzierungen in der Sozialstruktur, wie hier beschrieben, erfordern eine ebenfalls differenziertere Semantik für Sozialität. Dabei entsteht ein Bedarf nach solchen semantischen Innovationen, wobei der Bedarf nicht festlegt, wie er gedeckt werden wird. Eine neue Form der gesellschaftlichen Struktur muss sich also in diesem Verständnis erst etabliert haben, bevor sich eine ihr angemessene Semantik ausbilden kann, die sie mit Beobachtungen und Beschreibungen versorgen kann.

Semantische Strukturänderungen können Plausibilität (oder sogar Evidenz) nur dann herstellen, wenn sie deutlich machen können, auf welche Änderung ihre Änderung der Begrifflichkeit sich bezieht. Innovationen benötigen also ein „sachliches Differenzbewusstsein" (Luhmann 1998c, S. 550). Die gesellschaftliche Evolution beeinflusst die Ideenevolution im Sinne der Nachträglichkeit, indem sie ihre Selektion unter veränderte Bedingungen setzt. Auf der operativen Ebene des Gesellschaftssystems entstehen Systemdifferenzierungen. Sie setzen die Ausdifferenzierung des Systems im Innern fort und reichern sie mit Komplexität an. Gleichzeitig entstehen nun auf der semantischen Ebene Strukturen, die diese Resultate von Evolution durch ihre Beobachtungen und Beschreibungen steuern, indem sie sie mit Unterscheidungen versorgen. Kommt es jedoch zu schnellen und tiefgreifenden Strukturänderungen in der Gesellschaft, ist das Herstellen einer ausreichenden Selbstbeobachtung und Selbstbeschreibung problematisch und höchstwahrscheinlich nicht zu leisten. Eben in diesem Sinne ist Semantik dann ‚nachträglich'. Dann kann die Markierung der Diskontinuität unterbleiben und es werden beispielsweise „alte Namen" (ebd.) weiterverwendet. Auch Koselleck (1978) konstatiert: „Durchgehaltene Worte sind für sich genommen kein hinreichendes Indiz für gleichbleibende Sachverhalte" (a.a.O., S. 26). Als Beispiel verweist er auf den Begriff ‚Bürger' oder ‚Bund', die zwar schon früh sozusagen erfunden wurden, deren semantischer Gehalt sich jedoch historisch völlig verändert hat. Es kann dann auch zu Sinnanreicherungen kommen, die „den Begriff schließlich undefinierbar machen. Die Ideenevolution kann der Strukturevolution nicht schnell genug folgen und verkraftet statt dessen eher Inkonsistenzen" (Luhmann 1998c, S. 551).

Solche Beschreibungen des Verhältnisses von Semantik und Sozialstruktur als nachträglich scheinen geeignete Interpretationsfolien für die weiterführende Interpretation des empirischen Materials der vorliegenden Untersuchung bereit zu stellen.

Dispositiv

Als Dispositiv ist Semantik direkt *konstitutiv* für soziale Strukturen. Der Begriff Dispositiv geht vor allem auf Foucault (1978) zurück und muss im Zusammenhang mit Diskursen erklärt werden. Dispositive sind allerdings bei Foucault ganz spezielle Diskurse, die nicht selbständig entstehen, sondern vielmehr auf bestimmte Vorkehrungen in sozialen Strukturen angewiesen sind. Unter Dispositiv wird eine Denkpraxis verstanden, die dann strukturiert, was überhaupt gedacht werden kann. Es handelt sich um eine Vernetzung von Kategorien in einer ganz bestimmten Form, die in ihrer Anwendung deshalb unhinterfragbar sind, weil das bedeuten würde, dass die Denkpraxis ‚verlassen' werden könnte, was allerdings nicht möglich ist. Dispositive sind deshalb auch konstitutiv: Etwas anderes kann schlicht nicht gedacht werden, weshalb man sich auch nicht für oder gegen sie entscheiden kann. Sie werden über vorgegebene Strukturen umgesetzt, werden zu Entscheidungen oder Anordnungen und sind daher nur sehr eingeschränkt autonom. Ein Diskurs als Dispositiv wird zu einer Instruktion, einem Befehl und geht unmittelbar in Handlungspraxis über. Aus der entsprechenden Semantik wird direkt eine Instruktion abgeleitet. Semantik ist hier daher entscheidend verantwortlich für die Struktur eines Sozialsystems. Da Dispositive derartig grundlegend sind für alle Sinnkonstruktionen und das unhinterfragbar Gegebene darstellen, wird es nicht möglich sein, die vorliegenden Daten darauf zu beziehen. Beobachtungen, die Dispositive zum Gegenstand machen, beschäftigen sich eher mit gesellschaftlich-politischen Aspekten und berühren damit nicht unmittelbar das Erkenntnisinteresse dieser Studie.

Preadaptive advance

Dieser Aspekt beschreibt ein *antizipatorisches* Verhältnis zur Sozialstruktur. In seinen Ausführungen zum Begriff des *preadaptive advance* bezieht sich Luhmann auf Robert MacAdams (1966), von dem er auch den Begriff übernommen hat. Die Entstehung von evolutionären Errungenschaften wird durch *preadaptive advances* erst ermöglicht. In diesem Verständnis des Verhältnisses von Semantik und Sozialstruktur leistet Semantik eine Art intellektueller Vorbereitung für Veränderungen in den sozialen Strukturen. Funktionsspezifische Terminologien gehen der strukturellen Evolution des Sozialsystems voraus und erleichtern spätere Generalisierungen und Umformungen. Solche semantischen Errungenschaften oder Erfindungen haben sich in älteren Systemstrukturen entwickelt und stabilisiert, sie können aber erst ihre Funktion übernehmen, wenn weitere Entwicklungen im Sozialsystem erfolgt sind. So gesehen sind sie „Lösungen für Probleme, die noch gar nicht existieren" (Luhmann 1978, S. 191) und können strukturelle Entwicklungen vorbereiten, weshalb man sie auch als Potentiale für weitere Evolutionen der Sozialstruktur beschreiben kann. Semantische Erfindungen werden dann vorläufig in einem Sozialsystem bewahrt und können so überdauern, eine soziale Funktion wächst ihnen jedoch erst im Laufe weiterer Veränderungen zu. Die soziale Funktion hat vorher nicht existiert, und u.u. hätte sie gar nicht entstehen können, hätte es nicht die semantische Erfindung gegeben, die den Prozess der Herausbildung eben jener Funktion dann „suggestiv", wie Stichweh (2000, S. 244) meint, begleitet.

In dieser Perspektive hat Semantik eine instruktive Eigenschaft, sie ist jedoch nicht offensichtlich konstitutiv und wird nicht für diesen bestimmten Zweck hervorgebracht. Stichweh nennt die *Semantik der akademischen Freiheit* als Beispiel. Bereits im 17. und 18. Jahrhundert entstanden, wurde sie zunächst durch die Interessen bestimmter Städte, die Attraktivität ihrer Universitäten zu steigern und so Studenten und damit Geld von außerhalb anzuziehen, begünstigt. Zur Attraktivität gehörte auch, dass man Kompromisse bei der Studiengestaltung wie auch der Lebensführung zuließ. Im 19. Jahrhundert fielen der akademischen Freiheit dann Begründungsleistungen für eine an Forschung orientierte Universität zu, die bei ihrer Entstehung weder impliziert waren, noch hätten antizipiert werden können. Es scheint anhand der Datenlage in der vorliegenden Arbeit als vielversprechend der Frage nachzugehen, inwieweit die Semantik über *education* in Indien Aspekte eines *preadaptive advance* hat und welche Schlüsse daraus gezogen werden können.

3.7. Abschließende Diskussion des Semantikbegriffs

Mit der Spezifizierung der Beziehung von Semantik und Sozialstruktur als strukturelle Kopplung kann die Variabilität in der Beziehung von Semantik und Sozialstruktur im historischen Verlauf plausibel gemacht werden. Auch die von Stäheli[63] vorgebrachte Kritik am Semantikbegriff kann so beantwortet werden. Stäheli konstatiert eine Asymmetrie in der theoretischen Unterscheidung von Sozialstruktur und Semantik, da Semantik eine „lineare Nachträglichkeit" in der Beziehung zur Sozialstruktur aufweise. „Linearität meint hier nicht, daß sich eine Semantik bruchlos aus der Gesellschaftsstruktur ableiten ließe, sondern eine chrono-*logische* Nachordnung der Semantik gegenüber sozialstrukturelle(n) Prozess(en)" (a.a.O.). Dabei kann es durchaus zu empirischen „Voranpassungen" der Semantik kommen. Die lineare Nachträglichkeit ist nach Stäheli eine *argumentationslogische* Nachordnung der Semantik in der Theorie. Die Semantik hat demnach ihre Eigenständigkeit

---

63 Quelle: http://www.soziale-systeme.ch/leseproben/staehli.htm

darin, dass sie Variationen von Ideen endogen produzieren kann. Sie kann jedoch nicht bestimmte Ideen als bewahrenswert fixieren, da Semantik nur Plausibilität gewinnen kann, „wenn hinreichend deutlich ist, auf welche Änderungen in der Sozialstruktur eine Änderung der Begrifflichkeit reagiert" (Luhmann 1998c, S. 550). Variationen vorhandener semantischer Traditionen sind also grundsätzlich immer zu erwarten. Was jedoch „solchen Variationen in der sozialen Kommunikation Erfolg gibt und damit selektiv wirkt, dürfte zunächst die Entsprechung zur gesellschaftlichen Umwelt sein, also Anschließbarkeit an ein Problembewußtsein, an Erklärungsbedürfnisse oder auch an Bedingungen kognitiver Konsistenz, die sich im Laufe der gesellschaftlichen Evolution ändern können" (Luhmann 1993, S. 109). In genau dieser Weise schränkt die Gesellschaftsstruktur die Beliebigkeit der semantischen Innovationen ein. Nur was sich als in der Sozialstruktur anschlussfähig erweist, kann erfolgreich sein und auf Dauer gestellt werden. Diese Abhängigkeit der Semantik von Sozialstruktur und daraus die resultierende Einseitigkeit veranlasst Stäheli (ebd.) von einer Asymmetrie im Verhältnis von Semantik und Sozialstruktur zuungunsten der Semantik zu sprechen.

Andererseits konnte durch die Klärung der Beziehung als strukturelle Kopplung gezeigt werden, dass auch die Sozialstruktur in ihrer Selbstbeschreibung und damit in ihrem Fortschreiben der sie erhaltenden Strukturen wiederum auf die Semantik angewiesen ist, was die Bedeutungen von Beschreibungen der Asymmetrie im theoretischen Verhältnis von Semantik und Sozialstruktur relativiert. Zudem war dahingehend argumentiert worden, dass auch die Sozialstruktur zwar umgekehrt durch Veränderungen einen Bedarf für semantische Innovationen hervorbringt, der Bedarf jedoch nicht festlegen kann, wie er durch die Semantik gedeckt wird, wodurch ihr ein hohes Maß an Autonomie zugeschrieben wird und sich sogenannte kulturelle Unterschiede erklären lassen. Schließlich war schon durch die Definition von Semantik als Vorrat möglicher Themen deutlich geworden, dass sie für die Aufrechterhaltung und Anschlussfähigkeit von Kommunikationen und damit für das Fortbestehen des Sozialsystems unerlässlich ist. Es ist deshalb aufgrund dieser Überlegungen über den reflexiven Zusammenhang wenig sinnvoll, die genaue Symmetrie in dem Verhältnis von Semantik und Sozialstruktur ausloten zu wollen.

Konsequenzen für das weitere Vorgehen

Aus den verschiedenen Perspektiven auf die Funktion von Semantik für kommunikative Operationen und damit für die Autopoiesis sozialer Systeme sowie ihrer strukturellen Kopplung mit der Sozialstruktur in der Evolution ist deutlich geworden, dass sich hier interessante Fragen im Zusammenhang mit der vorliegenden Studie stellen lassen. In die Semantik eingelagerte Themen sind damit Themen eines bestimmten Gesellschaftssystems. Über die Analyse von Semantik kann man daher die Sozialstruktur aufschlüsseln, weshalb es auch unzutreffend ist zu sagen, dass „eine Analyse ‚nur' eine semantische Analyse sei, der sich fundamentalere Realitäten entzögen", so Stichweh (2000). Vielmehr reicht das analytische Potential einer semantischen Analyse weiter als jenes der Ideengeschichte, „die einen vergleichbaren Durchgriff auf je aktual, in realen kommunikativen Vollzügen hervorgebrachte Sozialwelt nicht würde beanspruchen können" (Stichweh 2000, S. 247-248). Die Perspektive auf Semantik als gegenwärtig und an den aktuellen Vollzug gebunden, gleichzeitig jedoch der Beliebigkeit durch ihren Bezug zum Sozialsystem entzogen, macht dieses Konzept für die Analyse attraktiv. In dem Alltagsgebrauch von Sinn ist Semantik auf dieser „einfachen Ebene ausschnittweise ... für jeden verfügbar" (Luhmann 1998a, S. 19) und sie muss stets einen „Zugriff auf die Realität" behalten (a.a.O., S. 22). Genau auf dieser Ebene verfügbarer Semantik soll das eingelagerte Wissen über *education* herausgearbeitet und analysiert werden. Wie gezeigt ist es dabei konsequent, wenn die Analyse auf der Anwendungsebene der Sprache als strukturelle Kopplung zwischen sozialen und psychischen Systemen ansetzt. Da die Themen oder Formen der Semantik über *education* eben nicht beliebig sind, gilt es zunächst, sie über die konkreten Beiträge herauszuarbeiten, um dann über eine Untersuchung der beobachtungsanleitenden Unterscheidungen die Konstruktionslogik in den Blick nehmen zu können. Dies soll nun abschließend theoretisch ausgeführt werden. In einem letzten Schritt kann daran anschließend der Versuch unternommen werden, die so gewonnenen Ergebnisse auf Hinweise auf ihre Anschlussfähigkeit an die sozialen Strukturen hin zu analysieren, denn genau dort liegen ja die Einschränkungen ihrer Beliebigkeit.

3.8. Sinnverweisungen und Beobachtungen: Wie lassen sich latente Strukturen beobachten?[64]

Nach diesen Ausführungen zur Semantik und den sinntheoretischen Implikationen sollen nun einige abschließende Überlegungen thematisiert werden, auch die Konstruktion von Wissen selbst untersuchen zu können. Die Rekonstruktion des in der Semantik eingelagerten Wissens erfolgt unter der Perspektive, dass „begriffliches Wissen aus Modellen besteht, die es uns erlauben, uns in der Erlebniswelt zu orientieren, Situationen vorherzusehen und Erlebnisse zuweilen sogar zu bestimmen" (v. Glasersfeld 1991, S. 24). Wissen wird nicht als Abbildung von Realität verstanden, sondern seine Funkti-

---

64 Vgl. den gleichnamigen Beitrag von Luhmann (1991).

on ist vielmehr, die Individuen dazu zu befähigen, in ihrer „Erlebniswelt zu handeln und Ziele zu erreichen" (a.a.O., S. 24). Die Frage bleibt allerdings, wie dieses begriffliche Wissen oder - mit v. Glasersfeld - diese Modelle, die die Individuen ihren Bedeutungszuschreibungen zugrunde legen, rekonstruiert werden können, da sie ja häufig ‚vor- oder unbewusst'[65] sind. Eine Antwort auf diese Frage lässt sich in der systemtheoretischen Konzeption von Sinn selbst finden, wenn man von der Theorie auch bei der Analyse der empirischen Daten zu profitieren versucht. Es wurde dargestellt, dass alle Sinnkonstruktionen mit einer Unterscheidung beginnen müssen und dass *Selektion* durch die Form von Sinn in seiner Verweisungsstruktur erzwungen wird. Der Selektionszwang ergibt sich daraus, dass Sinn auf den Verweisungszusammenhang von Aktualität und Potenzialität bezogen wird und deshalb die Voraussetzung dafür ist, dass etwas Bedeutung haben und damit Sinn eben nicht als die Bedeutung selbst angesehen werden kann.

Mit der unvermeidbaren Selektion rückt der Beobachter in den Fokus der Theorie. Eine Selektion ist immer die Selektion eines bestimmten Beobachters, oder mit Weick: des *sensemaker*.[66] Damit ist ein Kernpunkt der theoretischen Konzeption genannt, mit weitreichenden Implikationen unter anderem auch für die Möglichkeiten wissenschaftlicher Objektivität: „Objektivität ist die Illusion, daß Beobachtungen ohne einen Beobachter gemacht werden könnten" (v. Foerster, zitiert nach v. Glasersfeld 1991, S. 17). Beobachtungen ohne Beobachter kann es natürlich nicht geben und damit ist jede Beobachtung eine Selektion aus dem an sich unendlichen Verweisungshorizont und als solche kontingent: sie ist immer *so oder anders* möglich. Wenn Beobachtung als „Handhaben einer Unterscheidung" (Luhmann 1991, S. 63, und grundlegend Spencer Brown 1971) beschrieben werden kann, impliziert dies immer zwei Seiten: das, was gemeint wird und das, was nicht gemeint ist. Diese Trennung zwingt dazu, von einer Seite der Unterscheidung auszugehen und zu bezeichnen, was beobachtet wird. Beobachten ist damit eine Operation mit zwei Dimensionen: Unterscheiden und Bezeichnen. Das Problem ist nun, dass die Unterscheidung, die zur Bezeichnung führt, nicht beobachtet werden kann, denn „jede Unterscheidung [hat] zwei Seiten, kommt aber selbst weder auf der einen noch auf der anderen Seite vor. Wenn Beobachten Unterscheiden ist, bleibt die Unterscheidung selbst dabei unbeobachtbar; denn sie selbst kann weder als die eine noch die andere Seite der Unterscheidung bezeichnet werden (a.a.O., S. 64). „*Wir sehen eben nicht, daß wir nicht sehen*" (Maturana & Varela 1987, S.23, Hervorhebung im Original), ein Phänomen, das uns als blinder Fleck bekannt ist und von v. Foerster noch dahingehend präzisiert wird, dass man nicht sehen kann, dass man nicht sieht, dass man nicht sieht. Oder mit Luhmann (1991) ausgedrückt: „man

---

65 Auch wenn es sich bei dem ‚Unbewussten' um eine *dubiose Terminologie* handelt (vgl. Luhmann 1991, S. 67).
66 Wobei das wiederum ein psychisches oder ein soziales System sein kann.

weiß nicht, und weiß nicht einmal als couchgewohnter Selbstbeobachter zweiter Ordnung, weshalb man Unterscheidungen in der gewohnten und nicht in einer anderen Weise unterscheidet" (a.a.O., S. 66-67). Auch beim Beobachten zweiter Ordnung wird eine Unterscheidung ‚blind' eingesetzt, da Beobachten ohne Unterscheidung nicht möglich ist.

Was bedeutet dies nun für die Beobachtung einer Beobachtung, eine „Kybernetik zweiter Ordnung" (Luhmann 1991, S. 62)? Oder angewandt auf die vorliegende Untersuchung: für die Beobachtung (des Forschers) der Beobachtungen der befragten Sinnkonstrukteure? Zunächst folgt als Konsequenz aus diesem unvermeidbarem Beobachtungsdilemma zweiter Ordnung, dass der Beobachter, der einen Beobachter beobachten will, „die auf der Ebene der Beobachtung erster Ordnung benutzte *Unterscheidung* miterfassen" muss (a.a.O., S. 66, Hervorhebung im Original). Dabei handelt es sich um ein Problem, das vielfach auch unter dem Stichwort *Latenz* diskutiert wird. Hier lässt sich nun die „Notwendigkeit von Latenz darauf zurückführen, daß das Beobachten, als Operation gesehen, eine Unterscheidung verwenden muß, die es im Moment der Operation nicht bezeichnen, weil nicht unterscheiden kann" (a.a.O., S. 68). Das Problem der Latenz lässt sich insofern pointiert zu der Frage verdichten, wie man die Unterscheidungen, die ein Beobachter bei einer Bezeichnung verwendet, und die deshalb im Moment ihrer operativen Verwendung nicht beobachtet werden können, dann eigentlich noch beobachten kann.

Die Antwort darauf lautet: nur durch andere Unterscheidungen, für die dann jedoch wiederum dasselbe gilt, also „nur mit Hilfe einer Beobachtung zweiter Ordnung, die jedoch ihrerseits immer auch Operation und immer auch Beobachtung erster Ordnung sein muß, das heißt: Beobachtung eines Beobachters, der zunächst einmal als solcher unterschieden werden muß" (a.a.O., S. 68). Der Vorteil dieser Definition ist die Betonung der Unterscheidung als Grundlage aller Bezeichnungen, Referenzen oder Identifikationen und die Bewusstmachung, dass Unterscheidungen eine Seite als Ausgangspunkt für alle weiteren Operationen auswählen und damit bestimmen. Die Konsequenzen aus diesen Klärungen lassen sich an konkreten Beispielen deutlicher machen. Bei Luhmann findet sich das sehr allgemeine Beispiel der Unterscheidung von Sozialismus, also Planwirtschaft, und Liberalismus in Form von Marktwirtschaft. Der Zusammenbruch des sozialistischen Staatswirtschaftssystems wird dann unter dieser Perspektive zum Triumph der Marktwirtschaft. Aber, so kann man fragen, warum „beschreibt man die Gesellschaft oder auch nur ihr Wirtschaftssystem mit gerade dieser Unterscheidung, die doch schon seit Max Webers Zeiten als unergiebig gehandelt wird - als unergiebig für ein Verständnis der modernen Gesellschaft" (a.a.O., S. 69)? Eine Revision der verwendeten Unterscheidung würde zu völlig anders gearteten Ergebnissen führen. Wenn man beim Beobachten eines Beobachters die Frage stellt, auf Grundlage welcher Unterscheidung er eigentlich beobachtet, dann kann man (mit-)beobachten, was für den Beobachter selbst bei seiner Beobachtung latent bleiben muss. Dabei wird jede Beobachtung, auch die Beobachtung eines Beobachters, nur möglich durch einen Schnitt, „eine(n) Grenze, eine(r) Einkerbung, die man zwar kreuzen, aber nicht „aufheben" kann" (Luhmann 1991, S. 70, grundsätzlich Spencer Brown).

Entsprechend dieser Prämissen wird sich die Beobachtung der Beobachtungen hier an den Unterscheidungen zu orientieren haben, die die Beobachter ihren Beobachtungen zugrunde legen. Der blinde Fleck, der jeder Beobachtung inhärent ist, kann natürlich auch so nicht überwunden werden. Die eigene Beobachtung kann beim Beobachten ihre eigene Beobachtung nicht mit beobachten. Es bleibt nur die Beobachtung der *verwendeten Unterscheidungen*. Die Frage nach den Unterscheidungen eröffnet Möglichkeiten einer Spezifizierung, wenn die andere Seite der Unterscheidung mit in die Analyse einbezogen werden kann.

Übertragen auf die vorliegende Studie bedeutet dies, die Themen, die in der ersten Analysestufe über die Analyse der Beiträge dieser Semantik herausgearbeitet werden und die durch eine Inhaltsanalyse induktiv gewonnen wurden, anschließend auf die ihnen zugrunde liegenden Unterscheidungen hin zu untersuchen. Die erste Stufe der induktiven Inhaltsanalyse ist notwendig, um zunächst das ganze Spektrum der Sinnverweisungen in der Semantik über *education* aufzeigen zu können. In der darauf folgenden Analysestufe soll dann der Versuch unternommen werden, die Beobachtungen der Beobachter in den Fokus zu stellen. Es gilt herauszuarbeiten, welche Unterscheidungen benutzt werden, um sich dem Wissen über *education* in seiner Konstruktion anzunähern - und eben nicht nur den reinen Inhalten, wie es das erklärte Ziel der Arbeit ist. Insbesondere muss betrachtet werden, was als ihre andere Seite, ihr Gegenpart konzipiert wird und wie diese Pole entworfen werden, welche Implikationen diese Unterscheidung also mit sich führt. Es können dann unter anderem folgende Fragen an die Sinnkonstruktionen gerichtet werden: wo wird *education* also als ‚mächtig' konzipiert und wo nicht, was kann und soll *education* für die Individuen leisten und was nicht, wo bietet sie also Strukturierungshilfen und Optionen der Sinnkonstruktion? In einem abschließenden Schritt kann auf dieses umfassende Verständnis des Aufbaus der Wissenssysteme dann eine kulturtheoretische Perspektive eingenommen werden. Die zwei Auswertungsstufen werden als eine wesentliche Voraussetzung dafür angesehen. In der Analyse der Unterscheidungen werden die Themen weiter analysiert und anschließend zu einigen Konsequenzen der Argumentation verdichtet. Die Formulierung dieser Konsequenzen soll es erleichtern, Anschlüsse auf der sozialen Ebene zu rekonstruieren, da sie die große Themenvielfalt auf einige wenige, besser handhabbare Aussagen reduziert, die für eine weitere Analyse vielversprechend erscheinen. Sie können natürlich nicht die ganze Bandbreite der Themen abdecken.

4. Exkurs: *Education* im indischen Kontext

Wenn der Versuch unternommen werden soll, die Bedeutung des Begriffs *education* in Indien zu untersuchen, so kann diese Analyse nicht völlig im ‚luftleeren Raum' angesiedelt werden. Man kommt nicht umhin, wenigstens rudimentär den Kontext, die besonderen sozio-kulturellen Ausprägungen und ihre Geschichte in den Blick zu nehmen.

Der Geschichte und der Bedeutung von Bildung sind allein für den deutschsprachigen Raum von der Antike bis heute unzählige Abhandlungen und Monographien gewidmet. Diese Beiträge haben ihren Ursprung in der Philosophie wie in der Religion, der Soziologie oder der speziell aus diesem Thema entstandenen Pädagogik. Nicht anders verhält es sich natürlich in Indien. Allein der Versuch, diese Ansätze zu ordnen oder einen Überblick zu versuchen, würde vermutlich viele Wissenschaftler auf Jahre beschäftigen. Wenn hier trotzdem der Versuch unternommen wird, einige allgemeine Punkte über die besondere Stellung von *education* in Indien darzustellen, dann dient dies vor allem dazu, Hintergrundinformationen für ein besseres Verständnis des Forschungsgegenstandes selbst zu liefern sowie andererseits dazu, Anhaltspunkte für eine Analyse der Semantik und den in ihr eingelagerten Formen, den Themen, die sich für einen nicht-indigenen Forscher nicht selbstverständlich ergeben, zu identifizieren.

4.1. Wissenschaftliche Theorie und kultureller Kontext: Indigene Ansätze

Indien, so schreibt Heinrich Zimmer schon Anfang der vierziger Jahre des letzten Jahrhunderts in seinem Standardwerk über die *Philosophie und Religion Indiens* (Neuauflage 1973), habe „gewissermaßen seine eigenen Disziplinen der Psychologie, der Ethik, der Physik und der metaphysischen Theorie - und hat sie noch heute" (a.a.O., S 19).

Heute, rund sechzig Jahre später, findet sich eine ganz ähnliche Argumentation bei verschiedenen führenden indischen Psychologen wie etwa Saraswathi (1999 u.ö.) oder Sinah und Tripathi (1994) wieder (unter vielen siehe auch z.B. Misra, Suvasini & Srivastava 2000, Bhatt 2001, Sharma 2001, oder Kakar bereits 1979 oder Lau 2001 als nicht-indigener Forscher, aber mit vergleichbarer Argumentation). Unter dem Schlagwort *Indigenious Psychologies* plädieren insbesondere Psychologen aus dem asiatischen Raum zunehmend für eine Indigenisierung der Theoriebildung und gegen den eurozentristischen Generalismus vorherrschender wissenschaftlicher Paradigmen. Zu nennen wären hier etwa für Taiwan Kwang-Kuo Hwang, für China Kaiping Peng[67] oder für Südkorea Kim (z.B. 1997). Durch diese Kritik an der Generalisierung westlicher Theorien wie in diesem Beispiel explizit der Psychologie ist es überhaupt zu verstehen, wenn Saraswathi für den indischen Kontext titelt: „Adult-Child Continuity in India: Is Adolescence a Myth or an Emerging Reality?" (1999).[68] Kein Psychologe würde heute für den westlichen Kontext ernsthaft das Phänomen der Adoleszenz an sich bestreiten. Es wäre aus seinem wissenschaftlichen und kulturellen Kontext heraus nicht sinnvoll. Die Kritik im Anschluss an die Diskussion um die indigenen Psychologien fokussieren daher auf die spezifische Gebundenheit solcher Konstrukte wissenschaftlicher Theorien an kulturelle Denktraditionen und soziokulturelle Gegebenheiten. Anhand der Einteilung in kollektivistische und individualistische Orientierungen zeigen Sinha und Tripathi (1994), dass Indien sich eben nicht eindeutig in dieses (westliche) Theoriemodell einpassen lässt und statt dessen eine Koexistenz der beiden Orientierungen aufweist. So findet sich mit der „joint family" eine Lebensform, die als paradigmatisch für Normen kollektivistischer Orientierungen angesehen werden kann. Andererseits ist die Religion und Philosophie des Hinduismus über eine individuelle Erlösungsethik (Karma) eine absolut individualistische Lehre, die weit entfernt von irgendwelchen kollektivistischen Ideen zu sein scheint. Ein anderes Beispiel sind die Untersuchungen der indischen Psychologin Vasudev. Sie bestätigt das Kohlbergsche Postulat einer Universalität der Stufen der kognitiven Entwicklung, verweist aber gleichzeitig auf die wichtigen Unterschiede, die nicht als kulturelle *Inhalte* disqualifiziert werden dürften. Dem westlichen Prinzip der Gerechtigkeit von Kohlberg stellt Vasudev dann für den indischen Kontext das Prinzip der *Gewaltlosigkeit* als „umfassendes, universalisierbares, reversibles und präskriptives Prinzip" (1986, S. 171) gegenüber. Sie will damit auch dem ihrer Meinung nach vielfach zugrundeliegendem Klischee, „westliche Werte seien so überzeugend, daß sie - bei einem Ost-West-Kontakt - nichtwestliche Werte ohne weiteres zurückdrängen können", widersprechen. Fänden sich, so ihre Sicht auf die Implikationen dieses Klischees, „bei Indern ein moralisches Argumentieren, das die Werte der Gerechtigkeit und Freiheit aufnimmt, dann muß solches Denken im Kern westlichen Ursprungs sein" (a.a.O., S. 172). Tatsächlich aber kann dies mit gleicher Berechtigung als eigenes, von westlichen Werten und Entwicklungen unabhängiges Prinzip gesehen werden mit weitreichenden Folgen für die ge-

---

67 Für diese beiden Autoren siehe etwa die unveröffentlichten Skripte der Tagung Scientific Advances in Indigenous Psychologies: Philosophical, Cultural, and Empirical Contributions vom 29. 10.- 01.11. 01 in Taipeh, Taiwan
68 Aber auch westliche Autoren beschäftigen sich bereits seit längerem mit solchen indigenen Ansätzen wie etwa Petzold mit seiner „Indische(n) Psychologie" (1986).

samte Theoriebildung. Eben deshalb erachten es mehr und mehr Forscher aus nicht-westlichen Kontexten als notwendig, alternative „Psychologien" zu entwickeln, in denen die eigenen philosophischen Ansätze und kulturellen Paradigmen deutlich zum Ausdruck kommen.[69]

4.2. Historische Perspektive

4.2.1. Education *in der indischen Philosophie: Transformation statt Information*

In dem oben skizzierten Zusammenhang kann man auch die Ausführungen von Zimmer (1973) über die indische Philosophie und Religion stellen. Sein Argument lautet, dass das vorherrschende Anliegen in den indischen Disziplinen wie etwa der Psychologie oder der Ethik, ganz im Gegensatz zu modernen westlichen Philosophen, „nicht die Information, sondern die Transformation [sei]: eine grundlegende Wandlung der Natur des Menschen, wodurch er ein neues Verständnis sowohl für die Außenwelt wie für sein eigenes Dasein gewinnt" (Zimmer 1973, S. 19-20). Diese Wandlung kommt dann, wenn sie gelingt, einer *Bekehrung* oder *Wiedergeburt* gleich. Die indische Philosophie steht nach Zimmer damit der Religion weitaus näher als das säkulare und kritische Denken des Westens (oder *Abendlandes*). Parallelen sieht Zimmer zu alten griechischen Philosophen wie beispielsweise Pythagoras, Empedokles, Platon, den Stoikern oder Plotin und den Neuplatonikern. In der christlichen Tradition finden sich ähnliche Auffassungen etwa beim heiligen Augustinus oder den mittelalterlichen Mystikern wie Meister Eckhart. Und für die Philosophie der Romantik kann man nach Zimmer auf Schopenhauer verweisen.

Kernstück des intendierten Transformationsprozesses, wie ihn die indische Philosophie fasst, ist die Schüler-Lehrer Interaktion, bestimmt durch die Aufgabe einer „höchsten Wandlungsaufgabe" (a.a.O., S. 20). Die pädagogische Idee ging weit über ein rein intellektuelles Verstehen hinaus und zielte auf eine Umwandlung des menschlichen Kerns selbst. Der Schüler soll schließlich aus seiner Gebundenheit heraustreten, „die Grenzen menschlicher Unzulänglichkeit und Unwissenheit hinter sich lassen und sich über die irdische Seinsebene emporheben" (a.a.O., S. 20). Nicht weniger als eine Art „alchimistischer Umformung der Seele" (Zimmer 1973, S. 20) sei zu leisten.

---

[69] Wie zum Beispiel, wenn Saraswathi und Ganapathy (2002) ein „Hindu scheme of social development" (S. 82 ff) benutzen, um die Stadien der Kindheit zu veranschaulichen.

Der Schüler

Es überrascht daher nicht, dass bei diesen weitreichenden Vorstellungen über Bildung Vorbedingungen an den Schüler gestellt werden. Die „Weisen Indiens", so Zimmer, hatten nie eine „volkstümliche" Lehre im Sinn. Die „Weisheitsworte" selbst seien erst zu Beginn es 20. Jahrhunderts durch gedruckte Texte und schließlich durch Übersetzungen in die Weltsprachen einem allgemeinen Kreis zugänglich geworden. Man habe immer darauf geachtet, zunächst festzustellen, „ob der Schüler, der in das Heiligtum ihrer Philosophie aufgenommen werden will, auch mit den nötigen geistigen Gaben ausgerüstet ist. Hat er die notwendigen Vorstudien gemacht?". Kurz: „Verdient er wohl den Platz zu Füßen des Gurus?" (Zimmer 1973, S. 28-29). Massoudi (2002) fasst sechs mentale Qualitäten zusammen, die ein Schüler der Veden aufweisen musste, darunter „calmness", „self-control", „self-withdrawal", „forbearance" und „tranquility" (a.a.O., S. 140). Die Exklusivität der Auswahl des Schülers wird in den antiken Texten der Upanishaden noch deutlicher, wo sich die Warnung findet, dass „ihre Lehren nicht einfach vom Vater auf *einen* Sohn vererbt werden dürften, sondern nur auf den ältesten Sohn, das heißt auf des Vaters jugendlichen Doppelgänger, sein wiedergeborenes, anderes Ich" (Zimmer 1973, S. 67, Hervorhebung I.C.), aber niemanden sonst. Hier ist das Kriterium der Inklusion nicht geistige Reife oder etwa Intelligenz wie in dem ersten Beispiel, sondern Erbfolge, also Hierarchie.

Einmal zum Schüler erkoren, sind die Erwartungen an ihn in der indischen Philosophie eindeutig: Er hat sich seinem Lehrer, dem Guru, rückhaltlos zu unterwerfen, ihm als dem Verkörperer des von ihm vermittelten göttlichen Wissens Respekt zu zollen. Zwar muss das „Technische ... durch ständiges Üben erlernt werden, während die Theorie durch mündliche Unterweisung vermittelt und durch gründliches Studium der maßgebenden Lehrbücher ergänzt wird", das Wichtigste sei jedoch, dass es zu einer „psychischen ‚Übertragung' zwischen Lehrer und Schüler" (a.a.O., S. 56) komme. Der Schüler muss schließlich, wenn es zu einer erfolgreichen Transformation gekommen ist, sein Erwachen (in Anlehnung an die Metapher eines Tigers) *herausbrüllen*: „Offensichtlich besteht hier eine absolute Trennung zwischen dem Erscheinungs-Selbst (der naiv-bewußten Persönlichkeit, die zusammen mit ihrer Welt der Namen und Formen letztlich aufgelöst werden wird) und jenem anderen, tiefverborgenen, wesentlichen, aber vergessenen übersinnlichen Selbst (atman), das, wieder in die Erinnerung gerufen, sein durchdringendes, welterschütterndes ‚Herrlich bin ich!' hinausbrüllen wird" (a.a.O.,

S. 25). Die Reise der Unterweisung und *education* geht also in diesem Verständnis in das Innere des Schülers.[70]

Der Lehrer oder Guru

Schließlich impliziert diese Auffassung auch ein besonderes Verständnis vom Lehrer selbst. Der Schüler, verstanden als bild- oder formbares Material soll sich dem Lehrer „nachformen" (Zimmer 1973, S. 57). Er übernimmt nicht nur Wissen und Können des Lehrers, sondern unterzieht sich viel tiefgehender einer Verwandlung nach dem Vorbild von dessen persönlicher Gesamthaltung. Die Lebensweise des Lehrers wird in diesem Verständnis nicht von seiner Lehre getrennt. Lehre und Lebensweise sind vielmehr so in Deckung gebracht, „daß sie einander bis in alle Einzelheiten entsprechen, eine Übereinstimmung, die wir im Abendlande wohl nur bei einem Mönch oder Priester erwarten dürfen" (a.a.O., S. 57). Diese Deckung kommt sehr anschaulich in einer Tierfabel zum Ausdruck, die sowohl die Beziehung von Lehrer und Schüler wie auch den Prozess der Transformation beschreibt. In der Fabel findet ein alter Dschungeltiger ein Tigerjunges, das zwischen Ziegen aufgewachsen ist und demzufolge meckern und Graszupfen gelernt hat. Der Tiger nimmt den kleinen Tiger mit zu sich in seine Höhle und lehrt ihn, Tiger zu sein, bis dieser selbst erkennt, was die wahre Natur seines Wesens ist. Ebenso muss der Lehrer seinen Schüler anleiten, ihm den Weg auf die Reise in sein Inneres aufzeigen und mit eigner Wahrhaftigkeit vorangehen: Nur ein Tiger kann einen Tiger lehren, was es bedeutet, ‚Tiger zu sein'. Die indische Anschauung verlange, „daß Charakter und Lebensführung sich mit der Lehre decken" (a.a.O., S. 58). Die Ansprüche an einen Lehrer sind somit hoch, ebenso der ihm entgegengebrachte Respekt, wie überhaupt gegenüber Gelehrten. Wie hoch das Ansehen eines Gelehrten ist, verdeutlicht Srinivas (1989) in seinen Erläuterungen zu den Unterschieden im Status innerhalb der Gruppe der Brahmanen: „It is relevant to mention here that priestly Brahmins do not enjoy the same social esteem as non-priestly Brahmins" (a.a.O., S. 39). So haben die Brahmanen, die an den Riten für einen Verstorbenen mitwirken, ein besonders geringes Ansehen. Anders die gelehrten Brahmanen. „The scholar Brahmin who does not work as a priest to others occupies the highest position among Brahmins" (a.a.O., S. 39).

Die Verkörperung der Lehre selbst durch den Lehrer verbietet jede Kritik. Die Lehre wird fraglos angenommen und in einem internen Transformationsprozess bildet sich erst später ein tieferes Verstehen aus.

---

70 Man könnte hier Parallelen zur vor allem deutschen Diskussion über den ‚pädagogischen Bezug' erkennen, ein Gedanke, der hier aber nicht weiter verfolgt werden soll. Siehe nur Nohl 1948.

4.2.2. Sozio-kulturelle und historische Aspekte von education in Indien: Die Brahmanen als Intellektuellenkaste

Die Nähe der indischen Philosophie zur Religion kann auch an der besonderen Stellung der indischen Intellektuellenschicht, den *Brahmanen*, deutlich gemacht werden. Im Gegensatz zu den Intellektuellen der althellenischen Polis-Kultur, mit denen sie nach Max Weber (1988) zu vergleichen wären, waren die Brahmanen durch ihre besondere Stellung in der Gesellschaft und ihrer historischen Herkunft als Priester auch an *Magie* und *Ritual* gebunden. Durch diese Bindung an Rituale und Magie sahen sich die Brahmanen in Konkurrenz zu anderen ‚Seelenheilungen' oder Heilsanbietern, auch wenn die Brahmanen das Monopol der persönlichen Heilssuche zu behaupten versuchten. Dieses Monopol, so Weber, konnten sie allerdings nie durchsetzen, auch wenn sie es versuchten, um die eigene Position zu stärken. Es hat nach Weber aber in Indien zu allen Zeiten und bis in die Gegenwart eine große Anzahl mystischer ‚Heilssucher' gegeben, die als Heilige und Wundertäter große Verehrung genossen sowie Sektenbewegungen, die ebenfalls die Vormachtstellung der Brahmanen in Frage stellten. Exemplarisch sei hier die den Hinduismus stark beeinflussende Bhakti-Religiösität zu nennen, eine Gottesmystik, für die eine Ablehnung der brahmanischen Gelehrsamkeit wie auch der aufwendigen Opferrituale bezeichnend war, Dinge, die den unteren Bevölkerungsgruppen praktisch nicht zugänglich waren. „Im Gegensatz zum ‚Weg des (priesterlichen) Werkdienstes' (*karma-márga*) und dem ‚Weg des (intellektuellen) Wissens' (*jñána-márga*) sucht der *Bhakti-márga* den Weg der Erlösung in der gläubigen, bis zur Selbstaufgabe gehenden Gottesliebe" (Kulke & Rothermund 1998, S 181). Verbunden mit diesen Vorstellungen war eine weitgehende Ablehnung und mindestens die Geringschätzung der Kastenordnung. Die weitaus meisten der Bhakti-Heiligen waren dementsprechend auch keine Brahmanen.

Der alte hellenische Priesteradel war nach Weber (1988) durch die militärische Stadtentwicklung seines realen Einflusses vollständig beraubt worden und galt auch nicht mehr als Träger besonderer geistiger Werte. Anders die Brahmanen, die aus dieser historischen Perspektive den Trägern der konfuzianischen Kultur eher ähnelten: „Beide Male war es ein vornehmer Literatenstand, dessen magisches Charisma auf ‚Wissen' ruhte ... Bildungsstolz und die felsenfeste Ueberzeugung, daß ausschließlich und allein jenes Wissen als Cardinaltugend alles Heil, Unwissenheit als das eigentliche Laster jegliches Unheil bedinge, folgten daraus in beiden Fällen ..." (Weber 1988, S. 137). Wichtig in unserem Zusammenhang ist die Strategie der Intellektuellenschicht der Brahmanen, das von ihr angestrebte Monopol durchzusetzen. Um die eigene Überlegenheit auf Dauer zu stellen, mussten die konkurrierenden Seelenheiler diffamiert und unterdrückt werden. Besonderes Misstrauen wurde asketischen Anachoreten und Wunderheilern niedrerer Schichten entgegengebracht. So wollte beispielsweise die offizielle Theorie bis in die Gegenwart hinein unter den *Sadhus* (also als Heilige verehrte, besonders orthodoxe Asketen) nur diejenigen als vollwertige *Sramana* (besondere Bezeichnung für einen Eremit) anerkennen, die der brahmanischen Kaste entstammten. Askese war darum so gefährlich für die Vormachtstellung der Brahmanen, weil sie im Prinzip *jeder* praktizieren konnte. Die Askese ist ohne Vorbedingungen, sieht man einmal von den körperlichen Widrigkeiten ab. Und tatsächlich bestreiten auch die heiligen Schriften wie das Ramayana nicht, dass jemand von niederer Geburt durch die Askese zu übermenschlichen Fähigkeiten gelangen kann. Dem Wunderheiler in dem betreffenden Epos wird bezeichnenderweise jedoch vom Held der Kopf abgeschlagen, eben weil er ein Unwürdiger ist und es dennoch gewagt hat, sich solche Fähigkeiten überhaupt anzueignen (vgl. Weber 1988).

Die exponierte Position der Brahmanen gründete daher in der *education* und der privilegierte Zugang war durch das Geburtsrecht (und natürlich das Geschlecht[71]) geregelt: „so galten den Brahmanen alle nicht durch die Schule der vedischen Bildung gegangenen Magier, Kultpriester und Heilsucher als unklassisch, verächtlich und im Grunde der Ausrottung wert" (a.a.O. S. 137). Abgrenzung war nötig: Neben den ebenfalls asketischen Zügen des geregelten Alltagslebens des Brahmanen seit der klassischen Zeit steht die rationale Methodik, die nötig ist, um außeralltägliche heilige Zuständlichkeiten zu erlangen. Es entwickelt sich, „wie bei einer Intellektuellenschicht zu erwarten, eine Rationalisierung und Sublimierung der magischen Heilszuständlichkeiten" (a.a.O., S. 154). Die brahmanische Intellektuellenschicht nahm am religiös-magischen Material einen Rationalisierungsprozess vor, so beispielsweise durch die rationale Ausdeutung der Welt anhand ihrer naturgesetzmäßigen, sozialen und rituellen Ordnung. Dies führte zu einer rationalen Begründung der Heilsziele und Heilswege. Dabei haben die Brahmanen nicht einen in den Anfängen vermutlich gegebenen streng esoterischen Charakter ihres Wissens behauptet, sondern gerade auch durch die spätere Mitgestaltung der Erziehung der ritterlichen Jugend einen starken Einfluss auf das Laiendenken gewonnen. Und obwohl die Philosophenschulen sich zunächst in ihren Ausrichtungen und Lehren konträr gegenüberstanden, konnten die Brahmanen die ständische Stratifizierung als solche über die indischen Einzelstaaten hinweg aufrecht erhalten. Die Lösung lag nicht in den Inhalten, sondern in der Organisation: „Wie die hellenische gymnastisch-musische Bildung - und nur sie - den Hellenen, im Gegensatz zum Barbaren, so machte die vedisch-brahmanische Bildung den ‚Kulturmenschen' im Sinn der Voraussetzungen der klassischen indischen Literatur" (a.a.O., S. 156). Zu einer solchen Ordnung gehört natürlich auch eine besondere Sprache - in Indien Sanskrit, in Europa Griechisch und Latein - sowie Schrift: „Die Gebete des

---

71 So titelt Nabar noch 1995 *Caste as Woman*, um auf den eklatanten Unterschied der Geschlechter in der Kastenhierarchie deutlich zu machen.

einfachen Mannes jedoch, der des Lesens und Schreibens nicht mächtig war, bestanden aus Gesängen in der einfachsten Umgangssprache, die oft von Dichtern aus den untersten Kasten stammten. Die Kontrolle über Schrift und Sprache, insbesondere über die esoterischen Sprachen [wie Sanskrit, I.C.], war wesentlicher Bestandteil kultureller Disziplinierung und sozialer Ordnung" (Kaviraj 1992, S. 222). Oldenberg spezifiziert die Anforderungen an die Beschaffenheit einer Sprache für Gebete, die die Technik des einfachen Mannes weit übertreffen sollte: „Wenn das Lied [in Ritualen wie etwa Opferzeremonien, I.C.], um dem Gott zu gefallen, schön sein soll, so heißt das, es soll kunstreich sein; kunstreich aber ist vor allem das Gedicht, das vom Wissenden ersonnen, dem Wissenden allein verständlich, in verschleierter Andeutung den Gedanken halb zu zeigen und halb zu verhüllen versteht. Eine Poesie dieser Art konnte nur in den abgeschlossenen Kreisen priesterlicher Opfertechniker entstehen" (Oldenberg o.J. b, S. 4).

Das Sanskrit war jene „geschmückte Sprache", derer sich die Brahmanen in ihrer Literatur bedienten. Sie bewahrte „unverändert, mit einer gewissen Umständlichkeit, die altertümliche, scharf ausgeprägte Lautgestalt die aus den Zeiten der Vedapoesie und aus noch fernerer vorgeschichtlicher Vergangenheit ererbt war" (Oldenberg o.J,. a, S. 136). Das Sanskrit des *Mahabharata*, einer religiösen Erzählung über einen Kriegsherrn und eines der Kernstücke der Literatur des Hinduismus, war „annähernd ebenso weit davon entfernt, eine lebende Sprache zu sein, wie etwa das Lateinische in Dantes Zeit. ... das Sanskrit war ein sehr eigenartiges Kunstprodukt" (a.a.O., S. 137).

Die Brahmanen haben also ihre Stellung gefestigt, indem einerseits die Erblichkeit ihrer gesellschaftlichen Position festgelegt wurde, und andererseits die qualitative Überlegenheit ihrer Beschäftigung mit dem Seelenheil über *education* legitimiert werden sollte. Als dann „die ersten Universalmonarchien entstanden, hatte sich die selbständige Priesterschaft als gentilcharismatische Zunft, d.h. als ‚Kaste' mit fester Bildungsqualifikation als Voraussetzung des Amtierens schon so in den sicheren Besitz der geistlichen Autorität gesetzt, daß daran nicht mehr zu rütteln war" (Oldenberg o.J. a, S. 140). Dabei haben die Brahmanen nach Weber ein Monopol auf Philosophie und Wissenschaft ebenso wenig vollkommen durchsetzen können wie das auf persönliche mystische Heilssuche. Auch einigen anderen Kasten war *education* schon zu diesen Zeiten zugänglich, wie beispielsweise der Kaste der Kschatriya, der Krieger und Könige, die den Brahmanen hierarchisch nicht unterlegen waren. Interessant in unserer Perspektive ist jedoch die besondere Stellung, die *education* ganz grundsätzlich im historischen indischen Kontext einnimmt und ihre ausgesprochen enge Verknüpfung mit gesellschaftlichen Entwicklungen.

4.2.3. Das System der indischen Dorfschulen oder pathshalas

Das *pathshalas*-System, kleine lokale Dorfschulen, die zumeist von einem Brahmanen des Dorfes geleitet wurden, wird in der indischen Literatur vielfach gerühmt, seine Marginalisierung und schließlich seine vollständige Verdrängung durch den Eingriff in das Bildungssystem durch die englischen Besatzer bedauert. In dieser Perspektive wird die „Stärke" der indigenen Schulen in ihrer alten Tradition gesehen und das Lernen dort als „nahezu individualisiert" beschrieben, das zu „nützlichen Karrieren" geführt habe (Di Bona 1998, S. 367, Übersetzung I.C.). Den Dorfschulen sei es gelungen, „to equip peasant children from different castes and communities with enough competence to carry out their future professional obligations" (Jha 1998, S. 220). Andere Autoren sehen jedoch das *pathshalas*-System ganz im Gegenteil als weit weniger ruhmreich an und warnen vor einer Glorifizierung dieser Traditionen durch eine nationalistische Geschichtsdeutung. Acharya (1966) verweist für Bengalen darauf, dass das indigene Schulsystem dieser Zeit (gemeint ist die vor-koloniale Zeit) die praktischen Anforderungen des täglichen Lebens erfüllte und „contributed in perpetuating the hierarchical social structure and Brahminic hegemony over society" (a.a.O., S. 116). An anderer Stelle wird deutlicher formuliert, dass „children were given an education not to enlarge their mind ... They were taught simply because they needed to learn how to address the landlord and village elders, and how to protect themselves against dishonest reckoning of the moneylenders, the shopkeepers, and the landlord's steward" (Shahidullah 1966, S. 122).

Grundsätzlich bleibt jedoch umstritten, inwieweit es überhaupt einen breiteren Zugang zu diesen *pathshalas* gegeben hat. Mindestens den Kastenlosen wurde mit ziemlicher Sicherheit grundsätzlich jeder Zugang zu *education* verwehrt. Ihre bloße Anwesenheit in einem (sozialen) Raum mit Brahmanen hätte letztere verunreinigt, was nur mit hohem rituellen Aufwand wieder gut zu machen war, wenn überhaupt (siehe Dumont 1976 oder auch Trautmann 1981). Dabei darf man nicht vergessen, dass die Kastenlosen einen großen Teil der Bevölkerung darstellten und darstellen. Es ist daher sicher kein Zufall, dass die Besinnung auf Traditionen und Geschichte Indiens insbesondere von Vertretern derjenigen Schichten gefordert und gefördert wurde und wird, die seit jeher die Nutznießer eben dieser Traditionen sind. Das *pathshalas*-System als frühe Vorform von egalitärer *education* und als innovative Einrichtung zu beschreiben scheint daher mehr als fragwürdig.

Relativ klar zeigt sich allerdings die Einstellung der Kolonialherren zu der indischen Tradition und *education*. Die gesamte Literatur des Orients, so William Jones, der 1835 als Justizminister nach Indien kam, sei nicht so viel wert wie das, was in den Büchern stehe, die in einem einzigen Regal einer europäischen Bibliothek zu finden seien. Den Indern empfahl er dementsprechend auch eine *education*, „die sie zu englischen ‚gentlemen' machen sollte (Kulke & Rothermund 1998, S. 313).

4.2.4. Education *und die englische Kolonialherrschaft*

Es gibt eine kaum überschaubare Literaturlage zu diesem Thema. Auch heute noch beschäftigen sich unzählige indische wie auch internationale Forscher allein mit den Auswirkungen und Spätfolgen der englischen Besatzungszeit auf das indische Bildungssystem. So kann auch hier allenfalls ausschnitthaft auf das Thema eingegangen werden und mit den folgenden kurzen Betrachtungen wird deshalb bewusst auch nur ein einzelner Aspekt herausgegriffen, der sich direkt aus den oben angedeuteten historischen Analysen ableitet und sich an die Überlegungen über *education* als Hierarchisierungsinstrument anschließt. Insofern geht es in dieser kurzen Diskussion vor allem darum, inwieweit *education* zur Fortschreibung bestehender beziehungsweise zur Umsetzung neuer Formen von Ungleichheit beigetragen hat.

Der Titel eines Sammelband erweist sich hier als paradigmatisch: *education and the disprivileged* (Bhattacharya 2002). Wie gezeigt wurde, war *education* in Indien von jeher einerseits an Privilegien gebunden, d.h. sie war überhaupt nur durch bestimmte Geburtsrechte zugänglich (höhere Kastenzugehörigkeit und Geschlecht), andererseits implementierte sie wiederum eine privilegierte gesellschaftliche Stellung. Die englische Besatzungszeit scheint daran wenig geändert zu haben. So findet sich im Gegenteil die These, „that educational praxis in the colonial regime, with the collusion of the few educated natives, maintained the status quo of old social hegemonies; the natives' role was of no great significance in that they were not free agents in determining state policy till the last twentyfive years or so of British rule; and, further, the imperial culture hegemony at the basis of the colonial education system was effectively contested in the nationalists' discourse on education - though the nationalist critique did not turn inwards to question hegemonies internal to civil society" (Bhattacharya 2002, S. 26).

Die Ungleichheit im Zugang zu *education* wurde danach von den Engländern auf Dauer gestellt und auch die nationalistische Rückbesinnung nach der Unabhängigkeit Indiens hat nicht an diesem Fundament gerüttelt. Bis zur Zeit der englischen Besatzung hatte es noch nicht einmal auf programmatischer Ebene eine Inklusion aller in ein Bildungssystem gegeben. Während die Programmatik sich zwar änderte, blieben die alten Strukturen der Hegemonie bestehen, so das Argument vieler indischer Bildungsforscher. Stichwortartig soll auf einige Argumentations- und Erklärungsmuster für diesen Befund in Anlehnung an Bhattacharya (2002) eingegangen werden:

- Das asymmetrische System im Zugang zu *education* war Teil eines größeren Netzwerkes von Hegemonie der sozialen Formation von Kolonisa-

tion, in der die Wissensproduktion und die Zuständigkeit für Wissensfragen allgemein zentralistisch in den europäischen Metropolen verortet war und die indigenen Wissenssysteme marginalisiert und delegitimiert wurden.
- Die alten Privilegien aus vor-kolonialen Zeiten erstarken durch das koloniale Bildungssystem, da Angehörige der bereits privilegierten Schichten einen ungleich besseren Zugang zu der ‚englischen' *education*, dem ‚modernen' Wissen und damit als Konsequenz zu den Karrieren in den neu geschaffenen Professionen hatten. Diese Generalisierung trifft auch dann zu, wenn berücksichtig wird, dass vereinzelt britische Administratoren und Teile der „native intelligentsia" (Bhattacharya 2002, S. 10) dieser Ungleichheit kritisch gegenüber standen.
- Das Verhältnis der privilegierten Schicht zum britischen Bildungssystem war von Ambiguität auf verschiedenen Ebenen geprägt. So existierte auf der intellektuellen Ebene zunehmend die Idee der Egalität, gleichzeitig wurde sie in der Bildungspraxis aber abgelehnt. Auch auf einem abstrakteren Niveau zeigt sich diese Ambiguität. Einerseits waren die Absolventen des Bildungssystems durchaus kritisch gegenüber der europäischen Kulturhegemonie der *education*, woraus sich später auch der Trend der *nationalen education* formierte. Andererseits schätzen eben diese Absolventen sowohl den Zugang zu den europäischen Ideenwelten durch diese englische *education* als auch die Möglichkeit zu Karrieren, Anstellungen und generellen materiellen Vorteilen, was ihnen nur aufgrund dieser *education* möglich war.
- Auch die nationalistischen Erneuerer haben in ihren Bestrebungen der bestehenden Hegemonie der indischen Bildungssituation nicht zwangsläufig entgegen gewirkt, im Gegenteil: „In course of the contestation with imperial cultural hegemony sometimes nationalist enthusiasm led to the portrayal of a glorious past, but so far as the issue of equality and education is concerned that favourable image of the pre-colonial past was not sustainable" (a.a.O., S. 26). Tatsächlich wurde damit eine vom Standpunkt der Bildungsgleichheit gesehen unrühmliche Tradition von Ungleichheit glorifiziert.

Einige Zahlen können den privilegierten Bildungszugang der Brahmanen recht anschaulich verdeutlichen. So geht beispielsweise aus einer Studie von Radhakrishnan (1996) über den Bundesstaat Tamil Nadu hervor, dass die Brahmanenkaste dort vor hundert Jahren zwischen 63 und 66 Prozent der gesamten Bacheloreabsolventen (bzw. eines vergleichbaren Bildungsabschlusses) hervorbrachte, obwohl sie nur rund drei Prozent der Gesamtbevölkerung ausmachte. Die nichtbrahmanischen Hindus, die immerhin ca. 86 Prozent der Bevölkerung bildeten, stellten im Zeitraum von 1901 bis 1917 nur zwischen 23 und 24 Prozent der Absolventen. Zahlen aus dem Bundesstaat Andrah Pradesh (in dem auch die vorliegende Studie durchgeführt wurde) können die immensen Unterschiede hinsichtlich des Bildungszugangs unterschiedlicher Kasten weiter belegen: während 1931 bereits 51.1 Prozent der gesamten brahmanischen Population alphabetisiert waren,[72] waren es nur 3.5 Prozent der kastenlosen Dalits, die vorwiegend in der Lederverarbeitung tätig oder Feldarbeiter waren. Und während in der Zeit zwischen 1921 und 1938 rund 169 Brahmanen jährlich zwei sehr unterschiedliche Colleges in verschiedenen Distrikten Andrah Pradesh's besuchten, ist es für die Dalits in demselben Zeitraum noch nicht einmal ein Student pro Jahr, was lediglich 0,74 Prozent entspricht (Satyanarayana 1998)!

Aber auch wenn es eine gewisse Inklusion der armen, ländlichen und bäuerlichen Bevölkerung in das Schulsystem gegeben hat, wird diese Art der *education* selbst kontrovers diskutiert. Zwei Bildungsexperimente in Bengalen des 19. Jahrhunderts zeigen, dass in den Bildungsangeboten und -inhalten Sozialisationsmechanismen übernommen wurden, um die Arbeiter mental auf ihre spätere Beschäftigung vorzubereiten (nämlich einfache und zumeist schwere Arbeit). Ziel war es dabei lediglich, Konformität zu erzeugen, aber in keinem Fall ging es darum, sie dazu zu befähigen, sich kritisch mit ihrer Realität auseinander zu setzen oder gar nach Alternativen zu suchen. Strategisch wurde dies umgesetzt durch „reinforcing traditional values on the one hand, and instilling the values of the capitalist economy on the other" (Banerjee 1998, S. 195).

Radhakrishnan (1996) kommt zu dem Schluss, dass *education* selbst - und zwar die vor-koloniale wie auch die durch das britische System eingeführte - die hierarchische Struktur der indischen Gesellschaft, definiert durch das Kastensystem, gestärkt hat. Andererseits verweist er aber auch darauf, dass „in numerical terms the increase since 1900 of both matriculates and BA graduates was substantial enough for the emergence of an educated middle class even among the latter [die nichbrahmanischen Hindus. I.C.]" (a.a.O. S. 112). Auf diese *neue* indische Mittelklasse wird unter Punkt 4.2.7 noch gesondert zurückzukommen sein. Die Stichprobe der Erhebung wird im wesentlichen diese Mittelklasse repräsentieren und deshalb soll zumindest kurz auf diesen Punkt eingegangen werden.

Man kann zusammenfassen, dass die britische Besatzungszeit die besondere Stellung von *education* zu Hierarchie und Hierarchisierung nicht grundlegend verändert hat. Der Zugang zu *education* blieb einer kleinen, elitären Schicht vorbehalten, die auch schon zuvor eine Monopolstellung innehatte. Verändert wurden durch die Invasoren zum einen die Bildungsinhalte (im Sinne eines Eurozentrismus) sowie das Bildungssystem, indem frühere Einrichtungen wie die oben genannten, von Brahmanen geleiteten Dorfschule durch zentralistisch gesteuerte Einrichtungen ersetzt wurden, wobei z.B. Basu (1998) die Meinung vertritt, dass die Briten ursprünglich keinen Einfluss

---

72 Wobei man hier bedenken muss, dass die Ungleichheit in der Geschlechterbehandlung nicht unerheblich an diesem Ergebnis teilhaben dürfte.

auf das vorhandene indigene Bildungssystem anstrebten: „It was only with growing pressure from the Evangelicals, Utilitarians and Liberals in the early nineteenth century and its own need for English educated Indians in the lower ranges of its civil service, that the Company agreed in 1813 to promote education" (Basu 1998, S. 54). Es sind diese Positionen im neuen Staatsdienst, die mehrheitlich von den Brahmanen übernommen wurden. Die Orientierung an der englischen *education* und an *Englisch* als Bildungssprache hat sich bis heute erhalten und letztere bildet eines der Kernprobleme der heutigen indischen Bildungspolitik. Dies wird unten näher ausgeführt.

4.2.5. Education *im heutigen Indien*

Education ist und bleibt in Indien eines der zentralen Themen. Auch fünfzig Jahre nach der Unabhängigkeit steht der Zugang aller zu *education* weiter aus. Unzählige Programme und politische Bemühungen (so beispielsweise groß angelegte Projekt wie ‚Education of all'[73]) zeugen davon, dass man noch immer von einer Lösung des Problems entfernt ist. Die indische Bevölkerung hat sich allein von 1991 bis 2001 um 21.79 Prozent auf 1.027 Milliarden Menschen erhöht und dabei stellen Kinder bis zum Alter von sechs Jahren 15.42 Prozent der Bevölkerung. Nach offiziellen Angaben hat sich auch die Alphabetisierungsrate in diesem Zeitraum von 52.01 auf immerhin 65.38 Prozent erhöht.[74] Solche Zahlen führen die Herausforderungen vor Augen, die Programme wie ‚Education for all' für Indien mit sich bringen.

Die Alphabetisierungsrate der Frauen hat sich in dem genannten Zeitraum zwar schneller entwickelt als die der Männer, trotzdem liegt der prozentuale Anteil von Frauen mit 54.16 im Jahr 2001 immer noch erheblich niedriger. Die Alphabetisierungsrate der Männer im Jahr 2001 lag im Vergleich dazu bei 75.85 Prozent. Dabei muss deutlich gemacht werden, dass es von Bundesstaat zu Bundesstaat und oft schon von einem Distrikt zum anderen erhebliche Differenzen gibt. Für den Bundesstaat Andhra Pradesh zeichnet sich folgendes Bild ab: Die Gesamtpopulation wird mit ca. 40.37 Millionen angegeben und die Alphabetisierungsrate betrug im Jahr 2001 61.11 Prozent (gegenüber 44.08 Prozent im Jahr 1991), wobei 70.85 Prozent der Männer nur 51.17 Prozent der Frauen gegenüberstanden. Für die Stadt Hyderabad selbst kann das Stadt-Land-Gefälle in der indischen Bildungslandschaft deutlich gezeigt werden. Hier beträgt die Alphabetisierungsrate immerhin 79.04 Prozent - mit einem 84.11-Prozentanteil der Männer gegenüber 73.67 Prozent Frauen und liegt damit sowohl über dem Durchschnitt des Bundesstaats als auch gegenüber dem Gesamtindiens.

---

73 Unter diesem Titel werden in ganz Indien diverse Programme implementiert und Projekte durchgeführt, um mehr Menschen in das Bildungssystem einzugliedern.
74 Quelle: http://arunmehta.freeyellow.com (12.06.03).

Die heutigen Probleme der indischen Bildungslandschaft sind natürlich auch eine strukturelle Altlast der Schulgeschichte und der von *education*. Erst 1904 erkennt die indische Regierung überhaupt an, dass die Verbreitung von Grundbildung (also der Aufbau von Grundschulen) in die Verantwortlichkeit des indischen Staates fällt. Bis zu diesem Zeitpunkt hatte noch nicht einmal der Indian National Congress freie Grundbildung mit Schulpflicht gefordert, obwohl er Jahr für Jahr Resolutionen für höhere *education* und Berufsbildung einreichte. All dies veranschaulicht „the apathy of the Indian elite towards education for the common people" (Acharya 1998, S. 230). Die Politik ebenso wie das gesamte öffentliche Leben Indiens war durch die privilegierte Oberschicht bestimmt. Die arme, ungebildete Landbevölkerung war weder präsent, noch hatte sie eine Stimme - wie es etwa für die westlichen Arbeiterbewegungen der Fall war. Hingegen hatte der Landadel ein aktives Interesse daran, die bestehenden Verhältnisse auf Dauer zu stellen und Ansätze von Veränderungstendenzen zu unterdrücken. Am Beispiel des Bundesstaates Bengalen zeigt sich, dass die Einstellung etwa des wohlhabenden (hier hinduistischen) Landadels deshalb durchaus über reine Apathie hinausgehen konnte. So entwickelten sich im ländlichen Bengalen Anfang des 20. Jahrhunderts Schulen, die von diesem Landadel unterhalten wurden. Die Strategie der Regierung war es dabei, solche Initiativen finanziell und strukturell zu unterstützen. Diese öffentlichen Mittel dienten dem Unterhalt der Schulen. Die höhere *education* war allerdings wesentlich kostenintensiver und brauchte mehr staatliche Unterstützung, und zwar auch für den Landadel: „These people, mostly Hindus in Bengal, followed the British in viewing higher education as the apex of a ladder they had to climb. Funds for education were limited, and primary eduaction could only grow at the cost of higher education, at least, so the *bhadralok* perceived" (Acharya 1998, S. 230). Nach dieser Einschätzung führte dies dazu, dass es der Landadel, obgleich er gegenüber der allgemeinen Grundbildung nicht grundsätzlich negativ eingestellt war, nicht zuließ, dass sich die allgemeine Grundbildung auf Kosten seiner eigenen Bildungsinteressen etablierte und ausweitete.

Erst allmählich wurde *education* zu einem wichtigen Thema auf der Agenda der Politiker. So wurde für Bengalen 1919 erstmalig ein Gesetz zu Erweiterung und Regulierung von Grundbildung erlassen. Von einer Umsetzung dieser hehren Ziele war man allerdings noch weit entfernt. Gut vierzig Jahre später (1960-1961) wird vermerkt, dass immerhin 68,3 Prozent der gesamten Kinderpopulation zwischen sechs und elf Jahren in Schulen angemeldet waren. Aber eine andere Zahl relativiert dann diesen scheinbaren Erfolg doch wieder: „Unfortunately, a 68 % drop-out rate renders these enrolment figures meaningless, even if we take them at face value" (a.a.O., S. 234). Und auch heute noch zeigt sich in dem erklärten Ziel, die Quote der vorzeitigen Schulabgänger um 20 und langfristig um 40 Prozent zu senken, dass dieses Problem nach wie vor nicht befriedigend gelöst wurde.[75]

Viele indische Wissenschaftler vertreten die Ansicht, dass sich an der grundsätzlichen Bildungssituation und der eklatanten Ungleichheit in den Zugangsmöglichkeiten zu *education* nichts wesentliches geändert hat. Dabei hat sich der Kreis derjenigen, die eine höhere *education* für ihre Kinder sicherstellen können, natürlich erweitert. Wie oben bereits angedeutet, hat die Ausweitung des Bildungszuganges auf neue Schichten zu einem besonderen indischen Phänomen geführt: „*The great Indian middle class*". Varma vertritt in seinem gleichnamigen Buch die These, dass *education* in Indien *die* neue Kaste schlechthin darstellt, welche sogar noch effektiver in ihren hierarchisierenden Strukturen und ausgrenzenden Instrumentalisierungen sei als die ursprünglichen Kasten. So findet sich an anderer Stelle diese Einschätzung: „Caste certainly counts in the estimation of social rank, but there are now many areas of life in which education and occupation count as much if not more" (Béteille 2002, S. 6).

Auch Varma greift das konkurrierende Verhältnis zwischen einer breiten Grundbildung und einer Fokussierung auf höhere *education* auf und macht die dahinter stehenden Interessen deutlich: „Not surprisingly, today India sends about six times more people to the universities and other higher educational establishments than China; however, roughly half of India's population is illiterate, while China's adult literacy rates are close to eighty percent. In fact, there is little doubt that the lopsided development of education in India is directly linked to the structure of Indian society, and 'that the inequalities in education are ... a reflection of inequalities of economic and social powers of different groups in India'„ (Varma 1999, S. 55, und Sen, zitiert nach Varma, a.a.O.). Die Betonung der höheren *education* auf Kosten einer soliden Grundbildung für alle thematisieren auch andere Autoren. So müsse das „höhere elitäre Bildungssystem des ‚Mainstream' ... wissenschaftlich orientierte Bürger für eine technische Welt produzieren, die, nachdem sie ihr Examen bestanden haben, ihrer Bestimmung folgen und führende Positionen in westlichen Großunternehmen bekleiden können" (Kaviraj 1992, S. 235). An der einseitigen Orientierung an höherer *education* hat sich somit wenig geändert, nimmt man das Bildungssystem als Ganzes in den Blick. Schon für 1947 wurde als Problem nach der Unabhängigkeit und als Erbe der kolonialen Fremdherrschaft konstatiert: „Das Bildungssystem blieb auf eine einseitige Form der höheren Bildung beschränkt. Die indische Bildungsschicht wurde in erster Linie auf Verwaltungs- und Lehrberufe vorbereitet, an technischer Ausbildung und Volksschulerziehung mangelte es, und Lesen und Schreiben konnten 1947 noch immer verhältnismäßig wenig Inder" (Kulke & Rothermund 1998, S. 346). Kaviraj konstatiert in einem Zeitschriftenartikel

---

75 Quelle: http://arunmehta.freeyellow.com

über *die Krise Indiens*[76] gar das „Versagen des Staates auf dem Gebiet der elementaren Bildungsinstitutionen" (1992, S. 234). Die allgemeinen Standards des Bildungssystems seien de facto zurückgegangen. Die treibende Kraft hinter dieser Fortschreibung von Ungleichheit ist die städtische Mittelklasse, die allerdings nur sehr ungenau definiert werden kann. Varma hält sich an eine Klassifizierung nach Konsum. Demnach gibt es ca. sechs Millionen Menschen in Indien, die in einer sehr reichen Familie leben und somit eine Oberschicht darstellen und 150 Millionen, die die eigentliche Konsumklasse ausmachen und sich alle möglichen Arten von Gütern leisten können. Andere Schätzungen über die Größe der indischen Mittelklasse gehen von einer Zahl von ca. 250 Millionen aus.

Da wir uns für eine Stichprobe gut ausgebildeter Städter zwischen ca. 25 und 40 Jahren entschieden haben, um die Semantik zu *education* zu untersuchen, bewegen wir uns genau in dieser Mittelklasse und können daher keinesfalls einen (wie immer unvollständigen) Querschnitt der indischen Gesellschaft liefern. Es geht keineswegs darum, ein möglichst vollständiges Bild des indischen Kontextes zu erheben, sondern die Spezifika dieser Stichprobe müssen im Blick behalten werden.

4.2.6. *Die besondere Rolle der englischen Sprache für* education *in Indien*

Es wurde bereits darauf hingewiesen, dass die englische Sprache, oder wie Kaviraj (1992) es drastisch formuliert, „ein brutales, funktionales Esperanto, das sich als Englisch auszugeben versucht" (a.a.o., S. 234), in der jüngeren indischen Bildungsgeschichte eine wesentliche Rolle gespielt hat. Auch hier ist ein kurzer Blick auf die Geschichte unerlässlich, um das Problem der (Unterrichts-) Sprachen in Indien zu verstehen, das sich bis heute erhalten hat. In Indien existieren rund 700 Sprachen; allein die zehn am weitesten verbreiteten - darunter etwa Hindi, Urdu, Bengali oder Tamil - werden jeweils von mehr als zwanzig Millionen Menschen gesprochen und verfügen darüber hinaus auch noch über eigene Schriftzeichen. Das Problem einer einheitlichen Grundbildung wird unter dieser Perspektive schnell verständlich.

Zwei gegensätzliche Strömungen waren zu verzeichnen, die beide gleichermaßen die Marginalisierung der „einfacheren", weit verbreiteten Volkssprachen forcierten. Zum einen der Einfluss der englischen Besatzer auf den Sprachgebrauch Indiens, indem Englisch zur Eintrittskarte für jede Form von Staatsdienst und ganz allgemein zur „Sprache der Macht" wurde. Aber, wie unter 4.2.6. bereits ausgeführt, auch die Angehörigen der bereits vor der Ko-

---

76 Der vollständige Titel des Artikels lautet Kolonialismus, Moderne und politische Kultur: die Krise Indiens (Kaviraj 1992)

lonialzeit privilegierten Schichten wie die der Brahmanen und der Kschatriya entwickelten ein großes Interesse an der „englischen" *education* und dem modernen Wissen: „Indians who spoke English also played a role in accelerating the speed of marginalization of popular Indian languages" (Bhokta 1998, S. 201).

So kommt es etwa in Kalkutta Mitte des 19. Jahnhunderts unter den gebildeten Indern zu einer Teilung in ‚Anglizisten' und in ‚Orientalisten', die sich unversöhnlich gegenüber standen. Während die Anglizisten der Meinung waren, man müsse die westliche *education* fördern und deshalb die englische Sprache zur Unterrichts- und Verwaltungssprache machen, setzten die Orientalisten sich für eine traditionelle *education* und die orientalischen Sprachen ein. Selbst konservative Sanskritlehrer unterstützten dabei die Anglizisten, und zwar nicht etwa aus Überzeugung, sondern weil sie schlicht einsahen, dass „eine neue indische Bildungsschicht nur dann eine Chance hatte, unter den neuen Herrschern Ämter und Einfluß zu gewinnen, wenn sie deren Sprache beherrschte" (Kulke & Rothermund 1998, S. 313). Wie untrennbar die englische Sprache in den Vorstellungen der Individuen mit *education* verwoben wurde, zeigt ein Erfahrungsbericht aus den 20er Jahren des letzten Jahrhunderts. Der Mann, der hier berichtet, gehört zu einer Familie, die erst eine Generation zuvor den sozialen Aufstieg erreicht hatte, und dies ausschließlich durch *education*. „My father was a true liberal. He was a great believer in education. I remember him saying to me more than once, 'Do not forget that education is the key to success. You must learn English well'. He engaged tutors for us. Later he bought a radio. He wanted me to listen particularly to B.B.C. news so that I could perfect my English pronunciation. To learn English correctly, he used to say, one must speak in English, think in English and even dream in English." (Mallick 1997, S. 356).

Die einfachen Sprachen der Massen wurden aber auch verdrängt von den Bestrebungen höherer Kasten, die sich durch ihre Sprache abgrenzen wollten und zunehmend beispielsweise Hindustani, „aufgewertet" mit Worten aus dem Sanskrit, verwendeten, weil ihnen die Landessprachen zu roh und einfach waren. Die Aktivisten der nationalistischen Bewegung schließlich wollten die Dominanz der englischen Vorherrschaft auch auf dem Felde der Sprache bekämpfen und „tried to use Hindi or Hindustani as a symbol of the cultural unity of ‚the nation in the making', and as a tool in their struggle against colonial rule and the English language" (Bhokta 1998, S. 212). Damit waren die Führer der Unabhängigkeitsbewegung genauso wenig geneigt, den einfachen Sprachen ihre Bedeutung zu kommen zu lassen, sondern trugen aktiv zu der Marginalisierung von Sprachen bei, die für Millionen von Indern die eigentliche Muttersprache waren. Sie erkannten das Problem nicht, was es für die einfache Landbevölkerung bedeutete, wenn sie ihre Kinder in Schulen schickten, in denen Sprachen gesprochen wurden, die sie genauso wenig verstanden wie das bekämpfte Englisch, und die ihre Chancen, in diesen Schulen zu bestehen, erheblich einschränkten.

Kaviraj (1992) macht einen grundsätzlicheren Punkt deutlich, wenn er für Indien innergesellschaftliche kulturelle Distanzen und Kommunikationsbarrieren diagnostiziert. Demnach sind die Grundsätze und Funktionen der modernen, englisch geprägten Diskurse in den einheimischen Sprachen überhaupt nicht vermittelbar: „Die rationalistische, modernistische, westliche Vorstellungswelt, die die auf ihre englischen Sprachkenntnisse stolze Elite teilte, war nicht einfach in die einheimischen Sprachen und ihren begrifflichen Horizont übertragbar" (a.a.O., S. 222). Mit der englischen Sprache und ihrer Dominanz wird so ein ganz neues Modell des Verstehens und der Rationalität eingeführt, das über die alten Sprachen unzugänglich ist und die Individuen, die ausschließlich diese Sprachen sprechen, damit doppelt ausschließt.

Die Lage hat sich bis in das neue Jahrhundert hinein nicht geändert. Obgleich allenthalben in den Reiseführern die Englischkompetenz der Inder gelobt wird, ist die englische Sprache auch weiterhin ein Exklusionsinstrument. Schätzungsweise ein bis fünf Prozent der Bevölkerung sprechen fließend und korrekt Englisch,[77] gleichzeitig werden jedoch ca. 40 Prozent aller indischen Publikationen in Englisch verfasst. Obwohl es sich um eine Sprache einer kleinen Minderheit handelt, kommt ihr in Indien Schlüsselfunktionen zu: Sie spielt ebenso eine integrative Rolle bei trans-regionalen kulturellen Kontakten wie sie als Kommunikationsmedium der indischen Intelligenz im internationalen Austausch dient. Englisch verbindet die privilegierte Schicht Indiens mit dem „entwickelten" Westen.[78] Den Großteil der Bevölkerung schließt sie jedoch von Wissen aus. Spätestens auf der Universität ist Englisch die allgemeine Unterrichtssprache, doch schon auf den meisten renommierten weiterführenden Schulen findet der Unterricht in Englisch statt. Lehrbücher und Literatur ist meist ebenfalls in dieser Sprache geschrieben. Und nicht zuletzt wurden auch die Interviews für die vorliegende Studie in Englisch geführt - und wären ohne diese Sprachbrücke gar nicht möglich gewesen.

4.2.7. Education *und die Genderproblematik in Indien*

Schon in den Manu-Smrti, religiöse Schriften, die zwischen 200 vor und 200 nach Christus datiert sind, findet sich „a very clear discrimination between the rights and privileges of a daughter and son. Manu [der Autor der Schriften] gives daughters only an occasional mention in the rights of inheritance, and ... it is the wife and son who are seen as part of the householder's

---

77 Vgl. Diwakar Shastri 1998, S. 3.
78 Quelle: Ajiaz Ahmad im Internet unter
    http://www.ercwilcom.net/indowindow/sad/article.php?child=13&article=1

body, while the daughter is regarded as 'the supreme object of pity'". Konkret bedeutete dies, dass „from earliest times, the gender-distinction was operative in several respects. Girls were denied education and knowledge of the scriptures" (Nabar 1995, S. 65). Mädchen und Frauen wurden also explizit von jeder Art von *education* (zunächst vor allem religiöser Art) ausgeschlossen. Frauen wurden ohnehin als unfähig zur Unabhängigkeit angesehen, wohingegen die Ausbildung junger Männer gar nicht in Zweifel gezogen wurde, so Nabar.

Ein anderer Grund, warum man generell dem Gedanken, auch Frauen den Zugang zu *education* zu gewähren, misstrauisch gegenüber stand, war die Befürchtung, sie könnten durch *education* ihre eigentliche ‚Bestimmung' innerhalb von Haushalt und Familie vergessen. Für die Mitte des 19. Jahrhunderts konstatiert Mukherjee: „In Calcutta there was an inital opposition to sending girls to school and educating them. It was argued that with paper and pencil in hand the educated women would gaze at the sky through windows, write poems, neglect household duties and family" (1999, S. 127).

Abgesehen von einigen frühen Einzelfällen, in denen von gelehrten Frauen berichtet wird,[79] gibt es nennenswerte Zahlen und Statistiken über die Bildungsbeteiligung von Frauen erst seit dem Beginn des 20. Jahrhunderts. So weist etwa eine Statistik über die Alphabetisierungsrate von Frauen und Männern für 1901 einen Anteil von 0.69 Prozent der gesamten weiblichen Population aus - gegenüber einer Quote von immerhin 9.83 bei der männlichen Bevölkerung. Dreißig Jahre später hat sich der Anteil der Alphabetisierung bei den Männern auf knapp 16 Prozent erhöht, der der Frauen auf gerade einmal knapp 3 Prozent (Quelle: Mukherjee 1999). Seit der Unabhängigkeit sind zwar die Bemühungen verstärkt worden, Mädchen und Frauen in das Bildungssystem einzugliedern, sie sind allerdings bis heute nur in einem bescheidenen Maß erfolgreich gewesen. Nach wie vor ist die Benachteiligung auf dem Land für Mädchen besonders hoch. In einer Studie über Frauen und Mädchen des ländlichen Maharashtra Mitte 1980 wird festgestellt: „A girl is seldom sent to school". Und Frauen berichten: „When we go to school on our own initiative or when we say we'd like to go, our father and brother get angry with us. So we stay at home to avoid any unpleasantness" (Poitevin & Rairkar 1993, S. 115). Der Besuch einer Schule hat für die Familien dieser Mädchen keinen nennenswerten Vorteil: Sie werden später in die Familie ihres Ehemannes gehen und nichts zum Herkunftshaushalt beitragen wie etwa der Sohn, der seine Eltern unterstützen wird. Als Frau wird sie darüber hinaus aus der Perspektive einer Bauernfamilie auf dem Land ohnehin niemals

---

[79] Die, da es so gut wie keine Infomationen über sie gibt, „were like stars in a dark night, appearing intermittently, visible and illuminating for a while and then disappearing forever" (Mukherjee 1999, S. 126). Sicher nicht zufällig werden die Werke einer dieser ‚verglühenden Sterne' aus dem 12. Jahrhundert zunächst einem Mann zugeschrieben: Er war ein Priester, sie eine Waschfrau.

eine Anstellung bekommen. Zu guter letzt fehlt ihre Arbeitskraft im Haushalt, konkret ihrer Mutter, wenn sie zur Schule geht. Also wird den Mädchen entweder der Schulbesuch untersagt oder sie werden nicht zu einem regelmäßigen Besuch motiviert, wodurch sie den Anschluss verlieren. Bereits die geringsten Anschaffungen wie etwa für Papier und Bleistift werden als unnötige Investition angesehen (a.a.O.). Und während sich in der Oberschicht langsam auch die Vorstellung durchsetzt, dass es sehr prestigeträchtig sein kann, wenn eine Frau einer Berufstätigkeit nachgeht (eine anerkannte Berufstätigkeit natürlich vorausgesetzt), so weist z.B. Niranjana (2001) für die unteren Kasten auf dem Land darauf hin, dass die Frauen es sogar zu vermeiden versuchen, außerhalb des Hauses oder der familieneigenen Felder zu arbeiten. Nur die Ärmsten der Armen suchen Arbeit etwa als Tagelöhnerinnen auf Baustellen, wobei sie zusätzlich für den Haushalt und das Wohl der Angehörigen verantwortlich bleiben und zudem meistens schlechter bezahlt werden als ihre männlichen Kollegen.

Die Diskriminierung der indischen Frauen ist hinlänglich bekannt und dokumentiert, auch von den politischen Organen des Landes: „The recent National Perspective Plan for Women noted that women are inequitably burdened with household responsibilities, that they lack education, skills, access to financial capital and that when they get work, it is in the unorganized sector where they do not have the protection of statutes for equal wages or minimum wages" (Bagchi 1995, S. 76). Wenn sich Frauen in Indien heute trotz allem im Bildungssystem behaupten, dann ist die Wahl der Fächer noch immer stark durch eine Geschlechtsspezifik bestimmt.[80] Viele Schlüsselpositionen werden daher auch auf lange Sicht nicht von Frauen besetzt werden. Auch wenn sich insgesamt allmählich leichte Verschiebungen feststellen lassen, so darf man dabei nicht vergessen, dass „all these figures refer mostly to elite women, covering only about 30 % of the total population living in urban areas, whereas about 70 % of our population live in rural areas" (Mukherjee 1999, S. 132). Die Informanten in der vorliegenden Untersuchung gehören dieser städtischen „Elite" an und *education* ist für sie heute eine Selbstverständlichkeit. Allerdings bestehen auch hier nach wie vor Unterschiede zwischen den Geschlechtern. Dies zeigt sich schon allein an den Erwartungen bezüglich des zukünftigen Lebenspartners: So ist es der Wunsch aller Frauen, dass ihr zukünftiger Ehemann auf alle Fälle eine höhere Ausbildung haben sollte als sie selbst.[81] In niedrigen Kasten kann diese Heiratsmarktsituation sogar dazu führen, dass die Eltern die *education* ihrer Töchter absichtlich

---

80 Eine eindeutige Unterrepräsentanz von naturwissenschaftlichen und ökonomischen Wissensgebieten und eine Tendenz zu Berufen, die für Frauen als angemessen angesehen werden wie z.B. Lehrerin, ähnlich, wie es sich auch im westlichen Kontext immer wieder zeigen ließ.
81 Siehe die unveröffentlichten Dissertationen von A. Kulkarni (1999), R. Kulkarni (1999) und Nivedita (2000) aus den Voruntersuchungen in Baroda, Gujarat.

abbrechen, damit diese sich nicht von der traditionellen Arbeit ihrer Kaste abwenden und dann nicht mehr in dieser Kaste verheiratet werden können.[82] Auch in den oberen Kasten kann ein zu hoher Bildungsabschluss die Verheiratung einer jungen Frau gefährden, denn die passenden Ehemänner auf dem Heiratsmarkt sind ein knappes Gut und viel umworben. Da die meisten Familien jedoch noch immer einen „irrational horror" (Nabar 1995, S. 74) davor haben, eine Tochter unverheiratet zu lassen, nimmt die (spätere) Heirat maßgeblich Einfluss auf den Bildungsverlauf der jungen Frauen. Aber auch wenn eine Frau aus der städtischen Mittelschicht sich zu den ‚glücklichen 30 Prozent' rechnen darf und eine gute Ausbildung etwa bis zur Graduierung oder sogar Postgraduierung absolvieren konnte, bleibt ihre generelle Situation und Rolle auch weiterhin schwierig:

„A middle-class girl who manages to transcend various social genderlimitaions, does well in school and university, and eventually gets a job, learns all too early that her job is something tolerated for the most part. It is seen as an economic boost in some cases, a matter of pride in some others (particularly if the job is a prestigious one), but very rarely as a serious viable alternative to her *real* vocation in life, viz. marriage. This is why a daughter with a job is never let off her share of domestic responsibility" (Nabar 1995, S. 72-73). Während von einem Sohn nicht erwartet wird, dass er sich in irgendeiner Weise an den Aufgaben im Haushalt beteiligt, und er ganz in den Genuss der familiären Fürsorge kommt, muss ein berufstätige junge Frau immer ihre Arbeit mit dem Haushalt vereinbaren. Ihre Berufstätigkeit wird stillschweigend für überflüssig und entbehrlich gehalten, sogar wenn sie beruflichen Erfolg hat: „It is hardly ever viewed as a possible means to selffulfilment" (a.a.O.). Die Berufstätigkeit der Frau wird also nicht unter dem Gesichtspunkt von Selbsterfüllung oder etwa als Alternative zu Familie und einem Leben als Ehefrau und Mutter in Betracht gezogen. Und so entsteht in dieser Hinsicht heute eine nahezu paradoxe Situation: Mehr *education* für Frauen ist einerseits - jedenfalls für die Mittelschicht - zu einer Notwendigkeit und fast schon Selbstverständlichkeit geworden, andererseits löst *education*, wie man am Beispiel der Verheiratungsthematik sehen kann, nicht automatisch die an sie geknüpften Erwartungen auch ein, sondern führt zu neuen Problemen und Konflikten, die zum Beispiel in der westlichen Frauenforschung unter Gesichtspunkten wie Doppelbelastung diskutiert wurden (vgl. u.v. Beck-Gernsheim 1989, 1998).

---

82   Siehe beispielsweise Dube 1996, S. 6 ff.

4.3. Konsequenzen für das Forschungsvorhaben

Da es sich bei der vorliegenden Arbeit nicht um eine gesellschaftstheoretische Analyse von *education* und ihrer Rolle im modernen Indien handelt, wurden diese Ausführungen bewusst sehr kurz gehalten und genügen insofern nicht einer angemessenen Behandlung der Vielseitigkeit des Themas. Es scheint jedoch wichtig zu betonen, welche besondere Beziehung *education* in Indien zu Religion, Philosophie und Gesellschaftsstruktur in historischer und kultureller Sicht hat, und welche konkreten Implikationen für das Sinnkonstrukt *education* in diesem Kontext damit einher gehen. Es wird hier selbstverständlich nicht der Anspruch erhoben, die indische (Philosophie-) Geschichte darzustellen. Die Ausführungen sollten nur deutlich machen, dass eine Thematisierung von *education* in Indien in hohem Maße kontextabhängig erfolgen muss.

Insofern sollen diese Literaturverweise genutzt werden, um für bestimmte kontextspezifische Besonderheiten des Sinnkonzeptes im gewählten Kontext zu sensibilisieren. Zwei wichtige Aspekte aus den historischen Betrachtungen erscheinen allerdings auch aus der heutigen Sicht interessant:

- Die These von der Transformation statt Information durch *education* und die damit zusammenhängenden Erwartungen an den Schüler
- Der extrem ausgeprägte Hierarchisierungscharakter von *education* in der indischen Gesellschaft

Die Auswertung der empirischen Daten wird mit unterschiedlicher Gewichtung auf diese beiden Aspekte zurückgreifen.

5. Methodisches Vorgehen

5.1. Qualitative Forschungsmethoden

Autoren wie Mead (1938, 1968) und Schütz (1974) verweisen darauf, dass nicht die Methode einer Wissenschaft ihren jeweiligen Objektbereich bestimmt, sondern dass es sich vielmehr umgekehrt verhält: Der Objektbereich einer Wissenschaft bestimmt ihre Methode (vgl. Schütze, Meinefeld, Springer, & Weymann 1973). Die Frage der *Angemessenheit* einer Methode ist demnach zentral für ein wissenschaftliches Vorgehen. Verfahren, die als Mittel in der wissenschaftlichen Forschung angewendet werden, müssen für das spezifische Vorhaben angemessen sein und ziehen ihre Legitimation aus einem bestimmten wissenschafts- und erkenntnistheoretischen Postulat. Begründung und Angemessenheit einer Verfahrenspraxis beruhen auf der Frage, auf welchen epistemologischen Grundannahmen und welchen sozialtheoretischen Prämissen das Verfahren beruht. „Gütekriterien dienen der Prüfung der Qualität von Forschungsergebnissen, sie stellen aber keine Anleitung zur Erreichung hochwertiger Ergebnisse in der Forschung dar" (Strübing 2002, S. 319).

Dies soll insbesondere im Hinblick auf die neuerliche grundsätzliche Kritik an qualitativen Forschungsmethoden betont werden. In der derzeitigen Diskussion um Qualitätssicherung und Gütekriterien in der Sozialforschung wird oft suggeriert, bestimmte Methoden seien sozusagen wissenschaftlicher (oder auch: objektiver) als qualitativ-interpretative Verfahren, weil sie am naturwissenschaftlichen Paradigma ausgerichtet sind. Dabei hat beispielsweise Knorr-Cetina (1985) in ihren Beobachtungen über die Vorgehensweisen bei der Gewinnung wissenschaftlicher Erkenntnisse in den Naturwissenschaften deutlich gezeigt, dass „die Methoden und Verfahren der Naturwissenschaften denen der Sozialwissenschaften so sehr gleichen, daß die heute festgefügte und oft gedankenlos angeführte Unterscheidung zwischen den beiden Wissenschaften fraglich wird" (a.a.O., S. 276). Sie spezifiziert: „Im Labor sind diese symbolischen Objekte in ständig erzeugten Messspuren, also Graphiken, Zeichnungen, Ausdrucken, Diagrammen, Tabellen usw. verkörpert. Sie entstehen jedoch auch im Erleben einer farblichen Veränderung, des Konsistenzwandels einer Lösung, des Aussehens eines Versuchstieres oder des Geruchs einer chemischen Reaktion. Sowohl die scheinbar objektivierten Ergebnisse des Meßverfahrens als auch das Substrat der gelebten Erfahrung bedürfen der Interpretation" (a.a.O., S. 279).

Elias (1990) hat auf die Dominanz der physikalischen Wissenschaften und die daraus entstehende Problematik für die „Menschenwissenschaften" (a.a.O., S. 34) hingewiesen: „Wenn sie als Teilnehmer am Leben einer turbulenten Gesellschaft ständig Gefahr laufen, daß sie in ihrer Forschungsarbeit ihren Problemen und Theorien vorgefasste und unerschütterliche Gruppenideale zugrundelegen, so laufen sie als Wissenschaftler Gefahr, von Modellen dominiert zu werden, die von der Erforschung physikalischer Ereignisse abgeleitet sind und den autoritativen Stempel der physikalischen Wissenschaften tragen" (a.a.O., S. 34). Dies hat weitreichende Folgen für die Forschung sowie für das, was überhaupt als Fragestellung Eingang in die Forschung finden kann. Denn eine Fokussierung auf bestimmte Methoden, orientiert an den naturwissenschaftlichen Paradigmen, kann dazu führen, dass solche Gebiete und Fragen, die mit diesen Methoden nicht bearbeitbar sind, vernachlässigt oder schlicht nicht behandelt werden: „Um diese Art von Methoden anwenden und um sich so vor den Augen der Welt als wissenschaftlich ausweisen zu können, werden Forscher häufig dazu verleitet, irrelevante Fragen zu stellen und andere von vielleicht größerer Relevanz unbeantwortet zu lassen. Sie werden verleitet, ihre Probleme so zuzuschneiden, daß sie zu Methoden passen" (Elias 1990, S. 36).

Bei der Frage nach der Universalität von Forschungsergebnissen nehmen die auf Epistemologien wie dem Interaktionismus oder Konstruktivismus basierenden qualitativ-interpretativen Verfahren eine relativierende Perspektive ein: „Auch ohne zu bestreiten, dass sich Akteure aus divergierenden Interaktionskontexten im Kern mit derselben Natur auseinander zu setzen haben, können wir konstatieren, dass ihnen dies in ihrer jeweiligen Praxis in unterschiedlichen Ausschnitten und Intensitäten und folglich auch in unterschiedlichen Bedeutungen entgegentritt. Realität ist zwar objektiv, aber nicht universell, es gibt mithin auch keinen Anlass, ein universelles, akteursunabhängiges Wahrheitskriterium anzunehmen" (Strübing 2002, S. 321). Gerade solche universellen Wahrheitskriterien sind naturwissenschaftlich geprägten Paradigmen inhärent. Dabei gerät aus dem Blick, dass auch die Wahrheitskriterien wie überhaupt die wissenschaftlichen Theorien selbst abhängig von den ihnen zugrunde liegenden Paradigmen sind, oder, wie Strauss & Corbin es fassen: „A theory is not the formulation of some discovered aspect of a preexisting reality ‚out there'. To think otherwise is to take a positivistic position that ... we reject, as do most other qualitative researchers. Our position is that truth is enacted ...: Theories are interpretations made from given perspectives as adopted or researched by researchers" (Strauss & Corbin 1994, S. 279).

Auch für qualitativ-interpretative Verfahren gelten wissenschaftliche „Gütekriterien". Wichtig ist dabei, dass „the value of any scientific method must be evaluated in the light of its ability to provide meaningful and useful *answers to the questions that motivated the research* in the first place" (Elliott, Fischer & Rennie 1999, S. 216, Hervorhebung I.C.). Die zu wählende Methode bestimmt sich also aus dem theoretischen Rahmen sowie dem Gegenstand des Erkenntnisinteresses. Neben den für alle Arten der Forschung gültigen Qualitätskriterien nennen Elliott, Fischer & Rennie solche, die speziell die Qualität von qualitativen Studien sichern sollen. Es sind dies u.a. das Deutlichmachen der eigenen theoretischen und methodologischen Orientierung, die detaillierte Beschreibung der gewählten Stichprobe und die Kohärenz in der Darstellung der Ergebnisse sowie die Nachvollziehbarkeit der Interpretationen (zur Diskussion von Objektivität und Qualität qualitativ gewonnener empirischer Daten siehe u.v. auch Madill, Jordan & Shirley 2000, Constas 1992).

Um dem Vorwurf der Beliebigkeit oder des blinden Relativismus entgegenzuwirken, sei allerdings betont, dass auf Objektivität auch in den hier vertretenen Ansätzen nicht per se verzichtet werden muss. Realität entsteht in der tätigen Auseinandersetzung mit Elementen der sozialen wie der stofflichen Natur, Handeln erfolgt damit immer aus einer raum-zeitlichen und sozialen Gebundenheit heraus und es kann immer nur *eine* unter vielen möglichen Perspektiven realisiert werden. Sozial und damit genau in dieser Hinsicht objektiv, sind solche Perspektiven, wie es Mead für den Interaktionismus aufgezeigt hat, „weil unser Handeln von der primären Sozialisation an immer schon über den Austausch signifikanter Symbole und konkrete oder generalisierte Andere abgestimmt ist" (Strübing 2002, S. 321). Methodisch werden diese theoretischen Annahmen häufig durch Fallrekonstruktionen übersetzt, in denen von Einzelfällen ausgegangen wird, um dann zum Beispiel durch Typenbildung zu vergleichenden bzw. generalisierten Aussagen zu gelangen, wie es auch in der vorliegenden Arbeit intendiert ist.

Es gilt auch und gerade für die vorliegende Untersuchung, dass die Methode dem Erkenntnisinteresse und den theoretischen Prämissen anzupassen ist. Die Studie umfasst drei Forschungsphasen, die im Anschluss näher erläutert werden sollen. Diese Forschungsphasen werden in loser Anlehnung an die *Grounded Theory* von Glaser & Strauss (1967) aufeinander bezogen. In der *Grounded Theory* wird ein *zirkuläres* Modell des Forschungsprozesses zugrunde gelegt, das nicht nur methodisch zu verstehen ist, sondern auch Implikationen für die Theoriebildung selbst hat. Die gewonnenen Informationen werden in den Forschungsprozess zurückgespiegelt und sind bei der weiteren Datenerhebung zu berücksichtigen. Dies konnte allerdings aus Zeit- und Ressourcenmangel nicht innerhalb der einzelnen Forschungsphasen geschehen, wie es in der *Grounded Theory* gefordert wird, sondern nur für die einzelnen Auswertungen.[83] Nach der Auswertung der Assoziationsinterviews und auf der Grundlage der dort gewonnenen Informationen wurde der Interviewleitfaden für die Experteninterviews erstellt, in denen gezielt nach bestimmten Themen, die sich bereits in den Assoziationsinterviews angedeutet hatten, gefragt wurde, und das Verständnis und die Akzeptanz bestimmter Typen von Fragen zumindest ansatzweise überprüft werden konnte. Auch in

---

83 Die Forschungsphasen waren zeitlich befristete Aufenthalte in Indien.

der Auswahl der Stichprobe für die Hauptuntersuchung mit narrativen Interviews war die *Grounded Theory* richtungsleitend. Die Festlegung dieser Stichprobe erfolgte schrittweise im Forschungsprozess, wie es für ein *Theoretical Sampling* typisch ist: Eine Entscheidung über Auswahl und Zusammensetzung der Stichprobe wird im Prozess der Datenerhebung und –auswertung getroffen, es „werden Personen, Gruppen etc. nach ihrem (zu erwartenden) Gehalt an Neuem für die zu entwickelnde Theorie aufgrund des bisherigen Standes der Theorieentwicklung in die Untersuchung einbezogen" (Flick 1996, S. 82). Allerdings musste dies aus Zeitmangel im Vorfeld der Untersuchung hypothetisch geschehen, indem für das Sample Gruppen mit angenommenen unterschiedlichen Beobachterperspektiven herangezogen wurden.

Aus methodischer Sicht ist bei einer Studie in und über eine ‚fremde Kultur' zweifellos die Sprach- und Übersetzungsproblematik besonders kritisch und deshalb soll dieser Aspekt zunächst kurz diskutiert werden.

5.1.1. Methodische Reflexion der Sprachproblematik

Die gesprochene, verschriftlichte Sprache wird insbesondere auch unter der Berücksichtigung der Funktion von Sprache als strukturelle Kopplung zwischen psychischen und sozialen Systemen - wie dargestellt - als Zugang zur Untersuchung der Semantik über *education* genutzt. Zudem hat jedoch auch jeder einzelne „Begriff ... eine allgemeine, in dem jeweiligen kulturellen System verankerte Bedeutung. Er hat außerdem noch spezielle Bedeutungskomponenten, die lediglich für bestimmte Gruppen von Menschen eine Rolle spielen oder die mehr oder minder individuell sind" (Kerlinger 1979, S. 883). Die Bedeutungen von Begriffen sind nicht einfach zugänglich, da sie typischerweise nicht bewusst sind. So versucht beispielsweise Kelly (1986) zu zeigen, dass weite Teile des menschlichen Erlebens überhaupt nicht verbalisierbar sind, und zwar schon deshalb nicht, weil viele Konstrukte keine Symbole hätten, „über die man sie bequem aufschlüsseln könnte" (a.a.O., S. 120). Deshalb könnten, so Kelly, in der Therapie gerade auch nonverbale Ausdrucksformen wie die Pantomime z. B. dem Therapeuten wichtige Anhaltspunkte liefern. Generell zeigt sich also neben der potenziellen Nichtverbalisierbarkeit der Konstrukte weiterhin das Problem, dass Begriffe mit impliziter Bedeutung aufgeladen sind und diese Bedeutungen wiederum nur über Sprache darstellbar gemacht werden können. Wissen über etwas, so beispielsweise Wassmann (a.a.O.) in seiner grundsätzlichen Problematisierung von Sprache als primärem Zugang zu mentalen Phänomenen, wird auch über Handlungen oder Emotionen ausgedrückt und die Forschung muss deshalb auch auf diesen Ebenen ansetzen. Die sprachphilosophischen und sprachtheoretischen Hintergründe und Implikationen werden an dieser Stelle bewusst ausgeklammert. Die Untersuchung konzentriert sich statt dessen auf jene Art der Analyse, die unter Berücksichtigung dieser Problemlage auf der sprachlichen Ebene trotzdem möglich ist und richtet deshalb die methodische Vorgehensweise daran aus.

Der Begriff *education* muss in seiner Vielschichtigkeit wahrgenommen werden. Er repräsentiert ein ganzes Konglomerat von Bedeutungen, Zuschreibungen etc., nicht nur Wissen, sondern etwa auch bestimmte Zielvorstellungen. So kann der Begriff eine Vorstellung davon enthalten, was richtig und was falsch ist, oder was z. B. erwartet wird. Er kann also auch Normen repräsentieren. Gerade im Falle des Begriffs der *Bildung* (von dem wir annehmen, dass er gewisse Parallelen zu *education* aufweist) hat Bourdieu (1987) ja für den europäischen Raum gezeigt, dass ihm weit mehr als nur die bloße Bedeutung von *Aus*bildung inhärent ist, und auch etwa Vorstellungen über die ‚Qualität' eines Menschen mittransportiert werden.[84] Gleichzeitig ist der Begriff Bildung schwach strukturiert und erfüllt - wie bereits erwähnt - die Merkmale eines „fuzzy sets" (Wassmann 1993, S. 103), stellt also ein semantisches Feld dar, das keine klar definierten Grenzen hat. Ein empirischer Zugriff muss sich also darauf konzentrieren, möglichst viele der Facetten der Semantik sichtbar zu machen.

Jede Studie, die ihr empirisches Material in einem fremdkulturellen Kontext erhebt, wird zudem mit dem vielschichtigen Problem der Sprachübersetzung konfrontiert.

5.1.2. Die Problematik der Übersetzung

Wie deutlich geworden ist, muss Sprache an sich bereits als ein kritisches Moment im Forschungsprozess angesehen werden. Komplizierend kommt im vorliegenden Fall noch die besondere Übersetzungsproblematik hinzu. Im Falle der Assoziationsinterviews im ersten Erhebungsschritt, bei denen die Befragungen von einer indigenen Forscherin in der Landessprache Telugu durchgeführt und dann ins Englische übersetzt wurden, trat dieses Problem sogar doppelt auf.

Das Ziel der Assoziationsinterviews als einem erster Zugang zum Feld war, insbesondere auch solche Personen zu befragen, die in der späteren Stichprobe der Hauptuntersuchung nicht mehr berücksichtigt werden sollten und konnten: kaum oder nur wenig gebildete, einfache Arbeiter, die schon deshalb nicht von einer nicht-indigenen Person interviewt werden konnten, weil sie die englische Sprache nicht sprechen. Um mindestens einen groben Überblick darüber zu gewinnen, welche Attributionen, Vorstellungen und Themen mit *education* im indischen Kontext ganz allgemein der ‚Mann auf

---

84 Siehe ausführlich zu diesem Aspekt 7.6.2. ff.

der Straße' verknüpft, wurden die Assoziationsinterviews von Forschern aus dem Feld durchgeführt, die die Muttersprache der Informanten beherrschten. Das Untersuchungsdesign war für diese Assoziationsinterviews sehr einfach gehalten und bestand nur aus wenigen Fragen. Für die geringe Datenmenge (pro Interview nur zwischen zwei und vier Seiten transkribierter Text) wurde der Aufwand der Übersetzung und etwaige Ungenauigkeiten im Sinnverständnis in Kauf genommen. Es wurden die von den Informanten als sinnverwandt genannten Begriffe sowie deren Umschreibungen registriert. Sie wurden anschließend von derselben indigenen Forscherin übersetzt. Das Ergebnis war eine Liste von zusammengefassten Begriffen mit rudimentären Umschreibungen, die als Strukturierungshilfe für den Interviewleitfaden der Experteninterviews genutzt werden konnten. Eine konsensuelle Validierung der Übersetzung mit anderen indigenen Personen konnte aus Ressourcen- und Zeitmangel nicht realisiert werden. Bei diesem Vorgehen ging es in erster Linie darum, ansatzweise einen Eindruck von den Perspektiven von Informanten mit völlig anderen Biographien und sozialem Status zu erhalten, als es für Informanten eines Mittelklassesamples erwartbar ist und die Perspektive so ansatzweise zu erweitern.

In den an die Assoziationsinterviews anschließenden Experteninterviews und schließlich den biographischen Interviews der Hauptuntersuchung war das Sprachenproblem anders gelagert. Schon in der Konzeption der Studie im Vorfeld wurden ausführliche Interviews mit narrativen Elementen und starkem biographischen Bezug als unerlässliche Datenquelle angesehen, um einen tieferen Einblick in die Themen der Semantik zu gewinnen. Gleichzeitig bestand das Problem einer Übersetzung dieser Interviews von Telugu ins Englische. Erfahrungen aus den Vorarbeiten zu dem Mating-Projekt in Gujarat sowie ein Versuch der Verwendung des Semantischen Differentials nach Osgood bei den Befragungen in Hyderabad, das im Sinne einer doppelt geprüften Übersetzung erarbeitet wurde, hatten gezeigt, dass solche Übersetzungen sehr aufwendig und schwierig sind, und die Verwendung des gewonnenen Datenmaterials darüber hinaus nur eingeschränkt möglich ist. Es sollten zwar in der Auswertung der Daten keine tiefenhermeneutischen Verfahren angewendet werden, wohl aber inhaltsanalytische, die naturgemäß immer auch interpretative Momente beinhalten. Wenn nun zu den grundsätzlichen Problemen des Textverstehens im Allgemeinen (vgl. allgemein unter vielen Raguse 1994, Ricoeur 1978, Soeffner 1979, Radtke 1985 oder Oevermann 1986 u.ö.) die besondere Situation hinzukommt, dass ein gesprochener Text in eine zweite Sprache übersetzt wird und der Forscher selbst die Übersetzung nicht angemessen beurteilen kann, wird es schwieriger, die Reliabilität und Validität der erhobenen Daten adäquat einzuschätzen - ein Dilemma, das allerdings unvermeidbar scheint und mit dem es gilt, reflektiert umzugehen.

Da Sinnkonstruktionen und Sinnverweisungen im Mittelpunkt dieser Untersuchung stehen, die sich beispielsweise nicht einfach über kumulative

Verfahren aufzeigen lassen, sollen die Erklärungen, insbesondere auch über Beispiele, bildliche Sprache, Metaphern[85] u.ä. dem Forscher im Sprachverständnis direkt zugänglich sein. Dabei muss berücksichtigt werden, dass auch die narrativen Interviews, die in englischer Sprache durchgeführt wurden, ja bereits insofern einen Sprachbias aufweisen, als Englisch für Interviewer wie für Interviewte eine Zweitsprache darstellt, deren Anwendung also vermutlich selbst bei guten Kenntnissen nicht an die Ausdrucksmöglichkeiten der Muttersprache heranreicht. Nicht umsonst rät Vallaster (2000) bei Interviews, die nicht in der Muttersprache geführt werden können und zudem als „interkulturell" bezeichnet werden müssen, zu einem ‚cross-checking' (vgl. Vallaster 2000), indem in direkten Nachfragen versucht wird herauszufinden, ob man den Probanden ‚richtig' verstanden hat. Sie beschreibt ihre Erfahrungen in der Feldforschung in China wie folgt:

„Dealing with language barriers was an issue completely underestimated in the very beginning as English was the official language in the companies under investigation. However, the fact that English was not the mother tongue of any of the research participants was responsible for many misunderstandings and confusing discussions. As a consequence, free expression of thoughts and feelings was difficult and restraining" (Vallaster 2000, S. 472). Ein solches „*Cross-Checking*" wurde in den Interviews konsequent eingesetzt. Nach Erzählungssequenzen, in denen neue Begriffe eingeführt wurden, wurden die Informanten jeweils gebeten, diese Begriffe weiter zu umschreiben, ohne jedoch die eigenen Interpretationen und das eigene Verständnis zu kommunizieren oder zu thematisieren, um auf diese Weise zu versuchen, Suggestionen und Beeinflussungen möglichst zu vermeiden.

Nicht zuletzt auch wegen des potenziell eingeschränkten oder stark divergierenden Sprachgebrauchs einer Zweitsprache ist etwa ein tiefenhermeneutischer Zugang über Sequenzanalysen zu den Interpretationen der Daten ausgeschlossen. Statt dessen wurde für die Auswertungen der Daten ein inhaltsanalytischer Zugang im Anschluss an Bohnsack (1993) gewählt.

5.2. Assoziationsinterviews

In der ersten Forschungsphase ging es darum, zunächst einmal einen ersten Eindruck von den Themen und Sinnkonstruktionen zu gewinnen, die mit dem Begriff *education* in Verbindung gebracht werden. Es ging hier vor allem darum, die spontanen Vorstellungen, Attributionen etc. zu sammeln, um

---

85 Zur Bedeutung von Metaphern im Analyseprozess siehe beispielsweise König, Rustemeyer & Bentler (1995).

die Bandbreite der möglichen Themen auszuloten und sich so auf spätere Datenerhebungen vorbereiten zu können bzw. diese konkret daran auszurichten. Für diesen Zugang wurden Assoziationsinterviews durchgeführt. Damit diese möglichst breit angelegt werden konnten, wurde im September 2002 in der Stadt Hyderabad eine indigene Forscherin damit beauftragt, sie in der Landessprache von Andhra Pradesh, Telugu, durchzuführen. Die Informanten wurden zunächst danach gefragt, was ihnen spontan zu dem Begriff *education* einfällt. Assoziierte Begriffe wie etwa ‚*knowlegde*' oder ‚*wisdom*' sollten dann näher spezifiziert und erklärt werden. Zuletzt wurden die Befragten gebeten, die genannten Begriffe in eine Rangfolge gemäß ihrer Nähe zum Begriff *education* zu bringen. Die Interviews wurden auf Tonband aufgezeichnet, transkribiert und von der indigenen Forscherin in die englische Sprache übersetzt.

Generell liegt dieser ersten Befragung eher ein „Repräsentanzinteresse" als ein „Fokussierungsinteresse" zugrunde: „Die Vorteile dieser Auswahlstrategie bestehen in einer größeren Reichweite, Flexibilität und Offenheit" (Ullrich 1999, S. 434), wobei das Ziel natürlich keine „weitgehende Repräsentanz des Feldes" (a.a.O., S. 434) sein kann, sondern allenfalls eine möglichst breite Streuung innerhalb einer kleinen Stichprobe.
Die konkrete Stichprobe setzte sich wie folgt zusammen:

Geschlecht	Alter	Bildungsstand	Beruf
Männlich	18 Jahre	6. Klasse nicht beendet	Teppichknüpfer
Männlich	22 Jahre	7. Klasse nicht beendet	Schneider
Männlich	Alter unbekannt[86]	9. Klasse nicht beendet	Klempner
Männlich	26 Jahre	8. Klasse nicht beendet	Wäscher
Männlich	28 Jahre	10. Klasse nicht beendet	Gemüseverkäufer
Männlich	55 Jahre	Master of Social Work	Programm- Koordinator in NGO
Männlich	65 Jahre	3. Klasse nicht beendet	Landarbeiter
Männlich	68 Jahre	Bachelor of Commerce	Armeeoffizier im Ruhestand
Weiblich	19 Jahre	12. Klasse beendet, absolviert derzeit ein Trainingsprogramm	Student

---

86   Vermutlich Mitte 20.

Weiblich	21 Jahre	10. Klasse nicht beendet, studiert über Fernbildung weiter	Student
Weiblich	55 Jahre	Analphabet	Hausmädchen
Weiblich	56 Jahre	5. Klasse beendet	Hausfrau
Weiblich	83 Jahre	Master of Arts; Bachelor of Education	Lehrerin im Ruhestand

Bereits in dieser frühen Phase der Untersuchung finden sich Hinweise auf Sinnkonstruktionen in Bezug auf *education*, die später als ‚evolutive Konzeptionen' gekennzeichnet werden und für den weiteren Erhebungsprozess sensibilisierten. Einige der Ergebnisse der Assoziationsinterviews werden in der Auswertung in Kapitel 6 aufgegriffen und beispielhaft erläutert. Auf eine gesonderte Darstellung dieser ersten Ergebnisse wird verzichtet. Im Sinne eines zirkulären Prozessierens im Anschluss an die *Grounded Theory* dienten die Ergebnisse vielmehr dazu, gewonnene Informationen wieder in den Forschungsprozess zurückzuführen und in die weitere Ausarbeitung des Interviewleitfadens sowie der Auswertungskriterien einzubeziehen.

5.3. Experteninterviews

Nach dieser Forschungsphase, in der ein erster Eindruck über die thematische Bandbreite der Sinnkonstruktionen zu *education* gewonnen wurde, kam es besonders darauf an, die Möglichkeiten eines Zugangs zu den Probanden in einer ‚fremden Kultur' zu prüfen. Erste Erfahrungen aus Gujarat hatten erhebliche Zweifel daran aufkommen lassen, ob eine nicht-indigene Forscherin einen echten Zugang zu den Interviewpartnern finden würde, wie er für die Art der angestrebten Interviews erforderlich war. Gerade auch das Interesse an biographischen Aspekten der Zuschreibungen an den Gegenstand setzt ein gewisses Maß an Vertrauen und Offenheit voraus. Es war den Forschern in Gujarat ähnlich wie Vallaster (2000) bei ihren ersten Kontakten mit den chinesischen Probanden ergangen: nach einer Einführungsphase saß sie einer schweigsamen Gruppe gegenüber, deren Gesichtsausdruck sie zudem als mehr oder weniger gelangweilt interpretierte. Im indischen Fall war es bezeichnender Weise eine andere Reaktion: Die Interviewpartner saßen der deutschen Forscherin gegenüber, lächelten und nickten. Hilfreich war sicher beides nicht, wenn auch vielleicht in anderer Hinsicht aufschlussreich.

Die Entscheidung, im zweiten Schritt der Datenerhebung Experteninterviews durchzuführen, basierte auf zwei forschungsstrategischen Überlegungen: Zum einen war es in der Tat wichtig, weitere Informationen über den Forschungsgegenstand *education* im indischen Kontext zu erhalten. Unter Experten werden hier solche Personen verstanden, die direkt oder indirekt mit dem Bildungssystem im Zusammenhang stehen oder von denen angenommen werden kann, dass *education* in ihrem Leben eine wichtige Rolle gespielt hat, oder die in einer anderen Weise eine besondere Beziehung zu *education* haben (zur Zusammensetzung der Stichprobe siehe Tabelle unten).

Gleichzeitig wurden diese Experten auch als Experten in Bezug auf ihren eigenen kulturellen Kontext gewertet und die Interviews mit ihnen sollten auch dazu dienen, Zugangsfragen und -möglichkeiten zum Feld zu klären. Generell geht es auch in Expertengesprächen um die jeweiligen Perspektiven, Sinngebungen und Relevanzstrukturen eines Gesellschaftsmitglieds, wie Liebold & Trinczek (2002) klarstellen. Aus dieser Perspektive sind die Befragten dann eher Repräsentanten einer urbanen indischen Mittelschicht. Durch die Befragung der Experten, die nach Bildungsstand und sozialem Status in etwa mit der anvisierten Stichprobe für die späteren narrativen Interviews übereinstimmten, sollte die Möglichkeit erprobt werden, inwieweit solche Interviews mit teilweise persönlichem Inhalt im gegebenen Kontext durchführbar sind und ob die Ergebnisse zu auswertbaren Daten führen.

Experteninterviews, wie sie hier konzipiert und durchgeführt wurden, folgen damit am ehesten der Definition von „explorativen Experteninterviews" (vgl. Bogner & Menz 2001). Der Begriff ‚Experteninterview' selbst ist, wie u.a. Liebold & Trinczek (2002) kritisieren, „außerordentlich unpräzise".[87] In den Erziehungswissenschaften dominiert zumeist die von Meuser & Nagel (1991) vorgenommene Zuordnung des Experteninterviews zu dem Ansatz der interpretativen Sozialforschung. Explorative Experteninterviews können in verschiedensten Forschungsvorhaben „zur Herstellung einer ersten Orientierung in einem thematisch neuen oder unübersichtlichen Feld dienen, zur Schärfung des Problembewusstseins des Forschers oder auch als Vorlauf zur Erstellung eines abschließenden Leitfadens. Explorative Interviews helfen in diesem Sinne das Untersuchungsgebiet thematisch zu strukturieren" (Bogner & Menz 2001, S. 37). Es soll an dieser Stelle nicht detaillierter auf die Methodendiskussion zu Experteninterviews eingegangen werden, da diese, wie von Bogner & Menz vorgeschlagen, hier lediglich als ein Hilfsmittel zur Orientierung im Feld und Strukturierung des Forschungsinteresses Verwendung finden, aber nicht die Datenbasis der eigentlichen Untersuchung bilden. Daher wird im Folgenden nur kurz darauf eingegangen und es werden nur die Aspekte des Feldzugangs und der Überprüfung der Methode diskutiert.

---

87 Siehe http://www.qualitative-research.net/organizations/ (22.04.02)

Die Bildungsexperten im weiteren Sinne wurden zu ihren Einschätzungen von *education* im indischen Kontext und zu den aus den Projektvorstudien in Gujarat sowie aus Literaturstudien gewonnenen Hypothesen über die Bedeutung von *education* im gewählten Kontext befragt. Die Interviewreihe wurde wegen der genannten Unsicherheiten explorativ begonnen und erst nach ersten Felderfahrungen wurde der endgültige Leitfaden erstellt, weil die Erfahrungen mit den Experteninterviews wesentlich positiver waren als zunächst angenommen wurde. Erst nachdem sich die Gesprächsatmosphäre durchgängig als sehr freundlich und offen und die Personen sich als gesprächsbereit erwiesen hatten, wurden mehr biographische und persönliche Fragen in den Leitfaden aufgenommen. Auffallend in dieser Anfangsphase war, dass die Befragten von selbst auf persönliche Aspekte zu sprechen kamen.

Es erwies sich als grundsätzlich möglich, im empirischen Feld auch als nicht-indigene Forscherin einen Zugang zu der Zielgruppe zu finden und ein Gesprächsklima zu erzeugen, in dem auch Antworten auf ‚persönlichere' Fragen möglich waren, und zwar unabhängig vom Geschlecht der Informanten. Im Anschluss an diese Erprobung der Methode konnten nun die offenen, problemzentrierten Interviews mit biographischer Ausrichtung und narrativen Momenten konzipiert werden (siehe zur genauer Beschreibung dieser Interviews 5.4.).

Die meisten Experten wurden durch den indischen Projektpartner, die Women's Studies Cell des *nisiet* (National Institute of Small Industry Extention Training, Hyderabad, Indien) identifiziert und kontaktiert. Im Wesentlichen handelt es sich um leitende, mit Bildungsfragen befasste Angestellte eines staatlichen Bildungsinstituts. Zusätzlich wurden Experten aus dem universitären Kontext befragt sowie ein Mitglied einer NGO, die sich im Rahmen des Programms *Education for All* der indischen Regierung mit der bildungspolitischen Entwicklung ländlicher Gebiete befasst sowie eine Journalistin. Es wurden insgesamt dreizehn Interviews durchgeführt, wobei nur elf erfolgreich mit Tonband aufgezeichnet werden konnten und transkribiert vorliegen.

Die Stichprobe im einzelnen:

Geschlecht	Alter	Bildungsstand	Beruf
Weiblich	27 Jahre	Master of Arts (Psychology); P.G. in Journalism	Journalistin
Weiblich	42 Jahre	Master of Arts, Ph.D.	Hochschullehrerin
Weiblich	40 Jahre	Ph. D.	Lehrerin, Mitarbeit an Forschung und Beratung in Entwicklungsprojekten
Weiblich	48 Jahre	2 Bachelor Degrees, Master of Arts, 2 weitere Abschlüsse	Bibliotheksdirektorin, (Regierungsbeamte)
Männlich	38 Jahre	Bachelor Technology; M.B.A. in Finance	Verwaltungsangestellter, (Regierungsbeamter)
Männlich	47 Jahre	Master of Commerce; Master of Arts	Verwaltungsangestellter eines Bildungsinstituts (Regierungsbeamter)
Männlich	48 Jahre	Master of Commerce	Direktor einer Abteilung eines Bildungsinstitutes (Regierungsbeamter)
Männlich	48 Jahre	Master of Commerce	Verwaltungsangestellter, (Regierungsbeamter)
Männlich	49 Jahre	Bachelor Electronics and Communication, Master of Technology	Abteilungsleiter eines Bildungsinstituts (Regierungsbeamter)
Männlich	54 Jahre	Master of Commerce, P.G. Diploma in Marketing	Verwaltungsangestellter, (Regierungsbeamter)
Männlich	59 Jahre	2 Master Degrees, Ph.D.	Universitätsprofessor und Dean eines Departments

Inhaltlich hatten die Experteninterviews zunächst drei Schwerpunkte: Zum einen die Beobachtung aus dem empirischen Feld in Gujarat, dass potenzielle Schwiegereltern zwar eine ‚*well educated*' oder sogar ‚*highly educated*' Schwiegertochter erwarteten, ihr andererseits aber nicht erlauben würden, ihren Beruf auszuüben. Diese Beobachtung wurde den Experten zur Kommentierung vorgelegt mit der Zusatzfrage, welche verschiedenen Bedeutungshorizonte von *education* in diesem Zusammenhang denkbar sind. Die zweite Hauptfrage leitete sich aus einer Literaturanalyse ab. Gefragt wurde hier nach der Meinung der Experten zu der in einschlägigen Beiträgen in Indien vertretenen Ansicht, die heutigen Angebote für *education* in Indien verfehle im wesentlichen die Bedürfnisse der meisten Menschen, vor allem der armen Landbevölkerung. Die letzte ‚Expertenfrage' knüpft an die Beobachtungen bei den Vorstudien in Gujarat über die verbreiteten Erwartungen an eine ‚*well educated daughter-in-law*' an, die auf ein mögliches Dilemma hinweisen: wenn man einmal davon ausgeht, dass in den modernen indischen Bildungsinstitutionen zunehmend Leistung, Karriereorientierung und Konkurrenz (zum Beispiel um begehrte Studienplätze) in den Vordergrund rücken, dann kann man die Frage stellen, ob, und wenn ja wie *education* in einer Weise idealisiert wird, die sich mehr und mehr von der realen Situation entfernt. Dann könnte es nämlich sein, dass die Schwiegertöchter nicht die erwarteten Merkmale eines höher entwickelten Menschen zeigen, sondern sich eher ehrgeizig, karrierebewusst und durchsetzungsstark verhalten.

Es soll in der vorliegenden Studie nur insoweit auf die Ergebnisse der Experteninterviews eingegangen werden, wie sich im weiteren Verlauf relevante Anknüpfungspunkte in der Diskussion der Hauptdaten ergeben.[88] Ihre Bedeutung gewinnen sie vor allem durch den Charakter einer Überprüfung der Methode und als wichtige Orientierung bei der weiteren Ausarbeitung des Interviewleitfadens. Außerdem waren sie eine unerlässliche Informationsquelle über den generellen Gegenstand *education*, wie beispielsweise allgemeine Informationen über das indische Bildungssystem und speziell die Besonderheiten eines *Reservation Systems* für Minderheiten, etc.[89]

5.4. Offene, problemorientierte Interviews

Offenheit

Bereits in der grundsätzlichen Darstellung des Erkenntnisinteresses wurde eine starke biographische Komponente betont. Gleichzeitig hat die Diskussion der Problematik von Kultur und indigenen Inhalten deutlich werden lassen, dass ein Zugang zum empirischen Feld notwendig ist, der möglichst freie, wenn auch themenbezogene Kommunikation ermöglichen sollte. In einer offenen Gesprächssituation sollte den Informanten Raum zur Verfügung gestellt werden, in dem sie ihre vermutlich größtenteils un- oder vorbewussten Konzeptionen von *education* entwerfen und im Verlauf des Gesprächs entfalten können. Dies ist deshalb besonders wichtig, weil es nicht um abrufbares „rationales" oder durch wissenschaftliche Erkenntnis „objektiviertes"

---

88 Die ausführliche Aufarbeitung auch dieser dreizehn Interviews würde den Rahmen dieser Arbeit bei weitem sprengen.
89 Das zu vielfältigen, auch heftigen Auseinandersetzungen geführt hat und noch führt.

Wissen handelt, sondern um ein Sinnkonstrukt mit seinen Verweisungen, Attributionen, Vorstellungen, Phantasmen etc. Damit werden die Sinnkonstrukte im Gegensatz zu Konzepten wie dem von Kelly (1986) nicht in der Weise verstanden, dass ihre Bestandteile den Subjekten explizit verfügbar sind und daher in Verfahren wie der *Grid*-Methode (a.a.O.) oder der *Struktur-Lege*-Methode (Groeben, Wahl, Schlee & Scheele 1988) erhoben werden können. Vielmehr sollte den Informanten die Möglichkeit gegeben werden, ihre Vorstellungen in einen von ihnen selbst gewählten Argumentationszusammenhang zu stellen, um auch implizite Wissensbestände artikulieren zu können. Sie sollten die Möglichkeit zur *allmählichen Verfertigung der Gedanken beim Reden* haben, wie man vielleicht in freier Anlehnung an Kleist formulieren darf. In einem solchen Freiraum schien es am wahrscheinlichsten, dass die Themen von den Informanten selbst (ohne strukturierende bewusste Vorgaben von Seiten der Forscherin) konstruiert werden. In diesem Sinne soll hier methodisch der Terminus „offene" Interviews verstanden werden.

Problemorientierung und eingeschränkte Narrativität

Die Betonung des Narrativen steht im Gegensatz zu den oben erwähnten Techniken wie etwa der *Grid*-Methode, in denen die Interviewten dazu aufgefordert werden, die einzelnen Aspekte des vorgegebenen Themas in logische Beziehungen zueinander zu setzen. Die narrative Form soll „dazu beitragen, dass auch solche Wissensbestände und Argumentationsmuster offengelegt werden, die nicht ausdrücklich beschrieben wurden" (Hof 2001, S.25). Narrative Interviews unterscheiden sich von der allgemeinen Vorstellung von Interviews als Wechselspiel von Fragen und Antworten, indem sich hier der Interviewer vom Interviewten eine Geschichte zu bestimmten Ereignissen erzählen lässt, die auf der Erfahrung des Informanten beruht. „Während des Hauptteils des Interviews ist der Interviewer in der Rolle des Zuhörers, nicht des Fragers", (Hermanns 1984, S. 421-422). Die „grundlegende Funktionsbedingung des narrativen Interviews ist das Zustandekommen einer zusammenhängenden Erzählung eines selbsterlebten Geschehens", denn „die ausführliche Erzählung einer zusammenhängenden Geschichte im narrativen Interview [stellt] in besonderer Weise die Repräsentation vergangener Erfahrungsaufschichtung aus der heutigen Sicht dar" (a.a.O., S. 423).

Eine solche ‚Erfahrungsaufschichtung' und ihre Rekonstruktion steht hier jedoch nicht im Mittelpunkt des Interesses und die Dynamik des narrativen Interviews im strengeren Sinne mit ihren erzähltheoretischen Grundlagen wie *Zugzwänge des Erzählens* oder *Gestaltschließungszwang* (vgl. a.a.O.) werden hier nicht genutzt. Die Merkmale des Narrativen, die das Erzählen statt das Beschreiben in den Vordergrund stellen, sollen für die freie Entfaltung von Ideen und Vorstellungen im Kleistschen Sinne genutzt werden. Das heißt, der Fokus liegt nicht auf der Rekonstruktion der Erfahrungsaufschichtungen oder Entstehung subjektiver Deutungsmuster (vgl. z.B. Lüders 1991, Oevermann 2001), sondern auf den Themen der Sinnkonstruktionen, die in der Semantik zu *education* deponiert und für den weiteren Gebrauch verfügbar gehalten werden. Deshalb wurden die Interviews eher problemzentriert durchgeführt, indem immer wieder auf den Gegenstand *education* fokussiert und die Möglichkeit zu nutzen versucht wurde, im Anschluss an die Erzählungssequenzen der Informanten über direktes Nachfragen im Interview den Sinn zu erschließen oder zu präzisieren. Im Interview sollte nur insofern eine aktive Steuerungsfunktion wahrgenommen werden, als das Gespräch auf die forschungsrelevanten Bezugsprobleme hingeleitet und nach einem Redebeitrag, falls notwendig, in ‚spontanen', direkten Aufforderungen nach weiteren Begründungen oder Erklärungen gefragt werden sollte. Dieses Vorgehen wird von einigen Autoren auch im Hinblick auf die sogenannten Deutungsmusteranalysen gefordert, denn nur so könnten „zusätzliche Begründungen von Situationsdefinitionen, Handlungsorientierungen und Handlungen generiert werden" (Ullrich 1999, S. 434-435).

Die Interviews sind von daher eher als eingeschränkt narrativ einzustufen, denn in narrativen Interviews ist es für den Interviewer „von größter Bedeutung, den Aufbau der Erzählung des Informanten und damit die Logik seiner Erzählung nicht durch Zwischenfragen zu zerstören" (Hermanns 1984, S. 422). Auch in den offenen Interviews der vorliegenden Studie wurde Wert darauf gelegt, die Informanten nicht in ihrem Redefluss zu unterbrechen. Durch die problemorientierte Interviewstruktur wurde jedoch kein „reiner" Erzählfluss angestrebt, sondern die Gesprächssituation folgte einigen wenigen Leitfragen zum Gegenstand *education* und kann somit als halbstrukturiert gelten. Trotzdem waren narrative Phasen intendiert und wichtig für das Design der Methode.

Biographie

Als Beispiel für narrative Interviews wird oft das biographische narrative Interview genannt (Schütze 1983). In solchen Interviews erzählt der Informant seine gesamte Lebensgeschichte und soll dabei, den oben genannten Leitlinien des Narrativen folgend, vom Interviewer nicht unterbrochen werden, da es gerade um die Struktur der Geschichte geht, die der Interviewte entwickelt. In der vorliegenden Studie handelt es sich in *diesem Sinne* also nicht um biographische Interviews, da es nicht darum geht, die Lebensgeschichte der Befragten nachzuzeichnen. Trotzdem sind die biographischen Bezüge für die Betrachtung des Gegenstands *education* wichtig. In Abgrenzung gegenüber der oben genannten Perspektive der biographischen Dimensionen hat Biographie in den Untersuchungen zur Semantik über *education* eher auf der inhaltlichen Ebene Eingang gefunden. Biographische Aspekte und Bezüge sind dann insoweit von Interesse, wenn sie in den Sinnverweisungen der Konzeptionen zu *education* relevant werden. Oder anders formuliert: Biographie ist im Rahmen der vorliegende Untersuchung immer dann von Bedeutung, wenn in retrospektiver oder prospektiver Hinsicht auf *education* referiert wird. Biographie ist insofern hier nur sehr eingeschränkt Teil der Methode, wie sie etwa in der modernen wissenssoziologisch inspirierten Forschung Eingang gefunden hat, wo „eine theoretische Sensibilität für die biographische Dimension in der Konstruktion sozialen Wissens übernommen" wurde und Untersuchungen zum Relevanzbegriff und der Typisierung „temporale(r) und biographische(r) Dimensionen der Lebensweltanalyse" (Fischer 1984, S. 479) thematisiert werden.

Durchführung der Interviews

Es wurde zunächst eine erzählungsgenerierende Eingangsfrage gestellt, die allgemeiner Natur war und keinerlei Bezug zu dem Thema *education* hatte („Wenn Sie an Ihr bisheriges Leben zurückdenken, was waren Ihrer Meinung nach bis jetzt die wichtigsten persönlichen Erlebnisse in Ihrem Leben?"). Die Interviewten wussten in der Regel nicht, was das Thema des Interviews sein würde. Um eine möglichst unbeeinflusste Erzählsituation zu schaffen, wurde als allgemeines Thema ‚wichtige Ereignisse im bisherigen Leben' angegeben. Erst nach dieser einleitenden allgemeinen Frage wurden Fragen nach der eigenen *education* gestellt: der Entscheidungsprozess für eine bestimmte *education*, die Motivation und die Gründe für diese Entscheidung, die ursprünglichen Erwartungen und die bisherigen Erfahrungen. Im zweiten Teil ging es dann um die allgemeinen Vorstellungen über *education* und über eine *educated person*, wobei die Interviewten um ein konkretes Beispiel gebeten wurden. Abschließend hatten sie die Möglichkeit, weitere Themen anzusprechen, die im Interview nicht zur Sprache gekommen waren, ihnen aber in bezug zum Thema als wichtig erschienen.

Vor oder nach dem Interview wurden mit einem standarisierten Fragebogen Daten zu Bildungsstand sowie Bildungsgeschichte der Familie erfragt.

Die Stichprobe

Im Fokus des Interesses standen sogenannte „*well educated persons*" ab einem Alter von ca. 25 Jahren. Dieser Auswahl der Altersgruppe lag die Überlegungen zugrunde, dass die Personen nach ihrem Bildungsabschluss bereits über einige ‚Lebenserfahrungen' verfügen sollten. In loser Anlehnung an das Konzept des *Theoretical Samplings* der *Grounded Theory* (Glaser & Strauss 1967) sollte die Wahrscheinlichkeit einer Erfassung unterschiedlicher und konkurrierender Vorstellungen erhöht werden. Es wurde daher eine Kontrastierung durch die Art der Beschäftigung der Informanten eingeführt. Die zugrunde liegende Idee war, dass bei unterschiedlichen Arten der Betätigung und damit ‚Anwendung' von *education* auch unterschiedliche Perspektiven zu finden sein sollten. Ein korrektes *Theoretical Sampling* beinhaltet, dass zunächst jeder Fall gesondert in seiner Spezifik analysiert wird und so mögliche Kontrastfälle identifiziert werden können, was aber aufgrund zeitlich begrenzter Forschungsaufenthalte für die Erhebung nicht möglich war.

Befragt wurden männliche und weibliche Angestellte, Hausfrauen und männliche Arbeitslose. Die Arbeitslosen auf Männer zu begrenzen, reflektiert die für Indien immer noch dominante geschlechtsspezifische Arbeitsteilung. Man kann für diesen Kontext annehmen, dass Männer einem stärkeren sozialen wie auch internalisierten Druck als Frauen ausgesetzt sind, einen Arbeitsplatz zu haben, Geld zu verdienen und das Überleben der Familie zu sichern. Es war deshalb anzunehmen, dass sie eine andere Perspektive auf *education* im Allgemeinen und ihrer eigenen im Besonderen haben würden. Zudem wurden nur Arbeitslose befragt, die bereits Berufserfahrungen hatten. Es wurde angenommen, dass für diese Personen der Druck und die Belastung, die aus der Arbeitslosigkeit resultieren, weitaus höher sein würden. Die Entscheidung für Hausfrauen wiederum war maßgeblich durch die Überlegung bestimmt, dass es speziell für *„highly educated woman"* unter Umständen frustrierend sein könnte, auf die Rolle als ‚Nur-Hausfrau' reduziert zu sein. Die Angestellten wurden aus sehr unterschiedlichen Berufsbereichen ausgewählt, um auch hier möglichst mehrere verschiedene Perspektiven zu gewinnen. Natürlich ist eine auf allgemeine Beschäftigung beschränkte Kontrastierung einseitig und deckt nur einen sehr engen Bereich ab. Dennoch erschien dies insbesondere unter Berücksichtigung der Informationen aus den Vorstudien viel versprechend.

Es wurden in dieser dritten Erhebungsphase 26 Personen befragt: fünf Hausfrauen, fünf Arbeitslose sowie sechzehn Angestellte. Die Befragung wurde im Februar und März 2003 wiederum in Hyderabad durchgeführt. Der Kontakt zu den Personen wurde im Wesentlichen durch eine indische Projektmitarbeiterin hergestellt, wobei es sich als äußerst schwierig herausstellte, Arbeitslose zu identifizieren. Dies muss zum einen auf die unübersichtlichen Verhältnisse in der indischen Verwaltungsorganisation zurückgeführt werden, da sehr viele Personen offiziell als arbeitslos gemeldet sind in der Hoffnung, von offiziellen Stellen oder Ämtern vermittelt zu werden, es aber andererseits keine Arbeitslosenunterstützung wie etwa in der Bundesrepublik gibt, was bedeutet, dass die meisten der arbeitslos gemeldeten Personen de facto irgendetwas arbeiten, z.B. in (kleinen) Unternehmungen und Geschäften von Verwandten etc, oder sie gehen, finanziert von ihrer Familie, kleinen Nebentätigkeiten mit wenigen Wochenstunden nach in der Hoffnung, so wieder einen Berufseinstieg zu finden, oder zumindest einen Job. Zum anderen gibt es aber auch viele Hinweise auf eine ausgesprochene Schamkultur. Insbesondere Männer der ‚Bildungsschicht' geben selten zu, arbeitslos zu sein. Auf die Frage, welchen Beruf sie ausüben, konnte man oft die Antwort hören: *„I start my own business"*.

Die Interviews wurden teils bei den Informanten zu Hause (wie bei den meisten der Hausfrauen und Arbeitslosen), teils an ihren Arbeitsstellen durchgeführt. Die indische Projektmitarbeiterin war bei den meisten Interviews anwesend.

Die Stichprobe im Einzelnen:

Geschlecht	Alter	Bildungsstand	Kaste[90]	Beschäftigung (Interview-Nummer[91])
Weiblich	35 Jahre	Bachelor of Commerce; (C.A.)	Brahman	Hausfrau (No. 1)
Weiblich	27 Jahre	Bachelor of Arts	Sudra (Naidu)	Hausfrau (No. 16)
Weiblich	27 Jahre	Diploma in Mechanical Engineering	Sudra (Naidu)	Hausfrau (No. 17)
Weiblich	29 Jahre	Master in Commerce	Sudra (Naidu)	Hausfrau (No. 18)
Weiblich	36 Jahre	Master in Science (Mathematic)	Brahman	Hausfrau (No. 25)
Weiblich	40 Jahre	Bachelor of Science (Mathematic), LLB[92]	?	Angestellte(r) (No. 6)
Weiblich	32 Jahre	Bachelor of Science, Master of Arts	Moslem	Angestellte(r) (No. 7)
Weiblich	41 Jahre	Diploma in Civil Engineering	Brahman	Angestellte(r) (No. 8)
Weiblich	25 Jahre	Bachelor of Commerce, Master of Commerce, Ph.D. doing	Christian	Angestellte(r) (No. 9)
Weiblich	33 Jahre	M.C.A.	?	Angestellte(r) (No. 11)
Weiblich	25 Jahre	Master in Commerce, M.B.A.	Sudra (Reddy)	Angestellte(r) (No. 13)

[90] Die Kastenzuordnung wurde, wo möglich, anhand der Namen vorgenommen. Viele konnten jedoch nicht eindeutig zugeordnet werden, was nahe legt, dass mindestens einige von ihnen ihre Namen geändert haben. Außer den Brahmanen sind alle anderen Befragten, die zugeordnet werden konnten, aus der Kaste der Knechte oder Arbeiter, wobei die Untergruppen sehr bedeutsam sind. So sind z.B. die ‚Reddys' ursprünglich wohlhabende Großbauern, die ihre Kastenzugehörigkeit oft auch stolz im Namen tragen.

[91] Die Nummerierung entspricht der Reihenfolge, in der die Interviews durchgeführt wurden.

[92] Ein Juraabschluss

Weiblich	44 Jahre	Master in Engineering, Bachelor in Education	Brahman	Angestellte(r) (No. 14)
Weiblich	26 Jahre	Intermediate with P.P.T.T.[93]	?	Angestellte(r) (No. 15)
Männlich	50 Jahre	Master of Arts, Master in Law, M.B.A., M.F.I.	?	Angestellte(r) (No. 2)
Männlich	39 Jahre	Ph.D.	?	Angestellte(r) (No. 3)
Männlich	34 Jahre	Master in Technology	?	Angestellte(r) (No. 4)
Männlich	32 Jahre	Bachelor of Technology	?	Angestellte(r) (No. 5)
Männlich	27 Jahre	Master of Commerce, M.B.A. in Finance, Ph.D. doing	Sudra	Angestellte(r) (No. 10)
Männlich	38 Jahre	Master of Commerce, Master of Philosophy (?), Ph.D.	Sudra (low)	Angestellte(r) (No. 12)
Männlich	25 Jahre	Bachelor in Engineering (Computerscience)	?	Angestellte(r) (No. 19)
Männlich	34 Jahre	Master in Economics, LLB	Sudra (Naidu)	Selbstständiger (No. 20)
Männlich	34 Jahre	Master in Arts, Ph.D. in History	Sudra (Reddy)	Arbeitsloser (No. 21)
Männlich	28 Jahre	Master in Technology (Engineering)	Brahman	Arbeitsloser (No. 22)
Männlich	34 Jahre	Master in Technology (Engineering)	?	Arbeitsloser (No. 23)
Männlich	35 Jahre	Civil (?), Bachelor of Arts	?	Arbeitsloser (No. 24)
Männlich	27 Jahre	Master in Science	Sudra (Reddy)	Arbeitsloser (No. 26)

Die Interviews wurden auf Tonband aufgezeichnet und transkribiert. Sie unterschieden sich in ihrer Länge teilweise erheblich und dauerten zwischen ca. 25 und 75 Minuten.

---

[93] Ein in Indien notwendiger Abschluss, um als Lehrer tätig sein zu können.

5.5. Auswertung

Grundlage für die Auswertung ist also der transkribierte Text der Interviews, wobei der Text hier als Träger der in der Semantik eingelagerten Themen gefasst wird. In der theoretischen Konzeption der Studie wurde bereits die besondere Verbindung von Sprache und Kultur berücksichtigt, wie sie u.a. D'Andrade (1987) aufzeigt, wenn er darauf verweist, dass „Kultur aus erlernten und geteilten Bedeutungs- und Verständnissystemen besteht, die hauptsächlich auf dem Wege der natürlichen Sprache vermittelt werden" (zitiert nach Flick 1996, S. 26). Es dürfe nicht übersehen werden, dass „Wissen - und damit eben auch sprachlich verfasste Kognitionen - sozial geteilt und kulturell vermittelt ist" (Hof 2001, S. 30).

Die Interviews werden in diesem Sinne also als Text gewertet. Diese Texte repräsentieren eine spezifische Perspektive von Beobachtungen. Die Gemeinsamkeit dieser Perspektiven ergibt sich in der vorliegenden Studie aus dem Gegenstand: alle Texte beschäftigen sich mit der Perspektive auf *education* und den an sie geknüpften Beobachtungsformen. Es wird daher in der Auswertung ein Zugang gewählt, durch den die Themen und beobachtungsanleitenden Unterscheidungen über die verwendeten Sinnkonstruktionen und -verweisungen sichtbar gemacht werden sollen. Anhand einer Inhaltsanalyse der Interviewtexte werden die Themen rekonstruiert und ihre Sinndimensionen herausgearbeitet. Die Texte werden dabei nicht so sehr als individuelle Konstrukte und Attributionen betrachtet, sondern als Ergebnis sozialer Konstruktion und in eben dieser Hinsicht wiederum als objektiv. Leitend für die weiterführende Analyse wird dann im Anschluss an die Ausführungen zur Beobachtung der Beobachtung oder der Beobachtung zweiter Ordnung die Suche nach den Unterscheidungen, die die Beobachter ihren Beobachtungen zugrunde legen.

5.5.1. Inhaltsanalyse als ‚Dokumentarische Interpretation'

Die Inhaltsanalyse bietet sich besonders für eine themenbezogene Auswertung der Texte an. Sie geht auf Entwicklungen in den USA zu Beginn des 20. Jahrhunderts zurück und wurde vor allem dazu verwendet, die durch die neu entstehenden Massenmedien anfallende immense Informationsflut auswerten zu können. Ziel der Inhaltsanalyse ist die systematische Bearbeitung von Material, das in Kommunikationen entstanden ist. „Ein wichtiger Punkt der Systematik ist dabei das Zerlegen des Analyseablaufes in einzelne Schritte, die zu einem Ablaufmodell zusammengestellt das inhaltsanalytische Arbeiten und seine Überprüfung leiten" (Mayring 1991, S. 210). Eine der derzeit prominentesten Verfahren in den Erziehungswissenschaften ist die qualitative Inhaltsanalyse von Mayring (1993), wobei dieser Ansatz jedoch dadurch ausgezeichnet ist, dass die Analysekategorien vorab definiert werden: „Ohne spezifische Fragestellung, ohne die Bestimmung der Richtung der Analyse ist keine Inhaltsanalyse denkbar" (Bohnsack 1993, S. 46), weshalb sie für das vorliegende eher explorative Forschungsdesign als ungeeignet erscheint. Es finden sich an anderer Stelle bei Mayring jedoch auch Hinweise dafür, dass das spezifische Vorgehen im Einzelfall dem Gegenstand angepasst werden muss: „Bei der Bestimmung der Richtung der Analyse ist es nun wichtig, das Material in ein Kommunikationsmodell eingeordnet zu sehen, um festzustellen, ob das Ziel der Analyse der Text selbst, der Textproduzent, der zugehörige Objektbereich, die Zielperson (-gruppe) oder der Textgegenstand mit seinem sozio-kulturellen Hintergrund sein soll" (Mayring 1991, S. 210). Das konkrete Ablaufmodell der Analyse soll sich dann gegenstandsspezifisch auf die jeweilige theoretisch differenzierte Fragestellung beziehen.

Es wurde daher in loser Anlehnung an Bohnsack (1993) ein *rekonstruktives* Verfahren gewählt, das dem Erkenntnisinteresse angemessener erschien und mehr Raum für Themenbildungen aus dem empirischen Material lässt als das Modell von Mayring. Die ‚Dokumentarische Interpretation' (Bohnsack 1993, S. 33 ff.) wurde entwickelt, um Gruppendiskussionstexte zu bearbeiten. Nach Bohnsack beinhaltet die Methode der Reihenfolge nach vier Schritte: die ‚Formulierende Interpretation', die ‚Reflektierende Interpretation', die ‚Diskursbeschreibung' sowie die ‚Typenbildung'. Es werden hier jedoch ganz im Sinne der Gegenstandsangemessenheit an die theoretische Fragestellung nur zwei der vier Schritte dieser Auswertungsmethode übernommen, nämlich die ‚Formulierende Interpretation' und die ‚Reflektierende Interpretation', und damit die Analyse dem Forschungsvorhaben angepasst.

In solchen rekursiven Verfahren ist eine Auseinandersetzung mit anderen, bereits vorliegenden Ergebnissen zum spezifischen Gegenstandsbereich erst retrospektiv auf der Grundlage der in der empirischen Analyse herausgearbeiteten Ergebnisse möglich. Das impliziert jedoch nicht, dass „der Forscher sich theorielos auf die empirische Analyse einlässt. Allerdings ... sind die dem Forschungsprozeß vorausgesetzten theoretischen Kategorien nicht inhaltlich-gegenstandsbezogener, sondern formaler oder metatheoretischer Art" (Bohnsack 1993, S. 36). In gleicher Weise wird das hier gewählte Verfahren gesehen. Im Anschluss an Bohnsacks' Vorgehen wurde das Material zunächst zwei Bearbeitungsschritten unterzogen, die Stufen einer fortschreitenden Rekonstruktion oder Interpretation markieren.

5.5.2. Auswertungsschritt: Formulierende Interpretation

Bei der formulierenden Interpretation handelt es sich im Wesentlichen um eine Untergliederung des gesamten Textes nach Themen. Bei dieser Untergliederung geht es darum, eine Interpretation anzufertigen, die den Text in zusammenfassende Formulierungen bringt. Es wird daher zunächst herausgearbeitet, welche Themen und Aspekte über das gesamte Einzelinterview hinweg überhaupt zur Sprache kommen. Die formulierende Interpretation bleibt strikt innerhalb des Relevanzsystems, des Rahmens, welcher „ausschlaggebend dafür ist, wie, d.h. in welcher Selektivität das Thema behandelt wird" (Bohnsack 1993, S. 36). Der Rahmen selbst wird im Anschluss in der ‚Reflektierenden Interpretation' transzendiert und explizit gemacht.

In Bohnsacks' Konzeption seiner Methode ist das Relevanzsystem, der Rahmen dieser ersten Analyseeinheit die *Gruppe*, da die Methode ursprünglich für die Auswertung von Gruppeninterviews entworfen wurde. In der vorliegenden Studie wird als diese kleinste Analyseeinheit jedoch das einzelne Interview genommen. In der ‚Formulierenden Interpretation' wird also jede Analyseeinheit für sich genommen und in seiner spezifischen Ausprägung zusammengefasst und dargestellt, ohne bereits Vergleiche mit anderen Analyseeinheiten vorzunehmen. Das gesamte Interview wird in Themenabschnitte unterteilt und diese Abschnitte werden mit Überschriften versehen.[94] Wiederholungen werden kenntlich gemacht und die gesamten Aussagen in kurze Paraphrasen zusammengefasst.

Konkrete Umsetzung in der Studie:

Es wurden gemäß der Leitlinien der ‚Formulierenden Interpretation' alle 26 Interviews überarbeitet. Der gesamte Text jedes einzelnen Interviews wurde in inhaltliche Passagen unterteilt und für die die einzelnen Beiträge thematische Überschriften formuliert. In diesem ersten Analyseschritt wurde jedes Interview einzeln analysiert und es wurden noch keine Interrelationen der Aussagen berücksichtigt. Um die Subjektivität in diesen Interpretationen zu minimieren und letztlich auch zu kontrollieren, wurde die ‚Formulierende Interpretation' von zwei Personen ohne Kenntnis der Ergebnisse der jeweils anderen durchgeführt.[95] Erst nachdem die Ergebnisse dieses ersten Analyseschritts miteinander verglichen und diskursiv in kommunikativer Validierung der Projektmitarbeiter zusammengefügt worden waren, wurde zum zweiten Schritt der Auswertung übergegangen.

In der kommunikativen Validierung wurden die verschiedenen Lesarten eines Abschnittes miteinander verglichen. Im Falle von Dissens wurde die

---

94 Es lassen sich hier Parallelen zum Vorgehen von König, Rustemeyer & Bentler 1995 sehen, wo für einen ersten Analyseschritt ein ähnliches Prozessieren vorgeschlagen wird.
95 Mein Dank gilt hier Mareike Pahl und ihren ideenreichen und reflektierten Interpretationen.

Originalpassage des entsprechenden Interviews erneut analysiert und nach einer übereinstimmenden Interpretation gesucht. Wenn dann immer noch keine gemeinsame, einheitliche Lesart erreicht wurde, dann wurde die Passage als nicht interpretierbar eingestuft und nicht mehr berücksichtigt. Die Passagen ließen sich jedoch mit wenigen Ausnahmen zuordnen. In seltenen Fällen wurden noch einmal die Tonbandaufzeichnungen zu Hilfe genommen.

5.5.3. Auswertungsschritt: Reflektierende Interpretation

In diesem zweiten Analyseschritt geht es darum, den oben angesprochenen ‚Rahmen' der Beiträge in den Blick zu nehmen. Ein solcher Rahmen steckt die überhaupt möglichen Arten der Thematisierung ab und zeigt auf, in welcher Weise Sinn um ein bestimmtes semantisches Konstrukt konzipiert werden kann. Die Selektivität der Behandlung eines semantischen Gegenstands wird sichtbar gemacht, indem die Alternativen miteinander verglichen werden, wobei es sich in der vorliegenden Studie nicht um einen Vergleich zwischen Gruppen oder Individuen, sondern zwischen unterschiedlichen Bezügen auf einen gedankliches Konstrukt, einer identischen oder doch vergleichbaren Thematik handelt. Es geht darum herauszustellen, wie die Beobachter in unterschiedlicher Weise einen bestimmten Gegenstand thematisieren, um die Alternativen in den grundsätzlich möglichen Sinnverweisungen herauszuarbeiten. Indem herausgestellt wird, wie „die Weichen bei der Behandlung desselben bzw. eines vergleichbaren Themas anders gestellt werden" (Bohnsack 1993, S. 36), können schließlich Kontingenzen sichtbar gemacht werden. „Die Unterschiede wie auch die Gemeinsamkeiten bei der Behandlung desselben bzw. eines *vergleichbaren* Themas schlagen sich in Unterschieden wie Ähnlichkeiten des Diskursverlaufs nieder, den es sorgfältig zu rekonstruieren gilt" (a.a.O., S. 41). Aus den durch die ‚Formulierende Interpretation' gewonnenen Beiträgen wurden so die Themen der Semantik formuliert.

Die Analyse der unterschiedlichen Arten der semantischen Behandlung eines spezifischen Gegenstands wird hier vor allem genutzt, um auf die ‚Probleme' zu schließen, die mit *education* verknüpft werden bzw. die sie lösen soll. Daran lassen sich die Relevanzbereiche aufzeigen, die mit *education* in Verbindung gebracht werden. Hier zeigen sich dann möglicherweise auch die Unterschiede in der Behandlung, die verschiedenen Themen der Semantik, die dann auf unterschiedliche Anschlussfähigkeiten in der Semantik hindeuten.

Konkrete Umsetzung in der Studie:

Um die Kontingenzen in der Selektivität der Betrachtungen und Argumentation aufzuzeigen und so zu einem vielseitigerem Verständnis der Semantik zu gelangen, wurden nun die individuellen Attributionen, Vorstellungen etc. in Themenbereiche zusammengefasst und zu überindividuellen inhaltlichen Leitkategorien aggregiert. Alle im ersten Schritt thematisch zusammengefassten Passagen der einzelnen Interviews wurden Oberkategorien zugeordnet. Diese Leitkategorien fassen jeweils solche Aussagen zusammen, die sich mit ähnlichen Fragen beschäftigen und damit eine Art ‚Oberthema' vorgeben, vergleichbar vielleicht mit dem Themenbegriff in der Musik, wo ein Thema in verschiedenen Variationen gespielt werden kann. Ein Beispiel sind bestimmte Kompetenzen, die auf *education* zurückgeführt werden. Es wurde so möglich, die thematische Bandbreite zu einer bestimmten Facette herauszuarbeiten und die Kontingenzen der Bearbeitung sichtbar zu machen. Das Material konnte damit übersichtlicher geordnet und der weiteren Analyse zugänglicher gemacht werden.

Die Herausarbeitung der Kontingenzen in den Sinnkonstruktionen über *education* ist ein wichtiger Schritt, um die spätere Analyse der Sinnverweisungen und Anschlussfähigkeiten der Semantik vorzubereiten. Dieser Auswertungsschritt wurde in ähnlicher Weise wie in der formulierenden Interpretation in einer kommunikativen Validierung durchgeführt. Die thematischen Zusammenfassungen der einzelnen Passagen wurden in Kategorien gebündelt, sofern Einigkeit in der Zuordnung gefunden werden konnte, wobei die Kategorien erst durch dieses Aufsuchen von Ähnlichkeiten gebildet wurden. Die Ergebnisse dieses Forschungsprozesses werden im Folgenden dargestellt.

6. Erste Analysestufe

Thematische Kategorien der Semantik über education

Die hier dargestellten Themen, die in der Semantik über *education* auffindbar waren, sind über die ‚Reflektierende Interpretation' (Bohnsack 1993) inhaltsanalytisch aus dem Textmaterial entwickelt worden. Sie spiegeln keine theoriegeleitete Dateninterpretation wider, sondern halten sich sehr nah an den Aussagen in den Interviews und sind als Themengenerierung aus dem Feld zu verstehen.

Die Dimensionen stellen eine Zusammenfassung der konkreten Beiträge dar. Dabei können die einzelnen Dimensionen auch in Verbindung miteinander auftreten und beinhalten insofern keine reinen *Typen*, sondern Bausteine einer Argumentation oder einer Beschreibung. Auch wenn zu den einzelnen thematischen Kategorien *Leitfragen* angegeben werden, bedeutet dies nicht, dass diese Fragen wörtlich und immer einheitlich nach demselben Ablaufmuster gestellt wurden, sondern sie können sich ebenfalls sinngemäß in verschiedenen Zusammenhängen im Interview ergeben haben. Im Anschluss an diese Darstellungen der themenbezogenen Dimensionen der Interviews werden zwei von diesen allgemeinen Argumentationsstrukturen abweichende Fälle zusammenfassend diskutiert.

6.1. *Evolutive* Konzeptionen von *education*

Bereits nach einer ersten Analyse zeigte sich ein gemeinsames Thema in den zusammengefassten Aussagen: sie enthielten Vorstellungen, die *education* in den Zusammenhang von Evolution im Sinne einer Weiter- oder Höherentwicklung des Menschen stellen. *Educated persons* werden demnach eindeutig als höher entwickelte Wesen angesehen und der *education* positive Wirkungen auf die Entwicklung der Individuen wie der Menschheit zugeschrieben. Dem sollte mit dem Begriff *evolutive Konzeptionen*[96] Rechnung getragen werden.

---

96 Der Begriff *evolutiv* ist eine sicher ungenaue Wortschöpfung, sie soll jedoch im Gegensatz zum Begriff evolutionär, der „auf Evolution beruhend" bedeutet (vgl. Fremdwörter-Duden) hervorheben, dass die so gekennzeichneten Konzeptionen sich auf Evolution *beziehen* und inhaltlich auf Evolution rekurrieren. *Evolutionäre* Konzeptionen wären demnach Konzeptionen, die „sich allmählich u. stufenweise entwickelnd" (ebd.) verhalten, was vermutlich für

Es handelt sich hier um allgemeine Attributionen an *education* oder *educated persons*. Das Textmaterial zu dieser Auswertungsdimension lässt sich zu den unten genannten Leitthemen zusammenfassen, die aus den Antworten auf die Frage „Was verstehen Sie unter *education*?" gewonnen wurden. Ursprünglich sollte die Auswertung an den analytischen Kategorien von Definition von *education* im allgemeinen einerseits und dem Selbstbezug dieser Attributionen andererseits ausgerichtet werden. Als erstes Ergebnis der Auswertung zeigte sich jedoch sehr deutlich, dass von den Befragten zwischen den allgemeinen Zuschreibungen an *education* und dem individuellen Bezug von *education* nicht differenziert wurde, was verdeutlicht, dass die Identifikation mit bzw. durch *education* sehr hoch ist. Alle Themen, die generell mit *education* in Verbindung gebracht werden, finden sich auch in den Thematisierungen des Selbstbezugs wieder. Die Befragten unterscheiden nicht zwischen einer *educated person* im allgemeinen und ihrer eigenen Person. Auf die Ausnahmen, in denen keine persönlichkeitsverändernde Wirkung von *education* gesehen wird, wird unter Punkt 6.6. eingegangen. Es wurden deshalb in der folgenden Gruppierung der Themen zunächst die jeweils allgemeinen Aussagen dargestellt und direkt anschließend die individuellen Selbstbezüge zugeordnet. Die Attributionen im Selbstbezug thematisieren Kompetenzen, Eigenschaften oder Verhalten der Individuen, die sie genuin mit ihrer *education* in Verbindung bringen und sind Antworten auf die Leitfrage: „Hat *education* Sie verändert?"

6.1.1. Education *als Zivilisationsinstrument: Grundvoraussetzung zum „Menschsein" in einem* evolutiven *Sinn*[97]

Wie schon in den Assoziationsinterviews der Voruntersuchung, in denen zumeist *uneducated persons* der unteren Schichten befragt wurden, zeigen sich auch hier deutlich Argumentationsstrukturen, nach denen Personen erst durch *education* überhaupt in den vollen Stand eines menschlichen Wesens erhoben werden. Die *uneducated person* ist nach dieser Auffassung eher in einer Zwischenposition von Tier und Mensch. Dieser Argumentationsstruktur folgten auch die *uneducated persons* selbst. Beispiele sind etwa folgende Aussagen:

„… if you have education then only you will get respect and considered as sensible person. If not the society will consider you as an animal" (Gemüseverkäufer, Assoziationsinterview No. 9)

---

alle Sinnkonzeptionen zutrifft (vgl. Kapitel 3) und daher den Sachverhalt, der hier angesprochen werden soll, nicht befriedigend wiedergeben.
97 15 der befragten Personen haben dieses Thema direkt angesprochen. Im Folgenden werden zu allen herausgearbeiteten Themen Angaben zu der Häufigkeit ihrer Nennung gemacht.

„The only thing we know is washing, cleaning and that's how we live. I have to remain like this till I die" (Hausmädchen, Assoziationsinterview No. 10)

Zu vergleichbaren Einschätzungen gelangen auch die *educated persons*. Es werden Metaphern wie „Rohmaterial" verwendet, das erst durch *education* ‚geschliffenen' werden muss, um daraus einen richtigen Menschen zu machen. Nur *education* kann das dem Menschen innewohnende Potenzial entfalten. Implizit werden damit die Menschen als von Geburt her gleich angesehen. Es finden sich keine Aussagen über einen „natürlichen", angeborenen Unterschied, etwa durch im vorherigen Leben begangenes Unrecht und Fehler, wie es die Lehre des Hinduismus und die Kastenideologie vorsehen. Stattdessen liegt es an der *education*, ob das allen Menschen inhärente Potenzial entfaltet wird und ob man sich zu einem „vollen" Menschen weiterentwickelt oder nicht. Sie bildet eine Basis für jegliche Weiterentwicklung, was den *uneducated persons* nicht möglich ist:

„... uneducated person ... he will be a total parasite" (Angestellter, Biographieinterview No. 5).

Einer der Probanden verwendet zur Beschreibung einer *uneducated persons* die Metapher des Kuckucks:

„... all these things [knowledge, ethics, I.C.] only because of education. Otherwise you will be like a cuckoo", und erläutert dies: „Inside something - not controlled" (Angestellter, Biographieinterview No.2).

„... education definitely polishes a person ... it brings out the best qualities in him" (Hausfrau, Biographieinterview No. 25).

Auch im direkten Selbstbezug findet sich diese *evolutive* Perspektive. Die *educated persons* der Untersuchungsgruppe beschreiben eine Art *Vervollkommnung* ihrer Person durch ihre *education* und greifen sogar identische Metaphern auf, um die Transformation ihrer Persönlichkeit zu beschreiben:

„Hundred per cent I have been polished by my education" (Arbeitsloser, Biographieinterview No. 26)

Die Selbstattributionen umfassen kontrolliertes und zivilisiertes Verhalten, wobei der Kontrollaspekt einen wesentlichen Aspekt der Vorstellungen über die *evolutiven* Entwicklungen darstellt. Er bezieht sich sowohl auf das Denken als auch auf Emotionen und Handlungen und schließt auch die (Selbst-)Disziplin ein. *Education* macht einen kontrollierten Umgang mit den eigenen Emotionen und eine gewisse Unabhängigkeit davon möglich. Man kann sich über sie hinwegsetzen und bleibt handlungsfähig - im Gegensatz zu den *uneducated persons*, die ihren Affekten sozusagen ausgeliefert sind -, und kann sie sogar angemessen kommunizieren. Aufgrund von *education* ist man zu Reflexion in der Lage, kann richtige Entscheidungen treffen und planvoll und angemessen handeln.

„... suppose if am being uneducated, illiterate - I'd have been a coolie or labour without culture drinking wildly with other people. The way I am behaving now with other people ... education has helped me a lot" (Arbeitsloser, Biographieinterview No. 24).

„... to keep oneself busy ... because many times when you are a bit - when you have got a bit leisurely time what are the thoughts is really - those thoughts are sometimes - may be as you know, the empty mind is devil's den I take education as one of the tool to avoid that even, to keep myself busy" (Angestellter, Biographieinterview No. 3).

Im Folgenden werden die einzelnen Bereiche aufgezeigt, auf die sich die allgemeine Weiterentwicklung oder Vervollkommnung durch *education* bezieht.

Intellektuelle Entwicklung durch education[98]

Insbesondere bezogen auf die kognitive Ebene wird *education* als entscheidendes Instrument der Verbesserung oder Weiterentwicklung konzipiert. Ihr wird zugeschrieben, die Denkstrukturen zu verbessern, beispielsweise zu mehr Rationalität und einem ausbalancierten analytischen und logischen Denken. Demgegenüber ist das Denken von *uneducated persons* allein von momentanen Impulsen bestimmt und sie sind deshalb nicht in der Lage, ein Problem zu erkennen, es zu analysieren und dementsprechend planvoll damit umzugehen. Schon in den Assoziationsinterviews fanden sich vielfach solche Aussagen:

„an educated person makes a plan to do that task and according to the planning and timing he will proceed and prepare himself to face the impeding problems and know how to follow up things. ... In case of uneducated man he won't think about the pros and cons of the particular task. Without preparation and plan they will proceed blindly" (Armeeoffizier, Assoziationsinterview No. 1).

„An educated person with his wisdom and knowledge perform that task skilfully but on the contrary uneducated person will do it unknowingly and in an idiotic way" (Hausfrau, Assoziationsinterview No. 11).

Entsprechend verfügt die *educated person* über Weitsicht und ihr Geist ist ‚geschärft'. Bezogen auf sich selbst berichten die Probanden, dass ihre *education* sie auch in die Lage versetzt hat, z.B. Verbindungen und Beziehungen von Dingen zu durchschauen, ihr soziales Umfeld zu verstehen oder aus Fehlern zu lernen. Ihr Denken basiere auf dem erworbenen Wissen und ermögliche ihnen, Zusammenhänge zu erkennen und in Strukturen zu denken. Auch sei *education* die Basis für strukturelles Lernen. Man kann seine intellektuellen Fähigkeiten realistisch einschätzen und entsprechend realistische Ziele formulieren, und sich so vor unnötigen Frustrationen bewahren. Das Denken ist effizient und effektiv und ermöglicht geistige Unabhängigkeit:

---

98 16 der befragten Personen haben dieses Thema direkt angesprochen.

„Way of thinking will be definitely different; if you are educated automatically your approach may be different from uneducated people approach ... Your thinking may be balanced, and before doing you can think twice, and thrice, and take decision ... you can analyse thoroughly" (Angestellter, Biographieinterview No. 12).

(Antwort auf die Frage nach persönlichen Veränderungen durch education:)

„more planed way ... Education is not there - if we are not aware of anything definitely we can't plan. If we know certain things, definitely we can predict the pros and cons that particular thing ... If we have education definitely we have better view" (Angestellter, Biographieinterview No. 19).

Moralische Entwicklung durch education[99]

Zwar finden sich auch Aussagen, die den Einfluss von *education* auf die moralische Kompetenz insofern relativieren, als sie auf die positiven, guten ebenso wie die negativen, schlechten Auswirkungen von *education* verweisen, aber insgesamt durchzieht die Interviews die Überzeugung, *education* habe einen positiven Einfluss auf die moralische Entwicklung. Sie vermittelt nach diesen Auffassungen das Wissen um Gut und Böse sowie um allgemeine ethische Grundwerte und Prinzipien und führt daher zu gerechtem Handeln und Toleranz. Nur so kann man zu einem ‚guten Menschen' werden und Verantwortungsbewusstsein entwickeln. *Education* wird explizit in Verbindung mit Ethik und Moral gebracht:

„We all do it - mistakes in one or the other way. But at least we [educated persons, I.C.] can realize what is wrong and what is right some time also. Because so many ethics are there" (Angestellte, Biographie No. 15).

Education bietet außerdem ein positives Umfeld, um moralische Werte und Verantwortungsbewusstsein zu lernen:

„So from schooling and then even college level also, along with other friends association, with association from friends and all we came to what is life and how we have to lead our life, how we should be very bold and all, how we should take the decision, how we have to hold up the responsibility - shoulder the responsibility" (Angestellte, Biographieinterview No. 14).

„... in teenage you complete Intermediate that is a - very - dangerous age - to be 18 years ... the 18 years boy would be influenced more by the environment, more by - the surroundings. ... based on the environment he is having many things ... So exactly if you are in good profession, good college, good education, naturally the company what you are going to get will also be good ... basically join the company where you got people have lot of aspirations, people have zeal to achieve ... So automatically that zeal will be induced to you. Automatically will be induced to you" (Angestellter, Biographieinterview No. 19).

Und eine andere Person hebt den Vorteil ihrer moralischen Kompetenz durch *education* für die Erziehung ihrer Kinder hervor:

---

99 13 der befragten Personen haben dieses Thema direkt angesprochen.

„... being educated I can do much better for my children. I can do - I can teach them at least.... Because I am educated I can say them what is good what is bad I can teach. If I was not - and - they used to suffer a lot. Like - to tell them what is good what is bad [we?] have to have some background. That is education" (Hausfrau, Biographieinterview No. 16).

Entwicklung einer integren Persönlichkeit[100]

Die Entwicklung einer integren Persönlichkeit hängt natürlich zusammen mit einigen der unter ‚moralische Entwicklung' genannten Merkmalen, ist jedoch breiter angelegt und umfasst auch wünschenswerte Persönlichkeitsmerkmale. Nur durch *education*, so die Argumentation hier, ist eine ‚volle' Entwicklung der Persönlichkeit möglich. Auch in den Assoziationsinterviews fanden sich diese Vorstellungen:

„education helps me to become a good citizen and gives an identity in society ...If we get more education, it helps us to grow more ... we can improve ourself" (Studentin, Assoziationsinterview No. 8).

Man entwickelt eigenständiges Denken, erwirbt Unabhängigkeit von anderen und eine kognitive Selbständigkeit, die zu Individualität führt. Mit dieser Art mentaler Unabhängigkeit geht auch die Entwicklung von Selbstbewusstsein einher:

„So that confidence - education only has given me the confidence. If I am not educated no definitely I'd have been in corner and ah weeping only" (Angestellte, Biographie No. 14).

„Now I can even sit my - sit in my office, make a phone call and say, 'you have to do this work,' to someone else; they will do. Before that no one - like I was nothing to tell someone, but now I can even do that" (Angstellte, Biographieinterview No. 13).

Das ‚Wissen über die Welt' erweitert den eigenen Horizont, überwindet Ignoranz und führt zu einer aufgeschlossenen Geisteshaltung. Man erlangt Reife, Würde und Integrität, steckt sich höhere Ziele und man gewinnt eine positive Grundeinstellung. Das Denken ist ausgeglichen, ‚nicht zu negativ, nicht zu positiv'. In diesem Zusammenhang wird auch oft der Begriff des „weisen Denkens" genannt, was eine Probandin ‚auf dem richtigen Weg sein' umschreibt. Das Handeln wird entsprechend von Zurückhaltung und Disziplin geprägt und befähigt zu Kooperation.

„... a human being, living like social - being ... education has helped me to live as a social animal" (Arbeitsloser, Biogarphieinterview No. 24).

Die *educated person* kennt daher auch ihren ‚Platz im Leben', ihre ‚Position' und kann ihre Rolle erfüllen, da sie ihre eigene Kontextabhängigkeit adäquat einschätzt. Hierbei handelt es sich um eine Art von Selbsterkenntnis:

---

100 14 der befragten Personen haben dieses Thema direkt angesprochen.

„He [educated person, I.C.] knows pretty well what's his stand, what's his recognition, what's his identity ... but whereas uneducated, without having any pros and cons of it simply dumped into that. But afterwards he realizes that. That's the basic thing. ... full-fledged personality, personalities means person can be assess himself - what he is and where he is and what's his stand but whereas uneducated cannot be assess that easily" (Arbeitsloser, Biographieinterview No. 21).

Häufig wird einer *educated person* eine spezifische ‚Ausstrahlung' zugesprochen, denn *education* sei 'in Licht für das Leben' und ‚erleuchte'. Es finden sich auch Aussagen wie die, dass eine Person um so vertrauenswürdiger sei, je mehr *education* sie hat. *Education* hat in dieser Perspektive einen Wert ‚an sich', und zwar unabhängig von ihrer konkreten Anwendung im Beruf (nur ein Proband ist der Meinung, die jeweilige *education* müsse zu der jeweiligen Persönlichkeit passen und bringe nur dann Vorteile).

Insbesondere die Veränderung der eigenen Mentalität und die damit einhergehende Veränderung der Prioritäten im Leben werden von einigen Befragten thematisiert, wenn es um den Selbstbezug geht.

„it helped [education, I.C.] because actually here dowry system is there, money, isn't it. And - for example - I did not expect so much money isn't it; for example, if I was not studied say higher education, then my mentality would have been different ... so because of education I have given say secondary importance to money; I have given more importance to looking and their background, cultural background" (Angestellter, Biographieinterview No. 12).

Durch *education* wird man in die Lage versetzt, sich gegen sozialen Druck zu imunisieren, die Grundstruktur der Persönlichkeit wird gefestigt und man lässt sich nicht beirren, sondern entwickelt Courage. Dies sind die Kernpunkte, die hier unter integre Persönlichkeit zusammengefasst wurden.

„I wrote that this is not possible. ... even a chief minister. But this [education, I.C.] gave me that kind of courage to dissent in the board, that what she [chief minister eines indischen Bundesstaates; I.C.] has done is wrong and again if she is agreed over the constitution that's a procedure into ... she has to go only according to that. She is not supposed to supersede that provision and try to get some orders to circumvent the regular procedure and all. And of course this is a confidential matter in the official records ... But how could you get so much of courage to dissent a person who is the highest person in the governance. That I will call it as education" (Angestellter, Biographieinterview No. 2).

„... when I was not at all settled in my life and my younger brother was there - there - there's a lot of pressure on me to get marry any girl. Because to get - get the clearance for young- - because the social set up of India, second one - elder is there younger brother cannot get married. But my education made me that to - get a clearance to my younger brother and where I was kept avoid myself to getting married because there is no financial security for me and I forced my younger brother to get married. This kind of major decision in the social aspect through education only I could make it out" (Arbeitsloser, Biographieinterview No. 21).

Gesellschaftliche Etikettierung und sozialer Status[101]

Bereits aus dem oben angeführten Zitat zu den *evolutiven* Vorstellungen über *education*, in dem ein Gemüseverkäufer von seiner Erfahrung berichtet, in der Gesellschaft eher wie ein Tier denn als ein Mensch angesehen zu werden, wurde der Zusammenhang von sozialem Status und *education* in Indien deutlich. Respektiert zu werden steht in direktem Zusammenhang mit *education*. Eine *educated person* erfährt Respekt und respektiert andere. Neben wirtschaftlichem Erfolg scheint *education* die Hauptquelle für soziale Annerkennung und Reputation zu sein, wobei *education* sogar höher bewertet wird, wie ein Klempner berichtet:

„It [education, I.C.] gives respect to you. For example I earn more than a government employee earns. But I will not get the equal respect from others. Though he earns less than me his education helps him to draw the respect from others. In my case though I earn more I will not be respected by others because I am not properly educated" (Klempner, Assoziationsinterview No. 6).

Die fehlende gesellschaftliche Anerkennung ist für ihn Folge seiner mangelnden *education*:

„If some one asks me about my education I feel ashamed to say that I am not properly educated and I do a mean job for living ... If I have education I'll be a proud man. It will be an asset to me. It will give me an identity in the society" (Klempner, Assoziationsinterview No. 6).

Eine Frau berichtet von den Ratschlägen ihres Vaters:

„And after coming back my father explained - if you study, if you go to school and all these things if you will learn ... in the future also you can help many people and you achieve a good designation in your life. Because people also respect the people who are educated" (Angestellte, Biographieinterview No. 15).

Education trägt wesentlich zur sozialen Identitätsbildung bei. In der Wahrnehmung anderer gehen damit keineswegs zwangsläufig ökonomischer Erfolg oder Wohlstand einher. Dies wird an der Aussage eines Arbeitslosen deutlich:

„This is - and the people, my qualification - at least the people -[even] they won't give respect to me directly, at least for my qualification they respect. That is there" (Arbeitsloser, Biographieinterview No. 26).

Die Allokation sozialer Positionen und damit die soziale Identifizierung verlaufen sehr stark über die erreichte *education*, über Qualifikationen, Titel oder die Profession, sogar wenn sie nicht ausgeübt wird wie in dem obigen Beispiel.

---

101 11 der befragten Personen haben dieses Thema direkt angesprochen.

„It has given me lot of recognition in my social - life. So normally whenever I - wherever I go in a social gathering and all many people pinpoint and say she has done her software engineering - she has done" (Angestellte, Biographieinterview No. 11)

Viele der Interviewpartner beschreiben den Prozess einer zunehmenden Respektierung durch ihr Umfeld, der mit höherer *education* einhergeht.

„… when I became a post-graduate on engineering side they started giving good respect. So when I was just graduate on engineering also they didn't. Nobody was just caring. So when I became post-graduate on engineering side, even high officials also - they used to give some respect to me" (Angestellter, Biographieinterview No. 4).

Eine Befragte beschreibt ihre wechselvolle Karriere folgendermaßen:

„because when I was not good at studies people used to harass me, they were not talking with me, like that way. But now when I'm good at studies, people they talk very nicely … so the situation before that and after that has been drastically changed"

Im weiteren Verlauf des Interviews berichtet sie dann, wie sie von ihren Eltern wegen schlechten Leistungen geschlagen wurde und rechtfertigt nachträglich deren Verhalten. Erst jetzt, nach ihren Erfolgen in *education* und auf dem Weg zur Promotion erfährt sie den Respekt, den sie sich verdient hat:

„I am getting good reputation in the society, ok, my name is good, that way it is totally changed. Even in my family also they … honour me" (Angestellte, Biographieinterview No. 9).

Handlungskompetenzen und -optionen auf der Basis von education[102]

Nicht nur hinsichtlich der Entwicklung der Persönlichkeit wird der *education* ein starker Einfluss zugeschrieben, sondern auch auf der Ebene des Aufbaus und der Weiterentwicklung unterschiedlicher Handlungskompetenzen. Die hier zu Leitthemen zusammengefassten Textpassagen fassen die Antworten auf die Frage „Welches Verhalten/welche Handlungen ermöglicht *education*?" zusammen.

Unter diesem Punkt werden unterschiedliche Alltags- oder lebensweltliche Kompetenzen zusammengefasst, die sich nicht explizit auf die beruflichen Anforderungen beziehen. So findet sich etwa auch die Meinung, *education* befähige dazu, Geldgeschäfte abzuwickeln, generell mit Geld umgehen oder Dinge und ihren Wert realistisch einschätzen zu können.

Ganz allgemein ist *education* dazu nützlich und nötig, die Welt und das Geschehen in ihr zu verstehen und richtig zu beurteilen und Voraussetzung für einen ‚Durchblick':

„Of course we have to dedicate our life to the family but not to the extent that we are so ignorant like we have to know the world" (Angestellte, Biographieinterview No. 13).

---

102 11 der befragten Personen haben dieses Thema in allgemeiner Form angesprochen. Zu den speziellen Definitionen solcher Handlungskompetenzen siehe die folgenden Unterpunkte.

Durch *Education* kann man sein Leben und/oder seine Familie besser führen (‚managen', wie gesagt wird) und macht weniger Fehler im täglichen Leben - und dies denkt man auch für Ernährungsfragen:

„Actually my weight was 84kg now I reduced to 74 due to that problem also I stopped that little bit of non-veg ...
Question of the interviewer: You think that education helped you to be veg?
His answer: That's how no; health is wealth I stopped little bit of non-veg more non-veg. this (pointing to head) won't work" (Angestellter, Biographieinterview No. 20).

Kompetenz können natürlich auch missbraucht werden:

„educated can - cheat the people very wisely (laugh) whereas uneducated ... not cheat that easily. No? (laugh) You can cheat the people but not so cleverly" (Arbeitsloser, Biographieinterview No. 21).

Insgesamt wird *education* auch unter einem alltagsweltlichen Aspekt jedoch positiv bewertet. Die durch sie erworbenen und erwerbbaren Kompetenzen lassen sich folgendermaßen weiter konkretisieren:

Kommunikationskompetenz[103]

Educated und *uneducated persons* unterscheiden sich nach Ansicht der Befragten auch hinsichtlich ihrer Kommunikationsformen erheblich voneinander:

„... when two people are talking - educated and non-educated, there's a lots of difference. Uneducated people - they use - use words, isn't it, which shall not be used, and educated - they think twice before they speak and then only they speak" (Angstellte, Biographieinterview No. 9).

Die Weiterentwicklung kommunikativer Kompetenz ist eine der zentralen Wirkungen, die der *education* zugeschrieben werden. Erst durch sie lernt man einen geordneten und angemessenen Kommunikationsstil und sprachliche Gewandtheit, was als ein Zugewinn für das eigene Leben angesehen wird.

„So, he talk with people, communicate with people. His communication skills also increases - in educated ... he can go to people, he can talk to them" (Angestellter, Biographieinterview No. 5).

„So education as such I am telling like - has made me like this - to interact with people, you know" (Angestellte, Biographieinterview No. 7)

Sie ist damit Voraussetzung für einen gepflegten Umgang und gesellschaftliche Anerkennung bis hin zu gehobenen Formen der Konversation:

„... definitely when you are going into a crowd - like I told you, this organization rotary where we many people and all - so whenever you interact with people - it's only the media is a language. You have to talk with them in - particular language - whether it is Hindi or

---

103 18 der befragten Personen haben dieses Thema angesprochen.

English. Because I have come up to this level, I can converse easily with all of them. I have no problem like and education is - definitely it's an asset" (Hausfrau, Biographieinterview No. 25).

Darüber hinaus wird *educated persons* aber auch ein besonderes Charisma und eine spezielle Ausstrahlung zugeschrieben, wie z.b. dem indischen Präsidenten, der von einigen als Beispiel genannt wurde:

„the simplicity and expressive power, the attractive power that he [Kalan, I.C.] is having when he talks with children and students" (Angestellte, Biographieinterview No. 11).

Kompetenz im sozialen Umgang[104]

Ein wichtiger Aspekt in diesem Zusammenhang ist die soziale Gewandtheit, die man durch *education* erreicht und die zu sozial positiv sanktioniertem Verhalten führt. Fragen der Manieren, des kultivierten und zivilisierten Auftretens und der gepflegten Art werden hier angeführt. Eine *educated person* wird sich in der Gesellschaft selbstverständlich anders benehmen als eine *uneducated*:

„whatever education is there it - it changes the role of the person, the complete role of the person; suppose you don't have the education, our behaviour will be different. You may be harsh, you may be rough. Once you are educated you know the role, you should not behave like that" (Angestellter, Biographieinterview No. 10).

Das Verhalten einer *educated person* wird wie folgt anschaulich beschrieben:

„By good behaviour - the personality, the way of speaking - personality, way of speaking, discipline - everything we can recognize - because the way of moving is very different between an illiterate and an educational person. Because he knows how to talk with a person, how to introduce himself, how to start the way of speech - that's the thing we can recognize he is an educated person. Because there is a lot of difference between - because an illiterate he - how - he don't know how to introduce - himself - in the society. An educated person - he knows very well how to introduce him in the society, how to talk with the persons, how to mingle with the persons, at what time - what sentences - he has to use- he knows that very - very well about it. And if they ask anything he will be able to answer it properly" (Angestellte, Biographieinterview No. 15).

Von einer *educated person* erwartet man gutes Benehmen und angemessenes Verhalten, vor allem im sozialen Umgang. Sie versteht sich mit anderen Menschen und kann sich an die Gruppe anpassen. Ein häufiger verwendeter Begriff in diesem Zusammenhang ist „*to mingle*", der bereits in den Assoziationsinterviews oft genannt wurde:

„Education will help you to mingle with others and behave with others" (Studentin, Assoziationsinterviews No. 12).

Auch der Respekt gegenüber Älteren, der Austausch mit anderen und mit ihnen teilen zu können, werden als wichtige Aspekte angeführt:

---

104 15 der befragten Personen haben dieses Thema angesprochen.

"So I feel — every event related to my education ... because right from the beginning I used to give lot of importance to my education. I feel education not only bookish knowledge. ... any ... like giving respect to elders, talking respectably to elders, sharing things with people and all" (Angestellte, Biographieinterview No. 11).

Menschenkenntnis[105]

Educated persons, so die Argumentationen, können Menschen besser verstehen, sie richtig einschätzen, sie ‚durchschauen' und gute von schlechten Menschen unterscheiden - sie ‚analysieren', wie es oft heißt:

„... now I can easily analyze people", und weiter: „Education in the sense, understanding people; understanding all types of people" (Angstellte, Biographieinterview No. 13).

„... and how to know the personal - person. So if you are been educated you can study the person and to know them better" (Hausfrau, Biographieinterview No. 16)

„... that fellow is very dangerous, be calm with this fellow, that fellow is - out of 10 I used to select 3" (Angestellter, Biographieinterview No. 20).

Sie können Menschen richtig einstufen und den ‚richtigen Umgang' für sich wählen, um beispielsweise mit diesen Menschen zusammen zu ‚wachsen'.

„in understanding what is good what is bad with what sort of people you have to mingle and you have to so that you can grow together" (Angestellter, Biographieinterview No. 3)

Hilfe für andere[106]

Die Handlungskompetenz, die hier abschließend angeführt werden soll und die ebenfalls genuin mit *education* in Verbindung gebracht wird, kann als Fähigkeit beschrieben werden, anderen zu helfen. Durch *education*, so die Ansicht einiger Interviewpartner, kann man anderen fundierten Rat erteilen oder Hilfe gewähren.

„you know other thing when people are coming for me I can able to guide them better properly" (Arbeitsloser, Biographieinterview No. 21).

„The example is my sister. She is - my sister is ... M.B.A. I always sit with her and - I get some doubts, what is ... she helps me out. So, this is your life, you can [cope?] with it - she tells me all these things. She helps me out" (Hausfrau, Biographieinterview No. 17).

Man kann in der privaten Sphäre das eigene Wissen weitergeben oder zur Lösung von Problemen anderer beitragen.

„immediately I tried to convince him this may help the customers. [...] Why means, we can make some suggestions. In the future this type of things won't be happened. So that is the way" (Angestellter, Biographie No. 10).

---

105 10 der befragten Personen haben dieses Thema angesprochen.
106 14 der befragten Personen haben dieses Thema angesprochen.

"... based on that only I can understand or I can teach my people" (Arbeitsloser, Biographieinterview No. 23).

„I mean trying for a seat in Ph.D. but I did not get. Then I stopped that and started the tuitions and all at my home itself. ... I mean tuiting the people and all" (Arbeitsloser, Biographieinterview No. 26).

Educated persons als Vorbilder und Voraussetzung für eine ‚entwickelte' Gesellschaft und allgemeinen Fortschritt[107]

Die Attributionen und auch Erwartungen an *education* gehen über die individuellen Entwicklungsmöglichkeiten hinaus. Ohne *education*, so der zugrunde liegende Tenor, kann es keine ‚entwickelte' Gesellschaft geben. Erst durch *education* werden moralische Grundsätze vermittelt und Menschen zu guten Bürgern. Ein zentraler Gedanke ist hier, dass *educated persons* eine Vorbildfunktion ausüben und auch in gesellschaftlicher Hinsicht ‚nützlich' sind. Sie würden bereits indirekt schon durch ihr Verhalten und ihre Gesten erzieherisch wirken und ihr Wissen an andere weitergeben. Außerdem würden sie selbstverständlich auch für eine *education* ihrer Kinder sorgen und damit die Weiterentwicklung der Gesellschaft auch in Zukunft garantieren.

Von den *uneducated persons* hingegen erwartet man, dass sie sich die *educated persons* zum Vorbild nehmen und sie zum Wohle der ganzen Gesellschaft nachzuahmen versuchen sollten. *Education* wecke allgemein Ambitionen zur Nachahmung vorbildlicher Personen, so die häufig geäußerte Meinung.

„learn from an educated person - the way he behaves, the way he interacts in the society. And I see - if we are not up to the point we have to learn from others. That is the way we can go forward" (Hausfrau, Biographieinterview No. 16).

Educated persons bringen die Nation ‚voran', durch *education* werden die kommenden Generationen zu verantwortungsvollen Bürgern erzogen, was wiederum der Nation als ganzem nutze, und nur so sei der Weg zu einer entwickelten und informierten Gesellschaft vorstellbar.

„our country is facing problems - all our educated people help the country" (Hausfrau, Biographieinterview No. 1).

Ohne *education* ist weder eine gesellschaftliche Organisation noch eine Weiterentwicklung möglich:

„unless we have this education we would not have got it - the kind of administration provided" (Angestellte, Biographieinterview No. 2).

„ ... in our ah - country life also - many people - many national leaders - without education they could not even get independence for us. And now we are enjoying the fruits of good life" (Angestellte, Biographieinterview No. 15)

---

107 7 der befragten Personen haben dieses Thema angesprochen.

Education wird sowohl im historischen Verlauf als auch für die Zukunftsgestaltung des Landes eine Führungsrolle zugeschrieben. Auch die Frage einer *education* speziell für Frauen wird unter diesem Entwicklungsgedanken diskutiert. Wenn man Frauen den Zugang zu *education* gewährt, so die Meinung, geben sie diese im Sinne eines Domino-Effekts an die ganze Gesellschaft weiter.

„I think you know our former Prime Minister Jawaharlal Nehru. He used to say that man is educated he is educated to himself. But a woman is educated every home becomes a university. Because she stays back and she rears her children. It's more important that a woman should be more educated, that a girl should be - or equally educated. Then she can bring about a lot of reform" (Hausfrau, Biogarphieinterview No. 25).

„if we educate a woman we educate the whole society. If we educate an individual male person we are educating only one person. That's it .
Interviewer: You mean because that the woman will give it to children?
*Response: Yeah, children **and other people**"* (Angestellte, Biogaphieinterview No. 9, Hervorhebung I.C.).

6.2. Biographische Instrumentalisierung

Natürlich hat *education* auch einen funktionalen Aspekt in Bezug auf die Karrierevorstellungen der Individuen und deckt damit Bereiche ab, die vor allem auf *Aus*bildung zielen. Die Erwartungen an *education* hinsichtlich eines Berufs und einer Anstellung gehören hier hin. Darüber hinaus wird ihr jedoch eine große Bedeutung in der Lebenslaufplanung zugeschrieben und sie wird als Instrument angesehen, um individuelle Lebensziele zu verwirklichen. Unter dieser thematischen Kategorie sollen nun diejenigen Argumentationen zusammengefasst werden, die konkrete Erwartungen an *education* für den Lebensverlauf thematisieren.

Ganz allgemein kommt der *education* eine wichtige Funktion im Lebenslauf zu. Sie soll Perspektiven eröffnen und Möglichkeiten erschließen sowie ein ‚interessantes' Leben ermöglichen.[108] Durch sie steht die Zukunft offen. Das Leben ist im Gegensatz zu der früheren Vorherbestimmung etwa durch Kaste, Geschlecht usw. nun selbstbestimmbar geworden. *Education* macht das Leben gestaltbar, die Erwartungen steigen ganz allgemein und *education* ‚weckt Ambitionen'.

---

108 Hier finden sich Parallelen zu der „Suche nach dem guten Leben" (vgl. gleichnamiges Buch von Wolf 1996).

Berufliche Karriere und ökonomischer Erfolg[109]

Education wird als Vorbereitung bzw. Voraussetzung für eine berufliche Laufbahn gesehen und somit als Basis für wirtschaftliche Sicherheit - ein Zusammenhang, der so evident ist, dass er hier nicht im Detail ausgeführt werden muss. Natürlich wird von *education* vielfach erwartet, dass sie Arbeit und Einkommen garantieren und so die ökonomische Existenz sichern soll. Als Folge verbindet man mit ihr auch Erwartungen guter Chancen auf dem Arbeitsmarkt oder finanzielle Unabhängigkeit.

Entsprechend werden von den Befragten verschiedene professionelle Kompetenzen genannt, die sie aufgrund ihrer *education* erworben haben. So berichten sie z.B. davon, dass sie aufgrund ihrer *education* zu einem Experten in einem bestimmten Gebiet geworden sind, dass sie ein kompetenter Ansprechpartner in ihrem Beruf sind, andere sich auf ihre Arbeit verlassen können oder dass sie aufgrund ihres erworbenen akademischen Grades Autorität genießen. Aber nur vergleichsweise vereinzelt wird die Meinung vertreten, dass *education* nur dann sinnvoll ist, wenn sie *anwendbar* ist oder sich auf rein professionelle Zusammenhänge bezieht. Viele der oben genannten Beispiele zeigen vielmehr, dass neben dem Bezug auf die berufliche Seite *education* verstärkt auch im Zusammenhang mit anderen (Lebens-)Bereichen als wichtige Einflussgröße genannt wird.

Education als Instrument zur Unterstützung der Familie[110]

Eine weitere Erwartung an *education* für den eigenen Lebensverlauf ist, den Familienmitgliedern helfen zu können. Diese Hilfe kann zunächst natürlich finanzieller Art sein, wenn beispielsweise der Sohn oder die Tochter den Eltern nicht länger finanziell zur Last fallen möchte, oder die Ehefrau zum Haushalt beitragen will.

„... because of the way I came up in life; as far as my first and foremost priority was to get into a job and support my family, my father who tried so hard to get me into that position" (Angestellter, Biographieinterview No. 3).

Sie kann aber auch andere Formen der Unterstützung beinhalten, zum Beispiel wenn eine Ehefrau sich für eine bestimmte *education* bereits unter der Perspektive entscheidet, ihrem Ehemann in Heimarbeit helfen zu können:

„accounts - my husband also graduation in accounts - accounts officer - so I am also cooperated - data entry operator in computer so I am also cooperating with him" (Hausfrau, Biographieinterview No. 1).

Education kann, so ist oft zu hören, das Zusammenleben innerhalb der Familie verbessern, wenn beispielsweise die Mutter ihre Kinder besser verstehen oder ihr Familien- und Eheleben besser organisieren kann.

---

109 21 der befragten Personen haben dieses Thema angesprochen.
110 4 der befragten Personen haben dieses Thema angesprochen.

"... even I can guide my child with this. Whatever I am learning from here even I can - keep practice on my son. And mainly I - I like psychology subject very much. I have learnt many thing - many things from psychology. How to behave in your life, how to be in your married life, how to behave yourself, how to take care of your children - all this I have - been taught at there and I am - enjoying it now" (Angestellte, Biographieinterview No. 15).

Ein besonders wichtiger Aspekt wird der Tatsache zugeschrieben, dass man als *educated person* auch die eigenen Kinder unterrichten kann, was zugleich das eigene Selbstwertgefühl steigert, da man stolz darauf ist, sie nicht in eine der in Indien zahllosen Nachhilfeschulen schicken zu müssen.

„I can teach my children if I am educated I can educate my children at home here. I need not send for outside for tuitions and all. So that way it will help a lot" (Hausfrau, Biographieinterview No. 18).

„It's definitely useful when concerned with my kids. I have knowledge in a particular subject. Wherein I can teach my children, I have got a lot of exposure, I have done in good universities, good colleges. And I have gained lot of knowledge in science. I don't say that it's not - it's a - it has become useless. With this background, with this much of education I have taught my children, I am happy, the way they are progressing" (Hausfrau, Biographieinterview No. 25).

„being educated I can do much better for my children. I can do - I can teach them at least ... Because I am educated I can say them what is good what is bad I can teach. If I was not - and - they used to suffer a lot. Like - to tell them what is good what is bad [we?] have to have some background. That is education - has given that support" (Hausfrau, Biographieinterview No.16).

Weitere Motive der Wahl der education in biographischer Perspektive

In den Interviews wurden neben den **ökonomischen Kriterien** für die Wahl einer bestimmten *education* eine Reihe weiterer Motive genannt. Unter diesem wirtschaftlichem Aspekt steht vor allem die **Sicherheit** im Vordergrund,[111] gefolgt von Verdienstmöglichkeiten und Arbeitsmarktorientierung (Welche Berufe haben Zukunft? Welche Absolventen werden gesucht?).

Grundsätzlich wird allerdings von den Befragten darauf hingewiesen, dass das indische Bildungssystem dem Einzelnen kaum Wahlmöglichkeiten lässt, da die Noten und vor allem die Eingangstests weitgehend bestimmten, ob man den gewünschten Studienplatz bekommt oder nicht. Außerdem gibt es eine staatliche Regulierung, das indische *Reservation System*, dass die Ungleichheit der Kasten im Bildungssystem vermindern und die Chancen für Minderheiten verbessern soll und jeweils ein bestimmtes Kontingent an Studienplätzen und Regierungsstellen für diese Gruppen reserviert. Daher kann

---

111 Und deswegen sind in Indien Arbeitsstellen bei der Regierung nach wie vor sehr begehrt und gehen mit hohem sozialen Status und Ansehen einher; nur zwei Befragte geben als Wunsch im Zusammenhang mit *education* an, nicht für andere arbeiten zu müssen, sondern selbständig werden zu können.

für die meisten Schüler und Studenten von einer freien Wahl ihrer *education* nur eingeschränkt die Rede sein. Trotzdem geben immerhin fast die Hälfte der Befragten an, dass das **fachliche Interesse** ihre Entscheidung mitbestimmt hat. In diesem Zusammenhang wird auch die ‚Berufung' zu einem bestimmten Beruf erwähnt. Viele berichten in den biographischen Interviews jedoch, dass sie ihren eigentlichen Studien- oder Berufswunsch nicht realisieren konnten, sondern dass mehr oder weniger der Zufall ihre Wahl bestimmt hat. Entsprechend ist eine häufig genannte Ursache für die Wahl der *education* eine **Vermeidungsstrategie**: Man habe sich für das eine Fach entschieden, um nicht ein unbeliebtes anderes wählen zu müssen.

„Because maths I was a bit dull, so arts would help me out. (laugh) ... like that" (Hausfrau, Biographieinterview No. 16).

„Like I was not interested in mathematics. I wanted to do medicine like. But I didn't get through that. So I thought - continued doing science - graduate; I became a science graduate" (Angestellte, Biographieinterview No. 7).

Ein weiteres vorstrukturierendes Kennzeichen des öffentlichen Bildungssystems in Indien ist die frühe fachliche Spezialisierung, die später eine freie Wahl zusätzlich einschränkt. Die Wahl einer bestimmten Fächerkombination macht einen späteren Richtungswechsel schwierig bis unmöglich.

Es lassen sich noch weitere, ganz verschiedene Motive bei der Wahl der *education* anführen, die mit zum Teil sehr unterschiedlichen Erwartungen verbunden sind. Einige der interviewten Frauen gaben an, dass sie es für die Wahl eines Berufes auch als wichtig ansehen, ob er für eine Frau angemessen, vorteilhaft oder ihrer ‚Natur entsprechend' ist, also dem **Geschlecht angemessen**, und nennen als Beispiel Ärztin oder Lehrerin.

„Because I felt that it is best suited job for the ladies; and a noble profession wherein you can serve many people. So - I thought may be - that is more appropriate for ladies (laugh) that job" (Hausfrau, Biographieinterview No. 25.).

„... for ladies it's very good-d field to - to teach in a college, isn't it" (Angestellte, Biographieinterview No. 9).

„Teaching - because my mother was a teacher - she is a teacher (laugh) - so - teaching is better for women" (Hausfrau, Biographieinterview No. 17).

Für einige der Befragten sind **Status** oder Ansehen eines konkreten Berufs ebenfalls wichtig. Hier liegt neben der erhofften Sicherheit ein zentrales Motiv für den weit verbreiteten Wunsch nach einer Beschäftigung im Staatsdienst, wobei die beruflichen Inhalte dann eher zurücktreten. Aber auch der vielfach geäußerte Wunsch, ein Medizinstudium zu absolvieren und Arzt zu werden, hat hier eine seiner Ursachen. Ärzte genießen in Indien auch heute noch ein extrem hohes Ansehen. Auf die Frage, warum er eigentlich Arzt werden wollte, antwortete ein Interviewpartner:

„money is not the criteria but we want name and fame" (Angestellter, Biographieinterview No. 20).

Und allgemeiner:

„... respect in - society. Family chartered accountants - generally people get a good impression" (Hausfrau, Biographieinterview No. 18)

Dass *education* sehr eng mit Statusfragen verknüpft wird, zeigt sich auch an der innerfamiliären Konkurrenz, von der ein Befragter berichtet. Sowohl er als auch sein gleichaltriger Cousin, der ähnliche äußere Bedingungen hatte (Vater früh verstorben, finanzielle Schwierigkeiten in der Familie), wollten Ingenieur werden. Während es ihm gelingt, scheitert sein Cousin. Er ist nun sehr stolz, der einzige postgraduierte Ingenieur in seiner Familie zu sein:

„Because none of my family members, including my brothers or parents or that side or this side - nobody was there even, who has completed post-graduation - especially on engineering side. Others are there - teachers - just they stopped at graduation level or the B.Sc. level, and ah they could not continue further because of the family background - I mean financial grounds and all. Nobody was there in the - in my family who has completed engineering. So just I wanted to be an engineer. (laugh)
Question of the interviewer: Only because of that? Only because...
His answer: „Yeah, I want to be - elevated among all the others. So I wanted to be elevated" (Angestellter, Biographieinterview No. 4).

Und ein anderer beschreibt als Motivation für seine *education*:

„I want recognition. (snicker) I wanted to have recognition as a very good engineer"

Und er erläutert weiter:

„I want that situation. Ten people around with me always. Not sycophants - genuinely. I want that kind of - only that person - monopoly. Any technology is there, only this person can do it [er selbst, I.C.]. That kind of position I require. Without me work will not go on. That kind of things I require" (Angestellter, Biographieinterview No 19).

6.3. Konfliktpotenzial

Auch wenn *education* stringent durch alle Interviews positiv bewertet wird, so birgt sie trotzdem auch ein gewisses Konfliktpotenzial. Es sollen hier allerdings nur individuell erlebte Konflikte im Zusammenhang mit *education* angeführt werden - und nicht etwa gesamtgesellschaftliche Probleme wie die grundsätzliche Problematik des Zugangs zu *education* oder diskriminierende Faktoren wie das Stadt- Landgefälle oder die Abhängigkeit der Qualität von *education* von der finanziellen Situation.[112] Es lassen sich folgende problematische Bereiche aus dem Textmaterial ableiten:

Problematische Aneignung von *education*[113]

In vielen Fällen konnten die Befragten sich ihren Wunsch nach einer bestimmten *education* nicht erfüllen. Bereits unter Punkt 6.3. ff. war hinsichtlich einer Instrumentalisierung von *education* für die eigene Biographiegestaltung auf Vermeidungsstrategien im Rahmen der Wahl hingewiesen worden. In diesen Fällen war ein Fach gewählt worden, um ein anderes zu vermeiden - sozusagen die ‚Wahl des kleineren Übels', was in der Regel damit zusammenhängt, dass der erforderliche Notenschnitt nicht erreicht wurde. Damit bestimmen in der Sicht der Befragten externe Faktoren wie die Zulassung zu einem Studium die Entscheidungen.

„… actually I had interested to do M.B.A. … I don't get the seat and all that, so that I had to do my M.Com. correspondence" (Hausfrau, Biographieinterview No. 17).

„I didn't wanted to take civics so I opted for modern literature" (Hausfrau, Biographieinterview No. 18).

Mit der Einschränkung der eigenen Wahlmöglichkeit wird jedoch zumeist pragmatisch umgegangen und die Umstellung auf ein neues Fach als recht unproblematisch beschrieben. Ein Konfliktpotenzial bietet die Wahl bzw. das Anstreben einer bestimmten *education* jedoch dann, wenn das Ziel nicht erreicht werden kann. Wir hatten bereits gesehen, dass Versagen und Scheitern von den Befragten als sehr ernstes Problem angesehen wird - und nicht selten findet man die Meinung, dass man überhaupt nur dann eine menschenwürdige Behandlung durch seine Umwelt verdient, wenn man auf diesem Gebiet erfolgreich war und ist. Aber vor allem ist im Selbstbezug Erfolg in Bezug auf *education* wichtig und sind Misserfolge schwerwiegend.

„Because I wanted - I wanted something - I wanted to become something in my life. I opted for this chartered accountants course, because it's a very good profession. So, we get good exposure in that. But I couldn't do that, so I left that. That is - an important matter" Question of the interviewer: What kind of expectation did you have for this kind of education?
Her answer: Yeah, I had very much - and my parents - basically my parents very much expected on me - they had very good expectations on me […] They had very good expectations on me regarding this professional course. They wanted me to become a chartered accountant, but - even I had but - I couldn't."

---

112 Wobei man berücksichtigt muss, dass sich auch die Befragten über finanzielle Schwierigkeiten und den damit verbundenen eingeschränkten Möglichkeiten äußerten, insgesamt wurde jedoch mit dem Sample eine Gruppe befragt, die bereits zu der privilegierten Mittelschicht gehört.
113 7 der befragten Personen haben dieses Thema angesprochen.

In ihrem späteren Resümee kommen die Enttäuschung und das Gefühl der verpassten Chance deutlich zum Ausdruck:

„Personality - if I'd been a chartered accountant my personality - that would have been different" (Hausfrau, Biographieinterview No. 18).

Wenn sie diese prestigeträchtige Ausbildung hätte abschließen können, dann wäre sie in ihren Augen ein ganz anderer Mensch geworden. Auch den Erwartungen der Eltern nicht gerecht zu werden, ist für sie gleichermaßen eine große Belastung. Auch wenn die Ursachen für Defiziterfahrungen im Rahmen von *education* in externen Faktoren gesehen werden, kann dies zu inneren Konflikten führen. Die mangelnde Unterstützung des Ehemanns beim Erwerb von *education* und der eigenen (weiteren) Qualifikation führt bei dieser Interviewpartnerin zu dem Gefühl, an ihrer eigenen Entfaltung gehindert zu werden:

„It was different in my case. Like before completing of the degree I was being married. [...] Because of - earlier said - because of my mother-in-law - she was sick - so she wanted to see the marriage. For that purpose - I was doing my second - second year of degree - and in the meantime I had been married. So - and everybody said that - even after marriage they can do their education - so, in that way they convinced me [and I said?] ok, that's also correct no, you can do after marriage also, what is there so I ... married, and after that I completed my degree. My husband supported a lot. Actually I didn't have a chance to study further because I was having children and so I stopped there".

Sie kann zwar ihre angefangene Grundausbildung beenden, wird dann nicht weiter von ihrem Ehemann unterstützt. An späterer Stelle im Interview meint sie dann:

„I'm just B.A., and I'd have just done M.A. or such. But if he would have supported I would have done I think. But he didn't. [...]. He didn't give me chance to do" (Hausfrau, Biographieinterview No. 16).

Sie bedauert es, von weiterer *education* ausgeschlossen zu sein und fühlt sich aufgrund ihrer eher geringen *education* ihrem Ehemann unterlegen,[114] und macht ihren Mann dafür verantwortlich.

Education und die Erwartungen für die eigene Biographie[115]

Auch andere Erwartungen, inwiefern *education* den eigenen Lebensverlauf beeinflussen soll, sind konflikthaltig. Sie soll gute Verdienstmöglichkeiten mit sich bringen und so den ökonomischen Status sichern bzw. verbessern und Stabilität und Sicherheit für das Leben garantieren. *Education* wird hier verbunden mit guten Aussichten auf eine feste Anstellung, einen guten Job, nicht selten sogar mit einer krisensicheren und statusaufgeladenen Anstellung bei der Regierung. Die Reaktionen auf die Erfahrung im weiteren Ver-

---

114 Siehe dazu auch 6.4. Emotionale Reaktionen
115 9 der befragten Personen haben dieses Thema angesprochen.

lauf des Lebens, dass die erworbene *education* nicht die erwarteten Auswirkung auf die finanzielle Situation hat und somit nicht zwangsläufig mehr Sicherheit impliziert, fallen unterschiedlich aus.

„So I wanted to join into an accounts background and ... I joined in accounts background only. It is a - I told you no, the private companies we don't have a secure to life. When you are there and when you are not there. [...] and one more expectation ... I should have a government job (...) and all that so that we'd be secure and all that".

Und weil dies nicht möglich war, kommentiert sie direkt im Anschluss daran: *„I don't know all my dreams have come"* - und rettet sich in Lachen, um nicht zugeben zu müssen, dass alle ihre Träume sich nicht erfüllt haben, denn ihr Vertrag in einem privaten Unternehmen war nicht verlängert worden und sie arbeitslos geworden. (Hausfrau, Biographieinterview No. 17).

Ein Arbeitsloser äußert sich gegenüber seinen ursprünglichen Erwartungen an *education* für seine Biographie eindeutig:

„... my main expectation was to obtain any kind of government job in - in this country only. That's all"

Aus heutiger Sicht und vor dem Hintergrund der Erfahrung, dass seine Erwartungen sich nicht erfüllt haben, stellt er seine Erwatungen nun selbst in Frage und relativiert sie: schuld daran sei nicht seine *education*, sondern allein seine falschen Erwartungen daran.

„... education never make any damage for me but only thing the problem has come in my life that I expected something through education - that a government job and all. That I failed, where I was disappointed. But if I would not have expected any kind of government job and all then naturally education would have elevated much more to me" (Arbeitsloser, Biographieinterview No. 21).

Eine ganz ähnliche Einschätzung gibt ein zweiter Arbeitsloser:

„But the thing is my attitude was always getting a job through education. I was thinking about it. If at all I was prepared for the - only for the knowledge definitely I would be very I mean very much satisfied man today as I have gained this knowledge and all" (Arbeitsloser, Biographieinterview No. 26)

Ein anderer Befragter wollte sich nach seiner *education* selbständig machen und seine Intention war, nie für andere arbeiten zu müssen.

„... as a - not as an employee. I want to make my own firm and all that. At the time of [als die Entscheidung über education anstand, I.C.] - I thought of making my own - thing and all that. My own firm".

Auch er macht die Erfahrung, dass seine Erwartungen nicht realistisch waren:

„... real experience slightly is not as I expected. It's lot of difference between - I mean it's academic and all that. I've to gain lot more experience and all that. I do - practically lot of - thought of initially one stop jump start I've to make something - my own thing and all that. But later when I came to feel I've to work for some time, I've to gain experience [...] So slightly - I mean slightly different from ... my expectations. So then when I realize its - its ground realities then I thought of its - I mean ... you should obey the ground realities no. Only in our dreams no" (Arbeitsloser, Biographieinterview No. 23).

Eine andere Interviewpartnerin erklärt:

„I went into science group - after I finished my school education. I have gone - here we call it as Bi.P.C., that is, biology, physics and chemistry. And we opt for this - that is if we are interested to become doctors. But unfortunately here we have very limited seats there, and half of one - three-fourths of that goes to the reserved category. There I have - I think I have made a mistake. By opting for sciences" (Hausfrau, Biographieinterview No. 25).

Ihr Problem ist, dass ihr wegen der einmal gewählten spezifischen Fächerkombination keine Alternativen mehr offen stehen. Sie hat keinen der begehrten Studienplätze für Medizin bekommen und kann mit dieser Fächerkombination nur eine Weiterbildung zur Lehrerin anstreben, was sie allerdings nicht interessiert. Wegen der mangelhaften Anwendbarkeit ihrer *education* kommt sie zu dem Schluss, dass ihre Wahl unter Umständen ein Fehler war.

Veränderte Anspruchshaltung durch education[116]

Bisher wurde auf die der *education* zugeschriebenen positiven Veränderungen der Persönlichkeit eingegangen. Es gibt jedoch auch Hinweise in den Interviews, die auf mentale Entwicklungen bzw. Veränderungen in den Einstellungen der *educated persons* hindeuten, die zwar als problematisch angesehen, von den Befragten selbst jedoch nicht zwangsläufig negativ bewertet werden. Zu den durch ihre *education* bedingten Einstellungsänderungen, in denen die Befragten ein gewisses Konfliktpotenzial erkennen, gehören vor allem die mangelnde Kompromissbereitschaft und -fähigkeit sowie die gestiegene Anspruchshaltung. Ein Arbeitsloser sieht in seiner mangelnden Kompromissbereitschaft den entscheidenden Grund für seine Arbeitslosigkeit, da er zu keinen Zugeständnissen bereit ist, um seine Chancen im Arbeitsmarkt zu verbessern:

„I was provided with a job which does not match - I mean these - though this - like I was feeling I should not do. After doing this Post-graduation why should I work with the graduates? Sometimes I feel that. So that is the reason still I am unemployed" (Arbeitsloser, Biographieinterview No. 26).

Ein anderer Befragter formuliert seine Erfahrungen noch drastischer und bezeichnet seine *education* unter diesem Gesichtspunkt sogar als einen *Fluch*:

„So somehow I could not been adjusted - accommodated in any place. That was misfortune for me. I could have been left out my studies at that - at the age of 12, I mean at the standard of 12 or 15th - with graduation. Naturally I would have started some kind of little business. After ... Ph.D. certainly I could not compromise at the stage. That is one of the best event in my life is obtaining the degree and rather the most curse on my part is that degree only" (Arbeitsloser, Biographieinterview No. 21).

---

116 3 der befragten Personen haben dieses Thema angesprochen.

Aber die gestiegene Anspruchshaltung muss sich keineswegs nur auf die Art der beruflichen Tätigkeit oder die erreichte Position beziehen. Eine höhere *education* führt auch zu einem gestiegenen Selbstwertgefühl und kann dementsprechend zu einem Gefühl von Überlegenheit gegenüber anderen, weniger *eduacted persons* führen, wie es am Beispiel einer Ehefrau gegenüber ihrem weniger gebildeten Ehemann zum Ausdruck kommt. Für sie hat ihre Heirat ihre Erwartungen nicht erfüllt:

„… like I should get a good husband and all that. No - he [der Ehemann] is also good - it is not that - I was expecting a good - like he should also be same educated - same line whereas - he is - he is inter and … diploma in mechanical engineering - whereas I am a postgraduate - and I - actually I wanted my husband to be an equal education qualification. I didn't find him in that way"

Aus ihrer Enttäuschung darüber macht sie keinen Hehl und fügt später sogar noch hinzu, dass indische Frauen erwarten, dass ihre Ehemänner eine bessere *education* haben sollten als sie:

„… because always we think our husband should be in a higher position and all that. We will be happy"

Und sie geht noch näher darauf ein, warum Ehepartner eine gleiche oder vergleichbare *education* haben sollten. Für sich selbst kommt sie zu einem eher resignierenden Urteil:

„Like what happened is when - both are equally - we will not have a differential between - see now we both have a differential like you are a highly educated, I am not educated. We get a discriminations like. […] you are so educated, I am not clever - that - that should not get a - that should not come into wife and husband's relation. Both have to be in equal think- - equal way of thinking. Once they get that way - they get a superior - inferiority complex. She's getting higher - high and all that. I didn't wanted that but what - it was not my - I have to go through with it" (Hausfrau, Biographieinterview No. 17).

Das Beispiel macht einerseits deutlich, wie eng verbunden *education* mit der eigenen Identität und Persönlichkeit wahrgenommen und ein wichtiges Kriterium zur Bewertung anderer darstellt. Andererseits geht damit ein Konflikt- oder Frustrationspotenzial einher, wenn Ansprüche oder mangelnde Kompromissbereitschaft eine Anpassung an die Gegebenheiten erschweren oder unmöglich machen.

6.4. Emotionale Reaktion

Unter diesem Aspekt soll auf den emotionalen Bezug von *education* eingegangen werden, der in den Interviews in sehr unterschiedlicher Hinsicht thematisiert wurde. Dabei kann es sich zum einen um positive Emotionen handeln, die mit dem direkten Erwerb von *education* zusammenhängen, als auch um solche, die mit eingeschränkten oder verpassten Möglichkeiten oder mit Misserfolgen und ihren Folgen zu tun haben. Die Skala reicht dabei zwischen emotionaler Distanz und starkem emotionalem Engagement, um eine Unterscheidung von Elias (1990) aufzugreifen.

Positives Selbstwertgefühl durch education[117]

Educated zu sein - was für alle Personen des Samples zutrifft - wird generell mit sehr positiven Gefühlen verbunden. Der überwiegende Teil der Befragten berichtet von einem positiven Selbstwertgefühl aufgrund ihrer *education* - sie sind sehr stolz auf die eigene Leistung.

„I consider very important in my life is when I completed my M.C.A., that is, Master of Computer Application with distinction. That I completed this after my marriage with my small kid. That I consider it as a very good achievement in my life" (Angestellte, Biographieinterview No. 11).

Und ein anderer Befragter erklärt:

„… when I stood first in the state when this was announced. Again it gave me lot of motivation, it was really nice and it gave me lot of strength"

Seine weiteren Ausführungen bringen seine Einstellung dann auf den Punkt:

„I finished my M.L. also - Master of Law. And this law perception - this legal background has given lot of courage and calling a spade" (Angestellter, Biographieinterview No. 2).

Education vermittelt einigen Befragten ein Glücksgefühl, das man fast schon als *Flow-Erlebnis* (Csikszentmihalyi 1985) bezeichnen könnte, und zwar entweder durch das erreichte Ansehen, das sie dadurch genießen, oder allein durch den Wissenserwerb.

„… whereas during my time that is when I was doing very few people - you don't believe we were only six girls in P.G. So wherever I went I stood out. That is, she has done P.G. […] And my children are also very proud that their mother is a post-graduate. And I myself am very happy that I have gained some knowledge and have been something" (Hausfrau, Biographieinterview No. 25).

„… all this I have - been taught at there and I am - enjoying it - now" (Angstellte, Biographieinterview No. 15).

Die Befragten genießen förmlich sowohl die Aufwertung und Anerkennung durch andere als auch das ihr erworbenes Wissen. Auch die Erfahrung, anderen deswegen helfen zu können, führt zu einem positiven Selbstbild und trägt zu gestärktem Selbstbewusstsein bei. Eine durch *education* geprägte Umwelt wird als motivierend erlebt und kann sogar zu enthusiastischen Gefühlen führen und Lernen wird generell als eine positive Erfahrung beschrieben.

---

117 18 der befragten Personen haben dieses Thema angesprochen.

Gegenüber Menschen mit weniger *education* äußern einige der Befragten Vorstellungen von Überlegenheit,[118] worauf abschließend noch kurz zurückzukommen sein wird.

Ambivalente emotionale Reaktion[119]

Education, und hier vor allem hinsichtlich mangelndem Zugang und schlechter Leistung, kann jedoch auch zu negativen Gefühlen führen. Am Beispiel einer Frau mit besserer *education* als ihr Mann war bereits davon die Rede. Einige Befragte berichten auch von Minderwertigkeitsgefühlen, die aus Misserfolgen in ihrer *education* resultieren. So führen beispielsweise schlechte Leistungen dazu, dass man weniger Respekt erfährt und weniger Zuwendung erhält. Das Beispiel der interviewten Person No. 9 ist paradigmatisch: Die Interviewpartnerin berichtete davon, dass ihre Eltern sie wegen ausbleibender Leistungen missachtet und sogar geschlagen haben. Dennoch hat sie Verständnis für die Reaktion der Eltern, hält sie für gerechtfertigt und hat wegen ihres eigenen Versagens ein schlechtes Gewissen. Während sich für diese Befragte nach weiteren erfolgreichen Bildungsabschlüssen die Lebenssituation vollkommen verändert hat und sie nun hohes Ansehen inner- und außerhalb ihrer Familie genießt und man ihr mit Respekt begegnet, stellt sich für eine Hausfrau, die aufgrund ihrer Kinder und mangelnder Unterstützung durch ihren Ehemann ihre Bildungskarriere nicht fortsetzen kann, dieses Problem auf Dauer. Sie beschreibt zwar ihre Gefühle nicht explizit, trotzdem lässt sich leicht feststellen, dass sie unter der Unterlegenheit gegenüber ihrem Ehemann leidet:

„I feel sometimes - because he is a B.A., L.L.B. and just - I'm just B.A." (Hausfrau, Biographieinterview No.16).

Aufgrund der Tätigkeit als Hausfrau kaum Kontakt zur Außenwelt bzw. zur Berufswelt zu haben, bestärkt ihr Gefühl von Einschränkung und Unterlegenheit oder sogar Minderwertigkeit. Da das Sample für die vorliegende Studie bewusst nur aus *educated persons* besteht, deutet sich diese Problematik hier nur an. Allerdings kam sie schon in den Assoziationsinterviews mit *uneducated persons* sehr deutlich zum Ausdruck. Die Befragten dort berichteten von ihren negativen Gefühlen von Unterlegenheit und Minderwertigkeit und sogar Scham:

„If some one asks me about my education I feel ashamed to say that I am not properly educated" (Klempner, Assoziationsinterview No. 6).

Die mit *education* verbundenen Gefühle von Über- beziehungsweise Unterlegenheit sind ein wichtiges Indiz für die Bedeutung, die *education* in sozia-

---

118 Zu Überlegenheitsgefühlen durch *education* siehe auch Punkt 6.3. ff. Veränderte Anspruchshaltung durch erworbene *education*
119 7 der befragten Personen haben dieses Thema angesprochen.

len Inkulsions- Exklusionsprozessen spielt, worauf noch zurückzukommen ist.

6.5. Normative Idealisierungen

Unter dieser Dimension sollen diejenigen Aussagen zusammengefasst werden, die einen über *education* herbeigeführten ‚Soll-Zustand' beschreiben - insofern liegt diese Dimension nicht auf derselben Ebene wie die anderen. Gemeinsam ist diesen Aussagen, dass normative Implikationen darüber enthalten sind, wozu *education* dienen soll und wozu sie als Voraussetzung angesehen wird. Sie unterscheiden sich damit in sofern von den bisherigen thematischen Kategorien, als sie keine Zustandsbeschreibungen sind, sonder reine ‚Soll-Vorstellungen', also Konsequenzen, die *education* haben oder herbeiführen sollte, was als Realität jedoch bezweifelt wird, weswegen diese Aussagen einen starken normativen Charakter haben. Da die Aussagen weitgehend ähnlich bzw. identisch mit denjenigen sind, die oben als individuelle Definitionen von *education* und individuelle Selbstbezüge aufgeführt wurden, werden sie hier nicht mehr näher erläutert.

- Zum einen finden sich Aussagen, die als **Moralische Entwicklung der Person durch *education*** zusammengefasst worden sind: *Educated persons* sollten andere als menschliche Wesen achten, älteren Menschen Respekt entgegenbringen und die Wahrheit sagen.
- Die Aussagen, dass durch *education* die vollständige Persönlichkeit entwickelt (Stichworte: Ausbalanciertheit, Integrität u.ä.) und sie zu Selbstbewusstsein und Willenskraft führen sollte, wurden unter **Entwicklung einer integren Persönlichkeit** angeführt.
- Der Aspekt der Vorbildfunktion einer *educated person* hatte sich bereits in dem Unterpunkt **Kompetenz im sozialen Umgang** sowie unter ***Educated persons* als Vorbilder und Voraussetzung für eine ‚entwickelte' Gesellschaft und allgemeinen Fortschritt** gezeigt. In den Idealisierungen kommt zum Ausdruck, dass eine *educated person* ein gesellschaftliches und soziales Vorbild sein sollte, und zwar als ein ‚kultivierter Bürger' mit guten Manieren. Darüber hinaus sollte eine *educated person* zum Gemeinwohl beitragen, Verantwortung in der Gesellschaft übernehmen, ihr nützlich sein oder gar ‚etwas entwickeln', was für die gesamte Welt nützlich ist. Die *education* jedes Einzelnen sollte die ganze Nation nach vorne bringen und sogar den Patriotismus fördern.
- Der Punkt „Kompetenz zur Hilfe andere" spiegelt sich ebenfalls in den Idealisierungen: Hier geht es darum, dass *educated persons* anderen

Menschen helfen sollten, ihnen Rat erteilen und sie unterrichten oder auf andere Weise Bildung vermitteln.
- Schließlich gibt es auch in den Idealisierungen einen Praxisbezug (**Handlungskompetenzen und -optionen durch *education***): *Education* sollte praktisch angewendet werden und sie sollte zu Alltagskompetenz führen.

Interessant an den idealisierten Zuschreibungen an *education* ist, dass sie sich fast ausnahmslos auch in den ich-bezogenen Definitionen als ‚Ist-Zustände', wieder finden. Die einzigen Ausnahmen sind einerseits einen der Anspruch, *education* sollte den Patriotismus fördern und andererseits die überzogene Forderung, *educated persons* sollten etwas für die ganze Welt Nützliches entwickeln.

6.6. *Education* und Persönlichkeitsentwicklung - ein Anathema: abweichende Fälle

In dem gewählten Sample findet sich eine breite Basis für die Argumentationsstrukturen, die oben dargestellt wurden. Aus nahe liegenden Gründen kann nicht auf alle Argumentationslinien aller Befragten eingegangen werden. Dennoch lassen sich große Gemeinsamkeiten in den Argumentationen ausmachen. Nur bei zwei Befragten unterscheiden sich die Argumentationen ganz wesentlich. Beide vertreten die Meinung, dass es keinen Zusammenhang von *education* und einer Verbesserung der Persönlichkeit in Richtung eines ‚besseren', und moralisch verantwortlicheren und sozial wertvolleren Menschen gibt. Eine solche Kausalbeziehung wird von ihnen im Gegenteil explizit in Frage gestellt. Deshalb soll kurz auf diese Beispiele eingegangen werden.[120]

Ravinder (Interview No. 22)

Ravinder ist 28 Jahre alt und arbeitslos. Sein Abschluss war für ihn eine gute Leistung und er ist sehr glücklich darüber, wie er betont. Es war auch der Wunsch seines Vaters, dass er den Titel eines Master in Technology erreicht. Ravinder begründet die Wahl seines Faches aber sehr detailliert als reine interessensgeleitete Entscheidung und mit seinem Interesse an der Ingenieurwissenschaft als ein ‚verborgenes Verlangen'. Zudem beschreibt er es als „besonders glücklichen Moment", einem sehr guten Sanskritlehrer begegnet

---

120 Eine Kurzinterpretation zu diesen beiden Fällen findet sich in Anhang A.

zu sein und hat sich zum Ziel gesetzt, diese Sprache zu lernen, weil sie viel Wissen enthalte und eine wenig erforschte Sprache sei.

Trotz einer generell positiven Einstellung gegenüber seiner *education* trennt Ravinder sehr deutlich zwischen „*formal education*" und „*real education*". Die erstere manifestiert den Status in der Gesellschaft und hat zur Folge, dass zum Beispiel in der Berufswelt die Untergebenen die Weisungen der *educated person* befolgen. Darüber hinaus hat seiner Meinung nach diese *formal education* jedoch keinen Einfluss auf seine Persönlichkeit gehabt:

„... when you speak of the formal education - the kind of impact it has on me - yes, definitely there is some kind of impact. But, it's not on my personality. ... I am a person now. I have some characteristics, I have some nature. That education is not responsible for my nature today ... so called formal education ... it' not responsible for what I am now. But professionally it is responsible"

Die Unterscheidung von *formal education* und dem, was er *real education* nennt, findet sich in einigen der Interviews. Eine generelle Ablehnung jeglichen Einflusses von *formal education* auf die eigene Persönlichkeit erfolgt jedoch nur in diesen zwei Fällen. Um zu erklären, was er unter einer *real education* versteht, greift Ravinder auf die religiösen Führer Jesus und Buddha als Beispiele „wirklich großer Persönlichkeiten" zurück. In seiner Definition von *real education* bezieht er sich auf den indischen Philosophen und Yogi Swami Vivekananda, der *education* wie folgt beschrieben hat: „*education is the manifestation of the perfection already present in the man*".[121]

Am ausführlichsten setzt er sich im weiteren Verlauf des Gesprächs jedoch mit Gandhi auseinander, dessen Bild auch in seinem Zimmer steht. Ravinder hat Biographien sowie die Autobiographie von Gandhi gelesen und hält ihn für einen vollkommenen, idealen Menschen, der als Vorbild jedoch problematisch sei, weil Gandhi für ihn ein Heiliger ist und ihm nachzueifern bedeuten würde, für sich selbst eine Art von Heiligkeit anzustreben.

Ravinder hält seine *real education* offensichtlich für hervorragend. Viele seine Freunde lieben ihn deswegen und seine Lehrer respektierten ihn ebenfalls sehr deswegen. Diese *education* verdanke er ausschließlich seinen Eltern und auch seine Lehrer hätten diese dafür gelobt, wie gut sie ihn erzogen hätten. Sicher nicht zufällig beginnt Ravinder das Interview damit zu erklären, dass er stolz darauf ist, einer solchen Familie anzugehören. Als Berufbezeichnung seines Großvaters gibt er an, dieser sei ein vedischer Gelehrter gewesen.

Ravinder stellt dem Einfluss von *education*, hier verwendet im Sinne von formaler Ausbildung, den Einfluss seiner Familie gegenüber und bewertet letztere eindeutig als eigentliche identitätsstiftende und persönlichkeitsentwickelnde Einflussgröße. Die Perfektion mag in jedem Menschen angelegt sein, wie es in dem Vivekananda-Zitat zum Ausdruck kommt, aber erst durch eine

---

121 Siehe näher z.B.: Nikhilananda 1964

Erziehung wie durch seine Eltern kann sie entfaltet werden. Eine *formal education* kann der Persönlichkeit nichts hinzufügen. Sie ist einzig und allein in professioneller Hinsicht relevant. Diese Sichtweise unterscheidet sich fundamental von den bisher referierten, in denen *education* immer auch als Persönlichkeitsveränderung gedacht wurde, etwa als Prozess der Auseinandersetzung mit Wissen und/oder Gleichaltrigen oder Lehrern, usw. Die Vorstellung, dass man zum Beispiel auch mit den Inhalten aus der eigenen *education* wachsen kann, fehlt völlig.

Devandu (Interview No. 23)

Devandu ist 34 Jahre alt und ebenfalls arbeitslos. Er hat keine besondere affektive Beziehung zu *education*. Schon die Entscheidung für einen bestimmten Studiengang war für ihn sehr schwer, da seine Interessen von Monat zu Monat wechselten; seine Wahl, die er letztlich getroffen hat, begründet er überhaupt nicht. Erklärtes Ziel ist für ihn, selbstständig zu sein und nicht für jemanden anderen arbeiten zu müssen. Auch in diesem Interview tritt die Unterscheidung von *formal education* und *real education* zu Tage. Auch Devandu weist einen möglichen Einfluss von *formal education* auf seine Persönlichkeit zurück:

„ ... Nothing. I didn't change ... What I may be - my position - what is the basic core of mine - I'll be like that"

Und später meint er:"

„ ... Changing my ... personality, education and all. I mean in my case it is not education".

Education kann den Kern seiner Person nicht berühren. Anders als bei Ravinder wird dies jedoch nicht religiös oder philosophisch begründet. Devandu hebt dem gegenüber für sich die Bedeutung konkreter Begegnungen hervor, durch die die Wahrnehmung seines Lebens und damit seiner Persönlichkeit beeinflusst wurde. Konkret nennt er u.a. das Beispiel der Begegnung mit den Mitgliedern einer Tierschutzorganisation, die seine Einstellung verändert hat, da dadurch sein Wertesysteme in Frage gestellt und seine Prioritäten neu ausgerichtet wurden - dies ist seine Art von *education*.

Eine *educated person* ist für ihn deshalb jemand, der Verantwortung übernimmt, und zwar im Interesse der Allgemeinheit wie etwa gegenüber der Gesellschaft oder der Umwelt. Der gesamte erste Teil des Interviews ist davon bestimmt, dass Devandu sein Engagement in einer Tierschutzorganisation sowie seine Beweggründe dafür erläutert. Dies entspricht seiner Definition von *education* und legt nahe, dass auch er sich für *educated* hält. Anders als bei Ravinder sieht er die Quelle für *education* jedoch nicht in der Familie, sondern Ursache sind die speziellen Begegnungen und Interaktionen, die ihn auch zur eigenständigen weiteren Auseinandersetzung mit umweltrelevanten Problemen angeregt haben, wie z.B. mit dem Thema Klimaerwärmung. Beide sind also der Meinung, dass *education* im Sinne einer *formal education* nicht zu ihrer Persönlichkeitsentwicklung beigetragen hat, wobei beide ihre Persönlichkeitsentwicklung jedoch positiv bewerten.

7. Zweite Analysestufe

7.1. Die zugrunde liegenden, beobachtungsanleitenden Unterscheidungen der Semantik über *education*

In dieser zweiten Analysestufe soll nun die Rückbeziehung der Ergebnisse aus der vorangegangenen induktiven Inhaltsanalyse zu den theoretischen Ausführungen über die Möglichkeit einer Beobachtung latenter Strukturen unternommen werden (vgl. 3.8.). Es war dort gezeigt worden, dass eine Beobachtung zweiter Ordnung, also eine Beobachtung einer Beobachtung, an den durch den Beobachter (im vorliegenden Fall die befragten Personen) eingeführten Unterscheidungen anzusetzen hat. Die folgenden Ausführungen orientieren sich demnach an den allgemeinen theoretischen Überlegungen zur System- und Kommunikationstheorie aus konstruktivistischer Sicht. In diesen Überlegungen nehmen differenztheoretische Konzeptionen einen zentralen Platz ein. Die grundlegende und tragende Unterscheidung, von der alle weiteren Beobachtungen auszugehen haben ist die Unterscheidung *educated - uneducated*, auch wenn diese Betrachtung zunächst trivial erscheinen mag. Wenn es offensichtlich eine große Bedeutung hat, eine *educated person* zu sein und dies als zentrales Persönlichkeitsmerkmal beschrieben wird, dann muss das Gegenstück dazu gleichfalls in den Blick genommen werden. Es soll deshalb geklärt werden, was als das Besondere an dieser basalen Unterscheidung gekennzeichnet werden kann, welche Merkmale sie ausmachen und wie diese sich in den gewählten indischen Kontext einfügen lassen. Daran anschließend werden die unterschiedlichen Konsequenzen dieser Unterscheidung für die Konstruktion von Sinn in Bezug auf *education* diskutiert. Den Sinnkonstruktionen über *education* liegen ganz bestimmte Beobachtungsmodi zugrunde, die erläutert werden sollen. *Educated - uneducated* kann hier also als eine zentrale Leitunterscheidung verstanden werden, an der sich alle weiteren Beobachtungsoptionen orientieren.

In lockerer Anlehnung an Luhmann sollen unter Leitunterscheidungen diejenigen Unterscheidungen verstanden werden, „die die Informationsverarbeitungsmöglichkeiten ... steuern" (1987, S. 19). Erst die Differenz hat einen informationserzeugenden Effekt, ja kann geradezu als konstituierendes Merkmal für Information verstanden werden, wie es auch in der viel zitierten Formulierung von Bateson zum Ausdruck kommt, nach der unter Information „a difference that makes a difference" zu verstehen ist (1981, Seite 582, kritisch dazu Luhmann 2004, S. 127 ff.), und wie es im Theorieteil dieser Arbeit dargestellt worden war. Es soll aufbauend auf den oben dargestellten thematischen Kategorien (vgl. Kapitel 6) im folgenden die Leitunterscheidung *educated - uneducated* sowie ihre vielfältigen Aspekte und weit reichenden Folgen für diese Sinnkonstruktion analysiert werden, da diese Unterscheidung nicht nur wesentlich den Gegenstand *education* als unterscheidbare Einheit konstituiert, sondern auch folgenreich für mögliche Anschlussfähigkeiten ist.

Die große Bandbreite der Themen, die herausgearbeitet und in den thematischen Kategorien zusammengefasst wurde, macht eine Berücksichtigung aller in einer detaillierteren Analyse unmöglich. Im Fokus der Analyse der die Beobachtungen begründenden Unterscheidungen stehen deshalb die ‚*evolutiven* Konzeptionen'. Zum einen erwiesen sie sich bereits in den Voruntersuchungen als äußerst dominant, was sie als konstitutives Moment dieser Semantik heraushebt. Zum anderen scheinen andere Aspekte wie vor allem die ‚Biographische Instrumentalisierung' als evident für die Problematik von *education* und daher wenig erklärungsbedürftig und erkenntnisträchtig. Es kann als eine Selbstverständlichkeit angesehen werden, dass die Individuen sich *education* aneignen, um etwa einen Beruf ausüben zu können. Von den thematischen Kategorien wie etwa ‚Konfliktpotential' oder ‚Emotionale Reaktion' kann wiederum angenommen werden, dass sie in einem engen Zusammenhang zu den *evolutiven* Konzeptionen stehen und sich als daraus abgeleitet verstehen lassen. Sie werden deshalb auch in diesen Zusammenhang gestellt und dort diskutiert, wo ein direkter Zusammenhang existiert.

Im Folgenden sollen noch einmal kurz die wesentlichen Argumentationen der evolutiven Konzeptionen dargestellt werden. Daran anschließend geht es um die Analyse der die Beobachtungen begründenden Unterscheidungen. Aufgrund dieser Analyse werden Konsequenzen für die Konstruktionen von Sinn über *education* abgeleitet und anhand des Datenmaterials konkretisiert.

7.2. *Evolutive* Vorstellungen und *education*

In allen drei Erhebungen finden sich Vorstellungen, die hier *evolutiv* genannt wurden, als wesentliches Merkmal der Semantik. Diese implizit *entwicklungsbezogenen Theorien* erweisen sich als sehr dominant, sie sind Hauptbestandteil einer grundlegenden Definition von *education*, liefern die entscheidenden Kriterien für die Unterscheidung von *educated* und *uneducated* und sollen deshalb zunächst noch einmal zusammengefasst dargestellt werden. Sie lassen sich im Anschluss an die erste Analysestufe den vier Bereichen 1.)

kognitive Entwicklung, 2.) Ethik und Moral, 3.) soziales Verhalten und 4.) allgemeine Gesellschaftsentwicklung zuordnen.[122]

(1) Die kognitive Entwicklung ist ein häufig genanntes Kriterium. *Education*, so die verbreitete Meinung, ist eine conditio sine qua non für kognitive Leistungen und den Aufbau kognitiver Fähigkeiten, sie macht erst rationales, logisches und analytisches Denken sowie systematisches und reflektiertes Handeln möglich. Eine *educated person* besitzt die Fähigkeit zur Selbstkontrolle in kognitiver, affektiver und verhaltensmäßiger Hinsicht und dies ermöglicht ihr eine angepasste und angemessene Handlungsplanung und eine erfolgreiche und effektive soziale Umsetzung. Darüber hinaus machen die Argumentationen der Befragten deutlich, dass *education* nicht nur die kognitiven Funktionen verbessert, sondern den ganzen Menschen höher entwickelt und seine individuellen Qualitäten und Fähigkeiten herausbildet. Zwar ist das Potential dazu in jedem Menschen prinzipiell angelegt, wird aber erst durch *education* entwickelt. Eine *uneducated person* handelt affektiv, reflektiert nicht über die Konsequenzen ihres Handelns und ist aufgrund dieser Affektgebundenheit nicht dazu in der Lage, die Konsequenzen des Handelns reflexiv zu beurteilen und ihr Verhalten entsprechend zu steuern.

2.) Darüber hinaus bringt *education* jedoch nicht nur analytisch denkende und intelligente Menschen im Sinne einer westlichen Vorstellung hervor (siehe etwa Dasen 1984), sondern ‚bessere Menschen' an sich. Sie vermittelt den Individuen die Unterscheidung zwischen gut und schlecht oder ethisch richtig und falsch und ein daran orientiertes Verhalten sowie ganz allgemein das Wissen darüber, wie man *sein sollte*. *Educated persons* sind, so die Perspektive, die ‚wertvolleren' Menschen und in einigen Interviews wird zudem die Ansicht vertreten, dass es ohne *education* weder Ethik noch Moral gäbe und nur *educated persons* zu ethischem und moralischem Denken und Handeln fähig sind.

3.) *Education* beeinflusst das Handeln positiv in Richtung eines ‚zivilisierten und kultivierten Verhaltens' und ist die Voraussetzung für den Erwerb situationsangepasster sozialer Kompetenz und Kommunikationskompetenz. Im Gegensatz dazu sind u*neducated persons* in den Worten eines Informanten „*ill-cultivated*".

4.) Eine weitere Argumentationslinie lässt sich zu der Aussage verdichten, dass *education* die Bedingung für eine allgemeine soziale Evolution der Gesamtgesellschaft und eine bessere Zukunft ist. Deshalb ist dann auch ‚*Education for all*' konsequenterweise nicht nur der Name für ein nationales Entwicklungsprojekt in Indien mit höchster Priorität, sondern auch Ausdruck der subjektiven wie gesellschaftlichen Hoffnungen und Erwartungen an die pädagogische Machbarkeit und den Vorbildcharakter von *educated persons*.

---

122 Diese Aufzählung ist eine stark verallgemeinernde Übersicht über die in Kapitel 6.1 differenzierter dargestellten thematischen Kategorien.

Es gilt nun, anhand dieser Konzeptionen und auf der Grundlage der thematischen Kategorien aus der ersten Analysestufe die differenztheoretischen Aspekte der Argumentationen herauszustellen.

7.3. *Educated - uneducated* und die historische Unterscheidung von rein - unrein in Indien: eine Parallele?

Die Tatsache, dass Ungleichheit und Hierarchie ein grundlegendes Merkmal des indischen Kontextes sind, kann in diesem Zusammenhang nicht unberücksichtigt bleiben. Dass weite Teile der Bevölkerung faktisch noch immer von *education* ausgeschlossen sind oder ihr Zugang mindestens sehr erschwert ist - und dies trotz staatlicher und gesetzlicher Anstrengungen zur Sicherstellung von Bildungszugängen für sprachliche und religiöse Minderheiten -, ihr aber andererseits in der Semantik *evolutive* Momente zugeschrieben werden und sie als Kriterium für die Einordnung und Einstufung des Menschen verwendet wird, weist deutlich auf soziale Hierarchisierung hin. Es wird auch allgemein in der Literatur immer wieder darauf hingewiesen, dass zum Hinduismus und seiner Philosophie „ganz wesentlich die klare Akzeptanz der Ungleichheit hinsichtlich Status, Reinheit, Funktion, materiellem Besitz usw." gehört (Strohschneider 2001, S. 27; zu Hierarchie in Indien allgemein siehe etwa Bèteille 2002 u.ö., Dumont 1976 oder Trautmann 1981, 1993 u.ö.). Diese These lässt sich auf den gesamten indischen Kontext generalisieren, da auch die nicht-hinduistischen Religionsanhänger wie etwa Christen und Moslems in Indien wichtige Funktionsprinzipien des hierarchisch aufgebauten Kastensystems übernommen haben (Dumont 1976, S. 243 ff.).[123] So verweist Mallick (1997) darauf, dass die „Christian community shows signs of polarization between upper-caste Christians and Untouchable Christians, forcing the church hierarchy to take a stand that affirms the Untouchable caste identity of Christians" (a.a.O., S. 358). Und weiter heißt es: „With the Indianization of the Christian church, caste divisions are increasingly being felt, as some Brahmin Christians revert to their caste names to differentiate themselves from lower-caste converts" (a.a.O., S. 360). Obwohl es weder in der christlichen noch der moslemischen Religion

---

123 Beispielsweise beschreibt Dumont den Fall einer Glaubensgemeinschaft von Konvertiten, in denen sich die neuen Christen hoher Kasten weigern, an einem gemeinsamen Gottesdienst mit konvertierten Christen niedrigerer Kasten teilzunehmen.

eine Unterstützung für ein Denken in Kastenstrukturen gibt, ist es offensichtlich auch in diesen Religionsgruppen zumindest in Indien präsent.

Nach Dumont ist das Kastensystem eine Geisteshaltung und seine Kennzeichen sind (1) Separation „in bezug auf Ehe und direkten oder indirekten Kontakt(s)", (2) Arbeitsteilung, da historisch „jede dieser Gruppen einen traditionellen ... Beruf ausübt, von dem sich die Mitglieder nur innerhalb bestimmter Grenzen abwenden dürfen", und eben (3) Hierarchie, welche „die Gruppen in relativ höhergestellte und relativ niedrige einteilt" (Dumont 1976, S. 39). Diese drei Kriterien machen deutlich, dass es sich um eine statische Konstruktion handelt, die ganz auf die direkte Reproduktion des Bestehenden ausgerichtet ist. Die Mobilität einzelner Individuen zwischen den Ebenen ist nicht vorgesehen, wird vermieden und gegebenenfalls negativ sanktioniert. Allerdings muss der Eindruck vermieden werden, als gäbe es *ein* einheitliches Kastensystem für ganz Indien. Vielmehr weist unter anderem Dumont nach, dass es unzählige Kastensysteme gibt und beispielsweise ein Barbier im Norden Indiens nicht dieselbe Stellung wie sein Kollege im Süden hat. Srinivas (1989) verweist darüber hinaus auf „two models of the caste system operating in India" (a.a.O., S. 28), nämlich das „jati model of caste" und das varna-Modell (a.a.O., S. 29). Während das varna-Kastenmodell auf den Veden beruht und eine Vierteilung der Gesellschaft vorsieht, ist das jati-Kastensystem dasjenige Modell, mit dem die Menschen in ihrem Alltagsleben konfrontiert sind und ihr Leben weitgehend bestimmt: „Varna is the Vedic classification of the four, ranked occupational orders. *Jati*, on the other hand, is a purely local system of ranked, hereditary and mainly endogamous, groups, each associated with one or more traditional occupations, and all, interdependent. The number of interdependent *jatis* even in a tiny region would vary from a minimum of ten to about thirty while the number of varnas is invariant" (a.a.O., S. 28).

Verschiedene Autoren haben immer wieder darauf hingewiesen, dass „weder heute noch im traditionellen Hinduismus ein geschlossenes, autonomes System der Ethik angestrebt wird oder wurde" (z.B. Sontheimer 1980, S. 350). Es gibt deshalb auch keinen zu allen Zeiten gültigen Verhaltenskanon wie etwa die zehn Gebote im Christentum, der für die Subjekte handlungsweisend sein könnte. Grundsätzlich stützen sich aber alle Kastensysteme auf gemeinsame Prinzipien und deshalb kann man sehr wohl von einer panindischen *Institution* sprechen: „So gesehen ist das Kastensystem vor allem ein System von Ideen und Werten, ein formelles, verständliches, rationales System" (Dumont 1976, S. 55). Der fundamentale Gegensatz des Kastensystems, sein basales Prinzip, das seinen Aufbau regelt, ist nach Dumont die Unterscheidung von *rein - unrein*.[124]

---

124 Dabei wird von Dumont keineswegs behauptet, dass der fundamentale Gegensatz von rein – unrein die Ursache der Kastenunterschiede sei, sondern er ist lediglich deren Form.

Die traditionelle Unterscheidung von rein - unrein

Auf der Grundlage des Gegensatzes von rein / unrein verläuft nach Dumont (1976) die Differenzierung der Funktionen. So ist etwa eine Gruppe weniger rein als eine andere oder eine bestimmte Tätigkeit verunreinigt mehr als eine andere. Diese Gegenüberstellung schließt wiederum Hierarchie ein, weil das Reine grundsätzlich immer höher bewertet wird als das Unreine. Sie verweist damit auch auf Separation, weil das Reine nun vom Unreinen getrennt werden muss, um seinen Status nicht zu gefährden. Letztlich ist damit auch Arbeitsteilung impliziert (vgl. Dumont a.a.O.). Die Einteilung von rein - unrein ist eine Dichotomie zweier Extreme, die umgesetzt in den Lebensalltag natürlich Abstufungen erfährt und zu einem relativen Verhältnis führt. Ein Beruf ist mehr oder weniger rein als ein anderer, ebenso sind es die ihn ausführenden Personen. Wie weit reichend dieses polarisierende Denken nach den Kategorien rein und unrein ist, wird besonders ersichtlich, wenn man daran denkt, dass bereits die Berührung des *Schattens* eines Unberührbaren als in hohem Maße verunreinigend gilt. Die Ausübung unreiner Tätigkeiten haben konkret zur Folge, dass einigen Gruppen oder Kasten eine unüberwindliche und dauerhafte Unreinheit zugeschrieben wird. Ein Beispiel dafür sind die lederverarbeitenden Berufe. Wer mit dem Tod, toten Tieren oder gar dem Töten von Tieren beschäftigt ist, nimmt irreversible Verunreinigungen auf sich.

Während in anderen Kulturen - wie beispielsweise auf den Fidschi Inseln - ein spirituell gefährdender Kontakt direkt auf die ihm ausgesetzte Person wirkt und sie zum Beispiel erkrankt, wird dies nach Dumont im Hinduismus unter dem Aspekt der Verunreinigung betrachtet und kann so einen Abstieg in der Bewertung der Reinheit zur Folge haben. Weil zum Beispiel ein Barbier durch seine Tätigkeit im Rahmen von Ritualen für einen Verstorbenen verunreinigt wird, ist es unmöglich für ihn, eine andere, reinere Arbeit auszuführen. Will er etwa seinen Beruf wechseln, dann kann er nur eine vergleichbar unreine Tätigkeit oder einen noch unreineren Beruf wählen. Während Dumont die Dichotomie von rein - unrein in den Vordergrund stellt zeigt sich jedoch, dass das Prinzip eher ein relationales ist. Reinheit und Unreinheit sind komplementäre Konstrukte und das eine kann immer nur in Abgrenzung zum anderen definiert werden. Ein solches Verhältnis verweist dann eher auf eine Scala, in der sich der Standort immer nur in Relation zu dem Höheren (Reineren) und dem Niedrigeren (Unreineren) definieren lässt. Das fundamentale Prinzip von rein - unrein spiegelt sich auch in den religiösen Texten wie dem *dharma* (oder *dharmasastra*) wider, wo eines der Hauptthemen die rituelle Reinigung, *cuddhi*, ist, die auf eine Verunreinigung folgen muss. Diese Unterscheidung als fundamentales Prinzip hat laut Dumont eine lange Tradition und Nachweise dafür finden sich bereits mehrere Jahrhunderte vor Christi, während das Kastensystem selbst wesentlich jüngeren Datums ist.

Beide Pole sind voneinander abhängig. So wird die Tätigkeit eines Barbiers wegen seiner Rolle in religiösen Riten, die nach einem Todesfall durchgeführt werden müssen, zwar als unrein gewertet, gleichwohl ist sie jedoch ebenso notwendig wie die spirituellen Handlungen eines Brahmanen zu diesem Anlass. Die Statik dieses Systems kommt darin zum Ausdruck, dass jeder seinen Platz in der Hierarchie hat, seine Rolle erfüllt und dieses Verhältnis akzeptiert. So handelt es sich nach Strohschneider z.B. bei der Ethik der *dharmasastra*, der Lehre vom richtigen Verhalten in der Welt, „um ein Lehrsystem für eine idealiter statische Gesellschaftsordnung mit Pflichten, die dem Einzelnen einen *festen* Platz in jeder denkbaren Situation anweist, ihm Rollen zuweist und seine Individualität nur gering einschätzt" (a.a.O., S. 27; Hervorhebungen I.C.). Die Unterscheidung rein - unrein macht einen Aufstieg in dieser Hierarchie sehr schwer und begrenzt: Heiratet etwa ein Mann mit unreinem Status eine Frau mit reinerem Status, so steigt er nicht etwa bis zu ihrem Status auf (wenn auch eine gewisse positive Veränderung damit verbunden sein kann),[125] sondern er verunreinigt sie, was im Gegenzug ihren Status gefährdet.[126]

Educated - uneducated als basale identitätsstiftende Leitunterscheidung

Die Unterscheidung rein - unrein weist deutlich strukturelle Parallelen zu der aus dem Datenmaterial herausgearbeiteten Unterscheidung von *educated - uneducated* auf. Auch diese Differenz schließt Hierarchisierungsmerkmale ein. Eine *educated person* wird, wie anhand der evolutiven Argumentationsstrukturen deutlich geworden sein sollte, als „höher" oder „wertvoller" eingeschätzt als eine *uneducated person*. Ein Mensch wird durch *education* überhaupt erst zu einem vollwertigen Wesen und hat auch erst dann einen Anspruch auf eine menschenwürdige Behandlung.

Aber auch auf der Ebene der Reproduktion sozialer Strukturen kann man den hierarchisierenden Charakter von *education* in der Alltagswelt sichtbar machen, insbesondere an dem oben genannten Merkmal der Separation. Über die zunehmende Bedeutung von *education* bei der Verheiratung in Indien[127]

---

125 Was wiederum zeigt, dass die Dichotomie nicht so rigide ist, wie es nach Dumonts Ausführungen angenommen werden könnte.
126 Bezeichnenderweise für das indische Geschlechterverhältnis ist, dass der Statutsverlust für einen Mann, der eine unreinere Frau heiratet, geringer ist. Eine Frau scheint „anfälliger" für Verunreinigung zu sein als ein Mann. Shyamlal (1992) hat allerdings in einer Studie über ‚De-Sanskritisation', womit bei ihm der Prozess des Verlustes der angestammten Kaste bezeichnet wird, einige historische und aktuellere Fälle aufgezeigt, in denen Männer, die unerlaubte intime Beziehungen zu Frauen einer sehr niedrigen Kaste unterhielten, aus diesem Grund aus ihrer eigenen Kaste ausgeschlossen wurden und die niedrige Kaste der Frauen annahmen.
127 Die Thematik der Verheiratung ist deshalb in der Fragestellung ausführlich dargestellt worden (vgl. Kapitel 2.); Ihre Verknüpfung mit dem Thema *education* hat sich auch sehr strin-

kann auf eine solche Separation sozialer Gruppen auf der Basis von *education* geschlossen werden. So werden Heiraten in der Regel nur innerhalb einer Gruppe mit einem bestimmten Bildungsniveau und -grad geschlossen. Hierbei muss nach Goody (1990) der wichtige Aspekt betont werden, dass auch die Eheschließung selbst grundsätzlich immer mit Fragen von Hierarchisierung behaftet ist. Nach Goody ist eine Ehe in Indien nicht einfach nur ein Kontrakt zwischen zwei Familien. Vielmehr stehen immer auch ökonomische Interessen im Vordergrund: „through marriage the families of both men and women may be trying to better their position within the caste by seeking the most desirable partner they can get" (a.a.O., S. 167). Und der Wert eines potenziellen Partners wird heute maßgeblich durch seine *education* mitbestimmt und bei der Mitgift in harte Valuta umgerechnet.

Es wurde bereits darauf hingewiesen, dass *education* im Rahmen der sozialen Hierarchie in Indien traditionell eine besondere Funktion hat und vor allem über die Gelehrtenkaste der Brahmanen, die gleichzeitig die höchste Kaste darstellt, als Hierarchisierungsinstrument fest verankert ist. Wenn Strohschneider (2001) in bezug auf die Brahmanen auch noch allgemein konstatiert: „Brahmanen sind die Mythenverwalter der hinduistischen Weltsicht, sie sind die Hüter und Interpreten der grundlegenden epischen Schriften ... Die Brahmanen repräsentieren die oberste Stufe im System der vier *varnas*[128] ... und sind gleichzeitig die Hüter dieses Systems. Sie formulieren die Gesetzte des Alltaglebens und führen die wichtigen Rituale im Jahres- und Lebenszyklus aus" (a.a.O., S. 22), so ist dies für ihre historische Bedeutung sicher nur ein, wenn auch unzweifelhaft wichtiger Aspekt. Die Rolle der Brahmanen während der englischen Kolonialzeit und später dann nach der erzielten Unabhängigkeit geht jedoch wesentlich über einen solchen eher geistig-religiösen Part hinaus. Ihre Integration in das untere englische Beamtentum hatte bereits deutlich gezeigt, dass sie sich auch in einem moderneren Sinne als „Bildungskaste" etablieren konnten. Es ist deshalb nahe liegend, die Differenz *educated - uneducated* auch aus der Perspektive dieser Tradition zu betrachten. Wenn es zutrifft, dass das Denken in Ungleichheit tatsächlich ein integrativer Bestandteil des indischen Kontextes ist, erhält die Dichotomisierung durch *education* dadurch zusätzliches Gewicht, weil sie gegenüber statischen Konzeptionen wie etwa die Unterscheidung nach rein - unrein dynamische und auf Veränderung zielende Elemente einführt und begründet.

---

gent in den Diplomarbeiten im Rahmen der Kooperation mit dem Department of Human Development and Family Studies Baroda im Bundesstaat Gujarat gezeigt.
128 Der Begriff wurde in Kapitel 4 bereits eingeführt, er beschreibt die vier unterschiedlichen Kasten der Brahmanen, also Priester und Gelehrten, der Krieger, Händler und Handwerker.

Perfektibilitätskonstruktionen

Die in der Semantik erkennbaren Argumentationsfiguren weisen eine hohe Affinität zu den älteren europäischen Traditionen auf, in denen man sich den Menschen „als Lebewesen unfertig und, wie man im 18. Jahrhundert sagte, *perfektibel*" dachte, womit „im Sinne einer langen Tradition sein Unterschied vom Tier betont" wird (Luhmann 2002, S. 21, Hervorhebung I.C., siehe vor allem Luhmann & Schorr 1999). Insbesondere die Gegenüberstellung einer *educated person* zum Unentwickelten oder ‚Tierischen' kommt im Datenmaterial ganz deutlich zum Ausdruck. Perfektibilität als Idee ist entstanden aus der Idee der Perfektion an sich. Diese ältere „Idee der Perfektion antwortet zunächst auf die Erfahrung der Kontingenz und der Negativität durch Behauptung von Formen, deren Erreichen ein Wesen perfekt (zunächst einfach: fertig) sein lässt" (Luhmann & Schorr 1999, S. 63). Später wird diese Idee dann als steigerbar vorausgesetzt. In einer Hierarchie von Seiensstufen, die alles Seiende einschließt, erhält jedes Wesen seine Perfektion auch aus dem Transzendieren seiner Seiensstufe. Erst im 18. Jahrhundert setzt sich dann in Europa „dominierend ein prozessuales, schließlich ein historisch-zeitliches Verständnis von Perfektion durch. Der Einzelmensch wird noch als *einfache* ..., aber schon als *steigerbare* Realität begriffen. Im Zusammenhang damit wird, vor allem durch Rousseau, die Natur von Perfektion auf Perfektibilität verlagert" (a.a.O., S. 63, Hervorhebungen im Original). Der Perfektibilitätsgedanke ergibt sich aus der Idee der Perfektion, wenn das Menschenbild die Vorstellung von der Erbsünde ausschließt. Während die menschliche Natur zuvor noch an sich positiv gewertet wird und die Erbsünde diesen positiven Charakter negativ dominiert, ist die menschliche Natur im Falle der Perfektibilität nicht schon per se positiv, sonder der negative Urzustand, die „natürliche(n) Negativität" (ebd.) muss überwunden werden.[129]

Dabei ist die Perfektibilität, wie auch die Argumentationen über *education* zeigen, nur eine Option, eine mögliche Erweiterung des menschlichen Seins. Die Entwicklung ist kein Automatismus, sondern bleibt an Bedingungen geknüpft. Das Individuum muss mitgestalten, muss aktiv ‚an sich arbeiten'. Parallelen zu Kants Maxime des „mache dich vollkommener, als die bloße Natur dich schuf" (Kant 1785, S. 552) sind offensichtlich. „Die Wesensformen der ‚realitas sive perfectio' werden in Bedingungen der Möglichkeit (vor allem: Sensibilität und Selbstreferenz) und in Prozessgesetze - bei-

---

[129] Für den indischen Kontext sind verschiedene Parallelen plausibel. So legt der Hinduismus mit seinem Rad der Wiedergeburt nahe, dass es eine Art neutralen Ausgangspunkt für jedes Lebewesen gibt, dem es dann im Verlauf seiner verschiedenen Leben negatives oder positives Karma hinzufügen kann. Andererseits wird beispielsweise der bedeutende indische Philosoph und Guru Vivekananda (1863 – 1902) häufig mit dem Ausspruch zitiert ‚Education is the manifestation of perfection that is allready given in every man', was der Vorstellung von einem negativen Urzustand widerspricht (vgl. zu Vivekananda allgemein Nikhilananda 1964).

des zunächst als ‚Natur' - abstrahiert" (Luhmann & Schorr 1999, S. 64). Die Anthropologie hat es demzufolge nun mit selbstzentrierter Perfektibilität zu tun. Die Natur des Menschen ist jetzt zunächst eine Negativität, aus der der Mensch sich selbst durch selbstzentrierte Aktivität befreien muss und dies ist nur über Erziehung möglich. Es kann hier darauf hingewiesen werden, dass diese Definition des Erziehungsbegriffs wiederum eine sehr große Nähe zu den traditionellen indischen Vorstellungen des Bildungsprozesses hat, wie sie unter dem Thema *Transformation statt Information* in Kapitel 3 dargestellt wurden. Auch dort stand eine Umformung des ‚menschlichen Kerns oder seiner Natur', seine ‚Wiedergeburt', im Zentrum.

Grundsätzlicher passt sich die Idee der Perfektibilität des Menschen jedoch in traditionell-religiöse Denkmuster des indischen Kontextes ein, wie beispielsweise in der Konzeption des *Dharma* deutlich gemacht werden kann. Jedes Phänomen auf der Welt hat in dieser Denktradition sein eigenes *Dharma*. So ist es das *Dharma* des Feuers, zu brennen und zu verzehren und Licht und Wärme zu geben. Entsprechend ist das *Dharma* des Menschen nicht einfach nur Essen, Schlafen und Fortpflanzung, sondern: „Man's *dharma* ordains him to be good and decent, to strive for and realize *narottamatwa* (the stage of the man perfected) or as exhorted by Vivekanand to bring out and realize the divinity, hidden in him" (Bhatt 2001, S. 225). In den hinduistischen Weltanschauung ist *Dharma* das Wesensmerkmal des Menschen, nicht Kultur. Aber auch wenn er gelegentlich mit Kultur übersetzt wird, ist Kultur kein Synonym für den Begriff D*harma*, denn, so Bhatt, Kultur ist wertneutral, Dharma hingegen nicht. „Dharma enables man to attain *abhyudaya* (attainment of progressive excellence by righteously discharging the obligations of this life) and *nishreyas* (moksha, freedom from suffering)" (a.a.O., S. 225). Die Konzeption von Dharma schließt damit solche Vorstellungen, wie sie unter dem Begriff der Perfektibilität in der Theorie wie auch konkret als Themen in der vorgefundenen Semantik der Studie aufzufinden sind, ein, hat darüber hinaus allerdings einen noch wesentlich weiteren Bedeutungshof. Perfektibilitätskonstruktionen finden hier also Entsprechungen in diesen traditionellen Denkmustern.

7.3.1. Erste Konsequenz aus der Analyse der die Semantik über education *begründenden Beobachtungsformen: Ein allgemeines Misstrauen in bisherige Erziehungs- und Sozialisationsformen*

Was folgt nun daraus, wenn sich in den Argumentationsstrukturen Vorstellungen der Perfektibilität durch *education* zeigen lassen? Auf den Zusammenhang von Perfektibilität und den Ergebnissen der Studie war an anderer

Stelle bereits ausführlicher eingegangen worden.[130] Hier soll es nun vor allem um die Anschlussstellen im indischen Kontext gehen. Konkret geht es dabei um die Frage, wie sich die Idee der Perfektibilität und die beobachtungsleitende Unterscheidung von *educated - uneducated* in die Alltagserfahrungen der Menschen einpassen. Dabei kann man aufgrund der Datenlage von folgenden Annahmen ausgehen: Wie die *evolutiven* Konzeptionen nahe legen, kann man einerseits von einer starken Relevanz der Vorstellung von Perfektibilität auch für den indischen Kontext ausgehen. Andererseits macht die geradezu ‚kausale' Verknüpfung von *education* und Perfektibilität deutlich, dass bestimmte Formen pädagogischer Intervention als unumgänglich erachtet werden. Eine ‚menschliche Daseinsform' in einem ganz grundsätzlichen Sinne kann offensichtlich ohne *education* nicht (mehr) erreicht werden. Dies kann man als Konsequenz als ein „Allgemeinen Misstrauen gegenüber bisherigen Erziehungs- und Sozialisationsformen" interpretieren, was unter „*education* als Schlüsselkompetenz" näher ausgeführt wird. Zunächst sollen jedoch noch einige weitere theoretische Implikationen der Unterscheidung *educated - uneducated* erläutert werden.

7.4. Die Dynamik der Unterscheidung *educated - uneducated* durch die Unterscheidung vorher - nachher

Die Ausführungen über die grundlegende Unterscheidung von *educated - uneducated* können nun dahingehend spezifiziert werden, dass über *education* Zeit als ein wesentliches Differenzierungsmerkmal eingeführt wird. So kann in den Lebensverlauf ganz allgemein die Unterscheidung von einem Zustand *vor* und *nach education* eingebaut werden, was sich als wesentliches Kennzeichen von *education* erweist. *Vorher - nachher* setzt einen deutlichen Marker im Verlauf des Lebens einer *educated person* und erlaubt es wie ein Fixpunkt, alle weiteren Strukturierungen in der Zeitdimension daran auszurichten. Über diese Differenzierung nach vorher - nachher können dann sozusagen Segmentierungen in den Lebenslauf eingeführt werden wie zum Beispiel *von da an* oder *zuvor nicht oder erst dann*, die dann selbst wiederum Grundlage für aktive und reflexive Orientierungen sein können. Während es sich bei der Unterscheidung rein - unrein um ein vorgegebenes Merkmal handelt, das über die Geburt in eine bestimmte Kaste und Gruppe festgeschrieben ist und vor allem nur in negativer Richtung verändert werden kann

---

130 Zu diesem Gedanken siehe Clemens (2004).

(d.h. der eigene Status kann über Verunreinigung gefährdet werden), hat die zeitliche Differenzierung über *education* eine andere Qualität: *Education* muss man sich auch aktiv aneignen. Sie fordert das Individuum zu Handlungen auf. Menschwerdung und das Ideal der Perfektibilität werden damit ganz wesentlich in die Zeitdimension verlagert. Geboren wird man aus der Perspektive der Differenzierung *educated - uneducated* zunächst gleich.[131] Das Konzept der Perfektibilität schließt dabei zunächst einmal alle ‚gesunden' und ‚vernunftbegabten' Menschen ein. Durch den aktiven Schritt der ‚Selbst-Perfektionierung' der Individuen über die aktive Aneignung von *education* wird eine neue Formen der Selbst- und Fremdwahrnehmung bereitgestellt.

Ein wichtiges Element der Selbst- aber auch Fremdkonstruktion wird somit über Zeit, durch Transformation hergestellt. Der das Subjekt in vielerlei Hinsicht (kognitiv, moralisch etc.) transformierende Prozess der Aneignung von *education*, an dessen Ende idealiter der perfekte Mensch steht, wird nun auch zur Abgrenzung gegenüber den *uneducated persons* verwendet. Die Semantik betont hier also den Prozesscharakter und die Zeitabhängigkeit der Selbstkonstitution. Indem *education* diese Unterscheidungsform des vorher - nachher einführt, stellt sie den Lebensverlauf der Individuen selbst zur Disposition. Sie enthält im Gegensatz zu der statischen Konzeption der ererbten Position über Kastenzugehörigkeit nun eine dynamische Komponente, die an eigene Handlungen gekoppelt wird. Damit wird der Lebens*verlauf* für die Differenzierung bedeutsam.

Vererbt versus erworben: Neue Möglichkeiten der Beobachtung

Der beobachtungsbegründenden Unterscheidung von vorher - nachher liegt eine neue Kernunterscheidung zugrunde. Die Unterscheidung von vorher - nachher gründet auf einem erworbenen Merkmal im Gegensatz zu der vererbten Unterscheidung rein - unrein. Solche grundsätzliche Unterscheidungen in den Ideologien zwischen „angeboren" und „erworben", zwischen „Auserwähltheit" und „Anstrengung" haben Autoren wie Bourdieu (1987) oder auch Elias (1997) sehr eingehend für die europäische Geschichte analysiert.

Diese Unterscheidungen teilen soziale Gruppen in die Klassen ein, die für sich eine hervorgehobene Stellung in der Gesellschaft durch ihre Auserwähltheit qua Geburt in Anspruch nehmen können (in Europa historisch der Adel) und in solche, die in ähnlichem Bemühen auf ihre besondere Leistung reflektieren (hier wurde vor allem das aufstrebende Bildungsbürgertum Bezug genommen). Nach Bourdieu ist es vor allem ein Unterschied in den „Modi des Erwerbs, d.h. zeitliche Differenzen im Zugang zur herrschenden

---

131 Auch wenn dies von den Subjekten im indischen Kontext keineswegs so wahrgenommen wird: Studien zeigen, dass Minderwertigkeitsgefühle nach wie vor oft mit der niedrigen Kastenzugehörigkeit einhergehen (vgl. Biswas & Pandey 1996).

Klasse" (a.a.O., S. 126), die sich in statusmäßigem Herkunftskapital ausdrücken. Dabei orientiert sich seine Analyse im Wesentlichen an der Differenzierung nach verschiedenen Schichten oder Klassen, die sich danach unterscheiden, wann sie Zugang zu dem mit Macht einhergehenden Wissen erlangt haben. Allerdings liegt auch nach Bourdieu in der Differenzierung ein starkes generatives Moment. Durch ‚Verstärker' profitieren die folgenden Generationen von einem einmal geglückten Aufstieg ihrer Familien: „Verstärkt wird dieses *statusmäßige Herkunftskapital* durch die Vorteile, die der frühzeitige Erwerb der legitimen Kultur für die Schulung in Kulturtechniken wie Tischmanieren und Kunst der Unterhaltung, musikalische Bildung und Gespür fürs jeweils Schickliche, Tennisspielen und richtiger Aussprache gleichermaßen erbringt. Das inkorporierte kulturelle Kapital der vorausgegangenen Generationen fungiert als eine Art Vorschuß und Vorsprung: indem es dem Neuankömmling ohne weiteres das Beispiel einer in familiären Mustern realisierten Kultur und Bildung gewährleistet, wird diesem von Anbeginn an und von Geburt auf, d.h. auf völlig unbewußte und unmerkliche Weise der Erwerb der Grundelemente der legitimen Kultur ermöglicht" (a.a.O., S. 127-129, Hervorhebung im Original). Dies kann selbstverständlich auch auf die Folgegenerationen des Bildungsbürgertums übertragen werden.

Die beiden konkurrierenden Weltsichten oder ‚Ideologien' werden von Bourdieu in den Begriffen des *Schulmeisters* oder *Pedanten* und des *Weltmannes* oder allgemein des *Mondänen* einander gegenüber gestellt. Besonders in Deutschland formte sich die Intelligenz in Opposition zum Hof und dessen höfisch-mondäner Gestalt, indem sie sich explizit von der attribuierten Oberflächlichkeit und Seichtheit der höfischen Zivilisation lossagte und demgegenüber Ernsthaftigkeit, Wahrhaftigkeit und Tiefe der Kultur propagierte (vgl. Elias 1997). Der ‚Pedant' oder Gelehrte ist jedoch in einer prekären Lage, „allzu bereit, die Ideologie von der Angeborenheit des Geschmacks - einzige globale Garantie für seine *Auserwähltheit* - gegen das Volk und im Bunde mit den Mondänen anzuerkennen (...), ist er doch zugleich gezwungen, gegen die Hofleute den Wert seiner Errungenschaften, ja selbst noch den Wert der Anstrengungen zu ihrem Erwerb hochzuhalten, jene langsame Bemühung der inneren Bildung der Denkungsart', von der Kant spricht" (Bourdieu 1987, S. 133).

Die Sinnkonstruktionen der Semantik, die sich unter Rückgriff auf die vorher - nachher Differenz formieren, weisen deutliche Parallelen auf zu der grundsätzlichen Vorstellung der „inneren Qualität der Person" durch eigene Anstrengung (a.a.O., S. 440). Auch hier ist der Modus der *Aneignung* von Wissen das entscheidende Differenzierungsmerkmal. Von höchstem Distinktionsvermögen ist demnach, „was am besten auf die *Qualität der Aneignung*, also auf die des Besitzers schließen lässt, weil seine Aneignung Zeit und persönliche Fähigkeit voraussetzt, da es ... nur durch anhaltende Investition von Zeit und nicht rasch oder auf fremde Rechnung erworben werden kann, und daher als sicheres Zeugnis für die innere Qualität der Person erscheint" (a.a.O., Hervorhebung im Original). Die Investitionen an Zeit werden damit zum entscheidenden Kriterium für soziale Anerkennung. Vor dem Hintergrund dieser Einführung einer beobachtungsleitenden Unterscheidung über die Zeitdimension müssen nun auch die Vorstellungen über den Lebensverlauf, wie sie in der Semantik zum Ausdruck kommen, genauer analysiert werden.

7.4.1. Unterscheidung über individuelle Leistungen: Biographisierung und education

Die Betonung des Lebensverlaufs durch die Unterscheidung von vorher - nachher führt vor die Frage, ob sich auch im indischen Kontext eine *Biographisierung* erkennen lässt. Unter Biographisierung soll mit Brose und Hildenbrand (1988) „eine selbstreferenzielle Behandlung (das kann heißen: Thematisierung) von biographisch relevanten Ereignissen und Situationen" (a.a.O., S. 21) verstanden werden. Wichtig ist dabei die Betonung der Selbstreferenz, d.h. dass die Ereignisse des Lebensverlaufs auf die eigene Person bezogen werden. Die vorher - nachher Unterscheidung beeinflusst ganz wesentlich die Anordnung und Ausgestaltung der ‚selbstreferenziellen Behandlung' des Lebensverlaufs. *Education* wäre danach im untersuchten indischen Kontext ein ‚relevantes Ereignis' par exellence im Sinne von Brose und Hildenbrand (a.a.O.).
    Wenn von Biographisierung die Rede ist, so Kohli (1988), „stützt sich dies auf den Befund, daß die Individuen der Auffassung sind, ihre Orientierung und Entscheidung im Leben selber finden zu können oder zu müssen" (a.a.O., S. 36). Biographisierung wird in der westlichen Literatur in Bezug gesetzt zu einer erklärten „tendenziellen Auflösung alter Identitätsformationen" (Brose & Hildenbrand 1988, S. 22). Für diese Betrachtungen ist es wichtig, den Unterschied von Biographie und Lebenslauf zu betonen. Kohli (1978) unterscheidet zwischen der Biographie als subjektiv gedeuteter Lebensgeschichte und Lebensverlauf als objektiver Ereignisgeschichte. Meulemann (1999) spezifiziert diesen Aspekt noch, wenn er schreibt: „Der Lebenslauf bezieht sich ... auf Handlungen, die sich aneinander reihen, die Biographie auf Reflexionen der sich stetig verlängernden Handlungskette" (a.a.O., S. 307). Es ist der Aspekt der Selbstreflexion, der die Biographie in Beziehung setzt zur Identität, denn erst die Zuschreibung der Biographie auf die eigene Person konzipiert das Individuum als Akteur. Die seine Biographie bestimmenden Ereignisse können dann ihm zugeschrieben werden im Gegensatz zu reinen Widerfahrnissen, die dem Individuum sozusagen zustoßen. Dies sagt jedoch nichts aus über den ‚Wahrheitsgehalt' einer Biographie, die

als subjektive Erzählung mit hoher Relevanz für die eigene Identität notwendig anderen Kriterien folgt als einem abstrakten Kriterium wie Wahrheit. Während u.a. Giegel (1988) in Hinblick auf gesellschaftliche Differenzierungsprozesse von einer stärkeren Individualisierung der Biographie spricht,[132] scheint Biographie bei Brose & Hildenbrand (1988) sogar Funktionen der Identität selbst zu übernehmen. Biographisierung wird dort auf Erleben und Handeln als Elementarprozesse der Interpenetration von Persönlichkeits- und sozialen Systemen bezogen und der Verfall des Identitätsschemas als Steigerung der Komplexität der möglichen Rekombination dieser Elementarprozesse interpretiert. So stellen die Autoren fest: „Da Erleben und Handeln 1. gleichsam nur punktförmige Aktualisierungen des Selbst sind, sie aber 2. wesentliche Funktionen für die Attribution komplexitätsreduzierender, selektiver Leistungen haben, muß der Systembezug temporal und sozial gedehnt werden. Dies geschieht in Form von Biographien" (Brose & Hildenbrand 1988, S. 22). So gesehen lässt sie sich auch als „Genese der Individualität einer Person" beschreiben, denn „Biographien offenbaren die Individualität von Personen. Anders gesagt: Die je besondere Identität einer Person kann letztlich nur aus deren Lebenslauf und den damit einhergehenden Lebenserfahrungen begriffen werden" (Schimank 1988, S. 55), denn der Lebenslauf wird jetzt als eine „Reihe von Entscheidungen, die das weitere Leben auf längere Frist festlegen und die Person binden" gesehen. Der Lebenslauf ist somit „die Summe der ‚Im Laufe des Lebens' getroffenen Entscheidungen" (Meulemann 1999, S. 306). In einer Biographie macht ein Individuum seinen Lebenslauf zum Thema, was natürlich nicht heißt, dass die Gesamtheit des Gegebenen widergespiegelt wird, da schon die pure Unendlichkeit der den Lebenslauf konstituierenden Elemente dies unmöglich macht. „Biographien stellen folglich stets selektive Vergegenwärtigungen dar. Die Auswahl beschränkt sich dabei nicht notwendig auf die objektiv durch den empirischen Lebenslauf gegebenen Daten" (Hahn 2000, S. 101). Als Konsequenz gehören zu einer Biographie „immer Momente, die aus der Perspektive dessen, der nur den empirischen Lebenslauf für wirklich hält, als Fiktionen angesprochen werden müssen" (ebd.).

Allerdings sind der Individualität durch die Biographisierung selbst auch wiederum Grenzen gesetzt, denn die Biographie bringt zwar einerseits Individualität zum Ausdruck, andererseits wird sie dadurch auch eingeschränkt. Biographie wird nach Fischer & Kohli (1987) zum Bestandteil der Sozialwelt im wissenssoziologischen Sinne: Die Alltagswelt ist dem einzelnen vortheoretisch vorgegeben und bereits geordnet, und diese Wirklichkeit hat auch ei-

---

132 Andere sprechen in diesem Zusammenhang auch von einer „strukturindizierten Individualisierung" (Groß 2000, S. 394): In Systemen mit offenen Positionen sei die Auflösung kollektiver Handlungsmuster zu erwarten, und eben jene strukturindizierte Individualisierung könne in ihrem Ausmaß die bislang beobachteten Individualisierungstendenzen noch weit übertreffen (vgl. ebd.).

ne zeitliche Dimension. Die „soziale Zeit" (a.a.O., S. 28) enthält Präskriptive biographischer Art, bestimmt also, was im Leben eines Subjekts wann und in welcher Reihenfolge geschehen soll. Diese *altersnormativen Vorstellungen* (vgl. Heckhausen 1990) fungieren als soziale Bezugsnormen, die negative Selbstbewertungen nach sich ziehen können, wenn man davon abweicht oder sie verfehlt.[133]

Biographisierung wird in jedem Fall im Zusammenhang mit evolutionären, gesellschaftlichen Prozessen gesehen. Der Dekomposition der älteren Identitätsmuster steht auf der gesellschaftlichen Seite die Fragmentierung der Gesellschaft (siehe jüngst Joas 2002) oder nach Luhmann ihre zunehmende Systemdifferenzierung (1994 u.ö.) gegenüber. Der jeweilige Grad der Differenzierung einer Gesellschaft grenzt den „Entfaltungsspielraum biographischer Selbstreferentialität" ein: „Ist der Differenzierungsgrad sehr gering, kann die Person ihrer gesellschaftlichen Umwelt nur sehr wenige, in sich oftmals einfach gebaute - etwa: dichotome - und untereinander relativ eindeutig geordnete Differenzen als Material biographischer Selbstkonstruktion entnehmen" (Schimank 1988, S. 64). Das Individuum hat dann keinen großen Optionsraum bei der Konstruktion seiner Identität und Biographie, da die gesellschaftsstrukturellen Vorgaben eng sind und es sich in die vorgegebenen Differenzschemata (wie etwa: jung/alt, männlich/weiblich usw.) einfügen muss. „Moderne, funktional differenzierte Gesellschaften zeichnen sich demgegenüber dadurch aus, daß sie durch eine historisch unvergleichliche und immer noch zunehmende Vielzahl von Differenzen strukturiert werden" (ebd.). Da es um die Inklusion aller Subjekte in alle Teilsysteme geht, muss sich das Subjekt in jedem Teilsystem entsprechend seiner wechselnden Position immer wieder unterschiedlich verorten. Es ist dieser Prozess, der feste Identitätsmuster obsolet werden lässt.

Der Verlust fester Identitätsmuster wie auch Fragmentierung oder Differenzierung der Gesellschaft führen zu einer erhöhten Komplexität und damit einhergehend zu einer zunehmenden Kontingenzerfahrung auf Seiten der Individuen. Identität muss jetzt hergestellt werden, sie wird nicht länger durch eine Art Automatismus qua Geburt zuverlässig vorgegeben und ist für ein ganzes Leben gültig. Andere, zumindest vordergründig individuellere Merkmale der gesellschaftlichen Verortung wie *education* treten an die Stelle von solchen Geburtsrechten, wobei natürlich Aspekte wie der Zugang zu *education* beachtet werden müssen, der an sozioökonomische Bedingungen gebunden ist.[134] Entscheidende Bedingung für eine solche De-Institutionalisierung

---

133 Erst diese Bezugsnormen machen Beobachtungen möglich wie die, dass eine Frau ‚zu früh' Mutter geworden ist oder ‚zu spät' geheiratet hat (vgl. Heckhausen 1990) oder mit Hahn (2000): „man muß erst Ehefrau werden, bevor man Mutter werden darf, erst Student der Medizin, dann Arzt; erst alt, dann Weiser usw." (a.a.O., S. 101).

134 *Education* wird in diesem Zusammenhang oft als neues Hierarchisierungsinstrument in der indischen Gesellschaft gesehen in Ergänzung oder gar Konkurrenz zu dem klassischen Hierarchiemerkmal der Kaste. „Caste certainly counts in the estimation of social rank, but there

von Lebensverläufen ist nach Mayer (1990) eine Bildungsinflation, da sie die Möglichkeit der Entscheidung von individuellen ‚Werdegängen' für die Subjekte erhöht. Eine solche Bildungsinflation oder auch Bildungsexpansion ist jedoch an entscheidende sozio-historische Prämissen gebunden. So muss nach Lutz (1983) die Nachfrage nach Bildung steigen, gleichzeitig müssen jedoch die historisch vorfindbaren Mechanismen zur Sicherung oder Wiederherstellung von Exklusivität höherer Bildung blockiert sein. Für den europäischen Kontext konstatiert Lutz, dass drei miteinander in interaktivem Zusammenhang stehende Tendenzen bedeutsam waren, die die Bildungsexpansion überhaupt möglich gemacht haben: „steigender Massenwohlstand; weiterhin zunehmende Intervention staatlicher Politik sowohl in den Wirtschaftsprozeß wie in die individuelle Lebensgestaltung; endlich die Einbeziehung der traditionellen, noch stark von subsistenzwirtschaftlichen Strukturmomenten beherrschten Wirtschaftsbereiche (insbesondere Landwirtschaft, Kleingewerbe und Hauswirtschaft) in den industriell-kapitalistischen Sektor der Volkswirtschaft, die noch nach dem Ende des 2. Weltkriegs in den meisten europäischen Ländern große Teile des Arbeitskräftepotentials gebunden und für große Bevölkerungsteile den weitaus größten Teil der Lebensbedürfnisse gedeckt hatten" (a.a.O., S. 232).

Einen äquivalenten Verlauf kann man auch für den indischen Kontext annehmen. Es wurde bereits auf die Ausdehnung der neuen indischen Mittelschicht hingewiesen, die zwar noch keinen „Massenwohlstand" darstellt, aber einen stetigen Anstieg verzeichnet, auch wenn dies als auf einen Teil der Gesellschaft beschränkt angesehen werden muss.[135.] Für politische Intervention und wirtschaftliche Entwicklung kann eine äquivalente Tendenz angenommen werden wie sie oben für Europa beschrieben wird. Diese drei Tendenzen setzen nun nach Lutz die folgenden Prozesse in Gang: 1) die Zugangsbarrieren verlieren ihre selektierende Kraft (z.B. dadurch, dass die Kosten für Bildung in Kauf genommen werden und im Kosten-Nutzen-Kalkül aufgerechnet werden, oder dass Kinder in immer geringerem Ausmaß zur wirtschaftlichen Existenz der Familien beitragen müssen), 2) die Orientierung an sozialem Aufstieg durch Bildung nimmt in allen Teilen der Bevölkerung zu und verdrängt z.B. die Identifikation über die Berufsausübung, und 3) die Eigendynamik des expandierenden Bildungssystems. Diese Prozesse führen schließlich zu einer Bildungsexpansion oder Bildungsinflation, die wiederum Voraussetzung dafür ist, dass sich die Lebensverläufe der Subjekte individualisieren können. Man kann aufgrund der Literaturanalyse in Kapitel 4 davon ausgehen, dass sich dieser Prozess auch in Indien (wenn auch mit

---

are now many areas of life in which education and occupation count as much if not more" (Béteille 2002, S. 6).
135 Dies führt allerdings zu einer weiteren Festschreibung von Ungleichheit, wie unter 4.2.5. beschrieben.

sehr spezifischen Ausprägungen und ganz sicher nicht äquivalent) vollzieht und dass die theoretischen Annahmen über den Zusammenhang von gesellschaftlicher Differenzierung und Fragmentierung sowie damit einhergehender Kontingenzerfahrung auch auf den indischen Kontext übertragen lassen. Wo gesellschaftliche Strukturvorgaben (wie in Europa etwa die Standesgesellschaft, in Indien das System der Kasten) brüchig und durchlässig werden, muss das Individuum sich stärker selbst verorten. Die Familienzugehörigkeit genügt dann nicht mehr zwangsläufig für eine solche soziale Standortbestimmung. In Indien gibt es durchaus Hinweise auf eine allmähliche Aufweichung des Kastensystems. So zeigt beispielsweise Säävälä (2001), dass sozio-ökonomisch aufgestiegene Mitglieder unterer Kasten ihnen eigentlich verbotene religiöse Rituale ausführen lassen, um in ihrem sozialen Umfeld den Eindruck von Zugehörigkeit zu einer höheren Kaste zu erwecken. Früher hätte eine solche ‚Täuschung' schwerwiegende Folgen haben können, heute werden sie in vielfältiger Weise als neue Form der Selbstinszenierung genutzt. Signale eines gesellschaftlichen Umbruchs konstatieren inzwischen auch indische Studien (vgl. unter vielen Varma 1999). Für die Annahme einer zunehmenden Biographisierung können die herausgearbeiteten Themen der Studie als bezeichnend angesehen werden.

7.4.2. Zweite Konsequenz aus der Analyse der Semantik über education und ihren Beobachtungsformen: Biographisierung im indischen Kontext und ein zunehmender Einfluss von education auf die Selbst- und Fremdkonzeption

Es lässt sich deutlich durch die Analyse der Semantik zeigen, dass in dem gewählten Kontext eine Auflösung identitätsstiftender, traditioneller Muster (wie z.B. die Marginalisierung von Unterscheidungsformen wie rein - unrein) und damit einhergehend eine zunehmende Biographisierung konstatiert werden kann. Darüber hinaus ergibt sich aus der vorher - nachher Differenzierung auch insofern ein Biographisierungszwang, als die an eine Transformation über *education* gekoppelte Perfektionierung der Person nur über diese Differenz legitimiert werden kann, die Selbstdarstellung also die Biographie braucht, um sich als höherwertige, transformierte Person entwerfen zu können. *Education* bestimmt die Biographie und damit die Selbstkonzeption also ganz wesentlich mit. Deshalb soll sie als *Biographiemediator* beschrieben werden, worauf unter 7.6. näher eingegangen wird. Dies hat, so die weiterführende Annahme, weit reichende Konsequenzen auch für die Bedeutung, die *education* im Umgang mit Erfahrungen sozialer Kontingenz hat.

7.5. Konsequenzen der Unterscheidung von *educated - uneducated* und des Beobachtungsmodus *vorher - nachher*

Was folgt nun aus der Annahme, dass die Selbst- und Fremdbeobachtungen von der Unterscheidungen rein - unrein auf *educated - uneducated* umgestellt werden? Welche Sinnvorstellungen lassen sich an diese Unterscheidung anschließen, wo sind also die Anschlussstellen dieser Weiterungen oder Neuordnungen? Und wie nutzen die Informanten dies konkret in ihren Sinnkonstruktionen?

In einem weiteren Schritt sollen die Konsequenzen, die sich aus diesen Unterscheidungsformen ergeben, näher betrachtet und anhand der Daten belegt werden. Es handelt sich bei diesen Konsequenzen um Rückschlüsse, die aus den empirischen Daten gezogen wurden und anhand der Literatur näher spezifiziert wurden. Die Ausführungen schließen dabei zunächst an die Überlegungen zur Unterscheidung *educated - uneducated* an sowie an die Beobachtung des allgemeinen Misstrauens gegenüber bisheriger Bildungs-, Erziehungs-, und Sozialisationsformen. Danach stehen die weiterführenden Konsequenzen aus der Differenzierung nach vorher - nachher sowie der Biographisierung im indischen Kontext der Mittelschicht im Mittelpunkt (7.6.).

Education als Schlüsselkompetenz

In den Überlegungen über Perfektibilität war die Notwendigkeit der Überwindung der ‚negativen' Natur des Menschen hervorgehoben worden. Der Mensch, so die Perspektive auf Perfektibilität, „wird aus einer gebrochenen (deprivierten) Positivität in eine ursprüngliche Negativität uminterpretiert" (Luhmann & Schorr 1999, S. 64). Es bedarf eines Aktes, einer Handlung, den anzustrebenden Prozess der Perfektibilität umzusetzen. Mit Luhmann & Schorr: „Der Mensch muß demzufolge durch Erziehung denaturiert werden" (ebd.). Dadurch, dass die menschliche Natur zur Unbestimmtheit umformuliert wird, kann sie gleichzeitig zur „Quelle aller ... Vollkommenheiten" werden (Trapp, zitiert nach Luhmann & Schorr 1999, S. 64). Diese Vorstellung ist historisch gesehen die notwendige Voraussetzung für die Ausdifferenzierung von Erziehung und Erziehungssystem: „Mit diesen Umdispositionen verliert das Sperrdifferential der Realperfektion die Funktion, Veränderungen zu limitieren. Erforderliche Limitierungen müssen und können nun neu gewonnen werden in Anlehnung an besondere Bezugsprobleme und Funktionen. Vor diesem Hintergrund lässt sich die Perfektionierung oder Vollendung des Menschen als Leitformel für die Ausdifferenzierung des Erziehungssystems proklamieren. Vollkommenheit heißt, zumindest bei den Philanthropisten, proportionierliche *Entwicklung aller Anlagen des Menschen*" (a.a.O.,

S. 64, Hervorhebungen I.C.). Nicht weniger als die fortschreitende „Vervollkommnung des Menschengeschlechts" (a.a.O., S. 65) wird zur Leitformel, auch wenn sie nicht eingelöst werden kann. Die Vollkommenheit ist das neue Prinzip der „Glückseligkeit auf Erden",[136] und diese Glückseligkeit ist „der Zustand, in dem Vollkommenheit zum Selbstgenuß, zur ‚angenehmen Empfindung' geworden ist, und Erziehung ist das Geschäft, das sie bewirkt" (a.a.O., 64). Dieser Genuss an der Vollkommenheit hat die Selbstzentrierung zur Folge. Da jedoch die „natürliche Selbstsucht nicht allein zur moralischen Vollendung findet, muß der Pädagoge nachhelfen", und dieses „Nichtausreichen der natürlichen Selbsterziehung [begründet] den gesellschaftlichen Bedarf für Erziehung" (a.a.O., S. 66).

Diese theoretische Konsequenz aus den historischen Analysen zur Perfektibilität stimmt mit den gewonnenen Erkenntnissen in der vorliegenden Untersuchung in zweifacher Perspektive überein: Zum einen, wie gezeigt wurde, in der grundsätzlichen Konzeption des Menschen als perfektibles und verbesserungsbedürftiges Wesen, zum anderen durch die an *bestimmte* Interventionen gebundene Möglichkeit der Perfektibilität. In den Beschreibungen spiegeln sich Vorstellungen darüber wider, dass es ganz spezieller Interventionen bedarf, um zu einem höherstufig entwickelten menschlichen Wesen zu werden. Und diese Intervention ist *education*. Diese Vorstellungen reichen weit hinein in das Erfahrungsfeld der einfachen Alltagskompetenzen, die neueren Datums anscheinend auch nicht mehr anders als durch den Transformationsprozess *education* sichergestellt werden können. Die damit korrespondierenden Argumentationslinien der Informanten werden im folgenden zusammengefasst.

Allgemeines Misstrauen gegenüber bisherigen Erziehungs- und Sozialisationsformen

Es ist für die Darstellung dieser Konsequenz, die aus den Analysen der Themen der Semantik gewonnen wurden erforderlich, die konkreten Kompetenzen hervorzuheben, die dem Transformationsprozess *education* zugeschrieben werden und in der dokumentarischen Interpretation der Inhaltsanalyse herausgearbeitet wurden. Diese Kompetenzen beinhalten auch eher triviale, alltägliche Fähigkeiten wie etwa die Bewältigung von Alltagsproblemen: beispielsweise den Umgang mit Geld oder die Organisation der Familie. Unter *Handlungskompetenzen und -optionen* wurden diese Zuschreibungen unter den folgenden Kategorien zusammengefasst: ‚Kommunikationskompetenz', ‚Kompetenz im sozialen Umgang', ‚Menschenkenntnis' und ‚Hilfe für andere'. Diese Fähigkeiten, die man als *Alltagskompetenzen* beschreiben kann,

---

[136] Wobei z.B. Trapp (1913) diese Glückseligkeit nicht auf das irdische Dasein beschränkt, wenn er schreibt, „daß wir in der Ewigkeit um desto glücksicher sein werden, je ausgebildeter und vollkommener wir hier geworden sind" (a.a.O., S. 5).

sollten eigentlich im alltäglichen Lebensvollzug erlernbar sein. Der *education* wird also eine Aufgabe zugeschrieben, die man eigentlich von Sozialisation und/oder von familiärer Erziehung und tradierten Lern- und Bildungszusammenhängen erwarten dürfte: den Menschen in ganz grundsätzlicher Weise ‚alltagstauglich' zu machen. Es wird hier allerdings ein eingeschränkter und stark vereinfachter Sozialisationsbegriff verwendet. Unter Sozialisation sollen hier lediglich Erziehungszusammenhänge im alltäglichen Lebensvollzug verstanden werden, die vor allem auf Nachahmung und ‚learning by the way' beruhen, somit zwar intendiert sein können, aber von Personen angeleitet werden, die zur direkten Bezugsgruppe des Lernenden gehören. Wichtige Aspekte wie etwa die Sozialisation in der Schule, die besonders intensiv unter dem Schlagwort des heimlichen Lehrplans (siehe z.B. Zinneker 1975) diskutiert werden, sind explizit ausgeschlossen.

Diese Zuschreibungen der Kompetenzbildung an *education* lassen ein wachsendes Misstrauen gegenüber Sozialisation und Erziehung innerhalb der Familie und Gemeinschaft (in Indien: *jati*) vermuten. So lernten etwa Mädchen und junge Frauen früher die für sie notwendigen Fertigkeiten im Haushalt ihrer Herkunftsfamilie, angeleitet in der Regel durch die älteren weiblichen Mitglieder. Dies genügte, um sie auf ihre spätere Rolle in der Familie ihres Mannes vorzubereiten. Sie besuchten zumeist höchstens ein paar Jahre die Grundschule,[137] um die grundsätzlichsten Regeln der Kulturtechniken Lesen, Schreiben und Rechnen zu erwerben. Darüber hinaus waren offensichtlich besondere, zusätzliche Interventionen nicht notwendig, um aus der heranwachsenden Generation kompetente Mitglieder der Gemeinschaft zu machen.

Bei dem Misstrauen gegenüber der Sozialisation und herkömmlichen Erziehungsformen hinsichtlich dieser „soft skills" handelt es sich offensichtlich um ein modernes Phänomen, denn *education* als biographische Selbstverständlichkeit ist ja erst seit wenigen Generationen in der indischen Mittelschicht fester verankert. Früher konnte zum Beispiel etwas wie Menschenkenntnis also ganz offensichtlich auch ohne *education* erworben werden. Dies gilt sicher für Frauen sowie für Angehörige niedrigerer Kasten. Es wurde in historischer Perspektive bereits darauf hingewiesen, dass der Zugang zu eher als formal zu kennzeichnende *education* für Nicht-Brahmanen sehr begrenzt war. Eigenschaften wie Kommunikationsfähigkeit oder Menschenkenntnis sind nun keinesfalls besonders neuzeitliche Kompetenzen, also keine Merkmale, die erst im Rahmen von Industrialisierungs- und Modernisierungsprozessen notwendig wurden (Menschenkenntnis wird man immer benötigt haben, und der Umgang mit Geld dürfte ebenfalls schon sehr lange

---

137 Und dies kann auch eher nur für das urbane Milieu angenommen werden. Auf dem Land ist der Schulbesuch von Mädchen noch immer durchaus nicht selbstverständlich.

wichtig gewesen sein).[138] Deshalb kann man annehmen, dass sich auch die Einstellung ihnen gegenüber verändert hat. Heute geht man anscheinend nicht mehr davon aus, dass solche Fähigkeiten allein durch reinen Lebensvollzug, durch „learning by doing", vielleicht noch durch die Mutter oder andere Bezugspersonen angeleitet, erfolgreich erlernt werden können.

Natürlich sind auch hier Interrelationen zu beachten. Die Anforderungen an bestimmte Kompetenzen können auch immer als Antwort auf neue Anforderungs*niveaus* angesehen werden. So bringt etwa eine zunehmende Ausdifferenzierung der Gesellschaft sicher auch veränderte Anforderungen an die einzelnen Individuen hinsichtlich ihrer Kompetenzen im sozialen Umgang mit sich. Es sollen deshalb nun die einzelnen Attributionen an die betreffenden Handlungskompetenzen näher analysiert werden. Der Aspekt der ‚Menschenkenntnis' soll dabei exemplarisch ausführlicher betrachtet werden, um die wesentlichen Punkte der Argumentation herauszuarbeiten, die anderen Aspekte werden dem gegenüber dann nur noch kurz ausgeführt, da sie sich weniger prägnant darstellen lassen.

Menschenkenntnis

Es wurden Argumentationen im Zusammenhang mit einem adäquaten Umgang mit Menschen unter dem Thema ‚Menschenkenntnis' zusammengefasst. In einer stratifikatorisch (vgl. Luhmann 1987 u.ö.) strukturierten Gesellschaft ist der soziale Bewegungsraum eher begrenzt. Mit wem man Umgang hat ist wesentlich vorbestimmt, überschneidende Kreise, die über die eigene Gruppe oder geographische Lage (z.B. die eigene Familie und das Wohnviertel) hinausreichen, sind unwahrscheinlich oder eher selten. *Menschenkenntnis* in diesem (begrenzten) sozialen Radius beinhaltet daher sicher andere Merkmale und die Anforderungen haben vermutlich eine geringere Komplexität als beispielsweise in einer modernen Gesellschaft. Kontakte sind vorselektiert und man kann sich vielfach auf das vorgelebte Urteil anderer verlassen. Das Beispiel des Informanten 20 zeigt noch deutlich diese Struktur, wenn er davon berichtet, dass seine Mutter aus seiner Peergruppe einige Jungen ausgewählt hatte, die sie für den richtigen Umgang hielt und unter denen er sich dann seine Freunde suchen konnte.

Sozialstrukturen mit ausdifferenzierten Funktionssystemen (und für Indien kann man hypothetisch einen Übergang zu dieser Gesellschaftsform annehmen) erlauben es dem Einzelnen aber kaum noch, sich in einem begrenzten Rahmen zu bewegen. Die mit einer modernen, ausdifferenzierten Gesellschaft einhergehende Ausdehnung des Handlungsraumes macht also die Kompetenz, Menschen, und vor allem *fremde* Menschen, sowie ihre Handlungen und Intentionen situationsangemessen einschätzen zu können, über-

---

138 Ein Gegenbeispiel wäre etwa die Medienkompetenz, eine Fähigkeit, die durch moderne Entwicklungen überhaupt erst nötig wurde.

haupt erst notwendig. Man muß auf der Hut sein und Gefahren erkennen können (Interview 20). Man muss Menschen „analysieren" (so z.b. Interview 13) und sich für den richtigen sozialen Umgang entscheiden können, weil man so z.b. nur gemeinsam „wachsen" kann (Interview 3). Und eben diese Fähigkeit des Analysierens und der richtigen Auswahl eignet man sich nicht mehr quasi automatisch im Lebensverlauf an, sondern dies erfordert heute *education* - so die in der Semantik immanenten Themen.

Zwei Argumentationslinien lassen sich dazu in der Semantik über *education* finden: Einerseits wird die Meinung geäußert, dass *education* eine bestimmte Entwicklung im Sinne einer kognitiven Erweiterung fördert, die sich dann z.b. in „analytischem" Denken manifestiert. *Education* verändert demnach das Denken und fördert die Entwicklung der kognitiven Fähigkeiten. Andererseits stellt sie einen Handlungs- und Erfahrungsraum bereit, in dem die Einübung solcher Analyse- und Selektionsleistungen überhaupt stattfinden und damit gelernt und erprobt werden können. Besonders anschaulich beschreibt dies die Hausfrau Kavi:[139]

„Very good exposure. I get very good exposure. I came to know about persons - how they are. Because we are from a - I used to generally never go out. I used to stay with my family members, my father's and my aunts and all - so I - my circle was very limited. So I thought people were same like this only. But joining this articles course - right from my schooling I was in school - girls school only; my schooling was not co-education. So I never knew that boys and all - so I didn't knew all those. Only girls. So once I joined this chartered accountants course I got good exposure. So I came to know how people are, how we should be and all. I got very good exposure in this course"

Kavi macht deutlich, dass sie diese Erfahrung, diese „exposure", hier im Sinne einer *Enthüllung* oder sogar *Offenbarung* sozialer Aspekte, nur in dem durch *education* möglich gewordenen Kontext machen konnte. Es gibt zum einen keinen anderen gesellschaftlich akzeptierten Rahmen in Indien, der es einer jungen Frau ermöglicht, solche sozialen Erfahrungen zu machen. Andererseits kann sie in diesem Kontext lernen, wie die Menschen wirklich sind und wie sie sein sollten. *Education* bietet damit gleichzeitig den sozialen Raum für Lernprozesse *und* relevante Lerninhalte, die sich auf soziale Kompetenzen beziehen.

In den Beiträgen finden sich auffallend häufig Hinweise darauf, wie erst durch *education* die generell als wichtig bewertete Menschenkenntnis entwickelt werden konnte.: *"...if you are been educated you can study the person and know them better"* (Interview 16). Die Angestellte Devi (Interview 13) erklärt diesen Lernprozess, der sich auf die Beobachtung (älterer) erfahrener Kollegen bezieht, folgendermaßen:

„When I joined here [ihr College, I.C.], when I came to know of all these - this will happen this way, this will happen this way - now I can easily analyze people"

---

139 Alle Namen sind pseudonymisiert worden.

Devi integriert ihre soziale Erfahrung mit ihren Vorbildern (erfahrene, ältere Kollegen) in ihren Lernprozess, macht im folgenden aber deutlich, dass diese erworbene Kompetenz in der Anwendung nicht an ein bestimmtes Setting oder einen bestimmten Personenkreis wie etwa *educated persons* gebunden ist, sondern eine allgemeine Kompetenz darstellt:

„Education - in the sense it's not only we have M.Com., or M.B.A. or a Ph.D. It's not that education. Education in the sense, understanding people; understanding all types of people. You should not have only some sector. Only understanding the high - the hi-fi sector of the people, or only understanding the medium class or only understanding the low class. You have to understand each and every people, their problems ..."

Das Beispiel *Menschenkenntnis* zeigt also, dass über *education* eine Kompetenz aufgebaut wird, die es ermöglicht, den Aktionsradius zu erweitern. Die *educated person* kann sich auch dann kompetent in ihrer Umwelt bewegen, wenn diese für sie zunächst unvertraut ist. Sie kann sich damit von ihrem direkten Umfeld lösen und entwickelt eine generierte, kontextunabhängige Form der Alltagskompetenz. Es wird offensichtlich als nicht mehr ausreichend angesehen, sich in einer engen, vertrauten Umwelt bewegen zu können. Vielmehr wird es als wichtig erachtet, andere, denen man noch nie begegnet ist und die weder der eigenen Gruppe noch dem sozialen Umfeld angehören, adäquat einschätzen und beurteilen zu können. Die Erwartungen an *education* korrespondieren damit mit einem ‚modernen' Kontext, in dem es überhaupt zu häufigem Kontakt mit solchen Fremden kommen kann.

Es muss hier unentschieden bleiben, ob *education* damit auf neu entstehende Herausforderungen und Anforderungen in der Sozialdimension reagiert, ob also Veränderungen im sozialen Umfeld eine Notwendigkeit für *education* erzeugen, oder ob umgekehrt *education* etwa erst dazu führt, dass die *educated persons* ihre Kompetenzen in neuen Kontexten einsetzten wollen und deshalb den begrenzten Radius verlassen. *Education* kann als Reaktion auf gestiegene Kontingenzen in den sozialen Bezügen interpretiert werden[140] und sie wird dann wegen dieser Veränderungen als notweniger Prozess angesehen, da ihr die wichtige Funktion zugesprochen wird, angemessen auf diese Veränderungen vorzubereiten. Umgekehrt kann sie aber auch eine Art Auslöser sein und verstärkt solche Situationen erzeugen, in denen die durch sie gewonnenen Kompetenzen erst notwendig werden. Schließlich könnte auch eine Wechselwirkung bestehen: Die kompetenten *educated persons* bewegen sich selbstverständlich außerhalb ihrer familiären und lokalen Umwelt, gleichzeitig erlauben gestiegene soziale Kontingenzen einen Rückzug in diese nicht mehr. *Education* leistet in jedem Fall einen wesentlichen Beitrag zur alltäglichen Lebenskompetenz und -bewältigung.

---

140 Schließlich lebt man heute in jederlei Hinsicht in einer ‚Risikogesellschaft' (vgl. Beck 1996).

Education als Voraussetzung für die Fähigkeit, anderen zu helfen und als Instrument zur Unterstützung der Familie

Eine *educated person* wurde in den Interviews häufig damit in Zusammenhang gebracht, dass sie Menschen mit keiner oder geringerer *education* fundierte Ratschläge erteilen und Hilfen bieten kann und dies i.d.R. auch praktiziert. Im biographischen Bezug sind die Aussagen über die eigene Kompetenz zur Hilfe für andere relativ eindeutig und passen in das Bild der familienzentrierten indischen Gesellschaft: So heben Ehefrauen beispielsweise die Möglichkeit hervor, wegen ihrer *education* ihre Ehemänner etwa beruflich unterstützen zu können, die Söhne helfen ihren finanziell schlechter gestellten Eltern und insbesondere die Mütter sind froh, ihre Kinder auch selbst unterrichten zu können und sie z.b. nicht in auswärtige Nachhilfeeinrichtungen schicken zu müssen.[141] Die Form dieser Hilfe passt zu den allgemeinen Konzeptionen von großer Loyalität des Subjekts in Indien gegenüber der Herkunftsfamilie oder dem eigenen *jati*, bei gleichzeitiger völlig Abwesenheit eines Loyalitätsgefühls gegenüber der Gesellschaft, wie Murthy (2002) feststellt: „As an Indian, I am proud to be part of a culture, which has deep-rooted family values. We have tremendous loyalty to the family. For instance, parents make enormous sacrifices for their children. They support them until they can stand on their own feet. On the other side, children consider it their duty to take care of aged parents" (a.a.O., S. 1). In dieser Perspektive ist das Individuum fest an seine Gruppe gekoppelt und hat dementsprechend sich und seine Fähigkeiten in den Dienst dieser Gruppe zu stellen. Insofern kann man diese Argumentationsmuster auch als traditionell oder kollektivistisch geprägt bezeichnen, auch wenn Sinah & Trinpathi (1994) gegen eine kollektivistische Ausrichtung des indischen Kontextes argumentieren.

Nicht alle der unter „Hilfe für andere" zusammengefassten Argumentationen passen jedoch ohne weiteres in dieses Erklärungsmuster. Beispiele wie das des Arbeitslosen, der in seinem Haus arme, *uneducated persons* unterrichtet, erfordern darüber hinausgehende Erklärungen. Diese Aussagen erinnern zunächst sehr stark an Vorstellungen vom „guten" Menschen und könnten unter moralischen Entwicklungsaspekten interpretiert werden. Eine genauere Betrachtung macht jedoch deutlich, dass eine ganz bestimmte Art der Hilfe in den Beschreibungen dominiert: nämlich die Unterweisung, das Ratschlag erteilen.

Diese Beobachtung kann in den Zusammenhang mit den Kontextinformationen in Kapitel 4 über die besondere Stellung des Lehrers gestellt werden. Wie erwähnt nimmt der Lehrer oder Guru in der indischen Tradition eine besondere Rolle ein. *Educated persons* erfahren anscheinend in bezug auf

---

141 Eine in Indien im übrigen sehr verbreitete Art der Kompensation schlechter Schulleistungen oder als Prävention.

Unterweisung und Ratschläge erteilen ganz ähnliche Zuschreibungen. So stellt Sontheimer fest, dass neben den klassischen Schriften wie Dharmasutra, dem Veda allgemein, „eine - besonders in der Praxis - wichtige Quelle des Rechts und des rechten Verhaltens die Sitte der „Guten" ... [war], der Vedakenner und Gebildeten, der Wohlgesitteten und Selbstbeherrschung Übenden ..., an deren Benehmen ein besonderer Maßstab angelegt wurde" (a.a.O., S. 352), und spezifiziert schließlich beispielhaft: „Auf alle Fälle findet der Inder im Alltagsleben die ethische Entscheidung nicht, in dem er sein Gewissen martert, sondern er folgt dem Rat seiner älteren Verwandten, Freunde, Heiligen, Götter" (a.a.O., S. 353-354).

Natürlich geht es in den vorliegenden Beispielen nicht um ethische Grundsatzentscheidungen und die Interviewten sind weder Heilige noch ausgewiesene Veda-Kenner. Nützlich für diese Betrachtung ist die offensichtlich tradierte Struktur des Ratsuchens einerseits und der Unterweisung durch dafür als kompetent angesehenen Personen andererseits. Dieses Muster findet sich auch durchgängig in den Beschreibungen der *educated persons* und ihrer Kompetenzen. So beschreibt eine Informantin, dass sie sich in Zweifelsfällen an ihre gebildetere Schwester wendet, die ihr dann weiterhilft. Eine andere beschreibt die positive Erfahrung und den Zugewinn, den die Begegnung mit einer besser *educated person* für sie bedeutet:

„... see if you're more educated than me - find a person more educated than me it is so helpful that I can get some more - some more knowledge from them - and if talk to them, I'll be able to improve myself" (Angestellte Biographieinterview No. 17)

Es finden sich in den Interviews immer wieder Aussagen, die so oder in ähnlicher Weise ein sehr instrumentelles Verhältnis zu solchen anderen Menschen aufweisen, von denen man durch ihren Rat und ihre Erfahrung oder ihr Wissen profitieren kann. So werden etwa andere Menschen danach beurteilt, ob man mit ihnen wachsen kann und ob sie für einem hilfreich sein können oder nicht. Den *educated persons* wird eine solche Nützlichkeit zugeschrieben und der Umgang mit ihnen deshalb positiv eingeschätzt. Diese Bekanntschaft ist für das eigene Selbst und die Entwicklung von Vorteil. Umgekehrt übernehmen die *educated persons* in der Untersuchung diese Zuschreibungen und sehen es auch für sich selbst als Verpflichtung an, anderen, insbesondere weniger *educated persons* mit Ratschlägen zur Seite zu stehen, oder sich doch wenigstens so darzustellen. Ein Arbeitsloser beschreibt beispielsweise:

„... I want to help the poor people future - children - they should not become myself - all the children - they should not be - the people who are working on [road?] with some education. I want to help them in education - and I am doing that - I am doing some social work ... spending some time with poor people, giving some education I want to - I don't want to see Raje - my name is Raje - any other Raje" (Interview 24).

Zwei weitere Arbeitslose aus der Interviewgruppe erwähnen ebenfalls die Möglichkeit, andere zu unterrichten und einer von ihnen engagiert sich auch tatsächlich.

Education ist also auch für diese Kompetenz einer Hilfe für andere, die in der Debatte über Individualismus und Kollektivismus (siehe jüngst zusammenfassend Oysermann, Coon & Kemmelmeier 2002) eine zentrale Rolle spielt und in einer oft als kollektivistisch eingestuften Gesellschaft wie Indien einen hohen Stellenwert hat, nach den Beiträgen zu urteilen unerlässlich.

Kommunikative Kompetenz und Kompetenz im sozialen Umgang

Die übrigen Handlungskompetenzen sollen hier zusammengefasst betrachtet werden. Die Vorstellungen zu kommunikativen Fähigkeiten und sozialem Umgang bilden einen Kern der Semantik. Die *educated person* kann sich adäquat ausdrücken, verhält sich situationsangemessen und hat ein freundliches und angenehmes Auftreten. Hierbei werden insbesondere Disziplin bzw. Selbstdisziplin betont. In diesen Verweisen auf Disziplin wird deutlich, dass es auch hier wie beim Thema Menschenkenntnis um Gelerntes geht, das mindestens *auch* im formalen Rahmen angeeignet wurde, d.h. es geht auch um außerfamiliär vermittelte Prozesses, nicht nur um Sozialisation oder herkömmliche Erziehung. Verweise auf „illiterate" als Gegensatz (z.B. Biographieinterview 15) belegen einen direkten Verweis auf eher formale *education*. Gleichzeitig muss betont werden, dass es letztlich unentschieden bleiben muss, ob sich die *education* der Semantik tatsächlich nur auf sozusagen ‚rein' formale *education* bezieht. Es ist eben diese Vielschichtigkeit der Sinnkonstruktionen über *education*, die ja mit der vorliegenden Arbeit betont werden soll und ihr Rechnung trägt.

In der besonderen Betonung von Disziplin hinsichtlich der Kontrolle des eigenen Verhaltens lassen sich außerdem unschwer Verbindungen sehen zu erwünschten Verhaltensweisen, die traditionell und religiös fundiert sind und die sich bis in die religiösen Schriften des Veda zurückverfolgen lassen: „So ist neben dem eigentlichen *smnyasi* [weltentsagende Asket] der Mensch ein modernes Ideal, der in der Welt lebt und handelt, und in seiner Geisteshaltung und persönlichen Lebensführung *smnyasi* ist, oder sich bemüht, Selbstkontrolle zu üben". Neben dem Asketen, dem von allen weltlichen Zwängen entsagendem Extrem, dass nicht von allen Individuen gelebt werden kann, konnte auch im Rahmen der Sozialordnung „der Einzelne asketisch handeln, d.h. die Tugenden der Selbstdisziplin, Selbstlosigkeit und Freiheit von Gier üben, ohne der Welt zu entsagen" (Sontheimer 1980, S. 353). Gerade diese *Tugend* der Selbstkontrolle gehört auch in tradierten Vorstellungen zu einer guten Persönlichkeit und ist ein anzustrebendes Merkmal, das offensichtlich nicht selbstverständlich gegeben, nicht angeboren ist, sondern erlernt werden muss.

Auch angemessenes soziales Verhalten und „Gesellschaftsfähigkeit" scheinen also in den Vorstellungen weder durch bloße Alltagserfahrung noch durch bisher übliche Formen der Erziehung oder der Bildung noch hinreichend sichergestellt zu sein. „To mingle", eine häufig genannte soziale Kompetenz des Miteinanders, will gelernt sein und bedarf mehr als etwa den häuslichen Kontext. Der Sozialisation allein ist nicht mehr zuzutrauen, dass sie die erforderliche Kompetenz selbstverständlich vermittelt.

Ganz im Sinne der Selbstzentrierung und Vervollkommnung durch die *natürliche Selbstsucht* (vgl. Luhmann & Schorr 1999) als Folge der Perfektibilitätsvorstellungen beschreiben die Informanten die angenehmen Gefühle, die diese Kompetenzen bei ihnen auslösen. Im Zusammenhang mit dem unterstellten Misstrauen an Sozialisation ist nun interessant, dass auch die Kompetenz, seine Gefühle ausdrücken, sie anderen mitteilen und mit ihnen teilen zu können mit *education* verknüpft wird. So heißt es allgemein:

„But when I get enough education and qualification and experience now I am very much confident to speak others, let out my feelings" (Assoziationsinterview No. 1)

Und speziell in bezug auf den Austausch von Gefühlen und Gedanken:

„If you sit idly at home and doesn't want to come out and doesn't want to know about the world ... then your life is miscrable and it is waste. You must come out and interact with people, share your thought and feelings with others" (Assoziationsinterview No. 12)

„See, he can express better feelings in what you feel ... in a narrative, in a step-by-step manner. Where the themes can go very easily into people's mind. That can be done by an educated" (Biographieinterview No. 21)

Auch Sensibilität, also jemand zu sein, der sich anderen mitteilen kann und von anderen in seinem ‚Menschsein' verstanden und angenommen wird, ist demnach also nur über den vermittelnden Prozess der *education* möglich und darf nicht dem Zufall überlassen werden. Zuschreibungen, die in der Literatur beispielsweise unter dem Stichwort der emotionalen Intelligenz diskutiert werden (vgl. grundlegend Goleman 1996 und unter vielen Matthews 2002, Arnold 2003), sind hier impliziert. Das macht deutlich, wie weit reichend der Transformationsprozess durch *education* gedacht und wie wenig Entwicklung ohne *education* für möglich gehalten wird.

Resümee

Die Differenz *educated - uneducated* bietet sich als neue beobachtungsleitende Unterscheidung an, wobei insbesondere Perfektibilitätskonstruktionen an traditionelle Konzeptionen wie das Dharma des Menschen, seine Vervollkommnung, anschließen können. Ob es aber nun um die Entwicklung zu einem höheren Wesen oder die eher profanen Kompetenzen zur Alltagstauglichkeit geht: E*ducation* wird als die Voraussetzung für jede positive Veränderung angesehen und als notwendige Einheit, die diesen Transformationsprozess herbeiführen kann. Die Beobachtungen, die aufgrund der Unterscheidung *educated - uneducated* gemacht werden, implizieren, dass es sich bei den *uneducated persons* in fast keinem Lebensbereich um kompetente Akteure handelt, und wenn, dann nur aufgrund eher zufälliger Umstände. Es geht also in den Themen der Semantik und in der Unterscheidung von *educated - uneducated* ganz wesentlich um die Kontrolle von Entwicklungsverläufen und Seinszuständen der Individuen. Dies kann als ein deutlicher Hinweis zunehmender Kontingenzerfahrungen der Subjekte gedeutet werden. Sozialisation und herkömmlichen Erziehungsformen allein sind in den Vorstellungen der Individuen nicht mehr dazu in der Lage, eine angemessene Entwicklung zu initiieren und sicherzustellen, weswegen *education* als zwingend notwendig erachtet wird. Sie soll Sicherheit geben, durch sie sollen Entwicklungsverläufe kontrollierbar gemacht werden. Dies schlägt sich in den Beschreibungen dieses Misstrauens nieder. Daran kann man auch eine zunehmende Institutionalisierung von *education* im gewählten Kontext ablesen, was Fragen nach der Ausdifferenzierung eines Erziehungssystems in Indien interessant werden lässt. Darauf kann allerdings in der vorliegenden Studie nicht näher eingegangen werden.

Als zweite Konsequenz aus der Analyse der beobachtungsbegründenden Unterscheidungen wurde auf eine Biographisierung der Lebensverläufe geschlossen. Die basale Differenz *educated - uneducated* betont durch die implizierte Differenz von vorher - nachher die Prozesshaftigkeit und damit die Zeitabhängigkeit, was im folgenden am Datenmaterial aufgezeigt werden soll. Dabei steht auch insbesondere die Relevanz von *education* für die Selbst- und Fremdkonzeption im Mittelpunkt.

7.6. Biographisierung und Strukturierung von Lebensverläufen: *Education* als Biographiemediator

Die Differenz des vorher - nachher betont den Faktor Zeit in der Selbstkonzeption der Individuen. *Education*, so kann weiter festgestellt werden, ist somit Teil eines „Programm(s), das eine allgemeine Struktur der Lebenszeit vorgibt und erwartbar macht" und „zugleich biographische Ordnung und biographische Offenheit" umfasst (Kohli 1988, S. 37). Dabei kommt ihr jedoch den in der Semantik eingelagerten Beiträgen eine privilegierte Rolle zu, was bereits als ein Fixpunkt, von dem aus alle weiteren Strukturierungen auf der Zeitdimension ausgerichtet werden, beschrieben wurde. Dies knüpft an die Überlegungen zu Biographie als selbstreferenzieller Behandlung biographisch *relevanter Ereignisse* an (vgl. Brose & Hildenbrand a.a.O). *Education* erweist sich als eines der sowohl für die Strukturierung der Biographie wie für die dazu notwendigen Reflexionen des Selbst wichtigsten, wenn nicht gar *das* wichtigste Ereignis überhaupt. In der Strukturierung der Biographie stellt sie generierbare Eckpunkte der Ausrichtung (konkret vor allem die Unterscheidung von vorher - nachher) über individuelle Lebensverläufe hinweg zur Verfügung. Für die Selbstreflexion und damit die Selbstkonstruktion gewährt sie über das Konzept der Transformation zum höherwertigen Menschen eine elitäre Abgrenzungsmöglichkeit gegenüber anderen.

In Anlehnung an das Konzept der *Biographiegeneratoren* von Hahn (2000) kann *education* im gewählten Kontext, so die These, als *Biographiemediator* verstanden werden. Biographie*generatoren* produzieren nach Hahn individuelle Identität als Konstruktion und Rekonstruktion vergangener Ereignisse. Sie sind soziale Institutionen, die Rückbesinnungen auf das eigene Dasein gestatten oder erzwingen. Selbstdarstellung um ihrer selbst Willen ist nicht zwangsläufig existent: in jeder Gesellschaft gibt es aber eine „implizite Selbstpräsenz", also Selbstdarstellung, die noch nicht explizit aus dem Fluss des Handelns heraustritt und auch „rudimentäre situative Darstellungen des Selbst sind historisch universal. Das trifft aber nicht zu auf die biographische Selbstreflexion. Ob das Ich über Formen des Gedächtnisses verfügt, die symbolisch seine gesamte Vita thematisieren, das hängt vom Vorhandensein von sozialen Institutionen ab", die eben einer solchen Reflexion des eigenen Dasein einen festen Rahmen geben (Hahn 2000, S. 100). Beispiele solcher Biographiegeneratoren sind Memoiren, Psychoanalyse oder etwa die Beichte. Als Biographie*mediatoren* sollen nun solche Bezugspunkte genannt werden, die innerhalb einer bestimmten Gesellschaft die Struktur für die möglichen Entwürfe der Selbstreflexion, also der Biographie maßgeblich mitbestimmen. Ihr generierender Charakter macht es erforderlich, dass sich die je individuellen Ausrichtungen der Biographie in irgendeiner Weise auf sie beziehen müssen und ihre Strukturierungsvorgaben nicht ohne weiteres umgangen oder ignoriert werden können. Ereignisse, die zu Biographiemediatoren werden können, haben also einen hohen Grad an Verbindlichkeit in ihrem Strukturierungscharakter für die Biographie. Der ursprünglichste aller Biographiemediatoren wäre somit die Geburt.

Für das vorliegende Sample kann nun *education* als ein solcher Biographiemediator angesehen werden. Symptomatisch sei hier erwähnt, dass zwölf der 26 Informanten bereits spontan auf die allgemeine und nicht auf *education* bezogene Eingangsfrage nach dem wichtigsten Ereignis in ihrem bisherigen Leben eine Situation nannten, die mit ihrer *education* bzw. ihrem Bildungsabschluss zu tun hatte. Im Vergleich dazu nannten nur sechs Informanten die für Indien traditionell als besonders zentral in der Biographie anzusehende Hochzeit an erster Stelle (vgl. Ausführungen in Kapitel 2). Dies sei auch deshalb angemerkt, um einer Kritik am Design der Studie hinsichtlich der Erwartbarkeit der Ergebnisse zumindest in diesem Punkt zu begegnen. Es ist evident, so könnte die Kritik formulieren, dass in einer Befragung über *education* sich eben *education* als Leitthema oder als Biographiemediator ergibt. Aber erstens ist die Forschungsfrage bereits aus dem empirischen Feld erwachsen, wo in einem anderen thematischen Bereich, nämlich Partnerfindung, *education* sich als herausragendes Moment im Lebenslauf erwiesen hat. Aus Sicht der vorliegenden Studie überzeugender ist jedoch zweitens, dass *education* für fast alle Informanten einen selbstverständlichen, integralen Bestandteil ihrer Selbstkonstruktion darstellt und dass die Biographisierung im gewählten Kontext wesentlich über *education* und die durch sie eingeführten, beobachtungsleitenden Unterscheidungen bestimmt ist.

Education liefert also die Eckpunkte, zwischen denen die Subjekte ihre Biographie aufspannen können. Es weist vieles darauf hin, dass *education* maßgeblich zu dem Prozess einer Auflösung alter Identitätsmuster beigetragen hat.[142] Wichtig bei der Selbstkonstruktion ist dann nicht mehr, als ‚wer' ich geboren wurde, sondern zu wem *education* mich gemacht hat, oder genauer: zu wem ich mich über *education* gemacht habe. Dieses Problem ist nur über Zeit, nur über Lebensverlauf zu lösen. *Education* bringt den Lebensverlauf, die dargestellte Biographie in eine vorher - nachher-Form und liefert damit ein Kriterium, das vordergründig demokratischer oder egalitärer ist als die traditionelle Kaste, dennoch oder vielleicht gerade deswegen jedoch äußerst effizient. Auch im indischen Kontext lassen sich also Tendenzen der Biographisierung feststellen. Da die vorliegende Arbeit eine reine Momentaufnahme ist, kann sie allerdings Entwicklungen wie die Fragmentierung der Gesellschaft (Joas a.a.O.) oder ihre zunehmenden Ausdifferenzierung (Luhmann, insbesondere 1987) nicht direkt aufzeigen. Konfrontiert man die vielerorts aufzufindenden Hinweise auf den (vormals) stratifikatorischen Charakter der indischen Gesellschaft (beispielhaft in Gupta 1991 oder Srinivas 1997) mit solchen Biographisierungstendenzen, dann liegt es jedoch nahe, von einer Entwicklung in Richtung einer solchen Fragmentierung auszugehen.

7.6.1. *Konsequenzen der Unterscheidung vorher - nachher für die Biographieentwürfe*

Wie kommt die Differenz des vorher - nachher nun auf der individuellen Ebene in den biographischen Reflexionen zum Ausdruck? Die konkreten Beobachtungen, die anhand der eingeführten Unterscheidung gemacht werden, müssen genauer analysiert werden, um auf die Anschlussfähigkeiten dieser Unterscheidung in den biographischen Entwürfen schließen zu können. Alle Informanten aus der Untersuchung sind *educated persons* und müssen deshalb, so die Annahme, zu ihren Attributionen an *education* selbst eine refle-

---

[142] Es wurde bereits mehrfach darauf verwiesen, dass sie wichtige Funktionen der Kaste übernimmt.

xive Beziehung haben. Wenn Entwicklungen hinsichtlich intellektueller Fähigkeiten oder moralischen Verhaltens ganz allgemein in nahezu exklusiver Weise mit *education* in Verbindung gebracht werden, dann ist es ebenfalls interessant zu sehen, wie dies in der ganz persönlichen Bewertung bei den einzelnen Informanten aus der Studie ausfällt.

Diese reflexive Beziehung zeigt sich in den Interviews in unterschiedlicher Weise, wobei die generellen Lebensumstände der Informanten (Angestellter, Arbeitsloser oder Hausfrau) die verschiedenen Strategien des Umgangs mit dieser Frage nur zum Teil zu beeinflussen scheinen.[143] Außer im Falle der beiden bereits genannten Ausnahmen, die eine Veränderung ihrer Persönlichkeit durch ihre *education* vollständig negieren und sich deshalb bei der Einschätzung und Bewertung von *education* ganz auf professionelle Aspekte beschränken,[144] lassen sich allgemein zwei unterschiedliche Formen des Umgangs mit der Differenzierung von vorher - nachher ausmachen, die im folgenden näher dargestellt werden.

Übergreifend kann für die Darstellungen der Biographiereflexionen der Informanten gesagt werden, dass sich die Erwartungen, die aus der Retrospektive hinsichtlich *education* genannt werden, zunächst ausschließlich auf professionelle und ökonomische Aspekte beziehen. Auf die Frage, was sie sich von *education* erhofft hatten oder was die Gründe für die Wahl einer bestimmten Fachrichtung waren, wurden beispielsweise konkrete Berufsziele, ökonomische Unabhängigkeit, inhaltliches Interesse an einem bestimmten Fach oder ökonomische Sicherheit genannt. In der Reflexion auf das „Nachher" als transformierte „*educated person*" kommen dann andere Attributionen zur Anwendung, die sich statt auf Karriere oder Profession auf die eigene Persönlichkeit beziehen. Folgende Argumentationsstrukturen lassen sich anhand des Materials nachzeichnen:

Die Biographie als erfolgreicher Transformationsprozess durch education

Fast alle Informanten beschreiben einen positiven Transformationsprozess ihrer Persönlichkeit. Die Ausnahmen sind auch hier die Interviews 22 und 23, die beiden arbeitslosen Ingenieure Ravinder und Devandu (vgl. Anhang A). Alle anderen Informanten (insgesamt 24) nennen ihre Persönlichkeitsentwicklung neben der Profession im Zusammenhang mit *education*. In zwei Fällen wird anfangs zwar noch den Einfluss von *education* auf ihre Persön-

---

143 Es scheint außerdem, dass auch die hier nicht berücksichtigten geschlechtsspezifischen Unterschiede nicht entscheidend sind, die Unterschiede zeigen sich eher anhand strukturellen Kriterien, weshalb die Hausfrauen und die Arbeitslosen sich in ihren Argumentationen oft annähern.
144 In Exkurs A werden diese beiden Fälle gesondert behandelt und Hypothesen für die dort zur Anwendung kommenden beobachtungsanleitenden Unterscheidungen andiskutiert.

lichkeit negiert dann aber relativiert.[145] Im folgenden wird näher auf die verschiedenen Arten dieser Bezugnahme und auf die Selbstdarstellung eingegangen.

A. Pick-Ass - Perfekt als Mensch, perfekt im Beruf

Die große Mehrheit der Interviewten (16 Informanten) entwirft ihre Biographie in bezug auf *education* als eine „Erfolgsstory" in professioneller wie in persönlicher Hinsicht, wobei einzelne Bewertungen und Schwerpunkte stark variieren. Im professionellen Bereich reicht sie etwa von der Meinung, *education* habe aus ihnen ein „Pick-Ass" gemacht (Interview No. 2) bis zu dem anderen Extrem, dass es nur darauf ankommt, einen Job zu haben, da jede Arbeit letztlich gleichbedeutend sei (Interview No. 6). Alle sehen sich trotzdem in beruflicher Hinsicht als erfolgreich an. Außerdem vertreten sie auch die Meinung, dass *education* eine deutliche positive Wirkung auf ihre Persönlichkeit hatte und sie dadurch ganz verschiedene Kompetenzen erwerben konnten.

Viele Informanten sind stolz auf ihre *education* und dies zeigt, wie sehr dieser Transformationsprozess durch *education* auch als eigene *Leistung* angesehen wird. Über die Unterscheidung von vorher - nachher bei *education* kann man sich in der Selbstkonstruktion einerseits von anderen abheben, andererseits aber durch Verweis auf die eigene Leistung auch noch sozusagen eine ‚demokratische' oder ‚egalitäre' Legitimation reklamieren - im Gegensatz zu den Differenzierungen wie rein - unrein, die ja auf einem ererbten und insofern elitären Vorteil basieren. Diese neue Unterscheidung, die im Wesentlichen auf einer Temporalisierung der Selbstkonstitution basiert, bietet Anschlussfähigkeiten, die sich an einer ‚modernen', demokratischeren und vielleicht westlich geprägten Semantik orientiert (worauf zurückzukommen sein wird). Was man ist, ist man aufgrund seiner eigenen Anstrengungen, und dies gilt nicht mehr nur für die Profession, sondern auch für die Persönlichkeit.

Die Argumentation der eigenen Leistung wird noch untermauert durch den die Hinweise auf die Notwendigkeit eines lebenslangen Lernens, wie er sich bei fünf der ‚Erfolgsbiographien' findet. Auch das ‚Pick-Ass' Rao (Interview No. 2) sieht für sich die Notwendigkeit kontinuierlichen Lernens, um den gestiegenen und veränderten Anforderungen und Herausforderungen gerecht werden zu können und *education* bedeutet permanent aktives Handeln und Initiative:

„We are also in the Indian Administrative Service [eine besonders prestigeträchtige und machtvolle Position in Indien]. And now - though we are in the Indian Administrative Service - there is no limit to that. Next year I am joining my Indian Institute of Business, Ban-

---

[145] Im Verlauf des Interviews verwenden sie dann dieselben Argumentationsfiguren wie die anderen befragten Personen.

galore for a public policy. And six months I'll be here six months I am going to UK. And for this programme I have chosen - and this is a government sponsored programme. This education - there is no limit to that even till your last breath" (Biographieinterview No. 2).

Dabei wird an folgendem Zitat deutlich, dass die Verpflichtung zu lebenslangem Lernen nicht etwa negativ als Zumutung gesehen, sondern im Gegenteil in die Selbstkonzeption übernommen wird und positiv besetzt ist.

„... personality means - that's what I said [you] know - everyday a new learning I'm doing - I am learning some new thing in my career, in my this thing, and in my development". Später wird noch hinzugefügt: „... gives me satisfaction that I am learning something" (Biographieinterview No. 11).

Die über *education* erreichte hohe Position wird in dieser Argumentation gleich zweifach an den Zeithorizont gekoppelt: Es genügt nicht, durch eine einmalige Leistung eine Differenz gegenüber den *uneducated persons* herzustellen, diese Differenz muss vielmehr durch beständige Leistung im Bereich von *education* aufrecht erhalten werden und stellt die Bemühungen und das notwendige Engagement in diese Richtung auf Dauer, um das erreichte Ziel und den erreichten Status zu sichern. Es zeigen sich also Vorstellungen der Notwendigkeit des lebenslangen Lernens.

Die Darstellung der eigenen Biographie als „Erfolgsstory" geht somit konform mit den in der Semantik enthaltenen Vorstellungen über die Perfektibilität des Menschen und seiner Perfektionierung durch *education*. Aber auch den in dieser Hinsicht eher erfolglosen Biographien bietet diese Unterscheidung des vorher - nachher Anschlussfähigkeiten in den Sinnkonstruktionen, wie man sehen kann.

B.   Enttäuschte Erwartungen

Auch diejenigen Informanten, bei den sich Enttäuschungen im Zusammenhang mit ihrer *education* einstellten, hatten zunächst auch rein professionelle Erwartungen. Allerdings haben sich für diese Informanten (insgesamt 7) diese Erwartungen bislang nicht erfüllt: Drei sind arbeitslos und vier Hausfrauen. Die Enttäuschungen sind bei allen deutlich zu spüren, wobei besonders für die Hausfrauen darauf hingewiesen werden muss, dass die Interpretation als Enttäuschung keine Abwertung ihrer Tätigkeit sein soll. Die Enttäuschung ergibt sich vielmehr aus den von ihnen selbst geäußerten andersartigen Erwartungen in der Vergangenheit. Statt einer „Erfolgsstory" müssen sie sich vielmehr ihren Enttäuschungen stellen. Es lassen sich in der Stichprobe zwei verschiedene Argumentationsstrategien zeigen, mit dem problematischen Verlauf der Biographie umzugehen, und damit trotzdem die Unterscheidung vorher - nachher positiv für die Selbstkonzeption zu nutzen.

B.1. Relativierende Neubewertung der eigenen Erwartungen an education

Zwei der arbeitslosen Informanten (Interview No. 21 und 26) nehmen die Bewertung ihrer Biographie in bezug auf ihre hohen Erwartungen an *education* zum Anlass, diese Erwartungen explizit aus der Retrospektive zu analysieren und kommen zu einem negativen Ergebnis. So bemerkt Suba:

„So education never make any damage for me but only thing the problem has come in my life that I expected something through education - that a government job and all. That I failed, where I was disappointed. But if I would not have expected any kind of government job and all then naturally education would have elevated much more to me" (Interview No. 21).

Auch Pavan erklärt, dass es ein Fehler gewesen war, von *education* zu erwarten, quasi automatisch auch eine Job zu bekommen. Hätte er seine Erwartungen beschränkt *„only for the knowledge definitely I would be very - I mean very much satisfied man today as I have gained this knowledge and all"* (Interview No. 26). Die Konsequenz für ihn besteht dann darin, dass *„from early childhood education - from that time only each and every school from whatever their I mean teachers should educate the children in a proper manner that education is meant for only knowledge, not for the employment sake or so"*. Die *education* selbst muss dann seiner Ansicht nach zu ihrer - wenn man so will - eigenen Demystifizierung beitragen, ihre Grenzen erkennen und diese mitvermitteln. Und dieses Programm versucht Pavan auch in seinem Privatunterricht, den er an Bedürftige erteilt, umzusetzen.

Die Art der Argumentation von Pavan und Suba lässt die Konstruktion von *education* weitgehend unverändert: Es ist nicht etwa die eigene *education* selbst, die den Anlass zu Enttäuschungen bietet, im Gegenteil: Sie hat ihnen Integrität vermittelt und ihre Persönlichkeiten perfektioniert, sie „erhoben", wie Subas für sich meint, und auch Pavan spricht unter anderem davon, dass sie seine Persönlichkeit verfeinert hat. Nach den Enttäuschungen werden aber die eigenen *Erwartungen* an *education* relativiert. Die vorher - nachher Differenzierung durch *education* wird zwar aufrechterhalten, lediglich der berufliche Bereich wird ausgeklammert. Wohl gemerkt nicht der der Professionalisierung im Sinne von Aneignung des notwendigen Wissen - dies wird explizit integriert und beide halten sich durchaus für kompetent für ihren Beruf. Aus der Retrospektive werden jedoch die kausalen Attributionen und Vorstellungen über die enge Verknüpfung von *education* und beruflichem Erfolg neu bewertet. Auffallend ist, dass es dadurch zu keinerlei Abwertung von *education* an sich kommt. Auch die überlegene Position einer *educated person* muss so nicht in Frage gestellt werden. Die Enttäuschungen werden stattdessen an falsche Vorraussetzungen und irreführende Erwartungen geknüpft und aus dem Konstrukt *education* ausgegliedert. Durch diese Revision und neue Ausrichtung der Perspektive auf *education* ist es dann wiederum möglich, seine Person als eine gelungene Transformation darzustellen und die Differenzierung in der Zeitdimension, die zu einer erhöhten Position im Nachher führt, aufrechtzuerhalten.

Beide Informanten beschreiben allerdings auch Veränderungen in ihrer Persönlichkeit durch *education*, die durchaus problematisch und kritisch sind. So weist Suba im Interview mit der Eingangsbemerkung darauf hin, dass seine *education* für ihn einerseits der größte Segen in seinem Leben, andererseits aber auch ein ‚Fluch' war und führt aus: *„because neither I am going for compromise for any kind of minor job and my equal kind of job I am not getting in this country"*. Im weiteren Verlauf benennt er gleich mehrere externe Gründe, warum er sich nicht im Arbeitsleben etablieren konnte: Das indische Reservationssystem für Angehörige benachteiligter Kasten, der Computerboom und die immense Konkurrenzsituation in Indien. Der ‚Fluch' hat seine Wurzeln in etwas Externem, etwas, das über ihn hereinbricht und nicht etwa im Zusammenhang mit der Transformation seiner Persönlichkeit durch seine *education* steht. Dass seine gestiegene Anspruchshaltung für ihn zu einem Nachteil wurde, wird nicht als problematisch dargestellt. Auch vom jetzigen Standpunkt aus wird noch immer nicht in Frage gestellt, ob die Aufrechterhaltung des Anspruchs sinnvoll ist. Der Gedanke der Perfektibilität durch *education* muss so nicht aufgegeben und *education* nicht negativ besetzt werden.

Auch Pavan, ebenfalls arbeitslos, meint:

„I was provided with a job which does not match - I mean these - though this - like I was feeling I should not do. After doing this post-graduation why should I work with the graduates. Sometimes I feel that. So that is the reason still I am unemployed" (Biographieinterview No. 26).

Er zeigt damit deutlich, dass *education* bei ihm zu einer Anspruchshaltung hinsichtlich der beruflichen Tätigkeit geführt hat, die sich in seiner Biographie negativ auswirkte. Trotzdem wird die transfomierende Wirkung auf die Persönlichkeit durch *education* in keiner Weise kontrovers diskutiert. Sie wird auch als Perfektionierung beschrieben.

In dieser Perspektive zeigt sich besonders deutlich, dass eine funktionale Bedeutung von *education* im Sinne einer berufsbezogenen Ausbildung und ‚Eintrittskarte' in das Berufsleben in Extremfällen wie der Arbeitslosigkeit sogar vollständig aus dem Sinnkonstrukt ausgeschlossen werden kann, ohne dass die Semantik über *education* ihre Überzeugung einbüßt und die Vorstellung von einer Höherwertigkeit von *educated persons* an Überzeugungskraft verliert. Die Semantik einer Perfektibilität über die Zeit durch den transformierenden Prozess *education* ist demnach für eine Plausibilisierung nicht zwangsläufig auf einen Bezug zu der funktionalen Ebene einer unmittelbaren Anwendbarkeit im Beruf angewiesen. Sie ist stabil genug, auch unabhängig von berufsbezogenem oder ökonomischem Erfolg eine Differenzierung aufrecht zu erhalten, die es erlaubt, *educated persons* als ‚höherwertig' einzuordnen. Diese Struktur findet sich auch in den Argumentationen der übrigen

Informanten dieser Gruppe. Es zeigt sich gerade in dieser Abkopplung von rein karriereorientierten Argumentationen die hohe Anschlussfähigkeit dieser Sinnkonstruktionen zu *education*, die die Funktionalität von *education* enorm erweitert, indem sie ihren Zuständigkeitsbereich vergrößert, sich gleichzeitig aber nicht unter einen kausalen Erfolgsdruck hinsichtlich der Berufskarriere stellt.

B.2. Enttäuschte Berufserwartungen werden über äußere Bedingungen erklärt und durch Annahmen über Vorteile für die Persönlichkeit kompensiert

Wie bei den beiden zuvor dargestellten Informanten, so stimmen auch bei den hier zusammengefassten fünf Interviewten die Erwartungen an *education* in beruflicher Hinsicht nicht mit den realen Verläufen ihres Lebens überein. Entsprechend ist auch für sie eine Re-Konstruktion ihrer Biographie nicht möglich, ohne sich auf diese nicht erfüllten Erwartungen zu beziehen. Vier von ihnen machen dafür ebenfalls externe Gründe verantwortlich. Ihr Umgang mit dem gemeinsamen Grundproblem in ihrer Biographie und der daraus resultierenden Selbstdarstellung unterscheidet sich jedoch erheblich.

Nur eine Probandin führt ihr Scheitern in beruflicher Hinsicht auf ihr eigenes Unvermögen zurück. Sie gibt klar zu verstehen, dass der Abbruch ihrer Ausbildung nur deshalb zustande kam, weil sie selbst die erforderliche Leistung nicht erbringen konnte:

„... but that took time for me - to join that professional course. I joined but I couldn't do it, I just slept at in between my articles."
Interviewer: „Why?"
Her answer: „Because that is a very tough course. We need complete dedication. I - couldn't put so much effort. So I stopped" (Biographieinterview No. 18, Hausfrau).

Nur sie ist dafür verantwortlich, dass sich ihre Perspektive nicht verwirklichen ließ. In dieser Gruppe von Informanten ist sie insofern ein Einzelfall, als von den anderen mindestens eine Teilschuld am problematischen Verlauf in externen Faktoren gesucht oder die Verantwortung vollständig von ihnen nicht beeinflussbaren Faktoren zugeschrieben wird. Entsprechend groß ist ihre Enttäuschung, die sich durch das gesamte Interview zieht. Hätte sie ihr Ziel erreicht und diese prestigeträchtige *education* absolviert, wäre ihre Persönlichkeit ihrer Meinung nach „ganz anders".

Ein Beispiel für die Zuschreibung einer äußeren Teilschuld am defizitären Verlauf der Karriere ist Sashtri. Diese Interviewpartnerin bekommt nicht den von ihr angestrebten Studienplatz in Medizin. Als Grund nennt Sashtri die stark begrenzten Studienplätze:

„But unfortunately here we have very limited seats there, and half of one - three-fourths of that goes to the reserved category" (Biographieinterview No. 25, Hausfrau).

Wie verschiedene andere Informanten, so macht auch sie unter anderem das indische Reservationssystem zugunsten der niedrigen Kasten dafür verantwortlich, dass sie von einem bestimmten Studienplatz ausgeschlossen wurde. Jetzt, in der Retrospektive, beurteilt sie ihre Entscheidung zu den von ihr im Vorfeld gewählten Fächern eher als einen Fehler. Sie hat Naturwissenschaften gewählt mit dem festen Vorsatz, Ärztin zu werden. Eine andere Verwendung ihrer *education* ist nach ihrer Aussage jetzt nur noch ihm Lehrberuf zu finden, was sie für sich selbst als Perspektive ablehnt. Die eigene Entscheidung für die Art der Fächerkombination war also ihr Fehler, da diese Fächerkombination keine andere Betätigung erlaubt, es aber gleichzeitig wegen des Reservationssystems sehr schwer ist, einen Medizinstudienplatz zu bekommen und man sehr gute Noten haben muss. Damit verteilt sie die Verantwortung an der Enttäuschung ihrer Erwartung auf sich selbst und bestimmte Umweltbedingungen. Sie kann nun nicht entscheiden, was sie in Zukunft tun soll. Diese Frage stellt sich nun für sie zunehmend, da ihre Kinder ihrer Meinung nach jetzt in einem Alter sind, das es rechtfertigt, sich verstärkt ihren eigenen Perspektiven zuzuwenden. Berufstätigkeit wird als Wunsch für die Zukunft geäußert, wobei sogar der zuvor explizit abgelehnte Lehrberuf ins Gespräch gebracht wird.

Gayatris Fall ist ähnlich gelagert. Sie sieht vor allem in der schlechten Arbeitsmarktsituation die Verantwortung für ihre mangelnden Möglichkeiten der beruflichen Verwirklichung. Gayatri ist die einzige der Hausfrauen, die bereits einen Beruf ausgeübt hat. Sie hat auch nach ihrer Heirat gearbeitet und wurde dann arbeitslos. Gayatri sucht nach neuer Arbeit, dann wird sie jedoch schwanger und die Familie erwartet von ihr, dass sie sich nun zunächst um das Kind kümmert. Dabei hat Gayatri jedoch keineswegs die Perspektive aufgegeben, wieder in die Arbeitswelt einzusteigen. Sie fragt:

„... when I have studied, why should I sit in the house? Let me - when I have to show my talent and I should know whatever - what I have learnt and all that, I should be knowing it myself - whether I am able to prove it - subject is able to do - I am able to get in the subject or not" (Biographieinterview No. 17, Hausfrau).

Ihre Darstellung bleibt in diesem Punkt unklar. Zunächst stellt sie ihre momentane Situation der Arbeitslosigkeit als gewollt und von einem Arzt wegen der Schwangerschaft als geraten dar, später erwähnt sie jedoch, dass sie sich, nachdem sie arbeitslos geworden ist, weiter um Stellen bemüht habe. Jedoch sei der Arbeitsmarkt so schlecht, dass es sehr schwer sei, für Absolventen ihres Bereichs Arbeit zu finden. Sie betont sogar, dass sie bereit sei, jede Arbeit anzunehmen (wobei sie sicher von einem bestimmten Niveau ausgeht), und bei sich bietender Gelegenheit dann in ihr Fach überzuwechseln. Sie will eine Gelegenheit, ihr Talent zu zeigen, es sich selbst beweisen, dass sie ihr Wissen anwenden kann.

Vimala dagegen macht explizit ihren Mann dafür verantwortlich, dass sie ihre *education* nicht weiterführen konnte und deshalb nun keine Möglichkeit der beruflichen Verwirklichung oder Weiterentwicklung hat. Sie wurde sehr früh verheiratet und schafft es, ihre Graduation noch abzuschließen, bevor sie ihr erstes Kind bekommt. Danach hat sie jedoch keine Möglichkeit, beispielsweise ihren Master (M.A. im Zitat) abzuschließen, weil sie Kinder hat und ihr Mann sie nicht unterstützt:

„[If] My husband is more supportive it will be nice. [...] and I'd have just done M.A. or such. But if he would have supported I would have done I think. But he didn't. Because children were there and all no. He didn't give me chance - to do. If chance was given - I'd have done it" (Biographieinterview No. 16, Hausfrau).

Vimala wäre gerne Lehrerin geworden, doch auch dazu müsste sie noch einen weiteren Abschluss machen, was in ihrer jetzigen Situation nicht möglich scheint. Sie beschreibt sich als in dieser Hinsicht abhängig von ihrem Mann, der ihr die erforderliche Unterstützung nicht gibt. Vimala trifft in dieser Konstruktion somit an ihrer Situation keine Schuld: zuvor war es ihr nicht möglich, den erforderlichen Abschluss zu machen, weil sie sehr früh verheiratet wurde, und jetzt hat sie aufgrund der familiären Gegebenheiten keine Möglichkeit, die erforderliche Qualifikation nachzuholen, die Voraussetzung für einen erfolgreichen Einstieg in den von ihr favorisierten Beruf der Lehrerin ist.

Auch im letzten Fall dieser Gruppe werden für das Nichterreichen einer angestrebten Position im beruflichen Leben externe Gründe angegeben, die das Subjekt entlasten. Bei Raje handelt es sich wiederum um einen Arbeitslosen, der den Einstieg ins Berufsleben offensichtlich verpasst hat. Für Raje gibt es keinen Zweifel, wer an dem negativen Verlauf seines Lebens Schuld ist:

„Mainly, I have lost my precious time. Think back my old days - main days are gone to dogs. In simple words you can say - I can say that my young days gone to dogs". Später wird spezifiziert: „That is, people have tempted me. Politicians specially. I was along with politicians - big politicians. They have utilized me, promising something, to do something. But they have just utilized me, they used me. I was along with them - in campaigning and doing service to them" (Biographieinterview No. 24, Arbeitsloser).

Er hat für diese Politiker gearbeitet, ihnen seine jungen Jahre sozusagen „geopfert" und ihren Beteuerungen geglaubt, dass sie ihm im Gegenzug auch helfen werden. Aber sie haben ihn unfair behandelt und ihre Versprechungen nicht wahr gemacht. Raje wurde in dieser Konstruktion so um seine Zukunftsperspektive, auf die er durch sein Engagement für die Politiker ein Anrecht zu haben glaubt, betrogen. Nun bereut er den Verlauf seines Lebens.

Fazit: Gemeinsamkeit in den Argumentationen - Rückzug auf persönliche Verbesserungen durch education

Über die unterschiedlichen Bewertungen ihrer Biographie hinweg ist den Informanten dieser Argumentationen (B1 und B2) eins gemeinsam: sie alle zeigen im Verlauf des Interviews Argumentationsstrukturen, die die durch ihre nicht erfüllten Erwartungen an *education* hinsichtlich der Berufstätigkeit ausgelösten Enttäuschungen kompensieren, indem sie auf Verbesserungen in ihrer Persönlichkeit verweisen. Alle stellen ihren Lebensverlauf in der Weise dar, dass *education* ihnen zwar nicht zu der erwünschten Position im Berufsleben verholfen habe, sie aber dennoch von ihr profitiert hätten, da *education* zu einer Verbesserung und Entwicklung ihrer Persönlichkeit geführt habe. Die Rede ist dann etwa von „Erleuchtung", Gesellschaftsfähigkeit, Individualität oder einer „gereiften" Persönlichkeit. Ganz ähnlich wie die Informanten, die unter „Relativierende Neubewertung der eigenen Erwartungen an *education*" dargestellt wurden, so wird auch hier durch die Verbesserung der Persönlichkeit die vorher - nachher Differenzierung eingeführt. Indem *education* als notweniger Transformator für die Überführung in einen zivilisierteren, höheren Zustand menschlichen Daseins konzipiert wird, gelingt es auch diesen Informanten, sich von anderen, den *uneduacted persons*, zu unterscheiden. Es bleibt also bei einer impliziten Hierarchisierung, auch wenn die Biographie als solches gemessen an den Maßstäben der eigenen Erwartungen an *education* nicht als stringente Erfolgsbiographie dargestellt werden kann. Auch in diesen Argumentationsfiguren bedarf die Semantik zu *education* nicht eines im Sinne der Berufstätigkeit funktionalen Moments, um als Differenzierungsinstrument angewendet zu werden und die vorher - nachher Differenz einzuführen bzw. aufrecht zu halten.

Interessant insbesondere für Sinnverweisungen auf die Zeitdimension ist allerdings noch ein weiteres gemeinsames Merkmal in den von diesen Informanten benutzten Argumentationsmustern: Das der potenziellen Erfüllbarkeit der Erwartungen an *education* in der Zukunft.

Aufschub der Erwartungen an education hinsichtlich der Berufstätigkeit

Im Gegensatz zu den relativierenden Argumentationsmustern der zwei arbeitslosen Informanten, die ihre eigenen Erwartungen an *education* in beruflicher Hinsicht aus der Retrospektive als falsch bewerten, nehmen die Befragten dieser Gruppe eine andere Haltung ein. Sie argumentieren nicht dahingehend, dass sie grundsätzlich von ihrer *education* nicht Erfolg im beruflichen Leben erwarten könnten und nehmen solche Erwartungen auch nicht zurück, indem sie sie im Nachhinein als falsch bewerten. Allerdings verlagern sie diese Option in die Zukunft und knüpfen sie teilweise an Bedingungen. So sieht Vimala als wesentlichen Behinderungsgrund für ihre weitere Entfaltung ihren begrenzten Aktionsradius. Da sie nicht in Kontakt zu der Welt „draußen", also außerhalb ihres familiären Rahmens, kommt, kann sie bestimmte Entwicklungsschritte nicht vollziehen. Außerdem wäre eine weitere Entfaltung ihrer *education* an die Bedingung geknüpft, dass ihr Mann sie unterstützen würde. Vimalas Grundargumentation ist, dass sie bislang in ihrer Biographie nie „eine Chance" bekommen habe, ihre *education* einzusetzen und so von den Persönlichkeitsverbesserungen, die sie ihr zuschreibt, zu profitieren. Trotzdem wird diese Perspektive der Weiterentwicklung mit und durch *education* sowie der Möglichkeit zur Berufstätigkeit nicht aufgegeben, sondern sie wird wiederum weiter in die Zukunft verlagert. In Vimalas Fall kumuliert diese Aufrechterhaltung der Zukunftsperspektive in einer äußerst unrealistischen Zukunftsvision von einer eigenen Schule, die der Ehemann zu gründen vorhabe, an der sie dann ihren Traum vom Unterrichten auch ohne erforderlichen Abschluss wenigstens eingeschränkt wahrmachen könnte:

„But I didn't get a chance. If I get a chance I may do that. At least - not for like teaching, just like an instructor or something like that. Actually my husband ... is to keep a school and keep me like an instructor like, he wanted me to do that .... didn't get a chance, probably in the future we'll get it. We will just teach and - run a school for the betterment of the society. Something - should be done. After being a human ... have to do something for the society - and fulfil our wishes in that way" (Biographieinterview No. 16, Hausfrau).

Gayatri verschiebt weitere Ambitionen hinsichtlich einer Berufstätigkeit und damit verbundene weitere Transformationen der Identität wie etwa „es sich selbst beweisen" etc. auf eine spätere Lebensphase, wenn ihr Kind größer ist. Dann will sie auch schlechtere Arbeit annehmen, bis sie einen Einstieg in ihr eigentliches Fach findet. Und selbst für Sashtri, die die Wahl ihre Fächerkombination bereut steht fest, dass sie in Zukunft auch professionell von ihrer *education* profitieren wird. Sie erwähnt dann sogar den Lehrberuf, den sie anfangs im Interview für sich klar abgelehnt hat. Einzig der arbeitslose Raje fällt aus diesem Muster. Er formuliert keine Zukunftsperspektive für sich selbst hinsichtlich seiner *education*. Stattdessen scheint er resigniert zu haben. Er unterrichtet nun andere, damit sie nicht werden wie er selbst, wobei er der Meinung ist, dass er sie davor bewahren kann.

Wichtig ist, dass ein Problem mindestens für einen Teil der Informanten wiederum auf der Sinnverweisungsebene der Zeit gelöst werden kann, *education* so wenigstens optional auch in diesen Fällen eine Anschlussfähigkeit in den Sinnkonstruktionen bietet. Die momentane, in einigen Fällen sicher als unbefriedigend erlebte Situation kann so als temporär eingestuft werden und wird mindestens potentiell in der Zukunft als überwindbar konzipiert. Auch hierfür ist *education* dann natürlich die Vorbedingung und Mittel der Umsetzung. Für die generelle Abgrenzung zu anderen, den *uneducated persons*, ist wie wir gesehen haben die professionelle Perspektive jedoch nicht erforderlich.

Resümee

Anhand der Analyse der vorliegenden Stichprobe kann für die urbane indische Mittelschicht ein Prozess der Biographisierung angenommen werden, für den *education* eine wesentliche Antriebskraft darstellt. Aus der Perspektive der Beobachtenden heißt das, dass sie an Biographie *glauben* müssen. Ebenso, wie sich Beobachtungen erst an Unterscheidungen wie *educated* -

uneducated orientieren können, wenn Perfektibilität als Wesensmerkmal aller Menschen angenommen wird, so kann eine Beobachtung nur dann anhand der Differenz von vorher - nachher ausgerichtet werden, wenn davon auszugehen ist, dass der Lebensverlauf disponibel ist und mindestens teilweise über die eigenen Handlungen mitbestimmt werden kann. Mit Kohli (1988) wurde betont, dass Biographisierung heißt, dass die Meinung vorherrschen muss, dass man Orientierungen und Entscheidungen im Leben selber finden kann oder muss. Die Betonung der Transformation des Selbst durch Eigenaktivität hebt ein statisches Verständnis von Individualität endgültig auf. Darüber hinaus erlaubt die Unterscheidung durch die eigene Leistung und die eigenen Anstrengungen eine neuartige, demokratischen oder modernen Vorstellungen angepasste Differenzierungsoption. In den Ausführungen über Biographisierungsprozesse wurden bereits die Implikationen für Identitätsbildung angesprochen und auch in den vorgestellten biographischen Argumentationsformen ist ein deutlicher Bezug zu Identität bereits enthalten. In einem letzten Analyseschritt gilt es nun, diese Perspektive weiter auszuführen.

7.6.2. Identität aus Differenz: Eine educated person *sein*

Was bedeuten nun Biographisierungsprozesse für die Selbstkonzeptionen der Individuen? Und welche Rolle kommt *education* auf der sozialen Dimension von Sinn bei der Bearbeitung der doppelten Kontingenz sozialer Beziehungen zu? Das grundsätzliche Problem der doppelten Kontingenz ergibt sich ja aus der basalen Paradoxie sozialer Prozesse. *Ich kann nicht wissen, was und wie Du denkst, dass ich denke, aber ich muss handeln in der Annahme, es zu wissen.* Dem System, das ein anderes System beobachtet, ist dieses System ebenso kontingent gegeben wie es umgekehrt für die Beobachtungen des anderen gilt. In Gesellschaften im Umbruch steigert sich die Kontingenzerfahrung, so die verbreitete These, insbesondere auch die Erfahrung sozialer Kontingenz. Beide Aspekte, die Selbst- wie die Fremdkonzeption, sollen hier abschließend behandelt werden.

Über die Unterscheidungen *educated - uneducated* wird *education* zu einem der wesentlichen Bestandteile der Konstruktion des Selbst, denn ein auffälliges Merkmal in den Beschreibungen der Informanten war ja, dass nicht zwischen allgemeinen Attributionen an *educated persons* und Selbstattributionen unterschieden wurde.[146] Alle allgemein artikulierten Themen in bezug auf *education* wurden auch im Selbstbezug geäußert, wobei nicht jede konkrete Person grundsätzlich jede attribuierte Äußerung zu einer *educated person* auch auf sich selbst bezogen hat. So attestiert z.B. Bahti (Interview 1)

---

146 Siehe Kapitel 6.

educated persons eine hohe Kommunikationsfähigkeit, bedauert jedoch gleichzeitig, dass sie selbst diese Kompetenz nicht besitze, da ihr die Erfahrung in kommunikativen Kontakten mit der Außenwelt fehle. Bathi liefert damit auch sogleich die Begründung, warum sie die entsprechende Kompetenz nicht hat, indem sie einen externen Faktor als ausschlaggebend benennt. Es wurde bereits dargestellt, dass die vorher - nachher Unterscheidung impliziert, dass die sie nutzenden Beobachter sich selbst anhand dieser Unterscheidung beobachten müssen. Über die Biographisierungstendenzen konnte gezeigt werden, dass *education* zu einem sehr einflussreichen Teil der Identitätskonstruktion geworden ist. Die Nähe der Argumentationen, die unterscheidungslosen Attributionen zeigen, dass es offensichtlich für die Informanten zum Wesen ihrer Person gehört, eine *educated person* zu sein. Diese Identität wird daher wesentlich durch die Abgrenzung zum negativen Pol, dem *uneducated*, hergestellt, weshalb die Differenz ein wichtiger Bestandteil dieser Identität ist.

Auf der sozialen Sinndimension kann nun genauer gezeigt werden, wie wichtig *education* im gewählten Kontext der urbanen indischen Mittelschicht für beide Perspektiven ist: für die Darstellung des Selbst wie auch für die Konzeption anderer im Akt der Beobachtung. In eben dieser Weise wird soziale Kontingenz reduziert.

Implikationen der in der Semantik eingelagerten beobachtungsanleitenden Unterscheidungen für die Selbst- und Fremdkonzeptionen

Auf dieser sozialen Dimension von Sinn spielt offensichtlich der ‚normative Aspekt' von *education* (vgl. Peters 1964) eine enorme Bedeutung. Denn, so fassen Steutel & Spiecker (1989) den frühen Standpunkt von Peters zusammen, wenn „wir den Terminus ‚education' benutzen, geben wir zu erkennen, daß etwas von *Wert* übermittelt wird. Eine Aktivität oder einen Prozeß ‚education' nennen, bedeutet per definitionem der Meinung sein, daß die Entwicklung erwünschter Dispositionen stimuliert wird" (a.a.O., S. 515, Hervorhebung im Original). Es sei demzufolge „ein logischer Widerspruch, von einer Person zu behaupten, sie sei ‚educated', ohne der Meinung zu sein, diese Person habe wertvolle Eigenschaften erworben" (ebd.). Zwar gäbe es einen interdisziplinären Gebrauch etwa des Terms ‚educational system', der neutral verwendet werde, aber „'from the inside of a form of life' ist der Gebrauch von ‚education' untrennbar mit anpreisen und empfehlen verbunden", so diese Darstellung von Peters Erläuterungen (Steutel & Spiecker 1989, S. 515). Die Informanten der Stichprobe teilen diese Meinung, wie deutlich wurde. Diese Perspektive von Peters auf *education* ist unkritisch und orientiert sich an der Bildungsphilosophie etwa von Humboldt. In ihr geht es nicht um Inhalte, sondern um die Herstellung von Charakterzuständen. Es stehen dann nicht technische Probleme oder Information im Vordergrund, sondern die Ausbildung beispielsweise von Verantwortungsfähigkeit. Bei

Humboldt kann man dann auch lesen: „Sobald man aufhört, eigentlich Wissenschaft zu suchen oder sich einbildet, sie brauche nicht aus der Tiefe des Geistes heraus geschaffen, sondern könne durch Sammeln extensiv aneinandergereiht werden, so ist alles unwiederbringlich und auf ewig verloren; verloren für die Wissenschaft, die, wenn dies lange fortgesetzt wird, dergestalt entflieht, daß sie selbst die Sprache wie eine leere Hülse zurückläßt, und verloren für den Staat. Denn nur die Wissenschaft, die aus dem Innern stammt und ins Innere gepflanzt werden kann, bildet auch den Charakter um, und dem Staat ist es ebensowenig als der Menschheit um Wissen und Reden, sondern um Charakter und Handeln zu tun" (Humboldt 1809, S. 346).

Diese Betonung des Charakters und die gleichzeitige Abwertung des ‚reinen' Wissens ist typisch für eine humanistische Betrachtungsweise des Bildungsbegriffs. Sicherlich spiegelt sich gerade auch in den ‚wertvollen Eigenschaften' von Peters sowie in Humboldts' Charakter noch die „lange Zeit vorherrschende Sichtweise von Bildung als einem ‚persönlichen Gut', also einem bloßen Mittel der Konsumtion" wieder, die im wissenschaftlichen Diskurs jedoch aufgegeben werden musste zugunsten einer Perspektive, „in der Bildung als Element des gesellschaftlichen Reichtums, als Moment des gesellschaftlichen Reproduktionsprozesses begriffen wird" (Krais 1983).

In den Themen der Semantik über *education* im indischen Kontext sind die Vorstellungen über solche wertvollen Eigenschaften durch *education* jedoch sehr vital. Sie machen sich insbesondere in den Selbstkonstruktionen bemerkbar, die in einem hohen Maß über *education* gebildet werden. Die Zuschreibungen wie auch die später näher auszuführenden Vorstellungen der Wechselwirkung zwischen den Attributionen an *education* einerseits und der Selbstkonzeption als *educated person* andererseits zeigen eindeutige Parallelen zu dem Habitusverständnis, wie es Bourdieu (1987) formuliert hat, weshalb es hier kurz dargestellt werden soll.

Grundsätzlich müssen diesen Ausführungen zu Bourdieu und dem Konzept des Habitus einige theoretische Überlegungen vorangestellt werden, denn wer „sowohl mit Bourdieu als auch mit Luhmann argumentiert, bekommt von den ‚Abgrenzern' wenig erfreuliches zu hören" (Nollmann 2004, S. 119). Die Theorien werden vielmehr gemeinhin als unvereinbar nebeneinander gestellt, Gemeinsamkeiten wie die Orientierung am Emergenzparadigma übersehen (vgl. Kneer 2004). So kann man Bourdieu und Luhmann nach Nollmann (2004) auch so lesen, „als ob sie mit je anderen Akzentsetzungen eine Ausarbeitung von Webers Forschungsprogramm einer sinnverstehenden Soziologie anstreben, die auf generalisierende Erklärungen menschlichen Verhaltens zielen" (a.a.O., S. 148). Die Grundstruktur einer solchen Erklärung muss dann sinnhafte Regeln (Perspektive der Sinnkonstruktion) und sinnfremde Regelmäßigkeiten (Strukturen, bei Nollmann (a.a.O.) gesellschaftliche, kausale Wirkkräfte) zusammen berücksichtigen, was beide Autoren auf je spezielle Weise lösen. Es erübrigt sich jedoch an dieser Stelle eine genaue Gegenüberstellung der gesamten Theoriekonstruktionen von Luhmann und Bourdieu, da sich die folgenden Ausführungen zu Bourdieu ausschließlich mit dem Habituskonzept in einem sehr engen Rahmen befassen. Der Habitusbegriff ist jedoch aus der Sicht der Luhmannschen Systemtheorie sowie „aus sozialtheoretischer und sinnverstehender Sicht kein sonderlich aufregender Begriff. Er bezeichnet nur in kompakter Form kognitive und normative Verhaltenserwartungen, die vom Individuum nach Maßgabe seiner sozialen Herkunft erlernt und im Lebensverlauf als sinnhafte Orientierung des Verhaltens weitergetragen werden, so dass das Individuum in klassenspezifisch generalisierten Situationen des Konsums, der Bildungs-, Berufswahl- und Karriereentscheidungen usw. auf ‚richtige', d.h. lokal passende Weise versteht, was es für Erwartungen und Bewertungen haben kann und soll" (Nollmann 2004, S. 128). Luhmann hat sich diesem Punkt u.a. mit seinen Ausführungen über die *Erwartungs-Erwartungen* genähert. Da Bourdieu sich in seinen Ausführungen explizit und differenziert mit dem Aspekt von Bildung im Habitus auseinandersetzt, erscheint ein kurzer Exkurs hier eine sinnvolle Ergänzung der Überlegungen.

Das Konzept des Habitus bei Bourdieu

Bourdieu hat mit bezug auf den Gegensatz von Klasse und Stand bei Weber (1988a) die Wechselbeziehung zweier Räume neu zu überdenken versucht: dem der ökonomisch-sozialen Bedingungen und dem der Lebensstile. In dem Konzept des Habitus vereint Bourdieu Klasse und Stand zu einem neuen Merkmal, einer Differenz zwischen Angehörigen bestimmter Gruppen, die sich aus dem Zusammenspiel unterschiedlicher Kriterien wie etwa ihrem Bildungsstand, ihrem familiären Hintergrund und ihrem sozialen Umgang ergibt. An seinem Habitus wird das Individuum von anderen erkennbar und kann von ihnen zugeordnet werden: „Daß ein Habitus sich im anderen wiedererkennt, steht am Ursprung der spontanen Wahlverwandtschaften, an denen soziale Übereinstimmung sich orientiert, die Entstehung gesellschaftlich disharmonischer Beziehungen behindernd, passende Beziehungen fördernd, ohne daß dieses Verhalten sich je anders als in der gesellschaftlich unverfänglichen Sprache von Sympathie und Antipathie auszudrücken hätte" (a.a.O., S. 375).

Die Folgen dieser in solchermaßen *unverfänglicher Sprache* geäußerten Differenzen, die, wie Bourdieu aufzeigt, so unterschiedliche Bereiche betreffen wie etwa die Auswahl von Möbeln, den Kleidungsstil, Essgewohnheiten, Kinobesuche, Kunstgeschmack oder Freizeitbetätigung, um nur ein paar Beispiele zu nennen, sind in ihren gesellschaftlichen Auswirkungen jedoch keinesfalls unverfänglich. Im Gegenteil, sie bestimmen wesentlich das Leben der Individuen. So spielt der Habitus eines Individuums eine wesentliche Rolle dabei, welchen Lebensstil es für sich anvisieren, mit wem es Beziehungen eingehen wird, welche Chancen der beruflichen Karriere es hat und so weiter. Übergänge sind, ähnlich wie wir es für die Differenzierung rein - unrein gesehen hatten, äußerst schwierig. Anschaulich lässt sich dies am Beispiel der Bestrebung des Kleinbürgers nach gesellschaftlichem Aufstieg zeigen:

„Auf der Ebene des gesellschaftlichen Umgangs und der damit verbundenen Befriedigung bringt der Kleinbürger die bedeutsamsten, wenn nicht offenkundigsten Opfer. Überzeugt davon, daß er seine Position nur seinem Verdienst verdankt, ist für ihn jeder seines Glückes Schmied: selbst ist der Mann. Im Streben, seine Kräfte zu konzentrieren und seine Ausgaben zu mindern, bricht er mit Beziehungen selbst zur Familie, die seinem individuellen Aufstieg im Wege stehen. Die Armut hat ihren eigenen Teufelskreis: Die Unterstützungspflichten, die die (relativ) Bemittelteren an die Bedürftigeren binden, bewirken, daß das Elend sich ständig wiederholt. Der Aufstieg setzt immer einen *Bruch* voraus, in dem die Verleugnung der ehemaligen Leidensgefährten jedoch nur einen Aspekt darstellen. Was vom Überläufer verlangt wird, ist der Umsturz seiner Werteortung, eine Bekehrung seiner ganzen Haltung" (a.a.O., S. 528-529). Ein Überwechseln ist damit nicht nur schwierig, sondern muss mit erheblichen Brüchen ‚bezahlt' werden. Der Habitus ist gleichzeitig Folge und Bedingung der Lebenssituation. Das Zitat zeigt, mit wie viel Aufwand eine Veränderung in bezug auf den ‚Stand' oder Habitus verbunden ist, und dass sie bewusste wie auch weniger bewusste Strategien einschließt.

Bildung im Habituskonzept

Einer der den Habitus wesentlich determinierenden Faktoren ist Bildung, die nach Bourdieu neben anderen Faktoren zum ‚Kulturkapital' zählt (Bourdieu 1983 u.ö.). Bourdieu spricht in diesem Zusammenhang auch vom *Bildungskapital* (Bourdieu 1987, S. 47 ff), wobei sein Kapitalbegriff grundsätzlich die Ungleichheit im Besitz von etwas betont. Kapital ist in dieser Perspektive „eine der Objektivität der Dinge innewohnende Kraft, die dafür sorgt, daß nicht alles gleich möglich oder gleich unmöglich ist", also z.B. auch nicht gleichermaßen zugänglich (Bourdieu 1983, S.183). Kulturkapital existiert demnach in drei Formen: „(1.) in verinnerlichtem, *inkorporiertem Zustand*, in Form von dauerhaften Dispositionen des Organismus, (2.) in *objektiviertem Zustand*, in Form von kulturellen Gütern, Bildern, Büchern, Lexika, Instrumenten oder Maschinen, in denen bestimmte Theorien und deren Kritiken, Problematiken usw. Spuren hinterlassen oder sich verwirklicht haben, und schließlich (3.) in *institutionalisiertem Zustand*, einer Form von Objektivationen" (Bourdieu 1983, S. 185). Das Bildungskapital lässt sich nicht einer einzigen Form zuordnen, sondern setzt sich aus Elementen aller Formen zusammen. Es ist nicht allein durch den reinen Bildungsgrad definiert, vielmehr ist es darüber hinaus ein Produkt verschiedener, zusammenwirkender Einflussfaktoren. Deshalb spricht Bourdieu auch von der kultivierten oder Bildungs*einstellung*. Allerdings ist die Bildungseinstellung aber nur Voraussetzung des Prozesses der kulturellen Aneignung. Damit die kultivierte oder Bildungseinstellung übernommen werden kann, bedarf es darüber hinaus auch eines entsprechenden Umfelds oder - u.U. radikaler wie im Beispiel des Kleinbürgers - der Abgrenzung gegenüber einem bestimmten Milieu, selbst wenn es das Herkunftsmilieu ist.

Der verborgene Effekt der Institution Schule oder des Bildungssystems im weiteren Sinne wiederum ist die „*Durchsetzung von Titeln*" (Bourdieu 1987, S. 48, Hervorheb. im Original). Schulische Titel sind damit ‚kulturelles Kapital' im „*institutionalisierten Zustand*" (a.a.O., Hervorhebung im Original). Schulabschlüsse und Bildungspatente erzeugen die Zuweisung der Individuen zu hierarchisch gestaffelten Klassen, positiv formuliert als Auszeichnung, negativ als Stigmatisierung. „Im krassen Unterschied zu den Inhabern eines kulturellen Kapitals ohne schulische Beglaubigung, denen man immer abverlangen kann, den Beweis für ihre Fähigkeiten anzutreten, da sie nur sind, was sie tun, schlichte Produkte ihrer kulturellen Leistung, brauchen die Inhaber von Bildungspatenten - ähnlich Trägern von Adelstiteln ... - nur zu sein, was sie sind ..." (Bourdieu 1987, S. 48-49). Die „Objektivierung von inkorporiertem Kulturkapital in Form von *Titeln* ist ein Verfahren", den Mangel dieser Kapitalform auszugleichen, der darin besteht, dass es zunächst keinen Unterschied zwischen dem kulturellen Kapital des Autodidakten und des formal Gebildeten gibt (Bourdieu 1983, S. 189). Das Tragen von Titel allein, das ‚nur sein, was man ist' (siehe Zitat oben), genügt in der Semantik über *education* jedoch gerade nicht, um als *educated person* eingestuft zu werden. Aber auch bei Bourdieu wird die Wechselwirkung zwischen dem Tragen eines Titels und dem eigenen Verhalten thematisiert.

„Adel verpflichtet" - Realisierungsdruck durch Verinnerlichung

Nach Bourdieu lassen sich die meisten Eigenschaften des kulturellen Kapitals als Verinnerlichungen, als inkorporiertes Kulturkapital beschreiben: „Die Akkumulation von Kultur in inkorporiertem Zustand ... setzten einen *Verinnerlichungsprozeß* voraus, der in dem Maße wie er Unterrichts- und Lernzeit erfordert, *Zeit kostet*. Die Zeit muß vom Investor *persönlich* investiert werden: Genau wie man sich eine sichtbare Muskulatur oder eine gebräunte Haut zulegt, so lässt sich auch die Inkorporation von Bildungskapital nicht durch eine fremde Person vollziehen" (a.a.O., S. 186, Hervorhebungen im Original). Es kann jetzt eine wichtige Unterscheidung zu dem älteren Bildungsbegriff im Peterschen Sinne herausgestellt werden. Während es bei Peters normativer Setzung darum geht, dass im Prozess der *education* wertvolle Eigenschaften erworben werden und die Inhalte damit einer normativen Bewertung unterzogen werden, stellt Bourdieu den Prozess der Aneignung in den Vordergrund. In dieser Perspektive ist es der Prozess der Aneignung selbst, der die *educated person* als wertvolle Person auszeichnet. Die Bewertung ist damit nicht von den ‚richtigen' Formen der Inhalte abhängig. Entscheidender ist jedoch, dass in der soziologischen Betrachtung des Phänomens *education* die sozialstrukturellen Bedingungen und Folgen des Erwerbs betont werden. Die normative, positiv bewertende Perspektive, die *education* naiv einseitig als Menschverbesserungsinstrument sieht (vorausgesetzt, es werden die richtigen Inhalte eingesetzt), wird aufgegeben zugunsten von objektivierenden Beobachtungen, die in den Fokus stellen, wie sich die Zuschreibungen an *education* auf die doppelte Kontingenz sozialer Beziehungen auswirkt.

Die von Bourdieu beschriebene Investition von Zeit war auch wichtiger Bestandteil der vorher - nachher Unterscheidung in der zeitlichen Sinndimension. Auf der sozialen Sinndimension nun beschäftigt sich die Semantik im wesentlichen mit dem inkorporierten Kulturkapital. Es wurde bereits ausgeführt, dass auf der Seite der leistungsbasierten Differenzierung (im Unterschied zur vererbten Differenzierung) die „*Qualität* der Person" (Bourdieu 1987, S. 439-440, Hervorhebung im Original) betont wird, die aus der „*Qualität der Aneignung*" abgeleitet wird, da diese Aneignung z.B. Mühe, Zeit, Disziplin und Fähigkeit voraussetzt und daher als „sicheres Zeugnis für die innere Qualität der Person erscheint" (a.a.O., S. 440).[147] Diese Sichtweise kommt der Transformation im Sinne der indischen Tradition strukturell sehr nahe, die auch ganz zentral das Individuum mit seinen eigenen Leistungen in den Vordergrund rückt. Man fühlt sich an Elias (1997) erinnert, der über die mittelständische Intelligenz des 18. Jahrhunderts in Deutschland folgendes anmerkt: „Das, ... was ihr *Selbstbewußtsein*, ihren *Stolz* begründet, liegt jenseits von Wissenschaft und Politik: in dem, was man gerade deswegen im Deutschen ‚Das rein Geistige' nennt, in der Ebene des Buches, in Wissenschaft, Religion, Kunst, Philosophie und in der inneren Bereicherung, der ‚Bildung' des Einzelnen, vorwiegend durch das Medium des Buches, in der Persönlichkeit" (a.a.O., S. 120, Hervorhebung I.C.).

Wenn Bourdieu nun meint, dass für die *educated persons* die Maxime gilt, ‚nur zu sein, was sie sind', hat dies auch weit reichende Implikationen für deren Selbstkonzeptionen und Selbstdarstellungen. Es kommt hier zu einer Wechselwirkung zwischen den Zuschreibungen an eine *educated person* auf der Seite der Beobachter und der vom Habitus angeleiteten Selbstbeobachtung auf der Seite des Individuums. Eine *educated person* zu sein verpflichtet in diesem Verständnis gleichzeitig zu einem bestimmten Benehmen, das andere nicht aufweisen bzw. das nicht selbstverständlich von ihnen erwartet werden kann. Für diese rekursive Wirkung von Bildung benutzt Bourdieu bezeichnenderweise eine Metapher, die auf tradierte Schichtstrukturierungen rekurriert: ‚Adel verpflichtet', und führt dies genauer aus: „Bildungstitel ... versprechen aus sich heraus und ohne weitere Gewähr eine Kompe-

---

147 Auch Humboldt verweist im übrigen schon auf die Lernsituation, wenn er anmerkt, der „Mensch bilde sich in Einsamkeit und Freiheit" und macht damit auf die besondere Qualität der Aneignung aufmerksam (Eckert 1984, S. 129).

tenz, die weit über das hinausreicht, was sie gewährleisten soll - und dies kraft einer unausgesprochenen Klausel, die, weil unausgesprochen, sich zunächst einmal den *Titelträgern selbst aufnötigt* als Mahnung, die Attribute sich wirklich zu eigen zu machen, die jene Titel ihnen statusmäßig zuschreiben" (Bourdieu 1987, S. 51, Hervorhebung I.C.). Diese Beobachtung ist insbesondere unter dem Stichwort der Etikettierung (unter vielen z.B. Becker 1981) breit diskutiert worden. Das Phänomen der Etikettierung funktioniert offensichtlich in positiver wie in negativer Hinsicht. So hat Becker gezeigt, dass die Etikettierung mit negativen Attributen zu negativ bewerteten Verhalten führen kann, wie Bourdieu dies mit umgekehrten Vorzeichen für die Bildungstitel annimmt.

Im folgenden sollen nun die konkreten Auswirkungen dieser Interrelation von Zuschreibungen und Selbstkonzeption, begründet durch die Möglichkeiten der Abgrenzung durch die Unterscheidung *educated - uneducated*, in der Semantik über *education* untersucht werden.

7.6.3. Soziale Selbstverortung über education

Es ist diese Wechselwirkung zwischen Attributionen durch Beobachter und Internalisierung durch den Beobachteten, die sich auch in den Argumentationsmustern der Informanten zeigen lässt und die weit reichenden Einfluss auf die Selbstentwürfe der Beobachteten hat. Beide Aspekte, die soziale Etikettierung als *educated person* wie die innere Selbstverpflichtung zu einem entsprechenden, angemessenen Verhalten, spielen in der Semantik eine große Rolle. Den e*ducated persons* wird aufgrund ihrer Qualifikation Respekt entgegen gebracht und sie werden z.B. bevorzugt als wünschenswerter sozialer Umgang gewählt. Gerade das Beispiel des Arbeitslosen, der trotz seiner Beschäftigungslosigkeit wegen seiner *education* mit sozialer Anerkennung rechnen kann, macht dies deutlich, wenn er ausführt:

„...at least for my qualification they respect" (Biographieinterview No. 26).

Hier zeigt sich wiederum, dass *education* nicht mit professionsspezifischen Faktoren in Beziehung gesetzt werden muss, um für eine Konzeptionierung als wertvolle Persönlichkeit leitend zu sein und damit die Konzeption von Identität entscheidend mit zu bestimmen, schließlich wird das kulturelle Kapital als „*körpergebunden*" konzipiert und ist damit ein ganz wesentlicher Teil der Selbstempfindung (Bourdieu 1983, S. 186). Auch die Klage eines Klempners, der zwar mehr verdient als ein einfacher Beamter und trotzdem keine soziale Anerkennung findet, weil ihm *education* fehlt, passt in dieses Bild. Er kann seine Selbstkonzeption nur auf den negativen Pol der Unterscheidung *educated - uneducated* beziehen, und entsprechend fällt diese Konzeption nicht befriedigend aus. Gleichzeitig beschreiben die Informanten, denen ja die positive Seite der Unterscheidung als Bezugspunkt zur Verfügung steht, wie ihre Zugehörigkeit zu dieser ‚Bildungskaste' sie verpflichtet, ein bestimmtes Verhalten an den Tag zu legen, wie also die Attributionen an eine *educated person* sie unter einen ‚Realisierungsdruck' stellen:

„Once you are educated you know the role" (Biographieinterview 10).

Dieses starke Rekurrieren auf *education* bei Fragen des sozialen Verhaltens und des sozialen Status sind insbesondere unter dieser Perspektive der individuellen sozialen Selbstverortung von Bedeutung. Offensichtlich kann auch die soziale Verortung nicht mehr befriedigend ohne einen Bezug auf die eigene *education* geleistet werden. So genügt es beispielsweise in den meisten Fällen offenkundig nicht mehr, Angehöriger einer bestimmten Familie zu sein, um von anderen zuverlässig eingeordnet werden zu können. Mit Bourdieu formuliert muss der Habitus, der von den anderen erkannt wird, der einer *educated person* sein, um eine Inklusion auf hohem Niveau zu gewährleisten. Andererseits wird eine traditionelle soziale Verortung z.B. als Familienmitglied als einziger Bezugspunkt zumeist von den Subjekten selbst als nicht mehr ausreichend erlebt, wie es ein Angestellter in einem Assoziationsinterview beschreibt:

„Previously everybody use to call me this is Vijaj's son but now by all these things they remember me as Damodra and they are recognising me as I am not because of my father. This credit goes to my education and the course I did and my practical experience" (Assoziationsinterview 1).

Dieses Zitat macht deutlich, dass die Familienzugehörigkeit oder Zugehörigkeit zum *jati* längst nicht mehr für die soziale Identifikation ausreicht, und zwar sowohl hinsichtlich der Positionierung in der sozialen Umwelt (so hätte Damodra ganz sicher auch seine Stelle, in der er dann seine praktischen Erfahrungen sammeln konnte, nicht mehr allein aufgrund der Tatsache bekommen, dass er seines Vaters Sohn ist,) wie auch in der Eigenkonstruktion. Es genügt Damodra nicht mehr, Sohn seines Vaters zu sein. Sein Platz in der Welt, sein Bild, das andere von ihm haben sollen, ist somit auch individualisierter geworden. *Education* verweist also in der sozialen Sinndimension auf das grundsätzliche Problem der sozialen Selbst- und Fremdverortung und bietet dort neue Anschlussmöglichkeiten für die Beobachtungen.

Dabei kann allerdings die Rolle und Bedeutung, die der Familiezugehörigkeit in der Perspektive der Informanten nach wie vor zukommt, keinesfalls völlig negiert werden. So wird die Herkunft auch von denjenigen Informanten betont, die gerade nicht aus einer „bildungsbürgerlichen" Familie im Sinne Bourdieu's stammen (sofern davon im indischen Kontext überhaupt die Rede sein kann). Gerade auch in diesen Fällen verweisen die Informanten z.B. auf die großen Mühen, die der Vater auf sich nehmen musste,[148] um überhaupt *education* erlangen zu können. Diese Beschreibungen sind meist

---

148 Für die Mütter dieser Informanten spielte *education* zumeist noch keine Rolle.

verbunden mit Stolz auf diese besondere Leistung, die der erschwerte Zugang zu *education* von den Unterprivilegierten erfordert. Aber die Zugehörigkeit zur Familie ist eben keine hinlängliche Bedingung mehr für die eigene soziale Verortung, die durch *education* zudem als hervorgehobene Stellung beschrieben werden kann. Ausnahme ist auch hier für das vorliegende Sample Ravinder, einer von zwei Einzelfällen, die am Ende des Kapitel 6 bereits vorgestellt wurden (siehe auch Anhang A) und die den kausalen Zusammenhang von *education* und Verbesserung der Persönlichkeit explizit verneinen. Es ist ganz im Sinne von Bourdieu Adels-Metapher interpretierbar, wenn Ravinder nicht auf *education*, sondern einzig auf seine Familie rekurriert, um beispielsweise seine hervorragenden Manieren zu begründen (um deren Willen er seiner Meinung nach von seinen Freunden geliebt und von seinen Lehrern respektiert wurde). Ravinder gehört einer Brahmanenfamilie an, sein Großvater war sogar ein vedischer Gelehrter. Damit ist er Mitglied der obersten indischen Kaste, dem europäischen Adel, mindestens dem Grossbürgertum vergleichbar. Und dieser Familie anzugehören, das betont er in dem Interview, ist er sehr stolz. Ravinder argumentiert mit einem ererbten ‚Stand' und ihm genügt diese Bezugsgröße, um seine soziale Verortung vorzunehmen.

Natürlich beziehen sich auch andere Befragte auf ihre Eltern, wenn es um die Begründung beispielsweise ihrer Manieren geht (in diesem Fall besonders häufig auf ihre Mütter). Ravinder ist nur in sofern eine Ausnahme, als er jeden anderen Einfluss auf seine Persönlichkeit kategorisch ablehnt. Die anderen Informanten passen dagegen zu der Beschreibung, die Bourdieu liefert, wenn er argumentiert, das Bildungskapital stelle „das verbürgte Resultat der einerseits durch die Familie, andererseits durch die Schule gewährleisteten kulturellen Vermittlung und deren sich kumulierenden Einflüsse dar" (a.a.O., S. 47).[149]

7.6.4. Die Bearbeitung der sozialen Kontingenz durch education

Es könnte angenommen werden, dass die Beobachtungen, die sich entlang der Unterscheidung *educated - uneducated* orientieren, Kontingenzen im sozialen Miteinander mindestens mittelfristig reduzieren und eine Einordnung wie *nicht nur der, sondern auch der* ermöglichen: Nicht nur ein Mann von Mitte dreißig aus der Familie X im Stadtteil Y, sondern auch ein Ingenieur. Diese Einteilung orientiert sich dann an Zuschreibungen, die Kontingenzen reduzieren können. Von einem Mann, der Ingenieur ist kann mindestens bis

---

149 Der zweite Ausnahmefall, Devandu, lässt sich nicht ohne weiteres erklären. Devandu verweist neben dem unleugbaren Einfluss seiner Familie (wiederum: insbesondere seiner Mutter) auf einen „grundlegenden Kern" seiner selbst, der sich durch *education* nicht verändert habe.

zur Erfahrung des Gegenteils ein ganz bestimmtes Verhalten erwartet werden. Um diese vorläufige Zuschreibung und damit Kontingenzreduktion vorzunehmen, muss die Person zunächst nicht bekannt sein. Man erkennt - seinesgleichen zum Beispiel oder eben auch nicht - und kann sein Verhalten darauf abstimmen. Umgekehrt hat es den Vorteil, gleichzeitig die Beobachtung der Beobachtung anderer von mir selbst unter diesen Vorzeichen anzunehmen. Die Selbstkonzeption kann dann an der Annahme ausgerichtet werden, dass die Beobachtungen von mir sich an den Zuschreibungen einer *educated person* orientieren. Unabhängig davon, welche Attributen mir zugeschrieben werden, ich kann davon ausgehen, dass ich mindestens auch als dieser Gruppe zugehörig angesehen werden. Schließlich kann das Subjekt seine Selbstkonzeption und -darstellung daran ausrichten: Ich bin nicht nur Bathi, Frau des X, Mutter des Y, ich bin auch Master of Commerce. Die Anschlussfähigkeiten von *education* auf der sozialen Dimension von Sinn liegen damit in neuen Formen der Identitätskonstruktionen, ermöglicht durch Biographisierungsprozesse und Identifikationen anderer durch Inklusionen bzw. Exklusionen.

Jedoch löst sich die schwierige Lage für den ‚Gelehrten' (vgl. das Zitat von Bourdieu oben) bei gleichzeitiger niedrigen Kastenangehörigkeit in Indien deshalb keineswegs auf. Es kann gezeigt werden, dass die beiden ‚Ideologien' noch immer nebeneinander bestehen. Patil (2000) hat Unberührbare (Dalits), die über bildungsbezogene Erfolge den Aufstieg in die Mittelschicht geschafft haben, hinsichtlich ihrer sozialen Identität untersucht und kommt zu einem ernüchternden Ergebnis. Zwar hätten einige von ihnen ihren Bildungsstand erheblich verbessern und so Regierungsstellen einnehmen können, was sie befähigte, einen gepflegten Lifestyle, Geschmack, Habitus und Wertekanon zu entwickeln, jedoch „such limited and partial success could not help them to secure respectable status. It was so because they are still facing the problem of identification in the society due to their low caste status" (a.a.O., S. 73). Selbst wenn die Selbstkonzeptionen heute also, wie aus den vorliegenden Daten ersichtlich, ganz wesentlich über die Selbstbeobachtung einer *educated person* geschehen und *education* so zu einem wichtigen Bestandteil der Identität geworden ist, bleiben alte Strukturen bestehen oder sind wenigstens weiterhin höchst relevant. Diese Strukturen orientieren sich auch weiterhin an der Differenzierung nach Ausgewähltheit, wie Bourdieu es gefasst hat. Die Frage nach der legitimierten Differenzierung bleibt bestehen. Auch Patil fasst diese Unterschiede in den Differenzierungsstrategien als „durch Leistung erworben" versus „zurückgeführt" auf Status. Hierbei spielt *education* wiederum eine entscheidende Rolle:

„The achievement of dalits in education and occupation has led to a shift from ascriptive to achieved status. The educated dalits are well aware about their traditional, hierarchical and occupational status. That is why they want to put an end to their ascribed status, which is socially, ritually and occupationally 'inferior'. They want to go for achieved status through modern education, government employment, which is secular and prestigious. It means they are breaking up ties with old traditions and adopting modernization" (Patil 2000, S. 74).

Dies nützt ihnen jedoch nur begrenzt, solange ihr soziales Umfeld, die Angehörigen anderer Kasten, diesen Bruch nicht oder nur oberflächlich vollziehen. Statt dessen gibt es jedoch nach wie vor ein feines Netz aus sozialen Sanktionen, denen *educated* Unberührbare sich noch immer ausgesetzt sehen: So vermeidet man etwa den Umgang mit ihnen, duldet sie nicht im eigenen Wohngebiet oder Mietshaus und hält sie schon gar aus der eigenen Familie fern. Mallick (1997) verweist auf das Beispiel eines Vorgesetzten, der es unbedingt verhindern will einen Unberührbaren einzustellen um zu zeigen, dass diese Vorurteile auch durch hohe Bildung wie im Falle dieses Vorgesetzten nicht zwangsläufig abnehmen. In einer Fallstudie einer elitären Unberührbarenfamilie zeigt er die Schwierigkeiten, sich trotz hohem Bildungsstand und ökonomischen Ressourcen in der indische Mittelschicht zu assimilieren.

Patil (2000) beschreibt verschiedene Strategien von Unberührbaren, dem zugeschriebenen minderwertigen sozialen Status zu entgehen einschließlich der, zum Buddhismus überzutreten. Aber auch diese Strategie scheitert letztlich, weil diese Unberührbaren weder als Buddhisten akzeptiert werden, noch länger von ihrer eigenen Herkunftsgruppe. Er konstatiert deshalb eine Identitätskrise für einen großen Teil der *educated* Unberührbaren. Als Konsequenz greifen solche Familien zu der Strategie, ihre Kastenzugehörigkeit ganz zu verheimlichen und sich zu separieren, um möglichst unerkannt zu bleiben. Auch Mallick beschreibt in bezug auf die von ihm untersuchte elitäre Unberührbarenfamilie diese Strategie der ‚Verheimlichung':

„While the urban Untouchables need not face daily humiliation, such factors as job reservation, social interaction with poor relations, and the taboo against intercaste marriage tend to emphasize caste identity even in urban neighbourhoods. However, the urban Untouchable middle class makes great efforts to overcome this stigma through various strategies of caste concealment, or ‚passing'" (Mallick 1997, S. 348).

Die Familie verheimlicht im sozialen Umgang ihre Herkunft. Sie legt die Herkunftssprache ab und geht zu Englisch als Muttersprache über, Hindi wird in den späteren Generationen nur noch in der Schule gelernt. Es wird auch keine religiöse Orientierung mehr beibehalten oder religiöse Rituale durchgeführt und die Herkunft wird oft sogar vor den eigenen Kindern geheim gehalten. Bei Verheiratung wird nach Möglichkeit die Kastenzugehörigkeit ebenfalls verschwiegen. Ein deutlicher Anteil dieser elitären Unberührbarenfamilien emigriert zudem. Eine andere Strategie für die im Land verbleibenden, dem zugeschriebenen niedrigen Status zu entkommen ist, über Ehen mit anderen Kasten die eigene Herkunft sozusagen über die Generationen zu verlassen. Es kommt deshalb auch nicht zu einem politisch gewünschten Erstarken der Unberührbaren als Kaste. Die Aufgestiegenen lassen ihre Kastenangehörigkeit oft lieber hinter sich, als sich im Sinne einer *corporate identity* für den sozialen Aufstieg ihrer Kaste stark zu machen (vgl. ebd.).

Dies macht sich auch in den Selbstbewertungen der Angehörigen der Kastenlosen oder der niedrigsten Kasten bemerkbar. So fanden Biswas & Pandey (1996), dass Angehörige so genannter scheduled castes ihren sozialen Status niedriger einschätzen als Angehörige höherer Kasten, und diese Einschätzungen ändern sich auch dann nicht, wenn sie sozioökonomisch aufsteigen. Bei gleichem sozioökonomischem Stand schätzen sich die Angehörigen der unteren Kasten im sozialen Status stets niedriger ein.

Resümee

Es bleibt festzustellen, dass auch bei der subjektiven Standortbestimmung im sozialen Gefüge *education* neue Anschlussmöglichkeiten bietet, die über die tradierten Zugehörigkeiten zu Familie und jati oder der Kaste hinausreichen. *Education* ermöglicht es, die Kontingenzannahme gegenüber beobachteten Subjekten mindestens auf einer oberflächlichen Ebene gering zu halten. Die Unterscheidung *educated - uneducated* ermöglicht Einordnungen der Mitmenschen nach entsprechenden Attributionen. Es kann dann ein bestimmtes Verhalten erwartet und mit bestimmten Handlungen und Verständnis gerechnet werden. Die Sinnverweisungen der sozialen Dimension ermöglichen eine Typisierung, um ein Subjekt vorläufig sozial lokalisieren zu können, ohne dabei über genauere Kenntnisse verfügen zu müssen. Die beobachtungsbegründende Unterscheidung *educated - uneducated* vereinfacht den alltäglichen Umgang, indem sie über Zuordnungen eine schnelle ‚Typisierung' ermöglicht. Es scheint nahe liegend, dass *education* auch hier Funktionen übernimmt, die vormals den Kasten zukam. Bildlich gesprochen: Zuvor genügte u.U. die Information „Sie ist eine Brahmanin aus X, Tochter des Y", um einen allgemeinen Eindruck von einer Person zu erlangen (in diesem Fall: eine Person mit einem hohen Status), der hinreichend war, die Person ad hoc und bis auf weiteres mit bestimmten Attributen auszustatten, sein eigenes Verhalten dementsprechend auszurichten und der Person zudem eine gesellschaftliche Position zuzuordnen. Heute wäre es demgegenüber dann vielleicht die Information erforderlich: „Sie ist eine M.B.A. vom IIT",[150] um ähnliches zu bewirken.

Mit der sozialen Selbstverortung verhält es sich ganz ähnlich. Auch hier bieten die beobachtungsanleitenden Unterscheidungen durch das Konzept von *education* den Subjekten adäquate Möglichkeiten, ihre Selbstkonzeption an einem intersubjektiv geteilten Ideal oder mindestens Vorbild auszurichten und damit sozusagen zeitgemäßer zu entwerfen. Da die Zuschreibungen an eine *educated person*, wie mit Bezug auf Bourdieu festgestellt wurde, als

---

150 Indian Institute of Technology, eine sehr renommierte Bildungseinrichtung mit äußerst begehrten Abschlüssen.

Mahnung wirken, sich die Attribute auch wirklich zu eigen zu machen, die jene Titel ihnen statusmäßig zuschreiben, kann eine hohe Motivation erwartet werden, dieses Verhalten auch zu zeigen. Das Selbstverständnis ist dann das einer in vielerlei Hinsicht kompetenten Person, ausgestattet mit verschiedenen, positiv konnotierten Eigenschaften, die zu besitzen sie sich auch noch selbst verdankt. Denn als *educated person* kann sie ihre Positionierung auf ihre eigene Leistung beziehen und sie so einer demokratischen (und damit ‚modernen') Semantik entsprechend legitimieren, da diese Position das Resultat einer eigenen Errungenschaft ist und nicht etwa der reinen Geburt geschuldet ist.

Ausblick

In diesem Kapitel wurden die Ergebnisse in Form der ‚Thematischen Kategorien' aus der Inhaltsanalyse des vorhergehenden Kapitels auf die theoretischen Überlegungen zur Beobachtung von Beobachtungen bezogen. Es wurde die basale Unterscheidung *educated - uneducated* hinsichtlich der verschiedenen Anschlussmöglichkeiten dieser Semantik untersucht. Die Konsequenzen, die sich aus dieser Form der Beobachtung ableiten lassen, wurden anhand des empirischen Materials dargestellt. In einem letzten Schritt steht nun aus, diese Ergebnisse (insbesondere die Hypothese der Biographisierung einschließlich der daraus resultierenden Konsequenzen für die Selbst- und Fremdkonzeption sowie die des Misstrauen in bisherige Bildungs-, Erziehungs- und Sozialisationsformen) auf die eingangs eingeführte Problematik von Kultur und theoretischen Kulturkonzepten sowie konkret dem Lösungsvorschlag des systemtheoretischen Konzepts der Semantik zu beziehen und so zu über die Ergebnisse der empirischen Studie hinausweisenden Aussagen zu gelangen. Über die in der Semantik eingelagerten Themen und die beobachtungsanleitende Unterscheidung erscheint es nun möglich, Hypothesen zu dem Verhältnis dieser Semantik zu der mit ihr strukturell gekoppelten Sozialstruktur zu bilden. Da für die Kommunikation aufbewahrte Formen der Semantik, wie gezeigt, zwar unbeständig, jedoch nicht beliebig sind, gilt es nun, sie auf ihre möglichen Anschlussfähigkeiten hin zu untersuchen. Konkret wird gefragt, welche Anschlüsse an Erklärungsbedürfnisse oder an ein Problembewusstsein die Semantik zu *education* im indischen Kontext bietet und auf welche Form historischer Variabilität zwischen Semantik und Sozialstruktur daraus hypothetisch geschlossen werden kann.

8. *Education* - ein neues indisches Mantra?

Bekanntlich ist ein Mantra ein „wirkungskräftig geltender religiöser Spruch", wie man dem Fremdwörter-Duden entnehmen kann. Angeblich sollen Mantras durch ihre ständige Wiederholung ja ihre vollen Wirkungskräfte entfalten. Man könnte dann geneigt sein, in der Omnipräsenz educativer Themen in Indien, wo man heute sogar Satelliten ins All schießt, um eine flächendeckende Versorgung der Bevölkerung mit Bildung zu erreichen, und dem, was man vielleicht sogar Bildungseuphorie nennen könnte, ein neues indisches Mantra zu erkennen. *Education* lauetet die Heilsformel für die dringenden Probleme der Gesellschaft: Überbevölkerung, Massenarmut, Umweltverschmutzung, Religionsunruhen, um nur diese zu nennen. Aber wie (fast) alle Heilmittel hat auch das ‚Mantra' *education* Nebenwirkungen. In der Datenanalyse wurde auf solche ‚Nebenwirkungen' auf der individuellen Ebene hingewiesen.

Die vorliegende Arbeit zielte darauf ab, die konkret vorfindbaren Themen der Semantik über *education* in dem gewählten indischen Kontext mit einer Kulturperspektive zu verknüpfen, die es erlaubt, die Sinnkonstruktionen in ihren sozialstrukturellen Kontext zu stellen. Die Untersuchung war von Anfang an auf die Gewinnung überindividueller Aussagen angelegt. Vor dem Hintergrund einer Theorie sozialer Systeme sind die kulturspezifischen Überlegungen deshalb an Kommunikation ausgerichtet: Kommunikation ist in diesem Verständnis *die* spezifische Operation sozialer Systeme und gewährleistet die Aufrechterhaltung ihrer Autopoiesis. Wenn im Folgenden davon ausgegangen wird, dass unter Kultur die *bewahrenswerte* und *gepflegte* Semantik verstanden werden soll, dann ist der systemtheoretische Rahmen immer mitzudenken. Bewahrenswerte oder auch gepflegte Semantik als Kultur zu definieren ist die konsequente Weiterführung der Konzeption dieser Studie.

In diesem Zusammenhang stellt sich dann die Frage, wie spezifische Kommunikationsformen entstehen können und wie sich ihre spezifischen Ausprägungen und konkreten Performanzen erklären lassen. Man kann dann die Frage von Sperber (1996), warum einige Repräsentationen sich ‚virenähnlich' verbreiten können und andere nicht - seine Frage nach der ‚Epidemiologie' von Repräsentationen - mit dem theoretischen Konzept der Semantik zu spezifizieren versuchen. Schon anhand der Ausführungen von Schriewer (1987, u.ö.) über Externalisierung war deutlich geworden, dass ein solcher „Zusatzsinn" (a.a.O., S. 648), der als Externalisierungen umschrieben werden kann, vom beobachtenden System über „Schleusen" (Luhmann & Schorr 1999, S. 340) bezogen wird, und zwar nach Maßgabe eines *systemintern* vorhandenen Bedarfs. Die Einbeziehung dieses ‚Zusatzsinns' durch das System erfolgt aufgrund eines Problemdrucks, bleibt eine Eigenleistung und ist deshalb primär über die Anforderungen des Systems und nicht über über die Umwelt bestimmt. Mit dem Konzept der Semantik kann dies nun weiter spezifiziert werden. Es wurde bereits darauf hingewiesen, dass Sinn über die Semantik höherstufig generalisiert und so mindestens temporär eingelagert und verfügbar gehalten werden kann. Die Formen einer Gesellschaft werden bis auf weiteres in der Semantik aufbewahrt, d.h. sie können erinnert werden und so reaktualisierbar bleiben und stehen damit vorläufig für Kommunikationszwecke zur Verfügung. Erweisen sie sich langfristig als nicht anschlussfähig, werden sie zugunsten neuer Formen aufgegeben und dem Vergessen überlassen (vgl. Luhmann 1998a). Da die Semantik die Kommunikation und damit die Operation, die die Autopoiesis des Systems aufrechterhält und so ihr Fortbestehen sichert, indem sie entscheidende Notwendigkeiten (Themen, Problemstellungen, etc.) bereitstellt bzw. das System damit versorgt, wird deutlich, wie zentral die Frage der Anschließbarkeit von Sinn ist. Dieses theoretische Konzept macht verstehbar, wie und warum manche Themen weiter prozessiert und so bis auf weiteres vor dem Vergessen bewahrt werden und andere nicht.

Um die Frage zu beantworten, warum manche Repräsentationen erhalten bleiben bzw. sich sogar epidemienartig ‚ausbreiten' können, muss deshalb die Problemlage *im* System genauer in den Blick genommen werden.[151] Die strukturelle Kopplung von Semantik mit ihrer entsprechenden Sozialstruktur macht es notwendig, Problemlagen und Anschlussfähigkeiten hinsichtlich der Ebene sozialer Strukturen zu untersuchen. In einem letzten Schritt sollen nun die Ergebnisse, die durch die Inhaltsanalyse der ersten Analysestufe sowie der daran anschließenden zweiten Analysestufe zu den beobachtungsrelevanten Unterscheidungen gewonnen wurden, auf mögliche Anschlüsse, Erklärungsbedürfnisse und Problemlagen in der Sozialstruktur bezogen werden, für die die spezifischen Formen der Semantik zu *education* entscheidende Beiträge liefern.

Aus den semantischen Formen zu *education,* die sich in den thematischen Kategorien herauskristallisiert haben, wurden im 8. Kapitel Konsequenzen abgeleitet, die sich zum einen als Misstrauen gegenüber bisherigen Erziehungs- und Sozialisationsformen interpretieren lassen, und zum anderen als Biographisierungsprozesse mit spezifischen Folgen für die Selbst- und Fremdkonstruktion. Aber was bedeutet es nun, wenn festgestellt werden kann, dass die Befragten der herkömmlichen Erziehung und Sozialisation die Funktion absprechen, einen Menschen grundsätzlich noch alltagstauglich zu machen? Was bedeutet es, wenn also in der Semantik Formen eingelagert

---

151 Deshalb ist für die vorliegenden Ausführungen das Konzept der Memetik (z.B. Dawkins 1996, Blackmore 1999) nur eingeschränkt hilfreich. Die strukturelle Kopplung von Semantik und Sozialstruktur ist mit solchen Konzepten, die auf eine Durchsetzungskraft von Ideen (Meme) beruhen, äquivalent zu der von Genen, nur bedingt kompatibel.

sind, in denen *education* eine Schlüsselposition für den Zugang zu und die Integration in einen Lebenskontext besetzt und damit gleichzeitig alle die von diesem Lebenskontext ausschließt, die in der Beobachtung dem negativen Pol zugeordnet werden (also die *uneducated persons*)?

Oder was bedeutet es, wenn die Selbstkonstruktion in weiten Teilen über *education* hergestellt und *education* integraler Bestandteil der sozialen Verortung und der Wahrnehmung anderer wird? Wenn die Semantik über *education* folglich bestimmt, wie und welche Identitäten möglich werden und welche Unterscheidungen im Umgang mit sozialer Kontingenz eingeführt werden können und sich als tragfähig erweisen?

Im Fokus der abschließenden Betrachtungen stehen deshalb die semantischen Formen. Die spezifische Ausprägung dieser Semantik wird dabei in Anlehnung an Schriewer (1987) als ‚indischer Weg' der Entwicklung interpretiert (vgl. 8.1.2.). Es kann sich dabei allerdings nur um die Entwicklung von Hypothesen handeln, die hier nicht überprüft werden können.

8.1. *Educationization* - alternative Entwicklungswege am Beispiel der indischen Mittelschicht

In den Ausführungen über die historische Bedeutung von *education* in Indien wurden bereits deutlich die Bezüge zur sozialen Struktur im indischen Kontext aufgezeigt und hier spielten die Brahmanen im Kastensystem eine herausragende Rolle. So war beispielsweise darauf hingewiesen worden, dass die Brahmanen die religiösen und magischen Ideen einer Rationalisierung unterzogen, um sich so von Heilswegen ohne ‚Vorbedingungen' - wie etwa der Askese - abzugrenzen und diese zu devaluieren. Sie stellten solchen bedingungslosen Zugängen rationale Begründungen von Heilszielen und Heilswegen gegenüber (vgl. insbesondere Weber 1988 und 4.2.2. der vorliegenden Untersuchung). Die herausgearbeitete Semantik über *education* weist ähnliche Strukturen auf. Auch die Themen, die in der Konsequenz ein Misstrauen gegenüber traditionelleren Erziehungsformen ausdrücken, können in dieser Weise interpretiert werden. Das Ziel, ein vollwertiges Individuum und Mitglied der Gemeinschaft zu werden, das als ein modernes ‚Heilsziel' interpretiert werden kann, lässt sich nur erreichen durch institutionalisierte Wege, die an bestimmte, rationale Vorbedingungen gebunden sind. Und *education* ist genau diese Bedingung.

Auch die Diskussion über die Unangemessenheit der Bildungsinhalte in Indien, die auch von den Experten in den Interviews bestätigt wurde, lässt sich als Hinweis auf das kritische Verhältnis zwischen *education* und den sozialstrukturellen Anforderungen interpretieren. Dabei wird häufig kritisiert, dass die *education* in Indien allgemein sehr einseitig eher abstrakte Bildungsinhalte in den Vordergrund stellt, die auf den Bedarf beispielsweise von Verwaltungsbeamten[152] abgestimmt und von der Situation der Mehrzahl der Menschen abgelöst sind (Varma 1999). Auch die Analyse der semantischen Formen zu *education* zeigt dies durch die zentrale Rolle, die ‚abstraktdiffusen', aber grundlegenden Themen wie etwa Menschwerdung zugeschrieben wird, wobei man von *education* nicht einmal zwingend die Verbesserung der ökonomischen Situation erwarten kann, wie die Beispiele der Befragten zeigen. Die Semantik über *education* bietet dem gegenüber aber Lösungen für Fragen der Identitätsfindung und der Abgrenzung gegenüber anderen. Beides bietet Anschlussfähigkeiten für Probleme, die nicht mit Fragen der ökonomischen Existenzsicherung zu tun haben - allerdings für weite Teile der Bevölkerung nach wie vor ein zentrales Thema.

Im Folgenden soll dieser Gedanke einer Umstellung der Semantik über *education* auf ‚modernere' Lebensziele und entsprechende ‚Heilswege', die dafür eine Art Monopol beanspruchen, näher ausgeführt werden.

8.1.1. Von der ‚Sanskritization' zur ‚Educationization'

Die Dominanz der Themen in der Semantik in bezug auf das Selbst- und Fremdbild und die sozialen Zuschreibungen lassen es viel versprechend erscheinen, noch einmal näher auf den Aspekt der sozialen Verortung auf der Basis von *education* einzugehen und hier mögliche Anschlüsse an sozialstrukturelle Problemlagen zu suchen. Es war darauf verwiesen worden, dass die indische Gesellschaft allgemein, vor allem historisch betrachtet, als sehr stark hierarchisch strukturiert beschrieben wird - wobei viele Autoren explizit auch heute noch davon ausgehen.

Etablierte gesellschaftliche Hierarchien schreiben die soziale Verortung der Individuen weitgehend fest und machen ein Engagement zur Erlangung sozialer Positionen nicht erforderlich oder nicht möglich. Die soziale Standortbestimmung verlief in der Vergangenheit deshalb auch relativ unproblematisch, weil es keine Gestaltungsspielräume oder Alternativen gab (was aber nicht heißen soll, dass dieser soziale Standort selbst für die entsprechende Person nicht äußerst problematisch sein konnte). Man wurde als Mann oder Frau in eine Gruppe einer Kaste[153] mit einem bestimmten Beruf geboren

---

152 Dieser Umstand wird auch als Erbe der englischen Kolonialherrschaft angesehen, die den Bedarf an unteren Verwaltungsbeamten im Auge hatten, als sie *education* in begrenztem Masse für Einheimische zugänglich machten (vgl. Kapitel 4).
153 Zum Unterschied und Zusammenhang von Kaste und Gruppe siehe Srinivas 1989. Unter eine Kaste werden verschiedene (Berufs-) Gruppen subsumiert. Unter 7.2. war bereits dieses Verhältnis von Kasten und Gruppen oder jatis thematisiert worden. Demnach gibt es das

(z.B. Straßenkehrer), heiratete entsprechend einen Mann beziehungsweise eine Frau aus der eigenen Gruppe, und die Kinder nahmen wiederum die Arbeit der Gruppe an, pflegten hier ihre sozialen Kontakte und wurden ihrerseits in diese Gruppe verheiratet, wenn sie alt genug waren. Es steht in dieser sozialen Situation dann höchstens zur Disposition, ob man etwa ein guter oder schlechter Ehemann oder Sohn wird (respektive Ehefrau und Tochter), ein ‚guter Gläubiger' oder aber beispielsweise eine lasterhafte Frau. Natürlich können auch diese Faktoren sich unmittelbar auf die Ebene der sozialen Verortung auswirken und das Selbstbild und die daran ausgerichtete Selbstdarstellung prägen, oder die Wahrnehmung durch andere, die bestimmte Zuschreibungen vornehmen und so die soziale Identität beeinflussen (z.B. durch Stigmatisierung, vgl. Becker 1981). Vielleicht konnte ein durchsetzungsstarker Straßenkehrer ja zum Vorarbeiter aufsteigen, oder er konnte durch geschicktes Verhalten (etwa durch besondere Ehrerbietung gegenüber seinen Vorgesetzten oder durch subtile Formen des Geldtransfers) auf sich und seine Gruppe aufmerksam machen und zukünftig ‚bessere' Strassen kehren.[154]

Wichtig für die weiteren Ausführungen ist allerdings, dass der Straßenkehrer trotzdem Straßenkehrer bleibt und sein ‚Straßenkehrerdasein' an seine Kinder weitergibt. Auf diesen statischen Verhältnissen zwischen den Kasten, die in Relationen zueinander stehen, basiert das Kastensystem. Allerdings zeigt Srinivas (1989 u.ö.), dass es in der traditionellen, indischen Gesellschaft schon immer eine gewisse Mobilität von Gruppen im hierarchischen System gegeben hat: „it is necessary to state here that, while the overall charakter of the traditional system was stationary, it did allow for the mobility of particular groups and families" (a.a.O., S. 62). Eine derartige soziale Mobilität[155] im Sinne einer Verbesserung der sozio-ökonomischen Position ging meistens einher mit der Nachahmung einiger Facetten des hochangesehenen

---

Kastenmodell, das die Gesellschaft grob in vier Kasten einteilt, und das ‚jati-Kastenmodell', das lokal die Hierarchie zwischen einzelnen Gruppen innerhalb einer Kaste ordnet. Eine Kaste kann nach Srinivas (1989) bis zu dreißig Gruppen beinhalten, mit entsprechenden Abstufungen in der Hierarchie. Die Begriffe werden oft nicht stringent getrennt. Im folgenden wird der Begriff Gruppe für eine solche Unterkaste verwendet, da die vier Hauptkasten sich nicht ändern.

154 Schließlich gibt es auch innerhalb der einzelnen Kasten und Gruppen noch weitere Subgruppen. So zeigt Srinivas beispielsweise für die Gruppe der Unberührbaren, deren Aufgabe u.a. die Beseitigung von Aas ist, dass es auch hier wichtige Unterschiede gibt: Etwa die Unterscheidung zwischen der Gruppe, die Huftiere beseitigt und der, die andere Tiere beseitigen muss, wobei erstere aufgrund religiöser Anschauungen höhergestellt ist (vgl. Srinivas 1989, S. 37).

155 Hier sei noch eine weitere ‚Mobilitätsform' erwähnt, ohne dass sie allerdings näher ausgeführt werden kann. In gewisser Weise kann auch die Verbesserung oder Verschlechterung der Daseinsform über Ansammlung von negativem oder positivem Karma im Verlauf eines ganzen Lebens so interpretiert werden. Da diese ‚Mobilitätsform' sich jedoch auf den Wiedergeburtszyklus bezieht und die Position innerhalb eines Lebens nicht verändert, sondern nur die Form, in der man wiedergeboren wird, soll sie hier unberücksichtigt bleiben. Es bleibt hier genug Erklärungsbedarf für *einen* Lebenslauf.

Verhaltens der Brahmanen. Für dieses Imitationsverhalten hat Srinivas den Begriff der Sanskritization[156] geprägt. Sanskritization „may be briefly defined as the process by which a ‚low' caste or tribe or other group takes over the customs, ritual, beliefs, ideology and style of life of a high ... caste. The Sanskritization of a group has usually the effect of improving its position in the local caste hierarchy" (a.a.O., S. 56). Sanskritization bedeutet dann, dass eine Gruppe Verhaltensweisen übernimmt, die ihrem vererbten Status nicht zustehen und die sie als höherwertiger, ‚reiner' erscheinen lassen, also ihren rituellen Status verbessern.[157] Sanskritization allein hat jedoch nach Srinivas historisch gesehen nicht zwangsläufig auch zu sozialer Mobilität geführt, denn grundsätzlich ist nicht in allen Fällen von Sanskritization einer bestimmten Gruppe zwangsläufig eine Verbesserung in der ökonomischen Situation vorausgegangen, und umgekehrt muss sich Sanskritization nicht per se als soziale Mobilität manifestieren.

Die soziale Mobilität einer Gruppe, wie Srinivas sie versteht, war in der Vergangenheit nur möglich durch gleichzeitige oder vorangegangene Veränderungen im politischen und ökonomischen Status dieser Gruppe und die Sanskritization „provided a traditional idiom for such mobility" (a.a.O., S. 44). Ein Kämpfer konnte sich im antiken Indien im Krieg auszeichnen und wurde als Anerkennung vom König in eine bestimmte Position erhoben, oder besitzlose Familien verließen ihr angestammtes Dorf und bewirtschaften brachliegendes Land, verbesserten ihre ökonomische Lage und konnten dann über Sanskritization auch ihren rituellen Status verbessern. Srinivas (1989) hat bei seiner Konzeption der Sanskritization allerdings immer Gruppen und weniger individuelle Fälle im Blick. Sanskritization umfasst auch Konvertierungstendenzen in der indischen Gesellschaft, wenn also Gruppen, die bislang außerhalb der hinduistischen Ordnung standen - wie Stämme oder Angehörige von Naturreligionen - über Sanskritization in das hinduistische Glaubenssystem eingebunden wurden.

Die soziale Mobilität einer Familie war nach Srinivas immer an die Mobilität der Gruppe gebunden, denn nur so fand der soziale Aufstieg öffentliche Beachtung und Anerkennung. Und für Indien stellte sich hier vor allem die äußerst wichtige Frage: „Whom will the sons and daughters of the mobile family marry?" (Srinivas 1989, S. 50). Es wurde ja bereits ausführlich auf die Bedeutung der Heiratsproblematik im indischen Kontext hingewiesen. Auch für Srinivas' Ausführungen ist sie zentral. So konnte eine einzelne, ‚mobile' Familie ihre Kinder ja nur in die angestammte Gruppe ihrer Kaste verheiraten, was ihren sozialen Ausstieg de facto unterminiert hätte. Eine Heirat in

---

156 Erstmals benutzte Srinivas den Begriff in seiner Dissertation, die 1952 veröffentlicht wurde, es findet sich jedoch keine Literaturangabe (vgl. Srinivas 1989, S. 71).
157 Vergleichbar vielleicht mit dem Bestreben der Bürger in Europa, adlige Privilegien zu übernehmen wie etwa das Tragen bestimmter Spitzenkragen als äußeres Symbol oder Entsenden von Töchtern in Klöster als Zeichen religiöser Ausrichtung der Familie.

eine höhere Kastengruppe ist grundsätzlich schwierig und mit enormen Mitgiftforderungen verbunden. Deshalb war es

„in every part of India ... necessary for the mobile family or section of a caste to break with the parent caste and claim a new identity. To that end it was necessary to form a separate endogamous unit. ... Further, even apart from marriage, a mobile family or section had to become a caste, for only then could its relations with other castes be defined" (a.a.O., S. 51).

Ein wesentlicher Aspekt der sozialen Mobilität von Gruppen im indischen Kontext waren nach Srinivas deshalb die Bemühungen von erfolgreichen Gruppenmitgliedern, die Angehörigen derselben Gruppe ökonomisch und sozial zu unterstützen. Dies resultierte einerseits aus einer Identifikation mit der eigenen Gruppe und war andererseits eine notwendige Voraussetzung für die Familie der Erfolgreichen selbst, einen wirklichen Aufstieg zu erreichen. Um diesen Aufstieg aber zu sichern und auf Dauer zu stellen, benötigte die mobile Familie ihre Herkunftsgruppe:

„a rich distiller or butcher had to get the name, customs, and style of life of his caste changed in order to shed *his* identity as distiller or butcher and acquire another that was more esteemed. Herein came the enormous usefulness of the traditional avenue to mobility, Sanskritization" (a.a.O., S. 51).

Auch für die Sanskritization, die ja meistens auf einen sozialen Aufstieg folgte bzw. mit ihm einherging, allein jedoch noch nicht zu sozialer Mobilität führte, benötigte man also seine Herkunftsgruppe. Ein wesentlicher Aspekt der Sanskritization war darüber hinaus, dass die aufsteigende Gruppe zwar bestimmte Veränderungen in ihrem Lebensstil (z.B. religiöse Handlungen) vornehmen musste, um ihre Bestrebung zu untermauern, bei der Mobilität jedoch letztlich auf die Legitimation durch die dominante Gruppe angewiesen blieb. Die legitimierende Funktion der Brahmanen wurde dann deutlich, so Srinivas, wenn eine andere Kastengruppe in der Hierarchie aufsteigen wollte und davon abhängig war, dass ihre Sanskritization von den Brahmanen ‚gewährt' wurde. Die Kastengruppen stehen daher bis heute in einer Konkurrenz zueinander und trotz fehlender Gesetzte gegen Sanskritization seit der britischen Kolonialzeit ist ihr immer wieder mit Gewalt begegnet worden, und zwar auch von solchen Gruppen, die selbst zuvor sanskritisiert, also durch Sanskritization ihren Status verbessert hatten: „everywhere the locally dominant castes were antagonistic to the mobility aspirations of the low castes, and they used physical violence as well as economic boycott to prevent the low castes from Sanskritization their style of life" (Srinivas 1989, S. 47). Es muss deutlich betont werden, dass soziale Mobilität und Sanskritization von Srinivas als zwei getrennte, wenn auch sehr häufig miteinander gekoppelte Dynamiken interpretiert werden.

Drei Merkmale der Sanskritization sind also hervorzuheben: Zum einen, dass Mobilität in der Gesellschaft letztlich nur durch den Aufstieg der ganzen Gruppe möglich war, und zweitens, dass sie von den Brahmanen als legitimierende Kraft in irgendeiner Weise anerkannt werden musste. Beides hat drittens zur Folge, dass Sanskritization nur ortsgebunden möglich war, denn eine Übersetzung des Aufstiegs in eine andere ‚Gesellschaft' (und insbesondere das vor-britische Indien muss als ein Konglomerat von einzelnen, kleinen Gesellschaften betrachtet werden) war nicht möglich. Der Status einer beliebigen Gruppe war von Region zu Region schon sehr unterschiedlich und eine neue Umgebung hätte die Sanskritization u.U. gar nicht wahrgenommen, nicht akzeptiert oder die Gruppe pauschal mit der entsprechenden Gruppe der neuen Umgebung gleichgesetzt.[158] Es ist leicht ersichtlich, dass diese Form der sozialen Mobilität und des Statusgewinns im Sinne eines Prestigegewinns einer modernen, ausdifferenzierten Gesellschaft nicht angepasst ist. Man könnte nun im Anschluss an diese Ausführungen die Hypothese formulieren, dass sich durch *education* in der gesellschaftlichen Semantik neue Formen von Beschreibungen herauskristallisieren, in denen beide Aspekte der Mobilität, wie Srinivas sie dargestellt hat, zusammengeführt werden können. Über die Semantik zu *education* wird eine Mobilitätsoption geschaffen, die den ökonomischen Stand *und* das Prestige oder den sozialen Status ihres Trägers verbessern kann. In Anlehnung an Srinivas Überlegungen soll diese Neuausrichtung der Beobachtung und die damit einhergehende Mobilitätsoption *Educationization* genannt werden.

8.1.2. Semantik der Educationization *und soziale Verortung*

Der Begriff der *Educationization* soll die verschiedenen Beobachtungsmöglichkeiten, die in der Semantik zu *education* angelegt sind, und deren Implikationen für die Selbst- und Fremdkonzeptionen in den Beschreibungen der Personen abdecken. Wie Sanskitization ist auch *Educationization* eine Beobachtungsform, die Orientierungsmuster für die Beobachtungen sozialer Personen liefert, dabei implizite Wertungen nahe legt und erstrebenswerte soziale Positionen schafft, gleichzeitig aber die Selbstbeobachtungen und damit die Selbstkonzeptionen unter einen Relationierungsdruck setzt: Die Dominanz der Beobachtungsform der *Educationization* in der Semantik macht es wahrscheinlicher, dass die Identität an *education* gekoppelt wird, und zwar für eine gelungene wie eine misslungene Identitätsbildung und verdichtet sich in der Form von *educated/uneducated*.

Der Prestigegewinn durch *education* ist in den Darstellungen der thematischen Kategorien ausführlich beschrieben worden. Parallelen zu dem Beg-

---

158 So kann eine bestimmte Gruppe wie beispielsweise die Schneider in einer Region Indiens einen anderen Stand gehabt haben als in einer anderen Region. Denn wenn auch überall als niedrig eingestuft, macht es für die Schneider natürlich einen Unterschied, wie ihr Status im Vergleich zu anderen Gruppen genau eingestuft wird. Eben dies ist gemeint, wenn gesagt wird, das Kastensystem sei ein relationales System (vgl. oben).

riff der Sanskritization finden sich insbesondere auch deshalb, weil hier wie dort ökonomische Mobilität und Prestigegewinn nicht zwingend gleichzeitig erforderlich sind, auch wenn beide meistens in Beziehung zueinander stehen. Am Beispiel eines Arbeitslosen konnte gezeigt werden, dass die Person auch dann eine Aufwertung durch ihre *education* erfahren kann, wenn sie ökonomisch nicht erfolgreich ist. So können auch im Rahmen von Sanskritization brahmanische Riten übernommen werden, ohne dass sich die sozialökonomische Situation verbessert haben muss. Durch die *evolutiven* Vorstellungen über *education* konnte deutlich gemacht werden, dass unter der *Educationization* weit mehr verstanden wird als die bloße Aneignung von (Fach-)Wissen. Es zeigen sich hier vielmehr frappierende Ähnlichkeiten mit den Verhaltensanleitungen, die Srinivas als grundlegend für den Prozess der Sanskritization beschreibt. In seiner Aufzählung nennt er Rituale, Glauben, Ideologien und Lebensstil (siehe das Zitat oben). Die *Educationization* betrifft in den Beschreibungen der Informanten ganz wesentlich Ideologien und den Lebensstil, nicht jedoch Fragen des Glaubens und ist damit eine säkularisierte Form der sozialen Mobilität bzw. des Prestigegewinns.

Die Verwobenheit von *education* (oder für den deutschen Kontext: Bildung und Erziehung) und Religion ist auch für den deutschen Kontext ausführlich beschrieben worden. Nach Lenzen (1997) hat Bildung „als funktionales Äquivalent ... imitatio" also die *Nachahmung Christi*, schließlich ersetzt (a.a.O., S. 231). Bei Humboldt sei dann, so Lenzen über den historischen Verlauf in Deutschland weiter, die theologische Teleologie (also ein guter, *gottgefälliger* Mensch zu werden) „endgültig säkularisiert, in der Figur der bildenden Selbstsuche des Menschen, - und: sie ist pädagogisiert" (a.a.O., S. 237). Die Ablösung von Sanskritization durch *Educationization* könnte auf dieser ganz oberflächlichen Betrachtungsebene mit der Verdrängung von *imitatio* durch Bildung parallelisiert werden.

Wesentlicher als die Parallelen zwischen Sanskritization und der Semantik zu *Educationization* sind jedoch für diese Analyse ohnehin die Unterschiede. *Educationization* unterscheidet sich in allen drei oben genannten wichtigen Kriterien von Sanskritization. 1) ermöglicht *Educationization* gerade die Ablösung von der Gruppe - im Gegensatz zur Sanskritization, bei der man zwingend auf die Gruppe angewiesen bleibt. Sowohl für die soziale Mobilität selbst (also für den sozialen Statusgewinn) als auch für den Erhalt der Position ist die Herkunftsgruppe keine notwendige Voraussetzung mehr. Die durch *education* symbolisierbare Position wird durch eigene Leistung erworben und durch einen potenziell den gesamten indischen Subkontinent und heute sogar den ganzen Globus umspannenden Heiratsmarkt ist jemand in dieser Position nicht mehr darauf angewiesen, seine eigene Position oder die seiner Kinder durch eine mit ihm aufgestiegene Gruppe zu festigen. Trivial ausgedrückt: Ein Postgraduate heiratet eine Postgraduate, die er über den riesigen Anzeigenteil der landesweiten Tageszeitungen oder neueren Datums natürlich über das Internet finden kann.[159] Die Kaste mag dabei noch immer eine Rolle spielen (es wurde bereits mehrfach auf diesen Punkt hingewiesen), die Herkunftsgruppe, das *jati*, jedoch kaum. Daraus ergibt sich gleichfalls, dass 2) *Educationization* die Ortsgebundenheit der Sanskritization aufhebt. Die Anerkennung für einen Ingenieur oder eine Ärztin dürfte überall sehr ähnlich sein und kann auch Dank einer modernen professionellen Ausbildung überall in ähnlicher Weise ausgeübt werden. *Educationization* macht die Personen in der Wahl ihres Wohnortes wie ihres Partners flexibel und ihr Status ist nicht mehr ortsgebunden, was sie gerade unabhängiger von ihrer Herkunftsgruppe macht. In Hinblick auf Hierarchie ist die vermutlich weitgehendste Veränderung durch *Educationization* jedoch, dass 3) die soziale Mobilität mindestens prinzipiell nicht mehr davon abhängt, dass sie von einer privilegierten Gruppe gewährt werden muss. Es wurde darauf hingewiesen, dass die Sanskritization von der Legitimierung der privilegierten Gruppe der Brahmanen abhängig war. Das durch *education* erworbene Ansehen dagegen ‚spricht für sich', ist von offiziellen, zumeist staatlichen Stellen zertifiziert und damit neutral oder sogar: universell. Eine Legitimation durch eine besondere Gruppe ist nicht mehr erforderlich.

Educationization bietet sich somit als neue Beobachtungsform an und ermöglicht mehr Anschlussmöglichkeiten als die traditionelle Form der Sanskritization. Allerdings muss betont werden, dass diese Formen über *education* in der Semantik zwar eingelagert sind, während die Sanskritization jedoch nach wie vor präsent ist. Es wurde bereits auf die Untersuchung von Säävaläs (2001) hingewiesen, in der sie anschaulich den Fall einer Familie im heutigen urbanen Milieu beschreibt (diese Studie wurde ebenfalls in Hyderabad durchgeführt), die sich über das Ausüben bestimmter religiöser Rituale und entsprechendem sozialen Verhalten - wie z.B. bestimmte Geschenke zu machen, bestimmte Eß- und Lebensgewohnheiten, die Wahl des Wohnortes und den Verzicht auf Fleisch - den Anschein von Höherkastigkeit gibt und sich mit ihrer Sanskritization offensichtlich einen höheren Status und mehr Prestige erhofft. Beide Formen bestehen also offensichtlich noch nebeneinander.

Fasst man die Themen und Beiträge zu *education* auf diese Weise zu einer Semantik der *Educationization* zusammen, wird es nun möglich, einige allgemeinere Überlegungen zu der Entwicklung von Ideen oder auch Ideologien im Zusammenhang mit *education* anzustellen.

---

159 Oder wahrscheinlicher: eine Graduate, denn schon eingangs war auf die Präferenz der Frauen hingewiesen worden, einen Mann zu heiraten, der mehr *education* aufweisen kann als sie.

8.1.3. Ein ‚indischer' Weg

Prozesse wie die Biographisierung, die mit *Educationization* einhergehen und in einem reflexiven Verhältnis zu ihr stehen, also strukturell an sie gekoppelt sind, bedeuten eine flexiblere Lebensgestaltung und sind von daher den Anforderungen ‚moderner' Gesellschaften angepasst. Vieles deutet daher auf Parallelen zur Entwicklung des Bildungsgedankens im europäischen Raum hin. Trotzdem lassen sich in der Semantik der *Educationization* in Indien Hinweise auf eine eigene innere Logik finden, die einen ‚eigenen indischen Weg' andeuten könnten.

Eine Besonderheit der Semantik der *Educationization* in Indien im Gegensatz zu der europäischen Konzeption von Bildung ist, dass der Aspekt der „Kunst der Daseinsführung", die über dem „bloßen Wissen" (Hahn 2000, S. 347) steht, völlig zu fehlen scheint. Im Gegenteil werden von einigen Befragten beispielsweise das Bücherlesen um des Bücherlesens willens oder die ‚hohen Künste' explizit als nutzlos abgewertet. Bourdieus treffenden Beobachtungen zu den ästhetischen Bemühungen des Bildungsbürgertums, ihrer Beschäftigung mit legitimen Objekten und Aneignungsweisen, die eine bestimmte Kultur voraussetzen, „die Privileg derer ist, die in der Tradition wurzeln" (Bourdieu 1987, S. 439), finden in der Semantik der *Educationization* keine Resonanz. Für die „Verschwendung von *Zeit*" bei der Beschäftigung mit ‚nutzlosen', rein ästhetischen Inhalten, die nach Bourdieu letztlich mit dieser Beschäftigung signalisiert wird oder auch signalisiert werden soll (a.a.O., S. 440), findet sich bei den Befragten kein Verständnis. Bei *Educationization* geht es vor allem um Wissen, das der Person selbst und ihrem Umfeld helfen soll, das Leben zu meistern, sich moralisch richtig zu verhalten und eine dementsprechende Lebensweise zu gewährleisten, kurz: ein besserer Mensch zu werden. *Education* wird in der Meinung der Befragten nicht als l'art pour l'art verstanden, sondern im Mittelpunkt steht vielmehr, dass es sich um nützliche Inhalte handelt. Wohl gemerkt geht es dabei nicht primär um berufsbezogene Inhalte (diese sind natürlich wichtig) oder eine Absicherung der ökonomischen Existenz, sondern um die Entwicklung zu einem vorbildlichen und nützlichen Gesellschaftsmitglied. Diese semantischen Formen sind wesentlich different zu denjenigen, die quasi apodiktisch eine *ästhetische* Daseinsführung vorschreiben. Es geht also im Anschluss zu den Überlegungen der *Qualität der Aneignung* als Gütekriterium von Bildung bei Bourdieu zwar einerseits ebenfalls um diesen mühevollen und zeitaufwendigen Aneignungsprozess, aber dieser wird nur dann positiv bewertet, wenn der Mensch als Folge dieser Bemühungen ‚besser' geworden ist, nicht distinguierter, und ‚effektiv' und nicht etwa ‚Kunstkenner'.

Genauso wenig wird die typischerweise der amerikanischen Mentalität zugeschriebene Vorbildfunktion des ‚Tellerwäschers' und seine Erfolgsgeschichte geteilt. Die Semantik zu *Educationization* zeigt ja gerade, dass es eben nicht egal ist, *wer* man ist und wie man zu seiner Position gekommen ist. Es finden sich allerdings auch keine Hinweise, die in die Richtung einer Selbstfindung durch Bildung als reinen (egozentrierten) Selbstzweck deuten, die zum Beispiel als so genannte Selbstfindungsseminare unter anderem in Deutschland eine durchaus umstrittene Karriere gemacht haben.

Deutlicher lässt sich das Spezifische dieser Semantik über *education* an den Konsequenzen des Misstrauens gegenüber bisherigen Erziehungs- und Sozialisationsformen aufzeigen. Hier kristallisieren sich sehr deutlich Machbarkeitsideen oder auch Kontrollfiktionen heraus. Natürlich sind dies auch für den europäischen Kontext keine völlig neuen Beobachtungen. Wissen, so kann man sagen, gibt dem Lebenslauf Form, womit nicht gemeint ist, dass man

„Wissen bei Bedarf anwenden kann, sondern auch und vor allem: daß es eine Art Sicherheit gibt, mit der man sich auf neue, unvertraute Situationen einlassen kann. In erheblichem Unfange wird Erziehung heute als Ausbildung geplant, das heißt: als Erwerb von Fähigkeiten, die *karrierewirksam* eingesetzt werden können" (Luhmann 1997, S. 27, Hervorhebung I.C.).

Die Semantik über *education* setzt im gewählten Kontext der indischen städtischen Mittelschicht viel basaler an. Mit *education* wird hier nicht etwas verbunden, das „eingesetzt" werden kann, sondern sie bestimmt die Form des Seins. Man ist *educated* - in allem was man tut und was man ist. Die Frage nach der Einsetzbarkeit stellt sich nur bedingt und hängt vor allem damit zusammen, dass mit *education* ein Transformationsprozess der Persönlichkeit in Verbindung gebracht wird. Dementsprechend müsste auch der Karrierebegriff für diesen Kontext revidiert und neu gefasst werden. Der Begriff müsste hier so erweitert werden, dass er die *Menschwerdung* überhaupt, also die Entwicklung zu einem höheren Wesen einschließt. Ohne *education* ist dieser Werdegang, diese Karriere, nicht oder nur in Ausnahmefällen möglich, wie die *evolutiven* Konzeptionen zeigen.

In jedem Fall hat die Semantik der *Educationization*, wie anhand der Daten deutlich geworden ist, einen starken Einfluss auf die Beobachtungen der Individuen und ihre Entwürfe von sozialer Strukturierung. Wenn *education* zum Schlüssel für die Integration in den Lebenskontext wird und gleichzeitig diejenigen ausschließt, die nicht oder nicht in genügendem Maß darüber verfügen, wenn *education* also zum integralen Bestandteil der Frage wird, wer bin ich und wie sehen andere mich, und wenn sie gleichzeitig dazu dient, andere einordnen und bewerten zu können, dann gibt es keine Alternative zu ihrer Aneignung. ‚Ohne *education* bist du ein Nichts', hat ein ungebildeter Mann zu Beginn dieser Untersuchung in einem Assoziationsinterview sinngemäß formuliert. Die vorliegende Analyse macht deutlich, wie weitreichend diese Feststellung in ihren Konsequenzen ist. Darüber hinaus zeigt sie aber auch, mit welcher ‚Macht' *education* in diesem Kontext ausgestattet ist und wie Bildungsmotivation hier gleichsam zu einer kulturellen Überlebensnotwendigkeit wird.

8.2. Möglichkeiten einer Relation der Semantik über *education* und ihrer Sozialstruktur

Die Semantik über *education* hat viele Facetten. Eine klare Zuordnung zu einem bestimmten Typus des Verhältnisses von Semantik über *education* und Sozialstruktur, die oben exemplarisch dargestellt wurden (Nachträglichkeit von Semantik, Semantik als Dispositiv oder preadaptive advance), könnte nur zu Lasten der Genauigkeit einer Analyse vorgenommen werden und der Erkenntnisgewinn wäre äußerst zweifelhaft. Die Semantik, wie sie oben anhand von *Educationization* beschrieben wurde, bietet vielmehr Raum für verschiedene Annahmen über die Art der Kopplungen der Formen, die in ihr eingelagert sind, mit der Sozialstruktur. Hier soll anhand der herausgearbeiteten Konsequenzen des Misstrauens gegenüber bisherigen Bildungs- und Erziehungsprozessen und den Auswirkungen auf die Selbst- und Fremdkonzeption folgende Thesen vorgestellt werden:

A) Die Zuschreibungen der Kompetenzbildung durch *education*, die sich anhand des Misstrauens gegenüber bisherigen Bildungs- und Erziehungszusammenhängen zeigt, verweist darauf, dass sich die tradierten Strukturen verändert haben und deshalb die bisherigen semantischen Formen als nicht mehr geeignet erscheinen und neue Strategien im Umgang mit einem vertrauten Problem (nämlich Bildung und Erziehung) als notwendig erachtet werden. Unter dieser Perspektive handelt es sich also um ein nachträgliches Verhältnis von Semantik gegenüber den sozialen Strukturen.

B) Betrachtet man jedoch die zweite Konsequenz aus der Analyse der Unterscheidungen, die die Selbst- und die Fremdkonstruktionen der Subjekte betreffen, und berücksichtigt man die Zusammenfassung zum Selbstwertgefühl von und zum sozialen Umgang mit Personen aus niedrigen Kasten in dieser Arbeit, zeichnet sich ein anderes Bild. Hier deutet vieles darauf hin, dass in der Semantik neue Konstruktionsformen des Selbst und der anderen angelegt wurden, die noch nicht allgemein verbreitet sind, nicht verinnerlicht wurden bzw. sich nicht in den sozialen Strukturen widerspiegeln. Es läge dann nahe, diese Formen der Semantik als preadaptive advance zu interpretieren. Beide Interpretationsperspektiven sollen eingehender dargestellt werden.

A)   Formen der Semantik über education als Reaktion auf soziale Wandlungsprozesse

Es liegt zunächst nahe, ein Verhältnis der Nachträglichkeit von Semantik zur Sozialstruktur anzunehmen. Gerade auch anhand der Mobilitätsoption der

Educationization kann aufgezeigt werden, dass sie eine angemessenere Form für Mobilität innerhalb einer modernen, sich im Prozess einer funktionalen Differenzierung befindenden Gesellschaft bietet - im Gegensatz zu Sanskritization, die an stratifikatorische Strukturen angepasst ist. Man könnte dann vermuten, dass die Semantik über *education* auf Modernisierungsprozesse in der Gesellschaft reagiert und neue, notwendig gewordene Beobachtungsformen dafür zur Verfügung stellt. So ist beispielsweise die soziale Mobilität über Gruppen (und die Sanskritization war ja, wie gezeigt, von der Mobilität einer ganzen Gruppe abhängig) für eine Gesellschaft, in der sich die Individualisierungsprozesse beschleunigen, keine adäquate Form mehr und kaum mehr praktikabel.[160] In modernen Gesellschaften kann die Einzelperson

„nicht mehr einem und nur einem gesellschaftlichen Teilsystem angehören. Sie kann sich beruflich / professionell im Wirtschaftssystem, im Rechtssystem, in der Politik, im Erziehungssystem usw. engagieren, und in gewisser Weise *folgt der soziale Status den beruflich vorgezeichneten Erfolgsbahnen*", und die können nicht mit einer Gruppe geteilt werden (Luhmann 1998b, S. 158, Hervorhebungen I. C.).

Educationization erlaubt vielleicht den Prestigegewinn einer Kernfamilie, wenn etwa der hohe Bildungsgrad der Kinder auf ihre Eltern ‚abfärbt' oder die Kinder umgekehrt von dem Prestige des Bildungsstatus ihrer Eltern profitieren. Aber *Educationization* flexibilisiert die Personen in hohem Masse und betont ihre Individualität, und eben dies kann als Antwort auf Veränderungsprozesse verstanden werden. Der Ausdifferenzierung der indischen Gesellschaft wird damit mit *Educationization* begegnet. Eine moderne Gesellschaft stellt neue Anforderungen an die Individuen, die von diesen wahrgenommen werden und *education* wird als probates Mittel angesehen, um die benötigten Kompetenzen auszubilden. Dafür spricht das Misstrauen gegenüber bisherigen Erziehungs- und Bildungsformen, das sich sehr deutlich am Material zeigen lässt. Die traditionellen Erziehungsformen und Sozialisationsprozesse werden von den Subjekten als unzureichend erlebt und es entstehen neue Formen. Damit ließe sich dieses Misstrauen als Konsequenz gestiegener Kontingenzerfahrungen der Subjekte interpretieren und *education* dient dann auch und vor allem dazu, mit dieser Kontingenz umzugehen.

---

160 Denn wie sollte das auch konkret funktionieren? Indem sich etwa alle Eltern einer Gruppe (also z.B. einer Großfamilie) dafür entscheiden, ihre Kinder später Ingenieurwissenschaften studieren zu lassen? Oder sie überhaupt studieren zu lassen? Was wäre dann, wenn sich einer der Jungen oder Mädchen als Schulversager herausstellt? Ein anderer partout zum Militär gehen möchte, eine dritte unverhofft einen Studienplatz am MIT ergattert? Bildungskarrieren sind mit anderen Worten nur eingeschränkt planbar, stark zufallsabhängig und vor allem hoch individuell. Und dann würde sich im Anschluss an Srinivas' (1989) Ausführungen zur Sanskritization noch das Problem stellen, wer aus der Gruppe mit wem verheiratet werden könnte. Eine Absolventin des MIT wird keinen einfachen Ingenieur mehr heiraten wollen, eine Schulversagerin käme für einen Offizier wiederum nicht unbedingt in Frage usw. In diesem ganz konkretistischen Sinn ist ein Gruppenaufstieg durch *Educationization* schlicht nicht umsetzbar

B)   Formen der Semantik über education als Antizipation sozialen Wandels

Das Verhältnis der Semantik über *education* zur Sozialstruktur lässt sich aber auch genau gegensinnig interpretieren und *Educationization* würde damit die Kriterien eines preadaptive advances erfüllen. Wichtiges Ergebnis der Betrachtung der Semantik ist, dass *education* bei der Selbst- und Fremdkonzeption eine maßgebliche Rolle spielt und die Identifikation als *educated person* sehr hoch ist. Demnach müssten Fragen der Herkunft und der Kaste im sozialen Umgang marginalisiert werden zugunsten dieser Identitätskonstruktionen über *education*. Gleichzeitig müssten auch die Beobachtungen anderer Personen in dieser Weise organisiert werden.

In den Ausführungen zu den Ideologien des ererbten bzw. erworbenen Status war jedoch bereits darauf hingewiesen worden, dass es viele Studien gibt, die es höchst zweifelhaft erscheinen lassen, dass die Umstellung von der einen Beobachtungsform auf die andere wirklich tief greifend vollzogen ist. Patil (2000) zeigt am Beispiel der Unberührbaren mit bildungsbezogenen Erfolgen, dass sie zwar mit alten Traditionen gebrochen und ihren Lebensstil deutlich verbessert haben, trotzdem nach wie vor mit der Identifikation über ihre Angehörigkeit zu niedrigen Kasten konfrontiert sind. Biswas & Pandeys' (1996) Studie zur Selbstbewertung bei Angehörigen niedriger Kasten passt sich in dieses Bild ein. Sie zeigen auf, dass die Angehörigen niedriger Kasten ihren sozialen Status grundsätzlich niedriger einstufen als Angehörige höherer Kasten, und dass sich diese Einschätzung auch dann nicht verändert, wenn der sozio-ökonomische Status verbessert wurde. Angehörige niedriger Kasten verheimlichen deshalb oft ihre Herkunft (vgl. Mallick 1997) und manche konvertieren, um so ihren ‚verräterischen' Nachnamen, der die Kastenzugehörigkeit markiert, ablegen zu können (vgl Patil 2000).

All diese Studien legen es nahe, dass die gepflegte Semantik über *education* und *educated persons* nicht darüber hinwegtäuschen kann, dass die sozialen Strukturen verbreitet eine andere Realität aufweisen als die Formen dieser Semantik nahelegen. Die Beobachtungen lassen daher eine prozessuale Veränderung vermuten, die sich erst ansatzweise zeigt und noch nicht eindeutig auf der Ebene der Sozialstruktur zuzuordnen ist. Hier würde dann die Semantik über *education* im Sinne eines preadaptive advances interpretiert werden können. In der Semantik über *education* sind damit Formen eingelagert, die einen Entwicklungsverlauf in Richtung leistungsbasierter, modernerer Selbst- und Fremdkonzeptionen ermöglichen und nahe legen, was diese Entwicklung wahrscheinlicher macht. Die Semantik über *education* bietet sich hier für die Lösung von Problemen der sozialen Verortung an, die mit gesellschaftlichen Umbrüchen wie einer fortschreitenden Industrialisierung und Globalisierung und auch einer allmählichen Inklusion aller in das Bildungssystem entstehen werden. Dies geschieht auch, wie gezeigt werden sollte, auf eine spezifische ‚indische' Weise. Zwar zeigen sich Parallelen zu den Konzepten der sozialen Verortung durch Bildung im europäischen Kontext (so etwa paradigmatisch Bourdieu 1987), die spezifische Art der Semantik über *education* unterscheidet sich jedoch von anderen Formen. Anknüpfend an traditionelle hinduistische Sinnkonstruktionen bildet diese Semantik über die in ihr eingelagerten evolutiven Themen ein Exklusionsinstrument, das Vorstellungen von einem ‚minderwertigen Leben' und die damit verbundenen Abgrenzungsoptionen mindestens weiterhin möglich macht, aber gleichzeitig für eine neue Gruppe (die *educated persons* im Gegensatz zu den Brahmanen) öffnet. Man muss vielleicht nicht so weit gehen wie der Inder Aijaz Ahmad, wenn er die Frage nach den Merkmalen der ‚Indischen Kultur' damit beantwortet, dass „depriving the vast majority of people any access to modern cultural goods is itself ‚a whole way of life' in India".[161] In der Semantik über *education* sind aber zweifellos solche Ausgrenzungsformen in besonderer Weise angelegt.

C) Reaktion oder Antizipation?

Theoretisch waren als Beispiele für das Verhältnis von Semantik und Sozialstruktur die Nachträglichkeit und die Figur des preadaptive advance erwähnt und beschrieben worden. Auch wenn ein-eindeutige Zuordnungen zu einer dieser Verhältnisformen auf der Grundlage der Daten der vorliegenden Untersuchung nicht möglich sind und eher Wechselwirkungen zwischen beiden anzunehmen sind, und es sich also nicht um reine Typen handelt, konnte aus dieser Unterscheidung dennoch eine Orientierung für die Interpretation der Daten und deren Einschätzung und Bewertung abgeleitet werden.

8.3. Ausblick

Educationization versus Pädagogisierung

Aktuell - im September 2004 - beschäftigen sich die Medien in Deutschland wieder einmal mit der Bildung. Es gibt neue, schlechte Nachrichten.[162] Deutschland fällt im internationalen Vergleich weiter zurück, wie der gerade erschienenen OECD-Studie[163] zu entnehmen ist. Als Reaktion auf die andauernde Misere fordert eine große Volkspartei in einer Boulevardzeitung mehr Engagement von den Eltern. Im SPIEGEL ist zu lesen, dass vierzig Prozent

---

161 http://www.ercwilcom.net/indowindow/sad/article.php?child=13&article=1 (10.11.03)
162 Und schlechte Nachrichten sind stets anschlussfähiger als gute, vgl. LUHMANN 1996.
163 Quelle:
http://www.oecd.org/document/33/0,2340,en_2649_201185_33724001_1_1_1_1,00.html

der Eltern laut hessischer Bildungsministerin „kein Interesse am Lernfortschritt ihrer Kinder" haben.[164] Solche Zahlen über am Schulerfolg ihrer Kinder desinteressierte Eltern - wie auch immer man ihre statistische Korrektheit beurteilen mag[165] - können auch im Kontext der eingangs geäußerten Vermutung über Wertigkeitsverluste in bezug auf Bildung und damit einhergehende Auswirkungen auf die Bildungsaspirationen der Subjekte in Deutschland interpretiert werden. Die Vermutung, dass Bildung im Land der Dichter und Denker erheblichen Schaden genommen hat, scheint offensichtlich.

Die Ergebnisse der vorliegenden Studie drängen einen Vergleich zwischen Deutschland und Indien geradezu auf, der aber hier nicht zu leisten ist und der auch nicht das Ziel war. Dennoch wäre ein solcher Vergleich sicherlich aufschlussreich - ein solches Projekt muss allerdings späteren Untersuchungen vorbehalten bleiben. Stattdessen soll im folgenden sozusagen ein virtueller Vergleich versucht werden, der nicht etwa auf der Ebene spezifischer Performance-Indices angesiedelt ist, sondern auf einer Metaebene. Aus der vorliegenden Untersuchung soll in den abschließenden Betrachtungen *ein* Ergebnis herausgegriffen werden: der Prozess, der als *Educationization* bezeichnet und beschrieben wurde. Darunter soll - für den folgenden Zweck verkürzt - folgendes verstanden werden:

- Einerseits werden darunter die angestrebten individuellen Transformationen gefasst, über die in den detaillierten Rekonstruktionen der Semantik bereits ausführlich referiert wurde.
- Zum zweiten ist damit eine gesellschaftlich verfügbare Semantik gemeint, also der gesellschaftlich verfügbare Vorrat an Themen, Problemlagen und Problemlösungen etc., zu dem unter anderem auch die Vorstellungen einer individuellen Transformation selbst gehören.
- Drittens ist damit deren konstitutiv reflexiver Zusammenhang mitgedacht, der auch in den in dieser Arbeit vorgetragenen Argumentationen für eine Aufhebung bzw. Neufassung des Kulturbegriffs auf der Grundlage des Konstrukts von Semantik impliziert ist.

Dem Ergebnis, das unter dem Konzept der *Educationization* vorgetragen wurde, sollen in einem ersten Schritt Diskurselemente gegenübergestellt werden, die besonders in der deutschen pädagogischen und erziehungswissenschaftlichen Diskussion unter dem Stichwort ‚Pädagogisierung (der Gesellschaft)' firmieren. Auf diese Diskussion selbst soll hier nicht näher eingegangen werden (siehe dazu aber u.a. Proske 2001 oder Lüders, Kade & Hornstein 1998), sondern bewusst pointierend soll nur darauf hingewiesen werden, dass es bei dieser vor allem im Stil von Kritik vorgetragenen Argumentation darum geht, dass eine zunehmende ‚Invasion' pädagogischer Semantiken in an-

---

164 Quelle: http://www.spiegel.de/politik/deutschland/0,1518,318248,00.html
165 Im Text fand sich keine Angabe über die Herkunft dieser Zahlen oder die Art ihrer Erhebung.

dere soziale Systeme - was Lüders, Kade & Hornstein „Entgrenzung des Pädagogischen" nennen (a.a.O. Seite 210) - festgestellt wird, sowie damit einhergehend auch für die Bezugsgröße aller pädagogischer Bemühungen, nämlich das Individuum. In beiden Richtungen, sowohl in bezug auf das Individuum wie hinsichtlich der ‚Entgrenzung' sind unterschiedliche Kritiken dieser Tendenz formuliert worden: während die einen - so zum Beispiel schon Schelsky (1961) - in dem ‚Pädagogismus' das Problem sehen, dass der Mensch dadurch als ‚animal educandum' dauerhaft in die Verfügungsgewalt pädagogischer Institutionen gestellt wird, erkennen andere darin ein generelles Dispositiv im Foucaultschen Sinne - also subtile Netze einer Verflechtung von Diskursen, von Wissen, Institutionen und Praxen -, die über eine Steigerung von Rationalität auf der praktischen Ebene einem „strategischen Imperativ" (siehe z.B. Foucault 1978) unterworfen werden, zum Beispiel Effektivitäts- und Leistungskriterien. Das alles kann hier natürlich nur angedeutet werden, und ob es sich dabei um eine „pädagogische Rationalisierung" (Oelkers 1992) und um eine seit dem 18. Jahrhundert fortschreitende Disziplinierung und Steigerung individueller und sozialer Rationalität handelt, soll und kann hier nicht beurteilt werden.

Als distanzierter Beobachter könnte man aber die Frage stellen, wie diese Gleichzeitigkeit von Defizitdiagnosen in bezug auf Bildung einerseits und zunehmender Pädagogisierung andererseits eigentlich zusammenpasst - auch wenn man hier natürlich zu berücksichtigen hat, dass die Pädagogik, und hier speziell etwa die öffentlichen Schulen, eine generelle Sicherstellung von Lernfähigkeit nicht garantieren kann. Und diese Frage kann man auch stellen, ohne bereits damit ins Auge zu fassen, einen Verantwortlichen identifizieren zu wollen.

Für den hier anstehenden Fall soll jedenfalls festgehalten werden, dass es jenseits von einer Bildungskatastrophe (Picht) und PISA und der Debatte um Pädagogisierung auch zum Selbstverständnis der Pädagogik gehört, dafür Sorge zu tragen, dass die Individuen handlungsfähig werden und die Gesellschaften funktionstüchtig, wie man in Anlehnung an Tenorth (1994) formulieren kann.

Gerade Handlungsfähigkeit stand in der Semantik über *education* im indischen Kontext im Mittelpunkt. Dort bezog sie sich inhaltlich sowohl auf berufliche Kompetenzen wie auch auf die ausführlich dargestellte Transformation in ein ‚gutes und vollwertiges' Mitglied der Gesellschaft, Ziele also, die einer Bildungsidee nach Humboldt sehr nahe stehen. Vor dem Hintergrund der weit reichenden Defizitdiagnosen im deutschen Kontext könnte man aber annehmen, dass die Pädagogik sich hier verstärkt *anderen* Handlungskompetenzen zugewandt hat. Es scheint fast so, als habe die Pädagogik - trotz der auch pädagogisch kritisierten Pädagogisierung, oder kann man vielleicht sagen: vielleicht gerade deswegen? - ihren genuinen Gegenstand, nämlich die Individuen, nicht (mehr) für ihr essentielles Anliegen faszinieren können. So hat sich der Einfluss der Pädagogik - so jedenfalls eine verbreitete These - in vielen ihr ursprünglich unvertrauten Gebieten geltend gemacht, beispielsweise vom Sport über Gesundheit und Ernährung bis zum heute wichtigen ‚Event', und sie hat ihren Einfluss damit auf die unterschiedlichsten Bereiche der Lebenswelt der Individuen ausgedehnt. Dabei hat sie aber unter Umständen ihren genuinen und konstitutiven Ausgangspunkt, nämlich die oben formulierten Ziele von Bildung, aus dem Blick verloren. Die Individuen sind ihrerseits, auch pädagogisch abgelenkt durch viele andere Formen der Beschäftigung wie Spaß, Selbstentfaltung etc., vielleicht nicht mehr für diese Ziele empfänglich.[166]

Einen Hinweis auf diese Entwicklung könnte aus den Ergebnissen der vorliegenden Untersuchung gewonnen werden: während man für Indien davon ausgehen kann, dass Identitätsbildung weitgehend eine Frage der Entwicklung von Handlungsfähigkeit *und* von Höherentwicklung und Perfektion durch Bildung ist und die Selbstverwirklichung nicht als Selbstzweck verstanden wird, kann man zum Beispiel für den deutschen Kontext nicht mehr sicher sein, ob nicht die - auch und gerade pädagogisch initiierten und intendierten - alternativen (Bildungs-)Angebote weitaus stärkeren Einfluss auf die Identitätsbildung haben als die ‚klassisch' zu kennzeichnenden, ursprünglichen pädagogischen Intentionen. Dann kann es für die Konstruktion des Selbst viel wichtiger werden, welche Clubs man besucht, welchen (Extrem-)Sport man ausübt oder zu welcher Musikrichtung man sich bekennt. Was man zwischen acht Uhr morgens und fünf Uhr nachmittags tut, welchen Beruf man also ausübt, kann dann irrelevant werden, da es vielleicht nichts mehr mit der ‚wahren und eigentlichen Identität' zu tun hat.[167]

Und spätestens hier könnte man sich die Frage stellen: Was hat das Eine mit dem anderen zu tun. Von den Defizitdiagnosen über die deutsche Bildungslage kann man erwarten, dass sie die Pädagogisierungsmaschine erneut in Schwung bringen, die uns dann mit noch genaueren Defizitdiagnosen und kritischen Kommentaren sowie neuen Programmen und Prognosen versorgen wird. Das bleibt abzuwarten. Aber man darf dann doch vielleicht fragen, ob man so weiter kommt, oder ob damit nicht im Duktus eines ‚Mehr desselben' eine Tradition fortgeführt wird, die auch durch die Kritik an einer Pädagogisierung mit pädagogischen Mitteln nicht grundsätzlich hinterfragt wird.

---

166 In dieser Hinsicht müsste der indische Kontext demgegenüber eigentlich eine Art ‚Traum' der Pädagogik darstellen, denn wo sonst kann sie schon auf solche Bildungsaspirationen, angeleitet durch die Vorstellung, dass man anderenfalls in einem ‚tierischen Urzustand' verbleibt, hoffen?
167 Anders in Indien, wo laut www.stern.de/campus-karriere/index.html?id=529911&nv=sml (17.09.04) 70 Prozent auch dann arbeiten würden, wenn sie ökonomisch unabhängig wären, und 82 Prozent sehen in der Arbeit die wichtigste Quelle für persönliche Zufriedenheit – ein weiteres Indiz auf eine hohe Identifikation mit der eucation und dem Beruf, den sie ermöglicht.

Eine Alternative könnte hier die Umstellung von einer defizittheoretischen auf eine differenztheoretische Perspektive bieten. Damit kann an den Ausgangspunkt der vorliegenden Studie angeschlossen werden, und die Beobachtung einer ‚fremden Kultur' kann genutzt werden, um die Beobachtungen im eigenen Kontext anders auszurichten und neue Beobachtungen möglich zu machen: Man kann sich, nach Luhmann, überraschen lassen. Einen Ansatzpunkt dazu kann man für den konkret vorliegenden Fall in einer Gegenüberstellung von einerseits *Educationization* und andererseits Pädagogisierung sowie Defizitdiagnosen erkennen. Nach dieser Beobachtungsart käme es weniger darauf an, etwa Leistungsprofile und Leistungsbedingungen zum Beispiel in Form bestimmter Bildungssysteme oder - einrichtungen international zu vergleichen, sondern auch die Frage in den Blick zu nehmen, ob nicht die alte comenianische pädagogische Vision eines „Alle alles lehren zu wollen" (vgl. z.B. Tenorth 1994) und die damit einhergehenden pädagogischen Institutionalisierungen das „Lernenwollen" verdrängt - oder aber in andere Bereiche wie die angenehme Freizeitgestaltung abgedrängt - haben könnten. Ein Vergleich von Semantiken über Bildung in unterschiedlichen Diskursen könnten dann neue Horizonte öffnen und vor einer Endlosschleife bewahren. Und hier Auswege aufzuzeigen, könnte dann wiederum eine Aufgabe der Pädagogik sein. Und dann wäre es spannend, die Pädagogik dabei zu beobachten, mit welchen Unterscheidung sie beobachtet.

Literatur

Acharya, Poromesh (1966): Indigenous education and Brahminical hegemony in Bengal. In: Crook, N. (Hrsg.): The transmission of knowledge in South Asia. Delhi.
Acharya, Poromesh (1998): Law and Politics of Primary Education in Bengal. In: Bhattacharya, Sabyasachi (Hrsg.): The Contested Terrain. Perspectives on Education in India. Hyderabad: Orient Longmann.
Aoki, Tamotsu (1991): Zur Übersetzbarkeit von Kultur. In Matthes, Joachim (Hrsg.): Zwischen den Kulturen? Die Sozialwissenschaften vor dem Problem des Kulturvergleichs. Soziale Welt Sonderband 8. Göttingen: Schwartz.
Ariès, Phillipe (1973): Centuries of childhood. Harmondworth: Penguin Books.
Arnold, Rolf (2003) (Hrsg.): Emotionale Intelligenz: Theorien und Anwendungen. Kaiserslautern: Universität, Fachbereich Pädagogik.
Baecker, Dirk (1997): The Meaning of Culture. *Thesis Eleven*, 51, (November), S. 37-51.
Baecker, Dirk (2003) (Hrsg.): Kapitalismus als Religion. Berlin: Kadmos.
Bagchi, Jasodhara (1995): Indian Women. Myth and Reality. Hyderabad, Orient Longman.
Banerjee, Sumanta (1998): Educating the Labouring Poor in 19th Century Bengal: Two Experiments. In: Bhattacharya, Sabyasachi (Hrsg.): The Contested Terrain. Perspectives on Education in India. Hyderabad: Orient Longmann.
Basu, Aparna (1998): National Education in Bengal: 1905-1912. In: Bhattacharya, Sabyasachi (Hrsg.): The Contested Terrain. Perspectives on Education in India. Hyderabad: Orient Longmann.
Bateson, Gregory (1983): Ökologie des Geistes. 3. Auflage, Frankfurt am Main.
Beck, Ulrich (1996): Risikogesellschaft: auf dem Weg in eine andere Moderne. Frankfurt am Main: Suhrkamp.
Becker, Howard S. (1981): Außenseiter: Zur Soziologie abweichenden Verhaltens. Frankfurt am Main: Fischer.
Beck-Gernsheim, Elisabeth (1989): Das halbierte Leben: Männerwelt Beruf, Frauenwelt Familie. Frankfurt am Main: Fischer.
Beck-Gernsheim, Elisabeth (1998): Was kommt nach der Familie? Einblicke in neue Lebensformen. München: Beck.
Bender-Szymanski, Dorothea (2000): Learning through Cultural Conflict? A Longitudinal Analysis of German Teachers' Strategies for Coping with Cultural Diversity at School. *European Journal of Teacher Education*, 23, 3, S. 229-250.
Berger, Peter L. und Luckmann, Thomas (1970): Die gesellschaftliche Konstruktion der Wirklichkeit. Eine Theorie der Wissenssoziologie. Frankfurt am Main (5. Auflage): S. Fischer Verlag.
Béteille, André (2001): Caste in a South Indian Village. In: Gupta, Dipankar (Hrsg.): Social Stratification. New Delhi : Oxford University Press.
Béteille, André (2002): Hierarchical and Competitive Inequality. *Sociological Bulletin*, 51, 1.
Bhatt, Gauri Shankar (2001): Anthropology, Man, Culture and Dharma. *The Eastern Anthropologist*, 54, 3-4, S. 219-230.

Bhattacharya, Sabyasachi: Introduction (2002): An Approach to Education and Inequality. In: Bhattacharya, Sabyasachi (Hrsg.): Education and the disprivileged. Hyderabad: Orient Longman.

Bhokta, Naresh Prasad (1998): Marginalization of Popular Languages and Growth of Sectarian Education in Colonial India. In: Bhattacharya, Sabyasachi (Hrsg.): The Contested Terrain. Perspectives on Education in India. Hyderabad: Orient Longmann.

Bhushan, & Sachdeva, (2000): An Introduction to Sociology. 3. Ausgabe, Allahabad: Kitab Mahal.

Biswas, Urmi Nanda & Pandey, Janak (1996): Mobility and Perception of socio-economic Status among Tribal and Caste Group. *Journal of Cross-Cultural Psychology*, 27, 2, S.200-215.

Blackmore; Susan (1999): The Meme Machine. Oxford: University Press.

Blasi, Augusto (1986): Psychologische oder philosophische Definition der Moral. In: Edelstein, Wolfgang & Nummer-Winkler, Gertrud (Hrsg.): Zur Bestimmung der Moral, Frankfurt: Suhrkamp.

Boesch, E. E. (1991): Symbolic Actiontheory and Cultural Psychology. Berlin: Springer.

Bogner, Alexander & Menz, Wolfgang (2001): ‚Deutungswissen' und Interaktion. Zu Methodologie und Methodik des theoriegenerierenden Experteninterviews. *Soziale Welt*, 4.

Bohnsack, Ralf (1993): Rekonstruktive Sozialforschung (2. überarbeitete Auflage). Opladen: Leske & Budrich.

Bourdieu, Pierre (1983): Ökonomisches Kapital, kulturelles Kapital, soziales Kapital. In Kreckel, Reinhard (Hrsg.): Soziale Ungleichheit. *Soziale Welt*, Sonderband 2. Göttingen: Schwartz.

Bourdieu, Pierre (1987): Die feinen Unterschiede. Kritik der gesellschaftlichen Urteilskraft. Frankfurt am Main: Suhrkamp.

Brose, Hanns-Georg und Hildenbrand, Bruno (1988): Biographisierung von Erleben und Handeln. In: Brose, Hanns-Georg & Hildenbrand, Bruno (Hrsg.): Vom Ende des Individuums zur Individualität ohne Ende. Opladen: Leske und Budrich.

Caruso, Marcelo & Tenorth, Heinz-Elmar (2002): „Internationalisierung" vs. „Globalisierung": Ein Versuch der Historisierung. In Caruso, Marcelo & Tenorth, Heinz-Elmar (Hrsg.): Internationalisierung. Semantik und Bildungssystem in vergleichender Perspektive. Frankfurt: Peter Lang.

Clemens, Iris (2004): „Education as a moral issue? Reconstruction of the subjective theories of education in India",Trends in Bildung International (TiBi) Nr. 8. http://www.dipf.de/publikationen/tibi/tibi8_clemens.pdf

Clemens, Iris (2006): Education and Women: About Castes, Marriage Markets and the Illusion of Destructuralism, Trends in Bildung International (TiBi) Nr. 12., http://www.dipf.de/publikationen/tibi/tibi12_clemens.pdf

Constas, Mark A. (1992): Qualitative Analysis as a Public Event: The Documentation of Category Development Procedures. American Educational Research Journal, 29, 2, S. 253-266.

Csikszentmihalyi, Mihaly (1985): Das Flow-Erlebnis: Jenseits von Angst und Langeweile: Im Tun aufgehen. Stuttgart: Klett-Cotta.

Damayanthi, U. T. (1999): Changing Profile of Female Employment in India-An Analysis. *Indian Journal of Regional Science*, 31, 2, S. 21-36.

D'Andrade, Roy (1992): Schemas and motivation. In: D'Andrade, Roy & Strauss, Claudia (Hrsg.): Human motives and cultural models. Cambridge: University Press.

Dann, Hanns-Dietrich (1994): Pädagogisches verstehen: Subjektive Theorien und erfolgreiches Handeln von Lehrkräften. In: Reusser & Reusser-Weyeneth (Hrsg.): Verstehen: psychologischer Prozess und didaktische Aufgabe. Bern: Huber.

Dasen, Pierre (1984): The cross-cultural study of intelligence: Piaget and the Baoulé. International *Journal of Psychology*, 19., S. 407-434.

Dawkins, R. (1996): Mind viruses. In Stocker, G. & Schöpf, C. (Hrsg.): Ars Electronica Festival 1996: Memesis: The Future of Evolution. Wien: Springer.

Di Bona, Joseph (1998): Going Back to the Educational Future: Using Indigenous Ideas to Meet the Challenge of the 21st Century. In: Bhattacharya, Sabyasachi (Hrsg.): The Contested Terrain. Perspectives on Education in India. Hyderabad: Orient Longmann.

Draguhn, Werner (Hrg.) (2001): Indien 2001. Politik, Wirtschaft, Gesellschaft. Hamburg: Institut für Asienkunde.

Dube, Leela (1988): On the construction of gender: Hindu girls in patrilineal India. In: K.Chanana (Hrsg.): Socialization, education and women: Explorations in gender identity. New Delhi: Orient Longman.

Dube, Leela (1996): Caste and Women. In: Srinivas, M.N. (Hrsg.): Caste. Ist twentieth Century Avatar. New Delhi: Penguin Books.

Dube, Leela (1997): Women and kinship: Comparative perspectives on gender in South & South -East Asia. New Delhi: Vistaar.

Dumont, Louis M (1976): Gesellschaft in Indien. Die Soziologie des Kastenwesens. Wien: Europaverlag.

Eckensberger, Lutz H. (1990): On the necessity of the culture concept in psychology: A view from cross-cultural psychology. In: Van de Vijver, F.J.R. und Hutschemaekers, G.J.M. (Hrsg.): The investigation of culture. Current issues in cultural psychology. Tilburg University Press.

Eckensberger, L.H.(1993): Zur Beziehung zwischen den Kategorien des Glaubens und der Religion in der Psychologie. In: T.V. Gramkrlidze (Hrsg.): Brücken. Beitrage zum Dialog der Wissenschaften aus den Partneruniversitäten Praha, Saarbrücken, Sofia, Tbilissi und Wartzawa. Tbilissi: Universitätsdruck, (49-104).

Eckensberger, Lutz, Kapadia, Shagufa & Wagels, Karin (2000): Social Cognitive Domains of Thinking in Marriage Partner Selection: The Indian Context. Paper presented at a symposium on The Development of Moral Reasoning and Diversity in the Conceptions of the Being, at the 16th ISSBD Biennial Meetings, July 11-14, 2000, Bejing.

Eckert, Roland (1984): Zur Konstruktion von Wirklichkeit in Bildung und Beruf. In: Braun, Hans & Hahn, Alois (Hrsg.): Kultur im Zeitalter der Sozialwissenschaften. Schriften zur Kultursoziologie Band 4. Berlin: Dietrich Reimer Verlag.

Elias, Norbert (1990): Engagement und Distanzierung. Frankfurt am Main: Suhrkamp.

Elias, Norbert (1997): Über den Prozeß der Zivilisation. Soziogenetische und psychogenetische Untersuchungen. Frankfurt am Main: Suhrkamp.

Elliott, Robert, Fischer, Constance T. & Rennie, David L. (1999): Evolving guidelines for publication of qualitative research studies in psychology and related fields. *British Journal of Clinical Psychology*, 38, S. 215-229.

Fischer, Wolfgang & Kohli, Martin (1987): Biographieforschung. In Voges, Wolfgang (Hrsg.): Methoden der Biographie- und Lebenslaufforschung. Opladen: Westdeutscher Verlag.
Fischer, Wolfram (1984): Methode, biographische. In: Haft, Henning & Kordes, Hagen (Hrsg.): Enzyklopädie Erziehungswissenschaft, Band 2. Stuttgart: Klett-Cotta.
Flick, Uwe (Hrsg.) (1991): Alltagswissen über Gesundheit und Krankheit. Subjektive Theorien und soziale Repräsentationen. Heidelberg: Asanger Verlag.
Flick, Uwe (1996): Qualitative Forschung. Hamburg: Reinbeck.
Foucault, Michel (1978): Dispositer der Macht. Berlin: Merve Verlag.
Garfinkel, Harold (1967): Studies in Ethnomethodology. Englewood Cliffs: Pentice-Hall.
Giegel, Hans-Joachim (1988): Konventionelle und reflexive Steuerung der eigenen Lebensgeschichte. In: Brose, Hanns-Georg & Hildenbrand, Bruno: Vom Ende des Individuums zur Individualität ohne Ende. Opladen: Leske und Budrich.
Giese, Thorsten, Hofmann, Christiane & Overbeck, Annegret (2002): Subjektive Theorien von Menschen mit geistiger Behinderung. *Zeitschrift für Heilpädagogik* 5, S. 183-193.
Glaser, Barney G., & Strauss, Anselm L. (1967): The Discovery Of Grounded Theory: Strategies For Qualitative Research. Chicago: Aldine Publishing Company.
Glasersfeld, Ernst v. (1991): Abschied von der Objektivität. In Watzlawick, Paul & Krieg, Peter (Hrsg.): Das Auge des Betrachters. München: Piper.
Glumpler, Edith (2000): Interkulturellvergleichende Grundschulforschung. *Zeitschrift für Pädagogik*, 46, 4, S. 571-583.
Goffman, Erving (1980): Rahmenanalyse. Frankfurt am Main: Suhrkamp.
Goleman, Daniel (1996): Emotionale Intelligenz. München: Hanser.
Goodnow, J. J. (1996): From household practices to parents' ideas about work and interpersonal relationships. In Harkness, S. & Super, C. M. (Hrsg.): Parents' cultural belief systems: Their origins, expressions, and consequences. New York: Guilford Press.
Goody, Jack (1989): Die Entwicklung von Ehe und Familie in Europa. Frankfurt am Main: Suhrkamp.
Goody, Jack (1990): The Oriental, the Ancient and the Primitive. Systems of marriage and the family in the pre-industrial societies of Eurasia. Cambridge: University Press.
Groeben, N., Wahl, D., Schlee, J. & Scheele, B (1988): Das Forschungsprogramm Subjektive Theorien: eine Einführung in die Psychologie des reflexiven Subjekts. Tübingen: Francke.
Groß, Martin (2000): Bildungssysteme, soziale Ungleichheit und subjektive Schichteinstufung. *Zeitschrift für Soziologie*, 29, 5, S. 375-396.
Groult, Benoite (1997): Histoire d'une évasion. Paris: Grasset.
Günther, Susanne (1991): 'Die Frau ist nicht wie der Mond. Sie scheint auch ohne Sonne'. Chinesinnen und Chinesen im Gespräch. In: Günther, Susanne, & Kotthoff, Helga (1991): Von fremden Stimmen. Frankfurt am Main: Suhrkamp.
Gupta, Dipankar (1991): Social Stratification. New Delhi: Oxford University Press.
Hahn, Alois (2000): Konstruktionen des Selbst, der Welt und der Geschichte. Frankfurt am Main: Suhrkamp.

Hahn, Alois, Eirmbter, Willy H. & Jacob, Rüdiger (1996): Krankheitsvorstellungen in Deutschland. Das Beispiel AIDS. Opladen: Westdeutscher Verlag.

Harkness, Sara und Super, Charles M. (1998): Parents' Cultural Belief Systems. New York: The Guilford Press.

Häuser, Karl (1984): Die Rolle der Begriffswahl und der Begriffsbildung am Beispiel des Einkommens und der Einkommensteuer. In Braun, Hans & Hahn, Alois (Hrsg.): Kultur im Zeitalter der Sozialwissenschaften. Schriften zur Kultursoziologie Band 4, Berlin: Reimer Verlag.

Heckhausen, Jutta (1990): Erwerb und Funktion normativer Vorstellungen über den Lebenslauf. In Mayer, Karl Ulrich (Hrsg.): Lebensverläufe und sozialer Wandel. *Kölner Zeitschrift für Soziologie und Sozialpsychologie*, Sonderheft 31.

Helmke, Andreas (2001): Internationale Schulleistungsforschung. Schlüsselprobleme und Perspektiven. *Zeitschrift für Pädagogik*, 47, 2, S. 155-160.

Helmke, Andreas & Schrader, Friedrich-Wilhelm (1999): Lernt man in Asien anders? Empirische Untersuchungen zum studentischen Lernverhalten in Deutschland und Vietnam. Zeitschrift für Pädagogik, 45, 1, S. 81-102.

Hermanns, Harry (1984): Interview, narratives. In: In Haft, Henning & Kordes, Hagen (Hrsg.): Enzyklopädie Erziehungswissenschaft, Band 2. Stuttgart: Klett-Cotta.

Hof, Christine (2000): Subjektive Wissenstheorien als Grundlage des Unterrichtens. *Zeitschrift für Erziehungswissenschaft*, 3., 4, S. 595-607.

Hof, Christiane (2001): Konzepte des Wissens: eine empirische Studie zu den wissenstheoretischen Grundlagen des Unterrichtens. Bielefeld: Bertelsmann.

Hofstede, Gert (1980): Culture's consequences: International differences in work-related values. Beverly Hills: Sage.

Holland, Dorothy C. (1992): How cultural systems become desire: a case study of American romance. In D'Andrade, Roy & Strauss, Claudia (Hrsg.): Human motives and cultural models. Cambridge: University Press.

Hornstein, Walter (2001): Erziehung und Bildung im Zeitalter der Globalisierung. Themen und Fragestellungen erziehungswissenschaftlicher Reflexion. *Zeitschrift für Pädagogik*, 47, 4, S. 517-533.

Humboldt, Wilhelm von (1809): Über die innere und äußere Organisation der höheren wissenschaftlichen Anstalten in Berlin. In: Kappstein, Th. (Hrsg.): Wilhelm von Humboldt-Ausgewählte Schriften.

Husserl, Edmund (1976): Ideen zu einer reinen Phänomenologie und phänomenologischer Psychologie. Erstes Buch: Allgemeine Einführung in die reine Phänomenologie, neu hg. von K. Schuhmann. (Husserliana, Bd. III, 1). Dordrecht.

Hwang, Kwang-Kuo (2001): Construstructive realism and Confusian relationalism: philosophical reflection, theoretical construction and empirical research for the development of indigenous psychology. Unveröffentlichter Vortrag der Tagung: Scientific Advances in Indigenous Psychologies: Philosophical, Cultural, and Empirical Contributions. 29.10.-01.11.2001 in Taipeh, Taiwan.

Jha, Hetukar (1998): Decline of Vernacular Education in Bihar in the Nineteenth Century. In: Bhattacharya, Sabyasachi (Hrsg.): The Contested Terrain. Perspectives on Education in India. Hyderabad: Orient Longmann.

Joas, Hans (2002): Wertevermittlung in einer fragmentierten Gesellschaft. In Killius, Nelson, Kluge, Jürgen und Reisch, Linda (Hrsg.): Die Zukunft der Bildung Frankfurt am Main: Suhrkamp.

Kaelble, Hartmut (1999): Der historische Zivilisationsvergleich. In: Diskurse und Entwicklungspfade. Der Gesellschaftsvergleich in den Geschichts- und Sozialwissenschaften. Frankfurt am Main: Campus.
Kaelble, Hartmut (2002): Zu einer europäischen Sozialgeschichte der Bildung. In Caruso, Marcelo & Tenorth, Heinz-Elmar (Hrsg.): Internationalisierung. Semantik und Bildungssystem in vergleichender Perspektive. Frankfurt: Lang.
Kade, Jochen (1997): Vermittelbar / nicht-vermittelbar: Vermitteln: Aneignen. Im Prozeß der Systembildung des Pädagogischen. In: Lenzen, Dieter & Luhmann, Niklas: Bildung und Weiterbildung im Erziehungssystem. Frankfurt am Main: Suhrkamp.
Kaiping, Peng (2001): The Tao of Chinese Thinking. Unveröffentlichter Vortrag der Tagung: Scientific Advances in Indigenous Psychologies: Philosophical, Cultural, and Empirical Contributions. 29.10.-01.11. 2001 in Taipeh, Taiwan.
Kakar, S. (1979): Setting the stage: The traditional Hindu view and psychology of Erik. H Erikson. In S. Kakar (Hrsg.): Identity and adulthood. New Delhi: Oxford University Press.
Kant, Immanuel (1785 / 1971): Grundlegung zur Metaphysik der Sitten. Hamburg: Philosophische Bibliothek Meiner.
Kapur, Promilla (1973): Love, Marriage and Sex.New Delhi: Vikas Publishing House.
Karve, Irawati (1993): The Kinship Map of India. In Uberoi, Patricia (Hrsg.): Family, Kinship and Marriage in India. New Delhi: Oxford University Press.
Kaviraj, Sudipta (1992): Kolonialismus, Moderne und politische Kultur: die Krise Indiens. In Matthes, Joachim (Hrsg.): Zwischen den Kulturen? Die Sozialwissenschaften vor dem Problem des Kulturvergleichs. *Soziale Welt*, Sonderband 8, Göttingen: Schwartz.
Kelly, G. A. (1986): Die Psychologie der persönlichen Konstrukte. Paderborn.
Kerlinger, Fred N. (1979): Grundlagen der Sozialwissenschaften. Band 2. Weinheim: Beltz.
Kim, Uchiol (1997): Asian Collectivism. An indigenous Perspective. In Kao, Henry S. R. & Sinha, Durganand (Hrsg.): Asian Perspectives on Psychology. New Delhi: Sage Publications.
Kisiwar, M. (1999): Love and Marriage. In: Off The Beaten Track: Rethinking Gender Justice for Indian Women. New Delhi: Oxford.
Knorr-Cetina, Karin (1985): Soziale und wissenschaftliche Methode oder: Wie halten wir es mit der Unterscheidung zwischen Natur- und Sozialwissenschaften? In Bonß, Wolfgang (Hrsg.): Entzauberte Wissenschaft: zur Relativität und Geltung soziologischer Forschung. Soziale Welt, Sonderband 3, Göttingen: Schwartz.
Knorr-Cetina, Karin und Grathoff, Richard (1988): Was ist und was soll kultursoziologische Forschung? In Soeffner, Hans-Georg (Hrsg.): Kultur und Alltag. Göttingen: Schwartz.
Kohli, Martin (1978) (Hrsg.): Soziologie des Lebenslaufs. Darmstadt: Neuwied.
Kohli, Martin (1988): Normalbiographie und Individualität: Zur institutionellen Dynamik des gegenwärtigen Lebenslaufregimes. In: Brose, Hanns-Georg & Hildenbrand, Bruno: Vom Ende des Individuums zur Individualität ohne Ende. Opladen: Leske und Budrich.

König, Eckard, Rustemeyer, Ruth & Bentler, Annette (1995): Subjektive Verarbeitung neuer Technologien: Eine Erkundungsstudie anhand der Inhaltsanalyse von Interviewtexten. In: König, Eckard und Zedler, Peter: Bilanz qualitativer Forschung. Weinheim: Deutscher Studien Verlag.

Koselleck, Reinhart (1978): Begriffsgeschichte und Sozialgeschichte. In: Koselleck, Reinhard (Hrsg): Historische Semantik und Begriffsgeschichte. Stuttgart: Klett-Cotta.

Krais, Beate (1983): Bildung als Kapital: Neue Perspektiven für die Analyse der Sozialstruktur? In: Kreckel, Reinhard (Hrsg.): Soziale Ungleichheit. *Soziale Welt*, Sonderband 2. Göttingen: Schwartz.

Kulkarni, A. (1999): 'For Us, Collective Consent Is Important`: Understanding Rule-Systems Of Marriage . Partner Selection In Specific Caste Groups In Gujarat. Unveröffentlichte Dissertation an der M. S. University of Baroda, Gujarat, Indien.

Kulkarni, Rachana (1999): „Are Marriages made in Heaven?' Caste-based Rule Systems for the Process of Marriage Partner Selection in Specific Caste Groups of Gujarat. Unveröffentlichte Dissertation an der M. S. University of Baroda, Gujarat, Indien.

Kulke, Hermann und Rothermund, Dietmar (1998): Geschichte Indiens. Von der Induskultur bis heute. München: Beck Verlag.

Laing, Thompson & Lee (1971): Interpersonelle Wahrnehmung. Frankfurt am Main: Suhrkamp

Lau, Bernard W. K. (2001): Does Karma have a corresponding Construct in the Western Psychology? *The Eastern Anthropologist* 54, 3-4, S. 231-243.

Lenzen, Dieter (1997a): Lösen die Begriffe Selbstorganisation, Autopoiesis und Emergenz den Bildungsbegriff ab? *Zeitschrift für Pädagogik*, 43, 6, S. 949-967.

Lenzen, Dieter (1997): Lebenslauf oder Humanontogenese? Vom Erziehungssystem zum kurativen System-von der Erziehungswissenschaft zur Humanvitologie. In: Lenzen, Dieter und Luhmann, Niklas (Hrsg.) (1997): Bildung und Weiterbildung im Erziehungssystem. Frankfurt am Main: Suhrkamp.

Lenzen, Dieter und Luhmann, Niklas (Hrsg.) (1997): Bildung und Weiterbildung im Erziehungssystem. Frankfurt am Main: Suhrkamp.

Liebold, Renate & Trinczek, Rainer (2002): Experteninterview. Quelle: http://www.qualitative-research.net/organizations/ Stand: 22. April 2002.

Lüders, Christian (1991): Deutungsmusteranalyse. In: Garz, D. & Krämer, K.: Qualitativ-empirische Sozialforschung. Opladen.

Lüders, Christian, Kade, Jochen & Hornstein, Walter (1998): Entgrenzung des Pädagogischen. In: Krüger, Heinz-Hermann & Helsper, Werner (Hrsg.): Einführung in die Grundbegriffe und Grundfragen der Erziehungswissenschaft. Opladen: Leske und Budrich.

Luhmann, Niklas (1971): Sinn als Grundbegriff der Soziologie. In Habermas, Jürgen und Luhmann, Niklas (Hrsg.): Theorie der Gesellschaft oder Sozialtechnologie-Was leistet die Systemforschung? Frankfurt am Main: Suhrkamp.

Luhmann, Niklas (1978): Erleben und Handeln. In Lenk, Hans (Hrsg.): Handlungstheorien interdisziplinär II. Erster Halbband. München: Fink Verlag.

Luhmann, Niklas (1981): Politische Theorie im Wohlfahrtsstaat. München & Wien: Olzog.

Luhmann, Niklas (1987): Soziale Systeme. Grundriß einer allgemeinen Theorie. Frankfurt am Main: Suhrkamp.
Luhmann, Niklas (1988): Frauen, Männer und George Spencer Brown. *Zeitschrift für Soziologie*, 17, 1, S. 47-71.
Luhmann, Niklas (1991): Wie lassen sich latente Strukturen beobachten? In Watzlawick, Paul & Krieg, Peter (Hrsg.): Das Auge des Betrachters. München: Piper.
Luhmann, Niklas (1992): Die Wissenschaft der Gesellschaft. Frankfurt am Main: Suhrkamp.
Luhmann, Niklas (1993): Gesellschaftsstruktur und Semantik. Band 2, Frankfurt am Main: Suhrkamp.
Luhmann, Niklas (1994): Liebe als Passion. Frankfurt am Main: Suhrkamp.
Luhmann, Niklas (1995): Kausalität im Süden. *Soziale Systeme*, 1, S. 7-28.
Luhmann, Niklas (1995a): Gesellschaftsstruktur und Semantik. Studien zur Wissenssoziologie der modernen Gesellschaft, Band 4. Frankfurt am Main: Suhrkamp.
Luhmann, Niklas (1995b): Das Kind als Medium der Erziehung. In Luhmann, Niklas: Soziologische Aufklärung Band 6. Opladen: Westdeutscher Verlag.
Luhmann, Niklas (1996): Die Realität der Massenmedien. Opladen: Westdeutscher Verlag.
Luhmann, Niklas (1997): Erziehung als Formung des Lebenslaufs. In: Lenzen, Dieter & Luhmann, Niklas (Hrsg.): Bildung und Weiterbildung im Erziehungssystem. Frankfurt am Main: Suhrkamp.
Luhmann, Niklas (1998a): Gesellschaftsstruktur und Semantik. Studien zur Wissenssoziologie der modernen Gesellschaft. Band 1, 2. Auflage. Frankfurt am Main: Suhrkamp.
Luhmann, Niklas (1998b): Gesellschaftsstruktur und Semantik. Studien zur Wissenssoziologie der modernen Gesellschaft. Band 3. Frankfurt am Main: Suhrkamp.
Luhmann, Niklas (1998c): Die Gesellschaft der Gesellschaft. Frankfurt am Main: Suhrkamp.
Luhmann, Niklas (1999): Die als Passion. Zur Codierung von Intimität. 5. Auflage, Frankfurt am Main: Suhrkamp.
Luhmann, Niklas (2002): Das Erziehungssystem der Gesellschaft. Frankfurt am Main: Suhrkamp.
Luhmann, Niklas (2004): Einführung in die Systemtheorie. (Posthum herausgegeben von Dirk Baecker), 2. Auflage, Heidelberg: Carl Auer Verlag.
Luhmann, Niklas und Lenzen, Dieter (1997): Bildung und Weiterbildung im Erziehungssystem. Frankfurt am Main: Suhrkamp.
Luhmann, Niklas & Schorr Karl Eberhard (1999): Reflexionsprobleme im Erziehungssystem. Frankfurt am Main, 2. Auflage: Suhrkamp.
Lutz, Burkart (1983): Bildungsexpansion und soziale Ungleichheit. Eine historisch-soziologische Skizze. In: Kreckel, Reinhard (Hrsg.): Soziale Ungleichheit. *Soziale Welt*, Sonderband 2. Göttingen: Schwartz.
MacAdams, Robert (1966): The Evolution of Urban Society: Early Mesopotamia and Prehispanic Mexico. London.
Madill, Anna, Jordan, Abbie & Shirley, Caroline (2000): Objektivity and reliability in qualitative analysis: Realist, contextualist and radical constructionist epistemologies. *British Journal of Psychology*, 91, S. 1- 20.
Mead, George H. (1973): Geist, Identität und Gesellschaft aus der Sicht des Sozialbehaviourismus. Frankfurt am Main: Suhrkamp.

Malhotra & Tsui (1996): Marriage Timing in Sri Lanka: The Role of Modern Norms and Ideas. *Journal of Marriage and the Family*, 58 (Mai), S. 476-490.

Mallick, Ross (1997): Affirmative Action and Elite Formation: An Untouchable Family History. *Ethnohistory*, 44, 2., S. 345-374.

Massoudi, Mehrdad (2002): On the Qualities of a Teacher and a Student: an Eastern perspective based on Buddhism, Vedanta and Sufism. *Intercultural Education*, 13, 2, S. 137-155.

Matthews, Gerald (2002): Emotional intelligence: science and myth. Cambridge: MIT Press.

Maturana, Humberto R. & Varela, Francisco J. (1987): Der Baum der Erkenntnis. Bern: Scherz.

Martin, Hans-Peter & Schumann, Harald (1996): Die Globalisierungsfalle: Der Angriff auf Demokratie und Wohlstand. Reinbeck bei Hamburg: Rowohlt.

Mayer, Karl Ulrich (1990): Lebensverläufe und sozialer Wandel. Anmerkungen zu einem Forschungsprogramm. In: Mayer, Karl Ulrich (Hrsg.): Lebensverläufe und sozialer Wandel. Sonderheft 31 der *Kölner Zeitschrift für Soziologie und Sozialpsychologie*.

Mayring, Phillip (1991): Analyseverfahren erhobener Daten. In: Flick, Uwe, Kardorff, Ernst v., Keupp, Heiner, Rosenstiel, Lutz v. & Wolff, Stephan: Handbuch Qualitative Sozialforschung. München: Psychologie Verlags Union.

Mayring, Phillip (1993): Qualitative Inhaltsanalyse. Grundlagen und Techniken. Weinheim: Deutscher Studien Verlag.

Mead, Georg Herbert (1938): The Philosophy of the Act. 5. Auflage 1964, Chicago: University of Chicago Press.

Mead, Georg Herbert (1968): Geist, Identität und Gesellschaft aus der Sicht des Sozialbehaviorismus. Frankfurt am Main: Suhrkamp.

Menski, Werner (Hrsg.) (1999): South Asians and the Dowry Problem. New Delhi: Sage Publications.

Merz, Rainer (1999): 'What's Love Got To Do With It?'-Social Networking through Marriage in Andhra Pradesh, India. *Internationales Asienforum*, 30, 3-4, S. 335-357.

Meulemann, Heiner (1999): Stichwort: Lebenslauf, Biographie und Bildung. *Zeitschrift für Erziehungswissenschaft*, 2, 3, S. 305-324.

Meuser, Michael & Nagel, Ulrike (1991): ExpertInneninterviews-vielfach erprobt, wenig bedacht. Ein Beitrag zur qualitativen Methodendiskussion. In: Garz, Detlef & Kraimer, Klaus (Hrsg.): Qualitativ-empirische Sozialforschung. Konzepte, Methoden, Analysen. Opladen: Westdeutscher Verlag, S. 441-471.

Meyer, John W. & Ramirez, Fransisco O. (2003): The World Institutionalization of Education. In: Schriewer, Jürgen (Hrsg.): Discourse Formation in Comparative Education. Frankfurt: Peter Lang.

Misra, Girishwar, Suvasini, C. & Srivastava, A. K. (2000): Psychology of Wisdom: Western and Eastern Perspektives. *Journal of Indian Psychology*, 18, 1-2.

Mukherjee, Prabhati (1999): Hindu Women. Normative Models. Hyderabad: Orient Longman.

Murthy, Narayana N. R. (2002): Western Values and Eastern Challenges. Unveröffentlichtes Exzerpt einer Lesung im Lal Bahadur Shastri Institute of Management am 1. Oktober 2002 in New Delhi.

Nabar, Vrinda (1995): Caste as Woman. New Delhi: Penguin Books.

Nauck, Bernhard (2001): Der Wert von Kindern für ihre Eltern. *Kölner Zeitschrift für Soziologie und Sozialpsychologie*, 53, 3, S. 407-435.
Nikhilananda, Swami (1964): Vivenkananda. A Biography. Kolkata: Advaita Ashrama.
Niranjana, Seemanthini (2001): Gender and Space. Femininty, sexualization and the female body. New Delhi: Sage.
Nivedita, Sharma (2000): A study of Cultural Rule Systems for Marriage Partner Selection in Specific Castes of Rual Gujarat. Unveröffentlichte Dissertation an der M. S. University of Baroda, Gujarat, Indien.
Nohl, Hermann (1948): Die pädagogische Bewegung in Deutschland und ihre Theorie. 3. Auflage., Frankfurt.
Oelkers, Jürgen (1992): Aufklärung als Lernprozess. *Zeitschrift für Pädagogik*, Beiheft 28, S. 9-24.
Oevermann, Ullrich (1986): Kontroversen über sinnverstehende Soziologie-Einige wiederkehrende Probleme und Mißverständnisse in der Rezeption der ‚objektiven Hermeneutik'. In Aufenanger, Stefan & Lenssen, Margit (Hrsg.): Handlung und Sinnstruktur. München.
Oevermann, Ullrich (2001): Zur Analyse der Struktur von sozialen Deutungsmustern. *Sozialer Sinn* 2, S. 3-33.
Oldenberg, Hermann (ohne Jahr a): Die Literatur des alten Indien. Stuttgart: Magnus Verlag.
Oldenberg, Hermann (ohne Jahr b): Religionen des Veda. Stuttgart: Magnus Verlag.
Osterhammel, Jürgen (1996): Sozialgeschichte im Zivilisationsvergleich. Zu künftigen Möglichkeiten komparativer Geschichtswissenschaften. *Geschichte und Gesellschaft* 22, S. 143-164.
Oyserman, Daphna, Coon, Heather M. & Kemmelmeier, Markus (2002): Rethinking Individualism and Collectivism: Evaluation of Theoretical Assumptions and Meta-Analyses. *Psychological Bulletin*, 128, 1, S. 3-72.
Patil, Ravindra (2000): Search for Identity Among Dalit Middle Class in Maharastra. *Social action*, 50, 1, S. 70-79.
Peters, R.S. (1964): Education as initiation. In: Archambault, R.D. (Hrsg.): Philosophical analysis and education. London: Routledge & Kegan Paul.
Petzold, Matthias (1986): Indische Psychologie. München-Weinheim: Psychologie Verlags Union.
Philip, Tomy (2002): Impact of Women's Employment on Family and Marriage: A survey of Literature. *Social Change*, 32, 1 & 2, S. 46-57.
Poitevin, Guy & Rairkar, Hema (1993): Indian Peasant Women Speak Up. Hyderabad: Orient Longman.
Polanyi, Michael (1985): Implizites Wissen. Frankfurt am Main: Suhrkamp.
Proske, Matthias (2001): Pädagogik und Dritte Welt. Frankfurter Beiträge zur Erziehungswissenschaft 1, 1. Jg.
Quinn, Naomi & Holland Dorothy (1987): Cognition and Culture. In Quinn, Naomi & Holland Dorothy (Hrsg.): Cultural Models in Language and Thoughts. Cambridge: University Press.
Radhakrishna, P (1996): Backward Class Movements in Tamil Nadu. In: Srinivas, M. N. (Hrsg.): Caste. Its Twentieth Century Avatar. New Delhi: Penguin Books.

Radtke, Frank-Olaf (1985): Hermeneutik und soziologische Forschung. In Bonß, Wolgang (Hrsg.): Entzauberte Wissenschaft: zur Relativität und Geltung soziologischer Forschung. *Soziale Welt*, Sonderband 3, S. 321-349, Göttingen: Schwartz.

Radtke, Frank-Olaf (1995): Interkulturelle Erziehung. Über die Gefahren eines pädagogisch halbierten Anti-Rassismus. *Zeitschrift für Pädagogik*, 41, 6, S. 853-864.

Radtke, Frank-Olaf (2003): Die Erziehungswissenschaft der OECD. Aussichten auf die neue Performanz-Kultur. Unveröffentlichtes Manuskript.

Raguse, Hartmut (1994): Der Raum des Textes. Stuttgart: Kohlhammer.

Ram, und Wong, (1994): Covariates of Household Extension in Rural India: Change Over Time. *Journal of Marriage and the Family*, 56 (November 1994), S. 853-864.

Rao, V. N. & Rao, V. V. P. (1990): Desired Qualities in a Future mate in India. *International Journal of Sociology of the Family*, 20, S. 181-198.

Ricoeur, Paul (1978): Der Text als Modell: hermeneutisches Verstehen. In Gadamer, H.G. & Böhm, G. (Hrsg.): Die Hermeneutik und die Wissenschaften vom Menschen. Frankfurt am Main: Suhrkamp.

Roeder, Peter Martin (2001): Vergleichende ethnographische Studien zu Bildungssystemen: USA, Japan, Deutschland. *Zeitschrift für Pädagogik*, 47, 2, S. 201-215.

Roeder, Peter Martin (2003): TIMSS und PISA-Chancen eines neuen Anfangs in Bildungspolitik, -planung, -verwaltung und Unterricht. Endlich ein Schock mit Folgen? In: *Zeitschrift für Pädagogik*, 49, Nr. 2, S. 180-197.

Säävälä, Minna (2001): Low caste but middle-class: Some religious strategies for middle-class identification in Hyderabad. *Contributions to Indian Sociology*, 35, 3, S. 293-318.

Saraswathi, T. S. (1999): Adult-Child Continuity in India: Is Adolescence a Myth or an Emerging Reality? In: Saraswathi, T. S. (Hrsg.): Culture, Sozialization and human development. New Delhi: Sage.

Saraswathi, T. S. (2003) (Hrsg.): Cross-cultural Perspectives in Human Development. New Delhi: Sage.

Saraswathi, T.S. und Ganapathy, Hema (2002): Indian partens' ethnotheories as reflections of the Hindu scheme of child and human development. In: Keller, Heidi, Poortinga, Ype H. und Schölmerich, Axel (Hrsg.): Between Culture and Biology. Perspectives on Ontogenetic Development. Cambridge: University Press.

Satyanarayana, A. (1998): Growth of Education among the Dalit-Bahujan Communities in Modern Andrah, 1893-1947. In: Bhattacharya, Sabyasachi (Hrsg.): Education and the dispriveleged. Hyderabad: Orient Longman.

Schelsky, Helmut (1961): Anpassung oder Widerstand. Heidelberg: Quelle & Meyer.

Schimank, Uwe (1988): Biographie als Autopoiesis-Eine systemtheoretische Rekonstruktion von Individualität. In: Brose, Hanns-Georg & Hildenbrand, Bruno (Hrsg.): Vom Ende des Individuums zur Individualität ohne Ende. Opladen: Leske und Budrich.

Scrase, Timothy J. (1993): Image, Ideology and Inequality. New Delhi: Sage.

Smith, Peter B. (2004): Nations, Cultures, and Individuals. New Perspectives and Old Dilemmas. *Journal of Cross-Cultural Psychology*, 35., 1, S. 6-12.

Schriewer, Jürgen (1987): Vergleich als Methode und Externalisierung auf Welt: Vom Umgang mit Alterität in Reflexionsdisziplinen. In: Baecker, Dirk, Markowitz, Jürgen, Stichweh, Rudolf, Tyrell, Hartmann und Willke, Hemut (Hrsg.): Theorie als Passion. Frankfurt am Main: Suhrkamp.

Schriewer, Jürgen (2003): Comparative Education Methodology in Transition: Towards the Study of Complexity? In: Schriewer, Jürgen (Hrsg.): Discourse Formation in Comparative Education. Frankfurt: Peter Lang.

Schriewer, Jürgen, Henze, Jürgen, Wichmann, Jürgen, Knost, Peter, Taubert, Jörn & Barucha, Susanne (1999): Konstruktion von Internationalität: Referenzhorizonte pädagogischen Wissens im Wandel gesellschaftlicher Systeme (Spanien, Sowjetunion / Russland, China). In Kaelble, Hartmut & Schriewer, Jürgen (Hrsg.): Gesellschaften im Vergleich. Forschungen aus Sozial- und Geschichtswissenschaften. Frankfurt: Peter Lang.

Schütz, Alfred (1971): Gesammelte Aufsätze, Band 1. Den Haag: Martinus Nijhoff.

Schütz, Alfred (1974): Der sinnhafte Aufbau der sozialen Welt. Frankfurt am Main: Suhrkamp.

Schütz, Alfred (1979): Die Lebenswelt als unbefragter Boden der natürlichen Weltanschauung. In Schütz, Alfred & Luckmann, Thomas: Strukturen der Lebenswelt. Band 1. Frankfurt am Main: Suhrkamp.

Schütz, Alfred (1982): Das Problem der Relevanz. Frankfurt am Main: Suhrkamp.

Schütze, Fritz (1983): Biographieforschung und narratives Interview. In: N. Prax. 13, S. 283 ff.

Schütze, Fritz, Meinefeld, Werner, Springer, Werner & Weymann, Ansgar (1973): Grundlagentheoretische Voraussetzungen methodisch kontrollierten Fremdverstehens. In Arbeitsgruppe Bielefelder Soziologen (Hrsg.): Alltagswissen, Interaktion und gesellschaftliche Wirklichkeit Band 2. Ethnotheorien und Ethnographie des Sprechens. S. 433-495, Hamburg: Rowohlt.

Schützeichel, Rainer (2003): Sinn als Grundbegriff bei Niklas Luhmann. Frankfurt: Campus Verlag.

Semwal, Tanushree (2001): Matrimonial Advertisements. An Emerging Strategy For Marriage Partner Selection. Unveröffentlichte Dissertation an der M. S. University of Baroda, Gujarat, Indien.

Shah, A. M. (1998): The family in India: Critical essays. Hyderabad: Orient Longman.

Shah, A. M., Baviskar, B. S. & Ramaswamy, E. A. (Hrsg.) (1996): Social Structure and Chance Vol. 2: Women in Indian Society. New Delhi: Sage Publications.

Shahidullah, Kazi (1966): The purpose and impact of government policy on pathshala gurumahashays. In: In: Crook, N. (Hrsg.): The transmission of knowledge in South Asia. Delhi.

Sharma, Renu (2001): Self-Concept to Self-Realization: Indian Perspective. In: *Journal of Indian Psychology*, 19, 1 & 2, S. 25-32.

Shastri, Diwakar (1998): „Localisation" of Computer Education-The Banasthali Initiative. University News, 36, 12, Seite 3-5.

Shyamlal (1992): De-Sanskritisation and High Caste Converts Into „Bhangis". *The Indian Journal of Social Work*, LIII, 2, S. 272-284.

Sinha, D. & Tripathi, R.C. (1994): Individualism and collectivism in a collectivistic culture. A case of coexistence of opposites. In U. Kim, H.C. Triandis, C. Kagitcibasi, San-chin Choi, G. Yoon (Hrsg.): Individualism collectivism. Theory, Method, and application. (pp. 123-136). Thousand Oaks: Sage.
Singh, J. P (2002): Urbanization of Family in India. *The Eastern Anthropologist*, 55, 1., S. 40-55.
Singh, Yogendra (2000): Culture Change in India. New Delhi: Rawat Publications.
Sinha, Durganand und Tripathi, Rama Charan (2003): Individualism in a Collectivist Culture: A Case of Coexistence of Opposites. In: Saraswathi, T. S. (Hrsg.): Cross-cultural Perspectives in Human Development. New Delhi: Sage.
Smedslund, Jan (1984): The invisible obvious: culture in Psychology. In: Lagerspetz, K.M.J. und Niemi, P. (Hrsg.): Psychology in the 1990's. Elsevier Science Publishers B.V.
Smith, Peter B. (2004): Nations, Cultures, and Individuals. New Perspevtives and old Dilemmas. *Journal of Cross-Cultural Psychology*, 35, 1, pp. 6-12, Western Washington University.
Sontheimer, Günther Dietz (1980): Die Ethik im Hinduismus. In: Ratschow, Carl Heinz (Hrsg.): Ethik der Religionen. Ein Handbuch. Seite 349-436, Stuttgart: Kohlhammer.
Soeffner, Hans-Georg (1979): Interpretative Verfahren in den Sozial- und Textwissenschaften. Stuttgart.
Soeffner, Hans-Georg (1988): Kulturmythos und kulturelle Realität(en). In Soeffner, Hans-Georg (Hrsg.): Kultur und Alltag. Göttingen: Schwartz.
Soeffner, Hans-Georg (1989): Auslegung des Alltags-der Alltag der Auslegung: zur wissenssozilogischen Konzeption einer sozialwissenschaftlichen Hermeneutik. Frankfurt a.M.: Suhrkamp.
Spencer Brown, Georg (1971): Laws of Form. London.
Sperber, Dan (1996): Explaining Culture. A Naturalistic Approach. Oxford: Blackwell Publishers.
Srinivas, M. N. (1962): Caste in Modern India and Other Essays. New York.
Srinivas, M. N. (1989): The cohesive Role of Sanskritization and other Essays. Delhi: Oxford University Press.
Srinivas, M. N. (1997): Caste. Its Twentieth Century Avatar. New Delhi: Penguin Books.
Srivastava, Ashok & Misra, Girishwar (2001): Lay People's Understanding and Use of Intelligence: An Indian Perspective. *Psychology and Developing Societies*, 13, 1, S. 25-49.
Stäheli, Urs (1998): Zum Verhältnis von Sozialstruktur und Semantik. Quelle: http://www.soziale-systeme.ch/leseproben/staehli.htm (01.09.04). Zuerst veröffentlicht in: Soziale Systeme, 4, 2, S. 315-340.
Sternberg, Robert J. (2004): Culture and Intelligence. *American Psychologist*, 59, 5, S. 325 -338.
Steutel, Jan & Spiecker, Ben (1989): R.S. Peters' und P.H. Hirsts Analyse von ‚education' im Hinblick auf eine Bildungstheorie. In: Hansmann, Otto & Marotzki, Winfried (Hrsg.): Diskurs Bildungstheorie II: Problemgeschichtliche Orientierungen. Weinheim: Deutscher Studien Verlag.
Stichweh, Rudolf (1999): Kultur, Wissen und die Theorien soziokultureller Evolution. *Soziale Welt*, 50, S. 459-470.

Stichweh, Rudolf (2000): Semantik und Sozialstruktur: Zur Logik einer systemtheoretischen Unterscheidung. *Soziale Systeme* 6, 2, S. 237-250.
Strauss, Anselm L. (1994): Grundlagen qualitativer Sozialforschung. München: Wilhelm Fink Verlag.
Strauss, Anselm L. & Corbin, Juliet (1994): Grounded Theory Methodology: An Overview. In: Denzin, Norman K. (Hrsg.): Handbook of Qualitative Research. S. 273-285, London / New York: Sage.
Strauss, Claudia (1992): Models and motives. D'Andrade, Roy & Strauss, Claudia (Hrsg.): Human motives and cultural models. Cambridge: University Press.
Strohschneider, Stefan (2001): Kultur-Denken-Strategie. Eine indische Suite. Bern: Hans Huber.
Strübing, Jörg (2002): Just Do It?-Zum Konzept der Herstellung und Sicherung von Qualität in grounded theory-basierten Forschungsarbeiten. *Kölner Zeitschrift für Soziologie und Sozialpsychologie*, 54, 2, S. 318-342.
Tenorth, H.-Elmar (1994): Alle alles zu Lehren. Möglichkeiten und Perspektiven allgemeiner Bildung. Darmstadt: Wissenschaftliche Buchgesellschaft.
Tenorth, H.-Elmar und Lüders, Christian (1997): Methoden erziehungswissenschaftlicher Forschung 1: Hermeneutische Methoden. In Lenzen, Dieter (Hrsg.): Erziehungswissenschaft (3. Auflage). Hamburg.
Trautmann, Thomas R. (1981): Dravidian Kinship. Cambridge: University Press.
Trautmann, Thomas R. (1993): The Study of Dravidian Kinship. In: Uberoi, Patricia (Hrsg.): Family, Kinship and Marriage in India. Delhi 1993.
Trapp, Ernst Christian (1913): Versuch einer Pädagogik. Leipzig (Neuausgabe ohne Verlag).
Tenbruck, Friedrich H. (1992): Was war der Kulturvergleich, ehe es den Kulturvergleich gab? In Matthes, Joachim (Hrsg.): Zwischen den Kulturen? Die Sozialwissenschaften vor dem Problem des Kulturvergleichs. Göttingen: Verlag Otto Schwartz.
Ullrich, Carsten G. (1999): Deutungsmusteranalyse und diskursives Interview. *Zeitschrift für Soziologie*, 28., 6., S. 429-447.
Vallaster, Christine (2000): Conducting Field Research in Asia: Fundamental Differences as Compared to Western Societies. In: Culture and Psychologie, 6, 4, S. 461-476.
Varma, Pavan K. (1999): The Great Indian Middle Class. New Delhi: Penguin Books.
Vasudev, Jyotsna (1986): Kohlbergs Universalitätspostulat aus indischer Sicht (S. 145-179). In: Edelstein, W. und Nunner-Winkler, G. (Hrsg.): Zur Bestimmung der Moral. Philosophische und sozialwissenschaftliche Beiträge zur Moralforschung. Frankfurt am Main: Suhrkamp.
Verma, Sonal (2001): Transition in Marriage Partner Selection Process: Are Matrimonal Advertisements an Indication? Unveröffentlichte Dissertation an der M. S. University of Baroda, Gujarat, Indien.
Wallner, Fritz & Jandl, Martin J. (2001): The Importance of Constructive Realism for the Indigenous Psychologies Approach. Unveröffentlichter Vortrag der Tagung: Scientific Advances in Indigenous Psychologies: Philosophical, Cultural, and Empirical Contributions. 29.10.-01.11. 2001 in Taipeh, Taiwan.
Wassmann, Jürg (1993): Der kognitive Aufbruch in der Ethnologie. In Wassmann, Jürg und Dasen, Pierre R. (Hrsrg): Alltagswissen: Der kognitive Ansatz im interdisziplinären Dialog. Freiburg (Schweiz): Universitätsverlag.

Watzlawick, Paul (1985): Die erfundene Wirklichkeit. München: Piper.
Watzlawick, Paul (1976): Wie wirklich ist die Wirklichkeit? Wahn, Täuschung, Verstehen. München: Piper.
Weber, Max (1988): Gesammelte Aufsätze zur Religionssoziologie II. 7. Aufl., Tübingen: UTB.
Weber, Max (1988a): Gesammelte Aufsätze zur Wissenschaftslehre. 6. Auflage. Stuttgart: UTB.
Weick, Karl E. (1976): Educational Organizations as Loosely Coupled Systems. *Administrative Science Quarterly*, 21 (March), S. 1-19.
Weymann, Ansgar (1984): Kommunikative Bildungsforschung. In Haft, Henning & Kordes, Hagen (Hrsg.): Enzyklopädie Erziehungswissenschaft, Band 2. Stuttgart: Klett-Cotta.
Willke, Helmut (1996): Systemtheorie I: Grundlagen. Stuttgart (5. Auflage): Lucius & Lucius.
Wober, Mallory (1969): Distinguishing centri-cultural from cross-cultural tests and research. *Perceptual and Motor Skills*, 28., S. 488.
Wober, Mallory (1984): Zum Verständnis des Kiganda-Intelligenzbegriffs. In Schöfthaler, Trautgott & Goldschmidt, Dietrich (Hrsg.): Soziale Struktur und Vernunft. Frankfurt am Main: Suhrkamp.
Wolf, Ursula (1996): Die Suche nach dem guten Leben. Reinbek bei Hamburg: Rowohlt.
Yahya, Harun (2002): Das Ende des Darwinismus. Okusan Verlag (ohne Ortsangabe).
Yahya, Harun (2002): Der Evolutionsschwindel. Okusan Verlag (ohne Ortsangabe).
Zheng, Gang (2004): The Study on the Value of Children: An International Collaborative Research Project and its Progress in China. *Cross-Cultural Psychology Bulletin*, 37, 4, S. 7-14.
Zimmer, Heinrich (1973): Philosophie und Religion Indiens. Frankfurt am Main: Suhrkamp.
Zinnecker, Jürgen (Hrsg.) (1975): Der heimliche Lehrplan: Untersuchungen zum Schulunterricht. Weinheim: Beltz.

Anhang A

Abweichende Fallbeispiele Ravinder und Devandu - Keine Transformation der Persönlichkeit durch *education*

Es wurde bereits unter 6.6. dargestellt, dass die Arbeitslosen Ravinder und Devandu (Interviewnummer 22 und 23) einen Zusammenhang von *education* und Persönlichkeit ablehnen und zwischen Entwicklungsprozessen der Persönlichkeit und solchen bezogen auf Wissen oder Profession eindeutig trennen. Bei Erklärungen der eigenen Persönlichkeitsmerkmale wird von ihnen ein Einfluss von *education* ausgeschlossen, entsprechend spielt die vorher - nachher Differenz durch *education* nur bezogen auf Leistung in Form eines Abschlusses und Kompetenz in der Profession eine Rolle, wobei Ravinder (No. 22) allerdings ausdrücklich seinen Stolz auf den Abschluss betont. Auch sonst wählt er eine emotionale Sprache in bezug auf seine *education* wie zum Beispiel dann, wenn er erklärt, sein Berufswunsch sei ein „Verlangen" gewesen. Trotzdem stellt er klar, dass *education* ausschließlich den Status in der Arbeitswelt und in der Gesellschaft sowie professionelle Kompetenz betrifft. Seine Persönlichkeit, sein Charakter, seine Natur oder beispielsweise sein Verhalten Menschen gegenüber ist von seiner *education* unabhängig, sie wurden ausschließlich durch seine Familie geprägt, der anzugehören er sehr stolz ist.

Devandu hingegen hat ein gänzlich funktionales Verhältnis zu seiner *education*. Schon die Entscheidung zu einem bestimmten Fach ist ihm schwer gefallen, und sein handlungsleitendes Motiv war einzig, nicht für jemand anderen arbeiten zu müssen. *Education* ist für ihn eine notwendige Basis, um seinen Wunsch der Selbständigkeit zu erfüllen. Mit seiner Persönlichkeit, seinem „Kern" hat sie nichts zu tun.

Damit schließen Ravinder und Devandu jede Transformation ihrer selbst durch *education* explizit aus und lehnen ein solches Denken ab. Trotzdem gelingt es beiden auf je unterschiedliche Weise, sich unabhängig von *education* und daran gekoppelte Transformationsprozesse als „besondere", als „wertvolle" Menschen darzustellen. Ravinder tut dies sehr explizit und mit erstaunlicher Direktheit:

„People you know - ... - my friends or my teachers - they love me. They love me a lot. They prefer my company. They prefer to be with me, talk to me, walk with me. It's not because I've studied. Certificates. It's because of the way probably I behave with them, I think. Or probably the way I talk to them, or I treat them. I won lot of respect from my teachers. My teachers you know consider me a lot, they like me very much. I am - now for - for my teachers I am - some of my teachers I am ... their favourite student. Probably because of the way I behave in the class or probably because of the way I talk to them, I respect them. And they praise my parents for teaching me manners. That's a thing of happiness to me - if somebody praising my parents - it's a thing of joy to me. That my personality ... has earned - it's not my studies, my personality has earned" (Biographieinterview No. 22).

Ravinder beginnt das Interview mit dem Verweis auf seine Familie und beendet es auch damit. Er stellt keinen Bezug zu einer Transformation durch *education* her. Dementsprechend spielt Zeit oder die Differenzierung eines vorher - nachher auch keine Rolle. Die Angehörigkeit zu seiner Familie und der damit verbundene positive Einfluss auf ihn reicht aus, um aus ihm einen achtbaren und Respekt verdienenden Menschen zu machen. Ravinder rekurriert bei seiner Argumentation somit im Gegensatz zu den anderen Probanden auf die traditionelle Legitimationsquelle seiner Abgrenzung und seiner Selbstkonzeption als herausgehobener Mensch: er benutzt eine Semantik, die Herkunft und Familie, also angeborene, vererbte Kriterien in den Vordergrund stellt, die in der Differenz ererbt versus erworben thematisiert wurde.

Devandu dagegen zeigt in seinem Engagement für den Tierschutz eine gesellschaftliche Vorbildfunktion:

„Moreover the way the treating of animals is not proper. By the way I do change. Basically I am a non-vegetarian. I changed to vegetarian as well. ... I mean - it don't mean that - changing the vegetarian the problem will not change. This is my personal policy. I mean the society - the way the dogs are getting treated - if it - if you - one part of the society has taken care of, the other part is also - will also - changing on", wobei er damit das generelle Verhalten Tieren gegenüber meint und nicht nur den Entschluss, kein Fleisch zu essen. Seiner Meinung nach sollten die Inder vielmehr ihr gesamtes Verhalten Tieren gegenüber ändern, das von Gleichgültigkeit oder Grausamkeit geprägt ist. Indem er sich selbst als jemanden beschreibt, der dies erkannt hat und der auf diese Missstände aufmerksam machen und sie ändern möchte, sieht er sich in einer Art Vorreiterrolle. Sein Verhalten ist das eines Wissenden, der die Unwissenden aufklären und durch sein Verhalten und seine Belehrungen verändern möchte. Er spezifiziert:
„I do more conviction - I have the kind of courage for my ideal"

Als Quelle für seine ‚aufgeklärte' Haltung nennt er die Interaktion mit anderen Personen, die ihm diese ‚Gesinnung', diese Art der Beobachtung näher gebracht haben, konkret die Interaktion mit den Tierschutzaktivisten, denen er sich angeschlossen hat. Sie hat seine Wahrnehmung und seine Persönlichkeit verändert und zu neue Prioritäten in seinem Wertesystem geführt.

Devandu kommt später im Interview auch auf ein weiteres, eher außergewöhnliches Thema zu sprechen, nämlichdie Klimaerwärmung; er stellt sich damit als umweltpolitisch aktiver und interessierter Mensch dar, der seinen Mitmenschen ‚voraus' ist, indem er Themen problematisiert, die sie noch nicht als Probleme erkannt haben. Insbesondere sein Leitthema über die Tierschutzfragen in Indien fällt aus dem Rahmen der übrigen Interviews. Devandu belegt damit „westliche", vermutlich „moderne" Themen. Sein Hinweis auf die Vorbildfunktion, die „einem Teil der Gesellschaft" zukomme, verweist auf seine gewissenmaßen elitäre Vorstellung dieser fortschrittlichen

Position, die er für sich beansprucht und durch die er sich zu einem gesellschaftlichen Vorbild erklärt. Devandu führt damit eine ganz andere Differenz ein, die vielleicht plakativ mit westlich versus östlicher Weltanschauung oder modern versus traditionell umschrieben werden könnte. In jedem Fall impliziert auch diese Unterscheidung eine Abgrenzung und verweist auf eine höhere ‚Entwicklungsstufe'. Über den Hintergrund dieser ‚Fortschrittlichkeit' kann hier allerdings nur spekuliert werden. In jedem Fall grenzt er sich hinsichtlich der Einstellung zur Natur klar von dem ‚einfachen Volk' ab, wenn er ausführt, *„that there's a vast difference between my understanding and in our people understanding"*. Diese Vorbildfunktion kommt nach Devandu denjenigen zu, die in ihrer Wahrnehmung sensibilisiert sind und althergebrachte Gewohnheiten wie z.B. die schlechte Behandlung von Tieren reflektieren und als grausam, also falsch ablehnen und die verfügbares „technisches Wissen", wie beispielsweise über die Klimaerwärmung, berücksichtigen und ernst nehmen. Devandu lehnt es also ab, durch *education* eine bessere Persönlichkeit erworben zu haben und lehnt auch die Annahme einer Perfektibilität im Sinne einer vorher - nachher Differenzierung als Persönlichkeitsentwicklung durch *education* ab. Er nimmt für sich allerdings trotzdem eine Sonderstellung innerhalb der Gesellschaft in Anspruch, die auch moralische Implikationen hat und ‚besser' oder ‚höherwertig' ist, indem er eine andere Unterscheidung einführt: die einer traditionellen gegenüber einer fortschrittlichen. Zu dieser Unterscheidung ist er nicht über *education,* sondern durch die Interaktion mit anderen, fortschrittlichen Mitmenschen gelangt, die bereits über die „richtigen" Vorstellungen verfügen.

Frankfurter Beiträge zur Erziehungswissenschaft
Fachbereich Erziehungswissenschaften der

Johann Wolfgang Goethe-Universität

Reihe Monographien:

Matthias Proske
Pädagogik und Dritte Welt - Eine Fallstudie zur Pädagogisierung sozialer Probleme
Frankfurt am Main 2001

Thomas Höhne
Schulbuchwissen - Umrisse einer Wissens- und Medientheorie des Schulbuchs
Frankfurt am Main 2003

Thomas Höhne/Thomas Kunz/Frank-Olaf Radtke
Bilder von Fremden. Was unsere Kinder aus Schulbüchern über Migranten lernen sollen
Frankfurt am Main 2005

Wolfgang Meseth
Aus der Geschichte lernen. Über die Rolle der Erziehung in der bundesdeutschen Erinnerungskultur
Frankfurt am Main 2005

Elke Wehrs
Verstehen an der Grenze - Erinnerungsverlust und Selbsterhaltung von Menschen mit dementiellen Veränderungen
Frankfurt am Main 2006

Reihe Kolloquien:

Frank-Olaf Radtke (Hrsg.)
Die Organisation von Homogenität - Jahrgangsklassen in der Grundschule
Kolloquium anläßlich der 60. Geburtstage von Gertrud Beck und Richard Meier, Frankfurt am Main 1998

Frank-Olaf Radtke (Hrsg.)
Lehrerbildung an der Universität - Zur Wissensbasis pädagogischer Professionalität
Dokumentation des Tages der Lehrerbildung an der Johann Wolfgang Goethe-Universität, Frankfurt am Main 1999 (vergriffen)

Heiner Barz (Hrsg.)
Pädagogische Dramatisierungsgewinne - Jugendgewalt. Analphabetismus. Sektengefahr
Frankfurt am Main 2000

Gertrud Beck, Marcus Rauterberg, Gerold Scholz, Kristin Westphal (Hrsg.)
Sachen des Sachunterrichts
Dokumentation einer Tagungsreihe 1997 - 2000
Frankfurt am Main 2001
Korrigierte Neuauflage 2002

Brita Rang und Anja May (Hrsg.)
Das Geschlecht der Jugend - Dokumentation der Vorlesungsreihe Adoleszenz: weiblich/männlich? im Wintersemester 1999 / 2000
Frankfurt am Main 2001

Dagmar Beinzger und Isabell Diehm (Hrsg.)
Frühe Kindheit und Geschlechterverhältnisse. Konjunkturen in der Sozialpädagogik
Frankfurt am Main 2003

Vera Moser (Hrsg.)
Behinderung - Selektionsmechanismen und Integrationsaspirationen
Frankfurt am Main 2003

Gisela Zenz (Hrsg.)
Traumatische Kindheiten - Beiträge zum Kinderschutz und zur Kindesschutzpolitik aus erziehungswissenschaftlicher und rechtswissenschaftlicher Perspektive
Frankfurt am Main 2004

Tanja Wieners (Hrsg.)
Familienbilder und Kinderwelten - Kinderliteratur als Medium der Familien- und Kindheitsforschung
Frankfurt am Main 2005

Micha Brumlik und Benjamin Ortmeyer (Hrsg.)
Erziehungswissenschaft und Pädagogik in Frankfurt - eine Geschichte in Portraits
Frankfurt am Main 2006

Argyro Panagiotopoulou und Monika Wintermeyer (Hrsg.)
Schriftlichkeit - Interdisziplinär - Voraussetzungen, Hindernisse und Fördermöglichkeiten
Frankfurt am Main 2006

Dieter Katzenbach
Vielfalt braucht Struktur - Heterogenität als Herausforderung für die Unterrichts- und Schulentwicklung
Frankfurt am Main 2007

Reihe Forschungsberichte:

Thomas Höhne/Thomas Kunz/Frank-Olaf Radtke
Bilder von Fremden - Formen der Migrantendarstellung als der „anderen Kultur" in deutschen Schulbüchern von 1981-1997
Frankfurt am Main 1999 (vergriffen)
http://www.uni-frankfurt.de/fb/fb04/personen/radtke/Publikationen/Bilder_von_Fremden.pdf

Uwe E. Kemmesies
Umgang mit illegalen Drogen im ‚bürgerlichen' Milieu (UMID). Bericht zur Pilotphase
Frankfurt am Main 2000 (vergriffen)

Oliver Hollstein/Wolfgang Meseth/Christine Müller-Mahnkopp/Matthias Proske/Frank-Olaf Radtke
Nationalsozialismus im Geschichtsunterricht. Beobachtungen unterrichtlicher Kommunikation
Bericht zu einer Pilotstudie
Frankfurt am Main 2002
http://www.uni-frankfurt.de/fb/fb04/personen/radtke/Publikationen/
Forschungsbericht_3_Nationalsozialismus_im_Geschichtsunterricht.pdf

Andreas Gruschka/Martin Heinrich/Nicole Köck/Ellen Martin/
Marion Pollmanns/Michael Tiedtke
Innere Schulreform durch Kriseninduktion? Fallrekonstruktion und Strukturanalysen zu den Wirkungen administriell verordneter Schulprogrammarbeit
Frankfurt am Main 2003

Andreas Gruschka
Auf dem Weg zu einer Theorie des Unterrichtens - Die widersprüchliche Einheit von Erziehung, Didaktik und Bildung in der allgemeinbildenden Schule
Vorstudie
Frankfurt am Main 2005

Frank-Olaf Radtke/Maren Hullen/Kerstin Rathgeb
Lokales Bildungs- und Integrationsmanagement. Bericht der wissenschaftlichen Begleitforschung im Rahmen der Hessischen Gemeinschaftsinitiative Soziale Stadt (HEGISS)
Frankfurt am Main 2005

www.ingramcontent.com/pod-product-compliance
Lightning Source LLC
Chambersburg PA
CBHW051633230426
43669CB00013B/2279